大藏系列 壹 01

龍王藏

第一冊

洪啟嵩 編著

施一切諸龍安樂陀羅尼

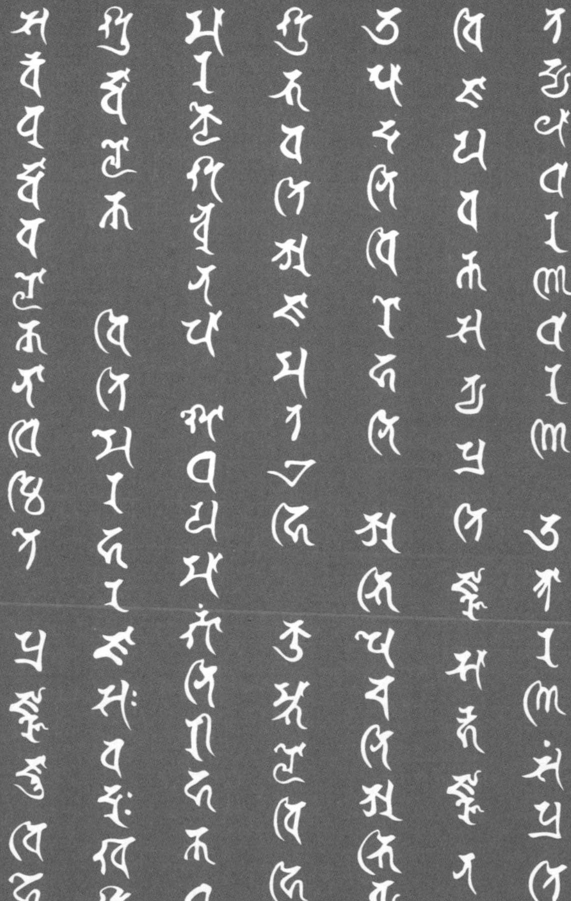

怛地也他陀呵囉尼陀呵囉尼　虋多囉尼　三波囉帝師尿

毘闍耶跋唎拏薩帝夜波羅帝闍若長那跋坻

虋多波達儞　比那漢儞　阿比屣遮儞　阿陛毘耶呵羅

首婆呵跋帝　阿祁末多　野咥　宮婆羅　擗咥婆呵

摩囉吉犁舍達那波　輸陀耶摩鉗尼唎呵迦達摩多

輸陀呵盧迦　毘帝寐囉何囉闍婆豆佉舍摩那

薩婆佛陀呵婆盧迦那地師恥坻　波羅闍若闍若那擗醢莎呵

皈命具龍名號諸佛

南無龍佛
南無大龍佛
南無降龍佛
南無勝龍佛
南無龍主佛
南無導龍佛
南無龍上佛
南無龍大佛
南無龍天佛
南無龍手佛

南無龍月佛
南無龍王佛
南無龍仙佛
南無龍目佛
南無龍光佛
南無龍吼佛
南無龍妙佛
南無龍步佛
南無龍明佛
南無龍欣佛

南無龍者佛
南無龍威佛
南無龍施佛
南無龍面佛
南無龍音佛
南無龍首佛
南無龍盛佛
南無龍勝佛
南無龍善佛
南無龍喜佛

南無龍尊佛

南無龍普佛

南無龍華佛

南無龍雷佛

南無龍蓋佛

南無龍德佛

南無龍樂佛

南無龍齒佛

南無龍樹佛

南無龍髻佛

南無龍聲佛

南無龍臂佛

南無龍藏佛

南無龍觀佛

南無寶龍佛

南無一切龍佛

南無大龍威佛

南無大龍淵佛

南無大龍德佛

南無大龍聲佛

南無降伏龍佛

南無龍中密佛

南無龍天王佛

南無龍王德佛

南無龍王聲佛

南無龍主王佛

南無龍功德佛

南無龍光王佛

南無龍吼聲佛

南無龍勇步佛

南無龍家上佛

南無龍寂上佛

南無龍勝者佛

南無龍喜見佛

南無龍尊王佛

南無龍華德佛

南無龍象王佛

南無龍遊戲佛

南無龍種上佛

南無龍奮迅佛

南無龍臂王佛

南無龍臂主佛

南無龍歡喜佛

南無寶掌龍佛

南無一切龍王佛

南無一切龍尊佛

南無大聖龍光佛

南無自在龍天佛

南無妙勝龍仙佛
南無金龍央光佛
南無持覺大龍佛
南無高光龍吼佛
南無梵者龍吼佛
南無滿足龍藏佛
南無龍王護眾佛
南無龍仙眾信佛
南無龍自在王佛
南無龍吼普稱佛
南無龍妙大燈佛
南無龍音勝脩佛

南無龍善日勝佛
南無龍解脫體佛
南無龍德大心佛
南無龍德善濡佛
南無龍髻寶積佛
南無龍護救濟佛
南無龍觀智意佛
南無寶藏龍聲佛
南無寶地龍王佛
南無歡喜龍天佛
南無日龍奮迅王佛
南無同名龍奮迅佛

南無名龍自在聲佛

南無自在龍雷音佛

南無那羅延首龍佛

南無法上龍自在佛

南無金剛步龍勝佛

南無師子龍奮迅佛

南無除三塗龍施佛

南無梵自在龍吼佛

南無梵聲龍奮王佛

南無梵聲龍奮迅佛

南無虛空步龍勝佛

南無龍王自在王佛

南無龍王自在聲佛

南無龍自在解脱佛

南無龍吼自在聲佛

南無龍吼花光耀佛

南無龍種上尊王佛

南無寶掌龍自在佛

南無一切龍摩尼藏佛

南無大力龍翼從好佛

南無大重龍光威力佛

南無如龍無所不伏佛

南無無邊龍自在王佛

南無龍王世界上首佛

南無龍王護眾輪手佛

南無無邊龍俱蘇摩王佛

南無龍種上智尊王佛

南無八萬四千同名龍王佛

南無龍種淨智尊王佛

南無大龍勝功德然燈月佛

南無龍稱無量功德佛

南無龍解脫體無比名稱佛

南無一切龍奮迅勇猛佛

南無到彼岸度它大龍王佛

南無世間重龍者形觀佛

南無一切同名日龍奮迅王佛

南無供養龍天手上王佛

南無不可降伏龍天寂滅安佛

南無象龍師子巖雷難過上佛

南無捨法智龍王解脫覺世海眼止佛

（總集經藏中具龍名號諸佛）

善啓龍王密藏釋迦牟尼佛皈敬文

頂禮　十方三世一切諸佛
皈命　大恩本師釋迦牟尼佛前

善哉仁佛，大悟金剛聖座，於菩提伽耶，
七七日中安住甚深禪悅龍一切時定。
第六七日中，大定現成，鉅霖將傾，
目真隣陀龍王以七首密覆佛身，
安止七日，善妙守護如來，示大勝功德。
於今天地異失傾變，幻敗無端；六大頻亂演災，如是紛亂；
深祈於法界龍佛現前，以淨世間。

是故頂禮於釋尊龍佛大菩提座前，
稽首於法界諸龍佛、菩薩，以諸佛開許加持，
善啓法身如來無上祕要，十方三世一切龍佛究竟心密法藏，
善演大乘諸龍經藏聖法，以安法界，兼利世出世間。

如是隨順如來聖心，勸發法界諸龍憶起本願，及銘其詞：

法界龍王諸龍族　還念本誓釋尊前
法界諸佛所攝受　從諸龍境至成佛
法身如來金剛現　誓句平等法身顯
福智平等三昧耶　佛性智海龍王印

是龍也，法界能轉，然人間妄動，六識紛擾，負念揚飛，
六大汙染，四生、六大龍族，
身心深傷若斯，深悲憫之，是故順佛本願，

承佛善妙，以斯聖尊龍佛妙法，
平安法界，佛意永淨。
諸龍王暨一切龍族，身心安順，兼怨頓銷，吉祥悅意，善願成滿，
善護世間，自在成就，大覺成佛，斯乃究竟。
深憶佛慈，依本誓句，守護法界諸龍王及諸龍眷屬，如願圓滿。
其偈曰：

一切諸龍離苦惱　　三患自除龍安樂
法界龍王、龍族眾　　普皆吉祥證龍佛
五大、五方龍體性　　悉皆安護受妙吉
意淨無瞋三毒盡　　六大無礙本瑜伽

大恩本師釋迦文佛，本願攝受，普願法界眾生同斯聖妙，
共成無上菩提，一切世間及諸龍宮殿，同成淨土。

南無　現龍座身本師釋迦牟尼佛
南無　法界諸龍佛
南無　法界諸龍菩薩
禮敬　法界諸龍王暨一切龍族

佛曆二五六〇年　丁酉佛憙慈怙
佛子洪啓嵩　頂禮於菩提伽耶金剛座前

註：本文為洪啟嵩禪師二〇一七年修造龍王法軌之〈善啟　法界龍佛究竟勝法密藏　上祈大恩本師釋迦牟尼佛皈敬文〉。

目錄

出版緣起

佛陀的一生，都與龍王有深刻的因緣。從誕生、悟道、傳法乃至於涅槃，龍王都一心守護著佛陀。

龍族雖然具足了廣大的威力與福德，但由於智慧與瞋習的問題，因此也容易受外境的干擾影響。尤其是龍族不似其餘的天人，而是與人間的因緣較為接近，所以人間的發展往往影響到他們的生存環境。

現今整個地、水、火、風、空生態環境的破壞，乃至於重大的天災人禍、戰爭、核子武器都對他們產生深刻的影響。而手機訊號與空中的各種電頻，更使人類的心識困擾，透過電頻不斷對龍族身心的折磨，進而引發其瞋心，而引發地球的更大生態破壞與災變。

因此，我們希望能夠將關於龍王的經典，編輯成為《龍王藏》，一者，能讓佛陀對於諸龍的深刻教法，完整留下，使人與龍族皆得具足慈悲、智慧，進而圓滿無上菩提。二者，幫助龍族遠離各種困境而身心安頓，使其具足福德威力，守護地球人間。三者，使擁有此套法藏者，能生生世世永受一切龍王的福佑。龍王是具足大福德與佛法祕藏者，必能使供養《龍王藏》者眾願成就、具足福德、智慧，與諸龍王共成佛道。

為了讓大家能迅速地掌握到《龍王藏》中經典的義理，此藏佛典全部採用新式分段、標點，使讀者能事半功倍地總持佛心妙智，具足廣大的福力、守護，迅速掌握到幸福與光明的根源。

這一套《龍王藏》是史上第一次龍王相關經教的集結，而在梁武帝天監十六年，曾經令莊嚴寺沙門寶唱編輯〈眾經擁護國土諸龍王名錄〉三卷，作為龍王佑助國土的因緣，惜已佚失。

緣此，二〇一七年我於菩提伽耶龍王池大修法中，除了收錄一切龍佛、龍菩薩及龍王名錄外，並修造《吉祥法界諸大龍佛、龍王・菩提伽耶龍王池大修法》法軌，蒐於附錄之中。本套《龍王藏》除了編集諸龍王相關經教之外，並將諸龍相關真言，除了原經中的漢文音譯之外，並加上梵音之羅馬拼音及悉曇梵字完整呈現，便於讀者誦持。此次編纂的相關經論及參校之研究資料十分龐大，祈願有心研究者能再深入精研，期望能更臻於圓滿。

《龍王藏》將《大藏經》中的一切龍王教法，完整地編輯，希望帶給人世間廣大的光明，眾生吉祥福樂，地球上的一切人類、龍族、眾生，共發無上菩提心，並得證大覺成就。

《龍王藏》的出版，將帶給人間許多的法喜與福德，因為透過這些經典的導引，將使我們了悟佛菩薩所開啟的龍王祕藏，不只能讓我們得到諸佛菩薩的慈光佑護，更能令我們在一切龍王護法的守護下吉祥願滿。

洪啓嵩

凡例

一、《龍王藏》經集主要選取《大藏經》中，與龍王或龍相關的經典，包括全經及摘錄部份經文為主，本藏編輯主要依《大正藏》的冊數次第收錄相關經文，編輯成冊。其摘錄經文的標示以(略)來表示之，例如：

「北方地空中，有叢樹名菴，廣長各二千里；復有叢樹名閻破，廣長各二千里(略)；復有叢樹名蒲萄，廣長各二千里。過是空地，其空地中，復有優鉢華池二千里、紅蓮華池二千里、白蓮華池二千里、黃蓮華池二千里、毒蛇池二千里。過是已地空，其空中有海欝禪，從東西流入大海。其欝禪海中，見轉輪王，亦知天下；有轉輪王，見遊行時跡，欝禪北有山名欝單茄。」

二、凡《大正藏》經文內本有的小字夾註者，龍王藏經文均以小字表示之。

三、凡經文內之咒語，其斷句以空格來表示。若原文上有斷句序號而未空格時，則龍王藏經均於序號之下，加空一格。

四、龍王藏經典之經文，採用粗明字體，而其中之偈頌、咒語等，皆採用標楷字體，另若有序文、跋或作註釋說明時，則採用細明字體。

五、龍王藏經中凡現代不慣用的古字（真言咒語除外），皆以教育部所頒行的常用字取代之（如：讃→讚），而不再詳以對照表說明。

六、凡是經文中不影響經義的正俗字（如：遍、徧）、通用字（如：蓮「華」、蓮「花」）、譯音字（如：目「犍」連、目「乾」連），等彼此不一者，均不作改動或校勘。

七、經文中文字明顯有誤且有校勘註解者，則依校勘文字修改。如「縛曰囉」改為「縛*日囉」並於修改之字右上角註記符號「*」。

八、《大正藏》經文咒語句數之標示，超過二十一之句數，在《龍王藏》版中改成二一句，例如：《金剛光焰止風雨陀羅尼經》根本滅諸災害真言：

（略）薩縛訥瑟吒（上）那（去）囉矩攞崩扇（十九句）縛囉跛（同上二合）囉縛囉（二十句）戰拏謎倪（二十一句）摩訶縛攞播囉羯（二合）囉迷（二十二句）（略）縛攞縛底（三十句）廢（同上）伽（魚迦句）縛底（三十一句）娑（去）囉娑（去）囉（三十二句）（略）

改為：

（略）薩縛訥瑟吒上那去囉矩攞崩扇十九句縛囉跛同上二合囉縛囉二十句戰拏謎倪二一句摩訶縛攞播囉羯二合囉迷二二句（略）縛攞縛底三十句廢同上伽魚迦句縛底三一句娑去囉娑去囉三二句（略）

九、龍王藏經典經文採新式標點符號標示，所作之標點、分段，以儘量順於經義為原則，方便讀者之閱讀。

十、為使閱讀者，更能確切讀誦經文中的真言咒語，特別將漢譯的真言咒語，配上梵文悉曇字及梵文羅馬拼音文字，如：

縛訖得登乙反二合囉十八句　惹野惹野十九句

vaktara jāya jāya

此部份參校《一切經音義》、《悉曇字記》、《悉曇藏》、《魚山聲明集》等梵字真言等相關經論，及《密教大辭典》、《房山石經》、《大藏全咒》、《佛教的真言咒語》等現代之研究著述，經過細密之比對、校正後，再將經中之真言悉

曇梵字重新書寫。由於使用之參校之資料繁多，凡例中僅能例舉一二，完整參考
資料將詳列於《龍王藏》最末一冊。

龍王藏導讀

洪啓嵩

在經典中，法會中的大眾，除了諸佛菩薩、解脫的阿羅漢聖者，及在解脫與輪迴間流轉的人類之外，還有一群護法，他們擁有十分強大的力量，守護著佛陀、佛法與善人，但同時又有著各自的習氣與個性。他們就是所謂的「天龍八部眾」，也就是天、龍、夜叉、乾闥婆、阿修羅、迦樓羅、緊那羅及摩睺羅伽等護持佛法的八種守護神。

天龍八部都是佛陀的忠實信眾和聽眾，只要佛陀出現或說法時，他們都十分歡喜地守護與聽法。他們經常出現在法會的現場，然後就靜靜地在一旁聽法，莊嚴道場，最後則是對佛陀所說的教法歡喜奉行與發願護持。雖然在佛經中，他們並不是主體，但是在佛法大會中，因為有了他們的存在，而使得法會更加圓滿。

在天龍八部等護法眾中，龍族是十分重要及醒目的角色。在《翻譯名義集》卷二[1]中說：龍有四種：（一）守護諸天宮殿，護持使其不落下；（二）興雲降雨，利益人間；（三）地龍，決江開瀆；（四）伏藏，守護轉輪王大福人間寶藏。其中並提到投生於龍族中的因緣有四種：（一）多布施，（二）瞋恚，（三）輕慢他人，（四）自貢高。

龍族的領袖稱為龍王（nāgarāja），龍王所居住之處稱為龍宮。在《長阿含經》卷第十九[2]中說到龍宮的情景：「大海水底有娑竭龍王宮，縱廣八萬由旬，宮牆七重，七重欄楯，七重羅網，七重行樹，周匝嚴飾皆七寶成，乃至無數眾鳥相和而鳴。」這是娑竭羅大海龍王的龍宮。

而在《正法念處經》[3]中也提到德叉迦龍王的宮殿：「過軍闍羅山（略）有一大海，於海水下五百由旬，有龍王宮，種種眾寶以為莊嚴，毗琉璃寶，因陀青寶，頗梨欄楯，七寶莊嚴，光明摩尼種種眾寶，莊嚴殿堂，重閣之殿，猶如日光，有如是等無量宮殿，德叉迦龍王以自業故，住此宮殿。」

亦有說佛法隱沒時，龍宮即為護持、祕藏佛典的地方。相傳龍樹菩薩即是獲大龍菩薩接入龍宮，開七寶藏，授與諸方等深奧經典。

龍王具足強大的威力，經常為佛法的守護者。在《佛母大孔雀明王經》卷上[4]記載，有的龍王在地上行走，有的則常居住於空中，或是住在須彌山上，也有住在水中的。而在形象上，有一頭、二頭，乃至多頭的龍王，也有無足、二足、四足，乃至多足的龍王。

龍王亦有善、惡之分，在佛經中有具福修行的「法行龍王」，也有瞋怒暴惡、興暴雨狂風的「非法行龍王」。如：善住龍王，難陀、婆難陀龍王兄弟，阿耨達龍王等，都是行於大乘佛法、精進修行的龍王，而他們的眷屬也都瞋心淡薄，而且憶念福德，能隨順正法而行，屬於「法行龍王」，他們以善心依照時序降雨，使世間五穀成熟，具足福德，並沒有像一般龍族會受到熱沙著身之苦。相對於法行龍王，另外有一類「非法行龍王」，他們不順法行，行不善法，不敬沙門及婆羅門，所以常受到熱沙燒身的苦果，這些惡龍常在閻浮提現起大惡身，興起暴惡雲雨，使世間受難及損害一切五穀。

龍族在日常生活中有三種煩惱痛苦：

1 被熱風、熱沙著身，受皮骨肉髓燒灼的苦惱。

2 龍宮內，時常有惡風暴起，諸龍經常遭受損傷並失去寶飾衣物，以及在某些時候，無法控制而現出龍身原型的苦惱。

3諸龍各在宮中娛樂時，突然會有迦樓羅（金翅鳥）入宮撲捉諸龍吞食，使龍族心常恐怖，常懷熱惱。

除了具足福德的大龍王之外，無有能免於此諸難者。

在《因緣僧護經》[5]中即記載，有一位海龍王變為人形而出家修行，但是他在睡眠時還是會現起龍身，讓同在一起修行的人非常驚駭。佛陀因而說明龍族在初生、臨終、交媾、瞋怒、睡眠等時，都會無法控制而現出龍的原形，不能變化成為異類之身。

《佛母大孔雀明王經》卷中[6]則舉出佛世尊龍王以下，乃至小白龍王等一百六十餘種龍王之名，這些都是具有大福德的龍王，如果能稱念其名，必能獲得大利益。這些龍王在各自的領土上，有時發出震響，有時放出光明，或是降下甘霖，使苗稼成熟。在《大雲輪請雨經》[7]中則舉出難那龍王，乃至尾羯吒龍王等一百八十六位龍王，這些龍王各自有陀羅尼，能施予一切眾生安樂，於贍部洲依時降注甘雨，令一切樹木叢林藥草苗稼皆得增長。

而在佛經中曾以「大龍」、「龍中龍」、「無上龍」來稱名佛陀；這是以超越諸龍的廣大福德與行止自在，來形容佛陀世尊；這就如同以「天中天」來表達佛陀的殊勝一般。於《中阿含經》[8]中就說道：「稱說名大龍，而無所傷害，一切龍中龍，真諦無上龍。」以這些名號稱呼佛陀，其實有另外的意義。因為佛陀具足一切大覺、勝福，更是隨時安住在大悲、大智、大定當中。因此也用「龍一切時定」來彰顯佛陀的一切自在。因此《中阿含經》中並說：「龍行止俱定，坐定臥亦定，龍一切時定，是謂龍常法。」

一、佛陀與龍王

守護佛陀誕生的難陀、優波難陀龍王

佛陀的一生與龍王有著甚深的因緣，在佛經中，時常可見龍王護持佛法及和龍族相關的記載。例如，在《過去現在因果經》卷一[9]中記載：「難陀龍王、優波難陀龍王，於虛空中，吐清淨水，一溫一涼，灌太子身。」《修行本起經》卷上[10]則記載：「有龍王兄弟，一名迦羅，二名鬱迦羅，左雨溫水，右雨冷泉，釋梵摩持天衣裹之，天雨花香，彈琴鼓樂，熏香燒香，擣香澤香，虛空側塞。夫人抱太子，乘交龍車，幢幡伎樂，導從還宮。」這說明佛陀初誕之時，兄弟龍王即現身灌浴守護，護持著佛陀。

佛陀成道前為龍王留影石窟

佛陀在成就大覺之前，先在鉢羅笈菩提山（前正覺山）修行。在《大唐西域記》卷第八[11]中記載：「至鉢羅笈菩提山（唐言前正覺山，如來將證正覺，先登此山，故云前正覺也）。（略）菩薩下自西南，山半崖中，背巖面澗，有大石室，菩薩即之，加趺坐焉，地又震動，山復傾搖。時淨居天空中唱曰：『此非如來成正覺處。自此西南十四五里，去苦行處不遠，有卑鉢羅樹，下有金剛座，去來諸佛咸於此座而成正覺，願當就彼。』菩薩方起，室中龍曰：『斯室清勝，可以證聖，唯願慈悲，勿有遺棄。』菩薩既知非取證所，為遂龍意，留影而去（影在昔日，賢愚咸覩；洎於今時，或有得見）。」

前正覺山的龍洞，現今亦是參禮佛陀成道的聖地菩提伽耶時，重要勝跡之一。

守護成道佛陀的龍王

佛陀最初成道時，守護並皈依佛陀的龍王，為目真隣陀大龍王。目真隣陀（梵名Mucilinda），意譯為「解脫處」，也有稱其為「文鱗龍王」。他住在鄰近佛陀成道金剛寶座東南的「目真隣陀龍池」中。此龍王住於目真隣陀窟中，不只因為佛陀而使其眼睛復明，並因聽聞佛陀說法而得解脫龍身的痛苦。在《太子瑞應本起經》卷下[12]中，提到目真隣陀龍王原為眼盲的「瞽龍」，受到佛陀坐禪佛光照水中而得眼明。經中說，佛陀悟道後到龍王池畔坐禪：「起到文隣瞽龍無提水邊，坐定七日，不喘不息；光照水中，龍目得開，自識如前，見三佛光明，目輒得視。」

《佛本行集經》中也記載著，當時佛從菩提樹下起座，往目真隣陀龍王池邊，坐在樹下思惟，當時連著下了七日的洪雨，目真隣陀龍王就從池中湧出，以龍身繞佛七匝，並以頭為蓋，覆於佛陀頂上，守護佛陀，使其不受風吹雨淋等干擾。

《佛本行集經》卷第三十一[13]中記載：「爾時，世尊從彼目真隣陀龍王受宮殿已，加趺而坐，一坐經於七日不起，為欲受於解脫樂故。時彼七日虛空之中，興雲注雨，起大冷風，於七日內，雨不暫停，遂成寒凍。爾時，目真隣陀龍王從宮殿出，以其大身，七重圍遶，擁蔽佛身，復以七頭垂世尊上，作於大蓋，嶷然而住。心如是念：『莫令世尊身體，寒冷風濕塵坌，蚊虻諸蟲，觸世尊體。』」

《方廣大莊嚴經》卷第十[14]中說，佛陀成道後的第五個七日，安住於目真隣陀龍王池畔坐禪：「於第五七日，住目真隣陀龍王所居之處。是時寒風霖雨七日不霽，龍王心念恐畏風雨上損如來，出其自宮前詣佛所，以身衛佛纏遶七匝，以頭為蓋蔽覆佛上。四方復有無量龍王皆來護佛，龍身委積如須彌山，是諸龍等蒙佛威光，身心安樂得未曾有。過七日已風雨止息，諸龍王等頂禮佛足，右遶三匝還其本宮。」

而目真隣陀龍王除了聞佛教導而從佛陀受三皈依、五戒，在《出曜經》[15]中也說：「如來爾時即從坐起，詣文鱗龍王所，至彼宮殿而說斯偈。龍聞此偈心開意解，眼目得開覩如來形。」可見對於正法，龍王有著真實的受用。

在《大唐西域記》卷第八[16]中則記載玄奘當時所見：「帝釋化池東林中，有目支隣陀龍王池。其水清黑，其味甘美。西岸有小精舍，中作佛像。昔如來初成正覺，於此宴坐，七日入定。時此龍王警衛如來，即以其身繞佛七匝，化出多頭，俯垂為蓋。」

佛陀降伏毒龍度化外道

佛陀成道之初，首先度化五比丘之後，接下來決定先去度化摩揭陀國著名的宗教領袖——優樓頻羅迦葉。優樓頻羅迦葉和他的兩個弟弟伽耶迦葉、那提迦葉等三兄弟事奉火神，是著名的國師，深受國王及國內百姓皈信。他們供養一隻火龍，非常兇猛。佛陀前去拜訪他們，並請求寄宿在火龍所居住的石室。

《太子瑞應本起經》卷下[17]記載：「佛即澡洗前入火室，持草布地，適坐須臾，毒龍瞋恚，身中出烟；佛亦現神，身中出烟。龍大忿怒，身皆火出；佛亦現神，身出火光。龍火佛光，於是俱盛，石室盡燃，其炎烟出，如失火狀。迦葉夜起，相視星宿，見火室洞然，噫噫言：『咄！是大沙門端正，可惜不隨我語，竟為毒火所害。』佛知其意，於其室內，以道神力，滅龍恚毒，降伏龍身，化置鉢中。」

火龍看見佛陀出現在它的石室中，立刻十分憤怒地吐出毒煙火焰，整個房間頓時陷入一片火海。佛陀示現神通，立即入於火光三昧，發出比毒龍更加猛烈的大火，火龍被燒得無處可逃，於是佛陀除滅了毒龍的恚毒，所降伏的毒龍，就進入佛陀的鉢中，而被降伏了。

《增壹阿含經》卷第十四[18]中記載著：「爾時，世尊即往石室，敷座而宿，結跏趺坐，正身正意，繫念在前。是時，毒龍見世尊坐，便吐火毒。爾時，世尊入慈三昧，從慈三昧起，入焰光三昧。爾時，龍火、佛光一時俱作。（略）爾時，世尊入慈三昧，漸使彼龍無復瞋恚。時，彼惡龍心懷恐怖，東西馳走，欲得出石室，然不能得出石室。是時，彼惡龍來向如來，入世尊鉢中住。」

《普曜經》卷第八[19]中亦記載：「適坐須臾，龍即瞋恚身中出烟；佛亦出烟。龍大瞋怒身皆火出；佛亦現神身出火光。龍火佛火於是俱盛，石室盡然，其炎烟出如失火狀。（略）明旦佛持鉢盛龍而出之。迦葉大喜：『大道人乃得活耶？器中何等？』佛言：『然，自安隱耳！龍是器中。所言毒龍為害者也，今者降之，已受降伏，令受戒矣！』」

優樓頻羅迦葉和他的弟子們，心想佛陀必定被火龍所害，沒想到卻是佛陀收伏了火龍。但是三迦葉還是自認為他們才是真正的羅漢，而佛陀只是神通力較大而已。但是經過了一連串的因緣與觀察，他們終於認知佛陀才是真正圓滿的阿羅漢[20]。於是三迦葉兄弟及他們門下的一千二百五十位弟子，都一起皈依了佛陀。佛陀降伏火龍的故事經常可見於佛教藝術的題材，現今印度的巴路特（Bharhut）、山崎（Sanchi）、阿摩羅婆提（Amarāvatī），及爪哇的波羅浮屠（Boro-budur）等古塔，都有著這些故事的雕刻。

龍王分供佛陀舍利

佛陀入滅後，八大國王為獨得供奉舍利，不惜與要獨占舍利的末羅國一戰。[21]後來在大臣優波吉勸諫下，將佛舍利分為三份，分別由人間、天神、龍族所供奉。

《菩薩處胎經》〈起塔品第三十七〉[22]中記載：「爾時，八大國王：優填王、頂生王、惡生王、阿闍世王；四大兵馬主：最豪兵馬主、容顏兵馬主、熾盛兵馬主、金剛兵馬主，此八大王共諍舍利，各領兵眾列住一面。八大王各各言：『佛舍利我應獨得之。』有一大臣名優波吉諫言：『諸王！莫呼佛舍利，應當分之普共供養，何為興兵共相征罰？』

「爾時釋提桓因，即現為人語諸王言：『我等諸天亦當有分，若共呼力則有勝負，幸可見與勿足為難。』」

「爾時阿耨達龍王、文隣龍王、伊那鉢龍王語八王言：『我等亦應有舍利分，若不見與力足相伏。』」

「時優波吉言：『諸君且止，舍利宜共分之。』即分為三分，一分與諸天，一分與龍王，一分與八王。』」

龍宮中除了供奉佛陀舍利，也珍藏著廣大的法藏。當初大龍菩薩為了度化龍樹菩薩，將之接到大海中的龍宮，並開啟七寶藏、七寶華函，並以諸方等經及各種深奧經典，以無量妙法而授予之。龍樹菩薩專注地在龍宮中受讀了將近三個月，通達了解甚多，深入經藏，體悟法要，也才了知佛法經藏浩瀚如海。

在《龍樹菩薩傳》[23]中記載：「大龍菩薩見其如是惜而愍之，即接之入海。於宮殿中開七寶藏、發七寶華函；以諸方等深奧經典無量妙法授之。龍樹受讀九十日中，通解甚多，其心深入體得實利。

「龍知其心而問之曰：『看經遍未？』

「答言：『汝諸函中經多無量不可盡也！我可讀者已十倍閻浮提。』

「龍言：『如我宮中所有經典，諸處此比復不可數！』

「龍樹既得諸經一相，深入無生，二忍具足。龍還送出於南天竺，大弘佛法摧伏外道。」

龍樹菩薩在此開了眼界，加上這段期間等同閉關，專心閱讀經典，通達法要。於是大龍菩薩就送其出於南天竺，大弘佛法，摧伏外道。他並廣明大乘摩訶衍，作優波提舍十萬偈，又作莊嚴佛道論五千偈，大慈方便論五千偈，中論五百偈，使大乘教法大行於天竺。又造無畏論十萬偈，中論即是出於其中。

二、諸龍授記作佛

龍王除了具足廣大福德，並守護佛陀、法藏外，其實許多的龍王亦是菩薩的化現，或是真修實證的行者。因此，佛陀除了為人類授記外，也為許多的龍族授記成佛。

法華經中龍女成佛

在《法華經》卷四[24]，記載著龍女成佛的故事。在《法華經》卷四〈提婆達多品〉中記載：「文殊師利言：『有娑竭羅龍王女，年始八歲，智慧利根，善知眾生諸根行業，得陀羅尼，諸佛所說甚深祕藏，悉能受持。深入禪定，了達諸法，於剎那頃發菩提心，得不退轉，辯才無礙。慈念眾生、猶如赤子，功德具足，心念口演，微妙廣大，慈悲仁讓，志意和雅，能至菩提。』」

在法華會中，文殊菩薩告訴智積菩薩，娑竭羅龍王的公主，年方八歲，卻因為修行《法華經》的緣故，而疾速成佛。智積菩薩聽了後，感到很懷疑。就在這時，龍女忽然出現於法會之上，以頭面禮敬佛陀，並以偈讚佛。

《法華經》卷四中記載：「當時眾會，皆見龍女忽然之間變成男子，具菩薩行，即往南方無垢世界，坐寶蓮華，成等正覺，三十二相、八十種好，普為十方一切眾生演說妙法。

爾時娑婆世界，菩薩、聲聞、天龍八部、人與非人，皆遙見彼龍女成佛，普為時會人天說法，心大歡喜，悉遙敬禮。無量眾生，聞法解悟，得不退轉；無量眾生，得受道記。無垢世界，六反震動；娑婆世界，三千眾生住不退地，三千眾生發菩提心而得受記。智積菩薩及舍利弗，一切眾會，默然信受。」

這時，舍利弗對龍女說：「你生為女身，充滿垢穢，不堪為法器，怎麼能得證無上菩提？」龍女就以身上的寶珠獻給佛陀，然後問舍利弗和智積菩薩：「尊者！您看我以此寶珠獻給佛陀，佛陀接受此珠是否迅速呢？」智積菩薩和舍利弗都說：「非常快速！」龍女又說：「我成佛的速度比這更迅速！」

這時法會中的大眾，都看見龍女忽然之間變成男子身，具足菩薩行，即刻前往南方世界，安坐於蓮華臺上，成就正等正覺，具足三十二相，八十種好，普為十方一切眾生演說無上妙法。於是，娑婆世界的菩薩、聲聞、天龍八部、人、非人等都遙向其敬禮。智積菩薩和舍利弗也都默然信受。

龍女八歲即身成佛的故事，是佛教中非常有名的典故，也引發了女人及龍族是否能成佛的廣大討論。早期的傳統佛教，認為女人之身有五種障礙，所以不能成為梵天王，更不可能成佛。此外也有說龍在睡眠時會現出其本形，不能持齋，並非法器，因而不許龍參預僧團。

大寶積經中授記龍王成佛

在《大寶積經》卷六十四[25]中說：「爾時難陀優波難陀龍王等九億諸龍，見諸龍女設妙供養，及聞龍女得授記已，生希有心未曾有心。」因此，龍王興雲遍覆諸山大海，雨下香水成為香泥、又下赤真珠等種種眾寶，及妙好天衣、莊嚴寶蓋、真珠旒蘇、龍幡、眾寶鈴網，以諸龍力興大供養。佛陀亦為諸龍授記：

「如是釋迦牟尼佛，說諸龍意答佛子，如彼堅智心中轉，為得無等菩提故。

如來授彼諸龍記，大眾聞已皆欣喜，大眾喜已歸依佛，一切皆悉心寂靜。」

《父子合集經》卷第五[26]中則記載：

「釋尊無畏聖師子，說諸龍意答所問，佛子常隨智慧行，速得菩提無上果。

如來授彼諸龍記，時眾聞已生忻慶，咸各歸命牟尼尊，於佛法中心寂靜。」

海龍王女寶錦受記作佛

在《海龍王經》卷三[27]中，也記載了海龍王女寶錦受記的故事：

「佛知諸天、龍、神、香音神心之所念，告諸比丘：『此寶錦女，三百不可計劫後，當得作佛，號曰普世如來、至真、等正覺，世界曰光明，劫曰清淨。其光明世界，如來光常當大明。菩薩九十二億，佛壽十小劫。』

於是萬龍后白佛言：『普世如來得為佛時，吾等願生彼國！』佛即記之當生其國。」

海龍王女寶錦與萬龍之夫人一起以瓔珞獻給佛陀，發起無上道心願成佛，佛陀並授記他們未來當成佛。

同樣在《海龍王經》中得到佛陀授記作佛的，還有威首龍王子。在《海龍王經》卷二[28]中，佛陀為其授記於未來慧見如來的淨住世界時成佛：「是威首龍王子，過八百不可計會無央數劫，當得作佛，號慧見如來、至真、等正覺，世界名淨住，劫曰明察。」

諸龍得授記作佛

佛陀宣說《海龍王經》後，海龍王及其三千萬龍眷屬，皆發無上正真道意，並發心總持此無盡之藏，為一切眾生廣說經法。舍利弗感嘆道：如來能令諸龍發無上正真道意，而人類反而不能發起大道之心！佛陀宣說諸龍於往昔迦葉佛時曾作沙門之因緣，如今聽？佛陀宣說大乘法而發起無上道意。佛陀亦為諸龍授記作佛。

《海龍王經》卷二[29]中說：「今聞吾說諮嗟大乘，講無盡藏總持，皆發無上正真道意。舍利弗！觀是至心之奇特，今吾授決，恒沙等劫供養諸佛積累道品，自致得成無上正真道，號曰慧上智上法上梵上，得成佛時，以是四事號世界曰無垢藏，劫名大欣，皆同一劫得成無上正真道最正覺，猶如賢劫當興千佛。」佛陀授記諸龍於未來無垢藏世界之大欣劫，共同成佛，猶如賢劫千佛出世。

而在《大寶積經》卷六十三[30]中，則有九億六千萬龍女得佛授記的記載。在〈龍女授記品第六〉中說：「爾時九億六千萬龍女，見諸阿修羅伽樓羅供養世尊及授記已，心生欣喜。彼得欣喜踊悅稱心，於世尊所起心供養。」

於是佛陀為她們授記，於未來星宿劫作佛：

「彼等住彼梵宮時，作諸利益世間已，能令無量那由他，億眾安住菩提道。

彼於無量那由劫，當得供養一切佛，後於未來星宿劫，諸根寂靜當作佛。」

《父子合集經》卷第五[31]中也有相類的記載：「爾時會中，復有九十六俱胝龍女，見彼阿修羅王、迦樓羅王於世尊所作供養已，復聞如來各與授彼成佛之記，心大歡喜，踴躍無量，發清淨心，廣陳供養。」

佛陀為其授記：

「彼龍女等生梵世，饒益利樂諸天人，教化令發清淨心，皆能進趣菩提道。

往詣無邊佛剎土，供養承事諸如來，過彼未來星宿劫，同成佛號寂諸根。

彼等聞佛授記已，心淨踴躍志堅固，時會咸生歡喜心，各各頭面禮佛足。」

如是可見這些龍王、龍子、龍女發心修持於菩薩道，終而授記成佛，是一群偉大的菩薩行者。而佛陀在過去世時，亦曾為慈心龍王，發心修習菩薩行，因而成佛，更是我們的典範。在《菩薩本生鬘論》[32]及《大智度論》[33]皆有相關記載。

三、龍部諸尊解說

在龍部的族群中，經常可以看到許多龍王，帶領著眷屬，護持佛法。

在《法華經》[34]中提到，佛陀說法時，有難陀、跋難陀、娑伽羅、和修吉、德叉迦、阿那婆達多、摩那斯、優鉢羅等八大龍王來聽法。而《瑜伽師地論》[35]中也記載，七金山八支德水中的龍宮住有持地、歡喜近喜、馬騾、目支隣陀、意猛、持國、大黑、黳羅葉等八大龍王。

而在諸尊龍王中，以五大龍王及八大龍王最為著稱。

五大龍王

五大龍王又稱為「五類龍王」，分別是指：善住龍王（梵名 Susamsthita- nāga-rāja），難陀波難陀龍王（梵名 Nandopananda- nāga-rāja），阿耨達龍王（梵名 Anavatapta-nāga-rāja），婆樓那龍王（梵名 Varuṇa-nāga-rāja），摩那蘇婆帝龍王（梵名 Manasvi- nāga-rāja）。此五大龍王依次為一切象龍、蛇龍、馬龍、魚龍及蝦蟆龍之主，他們皈依佛陀、行大乘之法，精進修行，並約束眷屬，不得對眾生作出種種嬈害之事。

《大方等大集經》卷第五十八[36]中說：「此諸龍王，於大乘法精進修行，謂此善住龍王為一切象龍主，此難陀龍王、婆難陀龍王為一切蛇龍主，此阿耨達龍王為一切馬龍主，此婆樓那龍王為一切魚龍主，此摩那蘇婆帝龍王為一切蝦蟇龍主。如是等諸大龍王，能與眾生作諸衰惱，自餘諸龍自力不堪作上衰患。此五大龍王安住大乘有大威德，是大龍王各各佛前約率眷屬，不令起作如上災禍，於佛法燈三寶種姓，久住於世不令速滅。」

八大龍王

八大龍王是指列於《法華經》等許多經典中，在法會座上為護法善神之八位龍王。

《妙法蓮華經》卷第一〈序品〉[37]中記載，當時佛陀於王舍城靈鷲山宣說本經時，除有阿羅漢、有學、無學等，及諸大菩薩來集，另有天神、龍王等龍天善護，其中就提及八大龍王：「有八龍王：難陀龍王、跋難陀龍王、娑伽羅龍王、和脩吉龍王、德叉迦龍王、阿那婆達多龍王、摩那斯龍王、優鉢羅龍王等，各與若干百千眷屬俱。」

此八位龍王，即：

1難陀龍王（梵名 Nanda），意譯為歡喜龍王，乃護法龍神的上首。

2跋難陀龍王（梵名 Upananda），意譯為賢喜龍王，又稱優波難陀龍王，與難陀龍王為兄弟。

3娑伽羅龍王（梵名 Sāgara），意譯為海龍王，又稱娑竭羅龍王，為古來請雨法的本尊，也是觀音二十八部眾之一。

4和修吉龍王（梵名 Vāsuki），意譯為寶有龍王、寶稱龍王、多頭龍王、九頭龍王，又稱婆修豎龍王、筏蘇枳龍王。能繞妙高山，並以小龍為食。

5德叉迦龍王（梵名 Takṣaka），意譯為多舌龍王、兩舌龍王、視毒龍王、現毒龍王、能損害者龍王。以怒視即可使人畜即時命終。

6阿那婆達多龍王（梵名 Anavatapta），意譯為無熱惱龍王，又稱阿耨達龍王。住於雪山頂之阿耨達池。

7摩那斯龍王（梵名 Manasvin），意譯為大意龍王、高意龍王、慈心龍王、大力龍王、大身龍王，又稱摩那蘇婆帝龍王。

8優婆羅龍王（梵名 Utpalaka），意譯為青蓮龍王。因住於青蓮華池而有此名。

以下就諸尊重要龍王，予以分別解說：

難陀龍王

難陀龍王（梵名 Nanda）又譯作難途龍王、難頭龍王，意譯為歡喜、喜。此龍王是八大龍王之一，為優婆難陀龍王的兄弟。二者常並稱為難陀婆難陀、難途跋難陀、難頭和難陀。在《法華經玄贊》卷二[38]記載，此龍王善於順應眾生的心意，能調御風雨，深得世人歡喜，因而有喜龍王等名稱。

在《增壹阿含經》[39]、《大寶積經》[40]中記載此龍王往昔，本性非常兇惡，後來被佛弟子目犍連示現神通而將之降伏。

在《過去現在因果經》[41]、《法華經》[42]、《大般涅槃經》[43]、《華嚴經》[44]中，都說此龍王為護法龍王的上首。

難陀龍王在密教中，位於現圖胎藏界曼荼羅外金剛部院中，南、西、北三門之內側右邊。其形像是全身肉色，背後有七龍頭。其中，安於南門內者，左掌叉腰，右手持劍當胸；安於北門內者，左手伸食指、彎屈餘指置腰，右手持劍當胸。三昧耶形為荷葉上的劍。安於西門內者，左手豎掌置腰，屈食、中、無名三指執輪索，右手持劍當胸。三昧耶形為荷葉上的索。

優波難陀龍王

優波難陀龍王（梵名 Upananda）為八大龍王之一，又稱為優婆難陀龍王、優鉢難陀龍王、跋難陀龍王、婆難陀龍王。意譯為延喜龍王、大喜龍王、賢喜龍王、重喜龍王。在《增壹阿含經》[45]記載，當時，佛陀在三十三天天宮為生母說法時候，優波難陀龍王看見許多與會的沙門飛行於三十三天，便生起瞋恚之心，於是放出大火風來阻止大眾，最後被大目犍連降伏。

優波難陀龍王為佛教護法龍神之一，常出現於佛陀說法法會之中。當初佛陀誕生於人間時，優波難陀龍王與其兄難陀龍王共同於虛空中吐出清淨之水，一溫一涼，來淋灌太子之身。鹿野苑薩爾那特舊址中，即有此一故事的雕刻。

在密教胎藏界曼荼羅中，此龍王位於外金剛部中的南、西、北三門內左邊。有七龍頭，右手持刀、左手持羅索，乘雲而安住。

阿耨達龍王

阿耨達龍王（梵名 Anavatapta），為八大龍王之一。音譯為阿那波達多龍王、阿那婆達多龍王、阿那婆答多龍王、阿那跋達多龍王，意譯為「無惱熱」或「清涼」。在一切馬形龍王中，阿耨達龍王的德行最為殊勝，也因為此福報而得居住於阿耨達池

（無熱池），能遠離一般龍族經常恐懼的三種過患，因此被稱為阿耨達龍王。

娑伽羅龍王

娑伽羅龍王（梵名 Sāgara），為八大龍王之一，亦為觀音二十八部眾之一。音譯又作娑伽羅龍王、娑竭龍王、沙竭龍王，意譯海龍王。娑竭羅是海名，此龍王為海中最尊勝故，所以名為娑伽羅龍王。《起世經》卷五[46]中記載：此龍王是金翅鳥王所不能捕取的，因而從來未曾被金翅鳥王之所驚擾。此龍王之形象，依《千手觀音造次第法儀軌》[47]所說，其身色赤白，左手執赤龍，右手握刀。

娑伽羅龍王係降雨之龍神，古來修祈請降雨之法時，常以之為本尊。在《華嚴經》卷五十一[48]記載：最殊勝的龍王娑竭羅，興起雲雨普遍覆蔭四天下，於一切處依其所需降下不同雨量，這是隨順因緣，其心中卻是平等，無有分別的。

娑伽羅龍王亦為護法之龍神，在《法華經》[49]、《華嚴經》[50]中都有此龍王前來聽法、護持的記載。而《海龍王經》[51]、《佛為海龍王說法印經》[52]、《佛為娑伽羅龍王所說大乘經》[53]及《十善業道經》[54]等經，都是佛陀特地為此龍王所宣說的經典。

瞿波羅龍王

瞿波羅龍王（梵名 Gopāla），為住於北印度那揭羅曷國龍窟的龍王。梵名音譯又作瞿波梨、瞿波囉，意譯為牧牛、地護。在《雜阿含經》卷二十三[55]中記載：佛陀將入般涅槃時，曾降伏阿波羅龍王、陶師、旃陀羅、瞿波梨龍，並拜訪摩偷羅國。

在《大唐西域記》[56]中，記載此龍王往昔由於心懷瞋恨，以供佛塔功德發願生為惡龍復仇。後果投生為那揭羅曷國之大龍王，要開始興起大禍害時被佛陀所降伏。

伊羅鉢多羅龍王

伊羅鉢多羅龍王（梵名 Elāpattra），又作醫羅鉢怛羅、伊那跋羅、伊羅鉢。或梵漢並稱為伊羅葉、醫羅葉、醫羅葉。意譯為香葉、藿香葉。

此龍王身形巨大，跨波羅奈國及怛叉始羅國。其前世曾為比丘，居伊羅樹林中，常因犯「損伊羅樹葉、午後乞食」二戒，所以轉生為龍身。其七頭上常生伊羅樹，常因膿血交流、蛆蟲嚼食而痛苦不堪。當時佛陀在波羅奈城教化此龍，告訴他，只有當彌勒佛出世時，他才能除此龍身，佛陀並以此警誡比丘勿行暴惡。後來有僧眾至伊羅葉龍王所居住的海岸，看見龍王自變化其身做為蛇橋，供人畜通過。後來蛇脊破裂毀壞，血流如雨下，大海也因此染為血紅色。

《大唐西域記》[57]中也記載此龍王居住之池：「大城西北七十餘里有醫羅鉢呾羅龍王池。周百餘步，其水澄清，雜色蓮華同榮異彩，故今彼土請雨祈晴，必與沙門共至池所，彈指慰問，隨願必果。」

此池之確實位置在北印度呾叉始羅國首府遺趾夏德利（Shab Dhcri）西北十餘哩處（即Hasan Abda），今為錫克（Sikh）教聖地。

摩那斯龍王

摩那斯（梵名Manasvati），為八大龍王之一。音譯又稱作摩那蘇婆帝龍，意譯作大身龍王、慈心龍王、高意龍王、大力龍王或大意龍王等。

此龍身長能繞須彌山七匝，故稱大身。又謂此龍王主降雨，將降雨時先起雲，待七日眾事均畢，然後降雨；因其興起雲雨時皆從慈心出，所以稱之為慈心。在《法華文句》卷二[58]中說：「修羅排海，淹喜見城，此龍（摩那斯）縈身以遏海水。」蓋其有威德，遂為一切蝦蟇形龍之王。

俱利迦羅龍王

俱利迦羅（梵名 Kulika），為密教不動明王的變化身。又作俱利迦羅大龍、古力迦龍王、俱哩迦、矩里迦、句律迦、律迦大蛇、迦梨迦。依《陀羅尼集經》[59]卷六所載，鳩利迦（Kulikah）有「具種」義，身暗褐色，頂上有半月。除了「具種」義外，另外有善族、種族首長等義。

依《俱利伽羅大龍勝外道伏陀羅尼經》[60]所記載，當初不動明王於色界頂，與外道論師對論，並共現種種神通變化成智。當時不動明王變化成智火之劍，外道上首智達亦化成智火之劍。明王智火劍再變為俱利迦羅大龍，吞外道智火劍，從口中出氣，如二萬億雷一時俱鳴，魔王外道聞之，皆心懷恐怖而捨棄邪執。

在《說矩里迦龍王像法》[61]記載此尊形象，除了作龍身吞劍之形像外，也有作人形者：「其形如蛇，作雷電之勢，身金色，繫如意寶，三昧焰起，四足蹴蹤之形，背張豎七金剛利針，額生一支玉角，纏繞劍上，（略）若作人相者，面目喜怒，遍身甲胄，猶如毗嚕博叉王，左托腰把索，右臂屈肘向上執劍，頂上置龍王幡，立金剛山。」

此外，《俱利伽羅大龍勝外道伏陀羅尼經》[62]說此龍王四足分別為降三世、軍荼利、琰魔都伽、金剛夜叉四大明王。現今尊形以龍纏劍之像流佈最廣。

又，以此尊為本尊之修法，能除病患、魔障等。在《不動使者陀羅尼祕密法》[63]曾敘述此本尊之修法：「若欲使古力迦龍王者，於壁上畫一劍，以古力迦龍王繞此劍上，龍形如蛇，劍中書阿字。心中亦自觀此劍及字，了了分明。心念不動使者誦一百八遍。一日三時滿六個月，多誦益好。若月滿已後，古力迦龍王自現。」

毘樓博叉龍王

毘樓博叉龍王，即四大天王中之西方天王廣目天（梵名 Virūpākṣa），此天王也是十二天之一、十六善神之一。住於須彌山西面半腹，常以淨天眼觀察閻浮提之眾生，乃守護西方之護法善神，又稱西方天。司掌處罰惡人，令起道心。

毘樓博叉龍王亦為諸龍之主，據《佛母大孔雀明王經》卷上[64]所說：「此西方有大天王，名曰廣目，是大龍王，以無量百千諸龍而為眷屬，守護西方。」關於其形像，諸說不同，據《陀羅尼集經》卷十一[65]載，毘嚕博叉天王像法，其像身長作一肘，著種種天衣，嚴飾極令精妙，與身相稱，左手申臂執矟，右手持赤索。據《藥師琉璃光王七佛本願功德念誦儀軌供養法》[66]記載：「西方廣目大天王，其身紅色執羂索，守護八佛西方門，供養讚歎而敬禮。」於密教胎藏界曼荼羅中，此尊位列外金剛院西門之側。毘樓博叉龍王通常都以四天王之一的廣目天王身份受人供養崇敬。

水天

密教中守護世間的十二位天神之一：水天（梵名 Varuṇa），又稱作縛樓那、婆樓那或縛嚕拏龍王等。為密教十二天之一，護世八方天之一。為西方的守護神，乃龍族之王。

在印度《梨俱吠陀》中，水天被視為司法神，相對於司宰白晝的同伴密特拉（Mitra），是掌管黑夜之神。原住於天界，後在《阿闥婆吠陀》中又成為水神，在《摩訶婆羅多》（Mahābhārata）中則成為水界之主（即龍種之王），且被認為是守護西方之神。

在佛典中，水天的名字很早就出現，如《長阿含經》卷二十[67]提到四大天神之一的水神；《雜阿含經》卷三十五[68]將水神婆留那，與帝釋、伊舍那同列為守護天眾與阿修羅征戰時遠離怖畏，具足廣大威德之天神；《金光明最勝王經》卷九[69]也列有水神一名；而《宿曜經》卷上[70]，認為此天司掌二十八宿中的危宿。《大日經》卷一[71]提到：「縛嚕拏龍王羂索以為印。」卷五〈祕密漫荼羅品〉[72]又說：「縛嚕拏羂索，而在圓壇中。汝大我應知，種子字環繞。」此天在金胎兩部為始的諸種曼荼羅中，為守護西方的龍王。

關於此天尊形，在諸經軌中，有不同說法。如：《瑜伽護摩儀軌》[73]云：「西方水天住於水中，乘龜，淺綠色。右手執刀，左手執龍索，頭冠上有五龍。四天女持妙華。」

《陀羅尼集經》卷十一[74]中說：「以白檀木刻作其像，身高五寸，似天女形面有三眼，頭著天冠身著天衣，瓔珞莊嚴，以兩手捧如意寶珠。」

《聖無動尊安鎮家國等法》[75]描述：「西方作赤色旗，旗上畫水天，乘龜，右執蛇索，左手叉腰。其天頭上有七龍頭，狀如蛇形。」

而在現圖胎藏曼荼羅中，其位居外金剛部院西門北側，身呈赤色，頭上有七龍頭，右手當持輪索，左拳叉腰。

於金剛界曼荼羅成身會中，此天呈青色，頂上有七龍頭，著羯磨衣，表水大之特德，清淨、滋潤一切眾生心地。同時也是外金剛部二十天之一，位列北方，屬五類居天中的地居天，其手持龍索，坐荷葉座上。

而《供養十二大威德天報恩品》[76]中說，水天喜時有二利益：一者人身不渴，二者雨澤順時。此天瞋時，亦有二損：一者人身乾渴，二者器界旱魃，萬物乾盡，或雨大雨，世界滿水流損草不及與眾生。

以水天為本尊作請雨等修法，稱之為水天法，乃依《陀羅尼集經》卷十一[77]所說水天印咒法，以及《供養十二大威德天報恩品》[78]等所修。

新譯《華嚴經》卷一[79]中，列舉有普興雲幢主水神、海潮雲音主水神、妙色輪髻主水神、善巧漩澓主水神、離垢香積主水神、福橋光音主水神、知足自在主水神、淨喜善音主水神、普現威光主水神、吼音遍海主水神等尊名，並說彼常勤救護一切眾生，而為利益。

其他諸尊龍王

除了前述常見的龍王諸尊，在《大方廣佛華嚴經》卷第三[80]，也記載了諸尊龍王名號及其所修證之三昧法門：「復次，毘樓博叉龍王，得消滅一切諸龍趣熾然苦解脫門；娑竭羅龍王，得一念中轉自龍形示現無量眾生身解脫門；雲音幢龍王，得於一切諸有趣中以清淨音說佛無邊名號海解脫門；焰口龍王，得普現無邊佛世界建立差別解脫門；焰龍王，得一切眾生瞋癡蓋纏如來慈愍令除滅解脫門；雲幢龍王，得開示一切眾生大喜樂福德海解脫門；德叉迦龍王，得以清淨救護音滅除一切怖畏解脫門；無邊步龍王，得示現一切佛色身及住劫次第解脫門；清淨色速疾龍王，得出生一切眾生大愛樂歡喜海解脫門；普行大音龍王，得示現一切平等悅意無礙音解脫門；無熱惱龍王，得以大悲普覆雲滅一切世間苦解脫門。」

除了諸尊龍王之外，在《大雲輪請雨經》[81]記載著「無邊莊嚴海雲威德輪蓋」大龍王，為「三千大千世界之主」，這位龍王並非只是一般的龍王的概念而已，更是擁有與大天神同等的威德與殊勝的菩薩行者。由於他安住於不退轉住願力的緣故，為了聽聞正法而從外太空星系，來到娑婆地球的南贍部洲禮敬供養如來。

《大雲輪請雨經》卷上[82]說：「爾時有一龍王名：無邊莊嚴海雲威德輪蓋，三千大千世界主，得不退轉住願力故，為欲供養恭敬禮拜於如來聽受正法，來此贍部洲。（略）無邊莊嚴海雲威德輪蓋龍王即白佛言：『唯然世尊，云何能使諸龍王等滅一切苦，得受安樂？受安樂已，又令於此贍部洲時降甘雨；生長一切樹木叢林藥草苗稼皆生滋味，令贍部洲一切人等悉受快樂？』」

這位龍王如實地祈問於佛陀，為使一切的龍王及所有人類安住於共善、共榮的法門，並讓眾生同向於覺悟。

因此，就如同本藏所編輯的理念，期望在這天地異變，眾生、國土不安的年代，一切諸龍、人類，乃至一切眾生，都能成就共善、共榮，乃至共覺的娑婆地球，圓滿光明新世紀！

四、本冊經典簡介

龍王藏第一冊所蒐列之經典，包含了《佛說海龍王經》、《佛為海龍王說法印經》、《龍王兄弟經》、《十善業道經》、《佛為娑伽羅龍王所說大乘經》、《佛說弘道廣顯三昧經》、《大雲輪請雨經》、《大雲經祈雨壇法》。

《佛說海龍王經》（梵名 **Sāgaranāgarājaparipṛcchā-sūtra**），為西晉・竺法護所譯，全文共四卷，收於《大正藏》第十五冊（T15, No.598）。本經是佛陀應娑伽羅龍王（梵名 **Sāgara-nāgarāja**）之請而宣說的大乘經典。「娑伽羅」是海名，此尊龍王為海中最尊勝故，所以名為「娑伽羅龍王」。娑伽羅龍王意譯為「海龍王」，為八大龍王之一，也是觀音二十八部眾護法之一。

佛陀在王舍城靈鷲山說法之時，無量大眾圍繞聞法。忽然出現瑞相，海龍王率無數眷屬詣佛處，佛陀為其宣說深法。海龍王心大歡喜，祈請佛陀降海底龍宮受供說法。佛慈悲允許，於是龍王化作大宮殿，以紺琉璃紫磨黃金莊嚴，寶珠瓔珞七寶為欄楯，極為廣大。又自海邊通金銀琉璃三道寶階，通到龍宮，恭請世尊及大眾前往。世尊乃率無量之大眾至龍宮，坐大殿之獅子座，更說妙法，以度化龍族。

本經共四卷，分為二十品：

卷一：〈行品第一〉、〈分別品第二〉、〈六度品第三〉、〈無盡藏品第四〉。

卷二：〈總持品第五〉、〈總持身品第六〉、〈總持門品第七〉、

〈分別名品第八〉、〈授決品第九〉。

卷三：〈請佛品第十〉、〈十德六度品第十一〉、

〈燕居阿須倫受決品第十二〉、〈無焚龍王受決品第十三〉、

〈女寶錦受決品第十四〉、〈天帝釋品第十五〉。

卷四：〈金翅鳥品第十六〉、〈舍利品第十七〉、〈法供養品第十八〉、

〈空淨品第十九〉、〈囑累受持品第二十〉。

除了娑羯羅龍王自身奉行佛法之外，他的眷屬：威首太子、海龍王女寶錦，皆蒙佛授記未來當將成佛。

《佛為海龍王說法印經》，為唐・義淨所譯，全一卷，收於《大正藏》第十五冊（T15, No. 599）。本經由娑竭羅龍王啟問佛陀：是否有受持少法，而得福甚多之法門？

佛陀因此為龍王宣說諸行無常、一切皆苦、諸法無我、寂滅為樂之殊勝四念處法門。

《龍王兄弟經》，為三國吳．支謙所譯，全文一卷，收於《大正藏》第十五冊（T15, No.597）。本經敘述佛陀安住於祇樹給孤獨園時，某日清晨，佛陀與諸大阿羅漢弟子眾，應請至天宮應供，以神通飛至虛空欲往天時，因為飛越龍王兄弟難陀、阿難陀之頂，而使其心生瞋恚，吐氣作雲，又以龍身纏繞須彌山，使佛弟子比丘在虛空中無法分辨方向。此龍有大威神，若興起惡意時，將出水沒殺天下人民。最後由神通第一的目犍連尊者所降伏。

《十善業道經》（梵名 **Sāgara-nāga-rāja-paripṛcchā-sūtra**），全文共一卷，為唐．實叉難陀所譯，收於《大正藏》第十五冊（T15, No.600）。本經為《佛說海龍王經》中〈十德六度品〉的抄譯本。而北宋．施護所譯之《佛為娑伽羅龍王所說大乘經》（《大正藏》第十五冊，T15, No.601），則為本經之重譯本。

「十善業」又稱「十善道」，是指佛法中十種善行，也是最基本的修行，能守護自身及他人不生煩惱，能斷除一切痛苦，遠離惡道，開啟人天善道。本經敘述佛陀在娑竭羅龍宮，為龍王所宣說的十善業道因果。

十善業，是佛教中的十種善行，主要是以三種身業（不殺生、不偷盜、不邪淫）、四種語業（不妄語、不惡口、不兩舌、不綺語）及三種意業（不貪欲、不瞋恚、不邪見）所組成。若能永離殺生、偷盜、邪行、妄語、兩舌、惡口、綺語、貪欲、瞋恚、邪見等十種惡業，而修習十善者，可得到無量功德，乃至能令十力、四無畏、十八不共法等一切佛法皆得圓滿。譬如一切城邑聚落，皆依止大地而得安住，一切藥草卉木叢林，亦皆依大地而得生長。此十善業亦復如是，一切諸法、菩薩行皆依此十善大地而得成就。

本經並敘述永離十惡而修行十善者，成就如下的功德：離殺生者成就十離惱法，離偷盜者得十種可保信法，離邪行者得四種智所讚法，離妄語者得八種天所讚法，離兩舌者得五種不可壞法，離惡口者成就八種淨業，離綺語者成就三種決定，離貪欲者成就五種自在，離瞋恚者得八種喜悅心法，離邪見者得成就十功德法。

《佛說弘道廣顯三昧經》，本經全文共四卷十二品，為西晉・竺法護所譯，收於《大正藏》第十五冊（T15, No.635）。

佛陀於王舍城靈鷲山之頂，與大比丘眾一千二百五十人，及諸菩薩八千人俱，爾時世尊廣為無數百千諸眾而所圍繞敷演說法。有阿耨達大龍王，率諸眷屬八千萬眾，前來聞法。此龍王宿造德本，遵修菩薩行，堅住大乘法，行六度波羅蜜，曾事九十六億諸佛，示現為大龍王，度化龍族億數。

本經為阿耨達大龍王啟問佛陀之法要內容，共分為十二品：

卷一：〈得普智心品第一〉、〈清淨道品第二〉、〈道無習品第三〉。

卷二：〈請如來品第四〉、〈無欲行品第五〉。

卷三：〈信值法品第六〉、〈轉法輪品第七〉、〈決諸疑難品第八〉。

卷四：〈不起法忍品第九〉、〈眾要法品第十〉、〈受封拜品第十一〉、〈囑累法藏品第十二〉。

《大雲輪請雨經》（梵名 **Mahā-megha-sūtra**），全文二卷，為唐．不空所譯，收於《大正藏》第十九冊（T19, No.989）。本經另有三種同本異譯：

北周．闍那耶舍所譯之《大方等大雲請雨品第六十四》一卷（《大正藏》第十九冊，T19, No. 992）、《大雲經請雨品第六十四》一卷（《大正藏》第十九冊，T19, No.993），及隋．那連提耶舍所譯之《大雲輪請雨經》二卷（《大正藏》第十九冊，

T19, No.991）。

不空並譯有《大雲經祈雨壇法》一卷，收於大正藏第十九冊（T19, No.990），為依照大雲經修持祈雨之壇法。

經中記載：一時，佛陀安住於難陀、塢波難陀龍王兄弟之王宮，吉祥摩尼寶藏大雲道場寶樓閣中，與大比丘及諸菩薩摩訶薩眾具，復有難那、塢波難那、娑竭羅、阿耨達龍王等一百八十六位大龍王為上首，復有八十四俱胝百千那庾多諸龍王俱來會坐。

諸龍王以一切莊嚴境界照耀藏摩尼王雲海、一切普遍寶雨莊嚴摩尼王雲海等種種雲海，供養恭敬尊重禮拜一切諸佛菩薩眾海。復依無邊莊嚴海雲威德輪蓋龍王所啟問，宣說「施一切眾生安樂」陀羅尼，使諸龍等常讀誦受持，能滅一切諸龍苦惱與其安樂。

佛陀又為龍王宣說大雲所生加持莊嚴威德藏變化智幢降水輪吉祥金光毘盧遮那，一毛端所生種性如來名號。若能憶念受持、持彼如來名號者，能使一切諸龍種姓族類苦惱悉皆除滅，與其安樂。

註釋

01 《翻譯名義集》卷第二，大正藏第五十四冊（T54, No.2131, p.1078b）

02 《長阿含經》卷第十九〈第四分世記經龍鳥品第五〉，大正藏第一冊（T1, No.1, p.127a）

03 《正法念處經》卷第六十八，大正藏第十七冊（T17, No.721, p.402b）

04 《佛母大孔雀明王經》卷上，大正藏第十九冊（T19, No.982, p.417a）

05 《因緣僧護經》，大正藏第十七冊（T17, No.749, p.565c）

06 《佛母大孔雀明王經》卷中，大正藏第十九冊（T19, No.982, p.432a）

07 《大雲輪請雨經》卷上，大正藏第十九冊（T19, No.989, p.484c）

08 《中阿含經》卷第二十九，（一一八）〈中阿含大品龍象經第二〉，大正藏第一冊（T1, No.26, p.608b）

09 《過去現在因果經》卷第一，大正藏第三冊（T3, No.189, p.625b）

10 《修行本起經》卷上〈菩薩降身品第二〉，大正藏第三冊（T3, No.184, p.463c）

11 《大唐西域記》卷第八，大正藏第五十一冊（T51, No.2087, p.915a）

12 《太子瑞應本起經》卷下，大正藏第三冊（T3, No.185, p. 479b）

13 《佛本行集經》卷第三十一〈二商奉食品第三十五上〉，大正藏第三冊（T3, No.190, p.800b）

14 《方廣大莊嚴經》卷第十〈商人蒙記品第二十四〉，大正藏第三冊（T3, No.187, p.601b）

15 《出曜經》卷第二十七〈樂品第三十一〉，大正藏第四冊（T4, No.212, p.755b）

16 《大唐西域記》卷第八，大正藏第五十一冊（T51, No.2087, p.917b）

17 《太子瑞應本起經》卷下，大正藏第三冊（T3, No.185, p.480c）

18 《增壹阿含經》卷第十四，大正藏第二冊（T2, No.125, p.619c）

19 《普曜經》卷第八〈十八變品第二十五〉，大正藏第三冊（T3, No.186, p.530c）

20 佛陀降伏度化三迦葉的過程，在《佛本行集經》卷第四十二（大正藏第三冊，T3, No.190）中記載：「爾時迦葉因此緣故，作如是念：『此大沙門大有神通！大有威力！乃能在水作是道行；雖然，猶不得阿羅漢如我今也。』（略）「爾時，世尊作如是念：『此之癡人，於無量時有如是念：「此大沙門有大威力！有大神通！雖然，而不得阿羅漢如我今也。」而我今可為此迦葉及諸弟子令開慧眼，發厭離心。』

「爾時，世尊告彼優婁頻螺迦葉作如是言：『迦葉汝今非阿羅漢，亦復未入阿羅漢道，而汝實無阿羅漢相，況復得於阿羅漢果？』因於此言，時其優婁頻螺迦葉心生羞慚，身毛卓豎，頂禮佛足，而白佛言：『善哉！世尊！與我出家，受具足戒。』」

而在《太子瑞應本起經》卷下，大正藏第三冊（T3, No.185, p.482c）中也記載著：

「時尼連禪水，長流駃疾，佛以自然神通，斷水令住，使水隔起，高出人頭，令底揚塵，佛行其中。迦葉恐佛為水所漂，即與弟子俱，乘船索佛。迦葉見水隔斷，中央塵起，佛行其間。迦葉呼言：『大道人乃尚活耶？』佛言：『然，吾自活耳。』又問佛：『欲上船不？』佛言：『大善。』佛念：『今當現神，令子心伏。』即從水中，貫船底入，無有穿迹。迦葉復念：『是大沙門，神則神矣，然不如我已得羅漢也！』佛語迦葉：『汝非羅漢，亦不知道真。胡為虛妄，自稱貴乎？』於是迦葉心驚毛竪，自知無道，即稽首言：『大道人實神聖，乃知我意志。寧可得從大道人稟受經戒作沙門耶？』佛言：『且還報汝弟子，報之益善。卿是大長者，國中所承望，今欲學大道，可獨自知乎？』迦葉受教，還告諸弟子：（略）於是師徒，脫身裘褐，及取水瓶杖屣諸事火具，悉棄水中。俱共詣佛，稽首白佛言：『今我五百弟子，以有信意，願欲離家，除鬚髮，受佛戒。』佛言：『可！諸沙門來。』迦葉及五百弟子，鬚髮自墮，皆成沙門。」

21 在《長阿含經》〈遊行經第二後〉，大正藏第一冊（T1, No.1, p.29b）中記載著佛陀滅度時，諸王求分舍利的情況：「時，波婆國末羅民眾，聞佛於雙樹滅度，皆自念言：「今我宜往，求舍利分，自於本土，起塔供養。」時，波婆國諸末羅即下國中，嚴四種兵——象兵、馬兵、車兵、步兵，到拘尸城，遣使者言：「聞佛眾祐，止此滅度，彼亦我師，敬慕之心，來請骨分，當於本國起塔供養。」

拘尸王答曰：「如是！如是！誠如所言，但為世尊垂降此土，於茲滅度，國內士民，當自供養，遠勞諸君，舍利分不可得。」

時，遮羅頗國諸跋離民眾，及羅摩伽國拘利民眾、毘留提國婆羅門眾、迦維羅衛國釋種民眾、毘舍離國離車民眾，及摩竭王阿闍世，聞如來於拘尸城雙樹間而取滅度，皆自念言：「今我宜往，求舍利分。」

22 《菩薩處胎經》〈起塔品第三十七〉，大正藏第十二冊（T12, No.384, p.1057c）

23 《龍樹菩薩傳》，大正藏第五十冊（T50, No.2047a, p.184a）

24 《法華經》卷四〈提婆達多品〉，大正藏第九冊（T9, No.262, p.35b）

25 《大寶積經》卷第六十四〈菩薩見實會第十六之四龍王授記品第七〉，大正藏第十一冊（T11, No.310, p.367b）

26 《父子合集經》卷第五〈龍王授記品第八〉，大正藏第十一冊（T11, No.320, p.933c）

27 《海龍王經》卷第三〈女寶錦受決品第十四〉，大正藏第十五冊（T15, No.598, p.150b）

28 《海龍王經》卷第二〈授決品第九〉，大正藏第十五冊（T15, No.598, p.143c）

29 《海龍王經》卷第二〈分別名品第八〉，大正藏第十五冊（T15, No.598, p.142c）

30 《大寶積經》卷第六十三〈龍女授記品第六〉，大正藏第十一冊（T11, No.310, p.365b）

31 《父子合集經》卷第五〈龍女授記品第七〉，大正藏第十一冊（T11, No.320, p.931b）

32 《菩薩本生鬘論》卷第三〈慈心龍王消伏怨害緣起第七〉，
大正藏第三冊（T3, No.160, p.338b）

33 《大智度論》卷第十四〈釋初品中尸羅波羅蜜義之餘〉，
大正藏第二十五冊（T25, No.1509, p.162a）

34 《妙法蓮華經》卷第一〈序品第一〉，大正藏第九冊（T9, No.262, p.2a）

35 《瑜伽師地論》卷第二，大正藏第三十冊（T30, No.1579, p.286b）

36 《大方等大集經》卷第五十八〈須彌藏分第十五陀羅尼品第四〉，
大正藏第十三冊（T13, No.397 , p.389a）

37 《妙法蓮華經》卷第一〈序品第一〉，大正藏第九冊（T9, No.262, p.2a）

38 《妙法蓮華經玄贊》卷第二，大正藏第三十四冊（T34, No.1723, p.675c）

39 《增壹阿含經》卷第二十八〈聽法品第三十六〉，大正藏第二冊（T2, No.125, p.703b）

40 《大寶積經》卷第十四，大正藏第十一冊（T11, No.310, p.75c）

41 《過去現在因果經》卷第一，大正藏第三冊（T3, No.189, p.625a）

42 《妙法蓮華經》卷第一〈序品第一〉，大正藏第九冊（T9, No.262, p.2a）

43 《大般涅槃經》卷第一〈壽命品第一〉，大正藏第十二冊（T12, No.374, p.368c）

44 《大方廣佛華嚴經》卷第五十二〈如來出現品第三十七之三〉，大正藏第十冊（T10, No.279, p.274a）

45 《增壹阿含經》卷第二十八〈聽法品第三十六〉，大正藏第二冊（T2, No.125, p.703b）

46 《起世經》卷第五〈諸龍金翅鳥品第五〉，大正藏第一冊（T1, No.24, p.333b）

47 《千手觀音造次第法儀軌》，大正藏第二十冊（T20, No.1068, p.138c）

48 《大方廣佛華嚴經》卷第五十一〈如來出現品第三十七之二〉，大正藏第十冊（T10, No.279, p.270c）

49 《妙法蓮華經》卷第一〈序品第一〉，大正藏第九冊（T9, No.262, p.2a）

50 《大方廣佛華嚴經》卷第一〈世主妙嚴品第一之一〉，大正藏第十冊（T10, No.279, p.4b）

51 《海龍王經》卷第一〈行品第一〉，大正藏第十五冊（T15, No.598, p.132a）

52 《佛為海龍王說法印經》，大正藏第十五冊（T15, No.599, p.157b）

53 《佛為娑伽羅龍王所說大乘經》，大正藏第十五冊（T15, No.601, p.159b）

54 《十善業道經》，大正藏第十五冊（T15, No.600 , p.157c）

55 《雜阿含經》卷第二十三，大正藏第二冊（T2, No.99, p.165b）

56 《大唐西域記》卷第二，大正藏第五十一冊（T51, No.2087, p.878c）

57 《大唐西域記》卷第三，大正藏第五十一冊（T51, No.2087, p.884c）

58 《妙法蓮華經文句》卷第二下，大正藏第三十四冊（T34, No.1718, p.24c）

59 《陀羅尼集經》卷第六，大正藏第十八冊（T18, No.901, p.838a）

60 《俱利伽羅大龍勝外道伏陀羅尼經》，大正藏第二十一冊（T21, No.1206, p.37c）

61 《說矩里迦龍王像法》，大正藏第二十一冊（T21, No.1207, p.38a）

62 《俱利伽羅大龍勝外道伏陀羅尼經》，大正藏第二十一冊（T21, No.1206, p.37c）

63 《不動使者陀羅尼祕密法》，大正藏第二十一冊（T21, No.1202, p.25a）

64 《佛母大孔雀明王經》卷上，大正藏第十九冊（T19, No.982, p.422a）

65 《陀羅尼集經》卷十一，大正藏第十八冊（T18, No.901, p.879a）

66 《藥師琉璃光王七佛本願功德念誦儀軌供養法》，大正藏第十九冊（T19, No.926, p.47a）

67 《長阿含經》卷第二十〈第四分世記經阿須倫品第六〉，大正藏第一冊（T1, No.1, p.136a）

68 《雜阿含經》卷第三十五〈九八〇〉，大正藏第二冊（T2, No.99, p.254c）

69 《金光明最勝王經》卷第九〈諸天藥叉護持品〉，人正藏第十六冊（T16, No.665, p.444c）

70 《宿曜經》卷上，大正藏第二十一冊（T21, No.1299, p.390b）

71 《大毘盧遮那成佛神變加持經》卷第一〈入漫茶羅具緣真言品第二之一〉，
大正藏第十八冊（T18, No.848, p.6b）

72 《大毘盧遮那成佛神變加持經》卷第五〈祕密漫茶羅品第十一〉，
大正藏第十八冊（T18, No.848, p.33c）

73 《金剛頂瑜伽護摩儀軌》，大正藏第十八冊（T18, No.909, p.923c）

74 《陀羅尼集經》卷十一，大正藏第十八冊（T18, No.901, p.881c）

75 《聖無動尊安鎮家國等法》，大正藏第二十一冊（T21, No.1203, p.30b）

76 《供養十二大威德天報恩品》，大正藏第二十一冊（T21, No.1297, p.383c.）

77 《陀羅尼集經》卷十一，大正藏第十八冊（T18, No.901, p.881c）

78 《供養十二大威德天報恩品》，大正藏第二十一冊（T21, No.1297, p.383c.）

79 《大方廣佛華嚴經》卷第一〈世主妙嚴品第一之一〉，大正藏第十冊（T10, No.279, p.3b）

80 《大方廣佛華嚴經》卷第三〈世主妙嚴品第一之三〉，大正藏第十冊（T10, No.279, p.11b）

81 《大雲輪請雨經》卷上，大正藏第十九冊（T19, No.991, p.495b）

82 《大雲輪請雨經》卷上，大正藏第十九冊（T19, No.989, p.487a）

龍王佛 | 洪啓嵩 恭繪 | 2017年 | 2mx5m

佛說海龍王經　卷第一

西晉月氏國三藏竺法護譯

行品第一

聞如是：一時，佛遊王舍城靈鷲山，與大比丘眾俱，比丘八千，菩薩萬二千，一切大聖十方來會。眾德具足，得諸總持；無所不博，辯才至真；決一切疑，入大神通；分剖慧義，諸度無極，濟於彼岸；究暢開士，定意正受，諸佛諮嗟；普遊殊域，神足飛行，降化眾魔；分別諸法，知如本諦，覩見一切眾生之原；積累道品，於世八法而無所著；以大慈哀嚴身、口、意，被無極鎧過大精進，於無數劫而不厭惓；為師子吼開化外道，以不退轉印如印之，曉了諸佛深要法藏。

其名曰：山光菩薩、惠山菩薩、大明菩薩、總持山剛菩薩、山鎧王菩薩、山頂菩薩、山幢菩薩、山王菩薩、石磨王菩薩、雷音菩薩、雨王菩薩、寶雨菩薩、寶英菩薩、寶首菩薩、寶藏菩薩、寶明菩薩、寶幢菩薩、寶頂菩薩、寶印手菩薩、寶暢菩薩、寶嚴菩薩、寶水菩薩、寶光菩薩、寶鎧菩薩、寶現菩薩、寶造菩薩、樂嚴法菩薩、淨王菩薩、嚴頂相菩薩、金光飾菩薩、寶髻菩薩、天冠菩薩、千光菩薩、原嶮菩薩、照昧菩薩、月辯菩薩、發意轉法輪菩薩、金光淨菩薩、常施無畏菩薩。萬二千菩薩，德皆如是。

是賢劫中大士彌勒、軟首等六十大聖，不可思議、解縛等十六正士，帝釋、四天王與忉利天人俱；焰天、兜術天、不憍樂天、化自在天、魔子道師、梵天王、梵淨天王、善梵天王、梵具足天王、大神妙天、淨居天、離垢光天，乃至一善天、燕居無善神王，各與眷屬六萬；山樹神王，四萬二千；力士神王，一名持華，三萬二千，與香音神俱；無焚龍王，與七萬二千諸龍俱；四方金翅鳥王，及餘一切諸大尊神、天龍鬼神、無善神、鳳凰神王、山樹神王、甜柔神等，各與眷屬來詣佛所。稽首畢，一面住。比丘、比丘尼、清信士、清信女前為佛作禮，各坐一面。

彼時，佛與若干百千之眾營從圍遶，佛處諸天嚴淨師子高廣之座，為四部眾而普說法。佛在眾中，如安明山王現于大海，德超諸天，世無雙比；光明巍巍，靡所不照。如來威變，應時空中化有寶蓋，眾珍雜交，遍覆四方。無數百千垂珠瓔珞，青、黃、赤、白無垢寶珠，照虛空珠，光從珠出，其色無量不可稱計。雨諸香華，華至于膝，虛空之中出大雷音，雨眾名香。

於是賢者大目犍連，承佛聖旨，前問佛言：「今所感動，未曾見聞，此何瑞應？」

佛告目連：「今海龍王欲來見佛，故先現瑞。」

佛語未竟，尋時龍王與七十二億婇女、八十四億眷屬，皆齎香華、幢幡、寶蓋、百千伎樂，往詣佛所。前稽首畢，遶佛七匝，各以所持用散佛上，伎樂供養，與中宮眷屬俱住佛前，以偈讚曰：

慈施愍傷俗，示現與世眼，雖生於世俗，無著如蓮華。
施俗之安隱，在世照三世，解法如日光，稽首世最上。
十力超施戒，自調成眷屬，燒除塵勞冥，御眾如調馬。
施與七大財，恩慈加眾生，為一切父母，稽首最福田。

眉間相光曜，如日白雪光，梵天人在上，無能見其頂。
佛面出大光，蒙光獲安隱，普照百千國，至于無擇獄。
柔軟言無極，解決眾疑結，音遍天世間，清淨無垢穢。
除婬怒癡冥，照以智慧光，施安令歡喜，為示現解脫。
無礙達三世，求比無等倫，知人群萌行，了善惡所趣。
觀察人根原，一時咸能覩，開心令解脫，稽首諸慧上。
百千億諸魔，詣樹求佛便，至德願威神，降化伏邪心。
不瞋不厭惓，導以慈哀力，供養世之尊，孰敢懈慢者。
觀法無所有，譬之如虛空，猶電霧泡沫，幻化及野馬。
本空緣相與，計之無吾我，照示生死法，是故莫不供。
所以無數劫，勤行億那術，供養億萬姟，不可計諸佛。
布施及戒忍，精進禪智慧，尊願已具足，稽首大聖雄。

於是海龍王說此偈讚佛已，前白佛言：「願欲有所問，儻肯聽者，乃敢宣陳。」

佛言：「在汝所問。若有疑者，如來當為具發遣之。」

龍王見聽，喜踊問曰：「何謂菩薩除諸惡趣？何謂菩薩超出諸難？何謂菩薩生天上人間？何謂菩薩不離諸佛？何謂菩薩得值善友？何謂菩薩常在安隱？何謂菩薩常懷篤信？何謂菩薩多所悅護？何謂菩薩濟眾因緣？何謂菩薩長益善法？何謂菩薩喜造德本？何謂菩薩常樂於義？何謂菩薩不著五陰？何謂菩薩常好於法？何謂菩薩樂於法樂？何謂菩薩所聞無厭？何謂菩薩請益觀義？何謂菩薩聞能奉行？何謂菩薩具出家德？何謂菩薩離居順戒？何謂菩薩棄於重擔？何謂菩薩常處樹下？何謂菩薩樂處閑居？何謂菩薩而獨燕處？何謂菩薩離諸諛諂？何謂菩薩具出家慧？何謂菩薩入深要法？

「何謂菩薩觀法如幻？何謂菩薩不墮滅見？何謂菩薩不墮常見？何謂菩薩超因緣法？何謂菩薩離諸邪見？何謂菩薩神通自樂？何謂菩薩而得六通？何謂菩薩而得慧通？何謂菩薩漏盡神通？何謂菩薩現無蓋慈？何謂菩薩所見無礙？何謂菩薩曉了眾生心之所行？何謂菩薩行無厭足？何謂菩薩分別所受教化之言？何謂菩薩降伏魔怨？何謂菩薩離諸恐懼？何謂菩薩御退轉者？何謂菩薩得不退轉？何謂菩

薩逮不起忍？何謂菩薩過於諸淨？何謂菩薩諸行清淨？何謂菩薩世尊授決？」

佛言：「善哉！善哉！海龍王！乃問如來如此之義。諦聽！諦聽！善思念之。」

龍王曰：「唯然！世尊！願樂欲聞。」

佛言：「菩薩有四事棄諸惡趣。何等為四？菩薩無害心於眾生，常護十德，不說人短亦不輕慢，自省己過不訟彼穢；是為四。

「復有四事超出諸難。何等為四？常歎三寶佛、法、聖眾，有樂法者而不嬈亂，不造人疑，有猶豫者悉開導之；是為四。

「復有四事生天上人間。何等四？不捨道心，又教他人亦不毀戒，心願清淨，為人說經而發大哀；是為四事。

「復有八事不離諸佛。何等八？常念諸佛，供養如來，嗟歎世尊，作佛像形，勸化眾生使見如來，其所向方聞佛之名，願生彼國志不怯弱，常樂微妙佛之正慧；是為八事。

「復有四事得值善友。何謂四？不慢無諂，常加恭敬，柔和順言而不自大，常受言教；是為四。

「復有三事常在隱處。何等三？不剛不鞕而不諛諂，除諸貪嫉，見人得供代其歡喜；是為三。

「復有五事常懷篤信。何等五？曉樂脫力，積功德力，入報應力，遵道心力，將御法力；是為五。

「復有二事多所悅護。何等二？不捨歡喜，不在瞋恨；是為二。

「復有二十事護眾因緣。何等二十？常信佛教，不著他緣，所作自護，他作他受，法法相應，法法相照，善惡報應，無亂不順，心無想念，無我無人，都無所有，亦無往來，無所歸趣，除因緣報，由罪福安危，將護諸緣，諸佛、世尊皆由清淨而成道德，除眾惡事，以故吾等修行善本；是為二十。

「復有二事長益善法。何等二？知於三品，行無放逸；是為二。

「復有二事。何等二？喜造德本，亦不想報；是為二。

「復有五事常樂於義。何等五？不著色、聲、香、味、識；是為五。

「復有五事常好於法。何等為五？不貪色、痛，志得智、慧，擁護一切；是為五。

「復有六事常樂於法。何等六？樂於五根，不樂五欲；常樂法會，不樂世談；樂講說經，不樂衣食；常樂觀法，不樂不淨；樂遵修法，不樂文字；樂於佛法，不樂聲聞、緣覺法；是為六。

「復有八事樂於法樂。何等八？樂講佛道，不樂卑賤；樂度無極，不樂聲聞、緣覺道；樂讚四恩，不樂非法；樂大慈哀，不樂世事；樂說大道，不樂終始；樂講深法緣起之本，不樂常、無常、我、人、壽命；樂空、無想、無願真諦之法，不樂調戲，離放逸想；樂嚴佛國，不樂觀滅；是為八。

「復有五事所聞無厭。何等五？博聞智慧，利於明達，聞無厭足；普聽不懈，決諸狐疑，聞無厭足；因聞覺了塵勞恚恨，故無厭足；因聞斷欲而除一切眾生垢著，故無厭足；因聞勇猛決一切疑，故無厭足；是為五。

「復有二事觀義求聞不惓。何等二？興於賢聖正見之行，得無礙辯總持之要；是為二。

「復有十事聞能奉行。何等十？利知厭足，在於閑居；身口心寂，進止安詳；

所聞觀淨；獨處少事，不樂眾鬧；初夜、後夜常觀精進；敬重善友；志懷羞恥；常以大哀護於一切；等賢聖禪；至德具足，以惠救護天上世間；是為十。

「復有五事具出家德。何等五？所作已成，不復忘失；滅除塵結；其心當捨一切諸著；諸佛、世尊不訟其短；已得解脫，見諸縛者為說脫法；是為五。

「復有五出家順戒。何等五？救順禁法，救濟毀戒；順諸所聞，救濟尠聞；順所定意，救濟亂心；順所智慧，救濟惡智；順所度知，立於眾人安隱無為；是為五。

「復有五棄。何等五？棄於重擔，而除五陰；斷恩愛結，及諸所習；常以寂定，捨於寂滅；入于道德，奉行八道；入於聖諦，立一切人於正諦法；是為五。

「復有四法常處樹下。何等四？不惜身命，奉行一切諸德善法，發神通慧，行寂然事天人欣悅；是為四。

「復有四事樂處閑居。何等四？發大哀以處閑居，諸佛所歎；欲救眾生，無偏邪行；坐成佛時，莊嚴自由，不為塵勞；學餘菩薩究竟之行，積閑居德，入於郡國、縣邑、聚落為眾說法；是為四。

「復有三事而習燕坐，最尊無上，功德微妙，為賢聖行。何等三？不習憎愛，亦無所慕；自在離欲，心無縛著；行步自由，等心一切，疾得定意；是為三。

「復有三事離諸諛諂：其心質直而無恚恨，已住於行，眾結便斷；是為三。

「復有八事具出家德。何等八？賢聖知足在於獨處，得知限節，逮諸博聞，棄恨忍辱，不捨道心，行四意止，專精定意而應智慧，一切所興以行為要；是為八。

「復有十事入深要法。何等十？見身自然，諸法自然；身入於淨，一切法淨；見已無吾，諸法無我；自觀身空，不疑諸法空；己身無聲，諸法如響；察身寂寞，諸法靜默；我者審諦，觀諸法諦；我志深妙，見諸法奧；己身無聞，諸法如聾；吾無所受，見一切法無可取者；是為十。

「復有十事：諸法如幻，興誑詐相；諸法如夢，所見無實；諸法如野馬，起顛倒想，見不諦故；諸法如影，所作因緣無以為樂；諸法如水月，捉不可得，其相離行；諸法如響，本末悉空；諸法如電，晃現隨滅；諸法如畫，離婬怒癡；諸法本淨，不為客垢之所沾污；諸法如虛空，適起尋滅，無有處所；是為十。

「復有二事不墮滅見。何等為二？隨時之慧入於罪福，了別諸佛聖智之明；是為二。

「復有二事不墮常見。何等為二？一切說無常慧，適起便滅意無永存；是為二。

「復有四事超因緣法。何等為四？無黠之習入生死習，無黠已滅生死便除，不墮滅見，不住常觀；是為四。

「復有四事離諸邪見。何等四？曉空慧不見彼我，解無相不見壽命，了無願不見三處，分別緣起離常無常；是為四。

「復有六事以諸神通而自娛樂。何等六？不以惡眼視於眾生，得天眼淨；聞惡聲音則能忍辱，逮天耳淨；其心不亂，覩他心淨；殖眾德本，則識過事；如口所語，身行亦爾，獲神足淨；修行諸敬，不欺法師，盡諸漏淨；是為六。

「復有六事得六通。何等六？以然燈故，得天眼淨；施諸音樂，得天耳淨；施無悕望，了眾生心；殖眾德本，知過去事；却諸陰蓋，決眾狐疑，逮神足淨；以法布施，盡諸漏淨；是為六。

「復有六事而得通慧。何等六？適見如來，得天眼淨；合會說法，得天耳淨；制伏其心，見眾生意；常習六念，得識宿命；棄諸貪濁，逮成神足，輕舉能飛；遵修諸法，得盡諸漏；是為六。」

佛復告龍王：「以有神通而自娛樂：聲聞、緣覺及外道、神仙、天、龍、鬼、神、無善神、鳳凰神王、山神王、甜柔神、人與非人，所有天眼，計菩薩眼，最上無極清淨明徹，除如來眼，菩薩之眼無所不見，天、人光色諸法之本，無所罣礙。又聲聞、緣覺及天、龍、神、人與非人，計菩薩耳，最上無極清淨明徹，除如來耳，菩薩之耳無所不聞，天、人音聲諸法之講，無所罣礙。聞諸音聲，知三達事，皆了一切眾生之心，所行造念因緣報應往來之想，淨不淨，著不著，若干種心：若逆心，若順心、縛心、解心、依心、不依心、惑心、定心、有處心、無處心，若興衰心，已曉了之。悉見人根，如應說法，以識宿命，知彼我本，終始所起。無所不達，至誠不虛，神足無猗，無所不現。是為菩薩五神通。

「又心自在，所作具足，是為娛樂。示現佛身而般泥洹，不永滅度。何謂菩薩漏盡神通？菩薩超越聲聞、緣覺，所得解脫猗於佛慧，曉了眾生一切本淨，不盡諸漏而不取證，為一切人讚諸漏盡，是為六神通。

「復有四事見無蓋慧。何等四？遵修慧德，致此五通；行大慈大哀，知四解行；奉善權慧，逮四無礙；定意正受空、無相、無願，致三十七道品之法；是為四。」

佛復告龍王：「何謂所見無蓋？諸有塵勞除一切垢；所有罣礙現生死本，導御泥洹；現聲聞、緣覺乘，化至道場；隨勸習俗，示人行寂；是謂無蓋。

「復有無蓋：現一切數至無所有，現滅諸數逮無所著，雖在有數諸行之事，於無數法無所罣礙，彼無陰蓋得至無為，於有為法亦無罣礙，是謂菩薩現無礙慧。

「復有四事曉了眾生心之所行：隨習俗慧，正受明了識意所為，善權方便，於諸法自在；是為四。

「復有五事行無厭足。何等為五？已獲大安令眾生安，大哀堅強，視一切人如己骨髓，隨人所行而示現行，立於極上奇特之德；是為五。

「復有六事分別所受教化之言。何等六？逮得總持，心立寂然，入審諦淨，心入諸慧，辯才無著無止，方便之慧次第解脫；是為六。

「復有八事降伏魔怨。何等八？曉了五陰，譬若如幻，離貪見塵而行空事；知一切法皆無所生，隨其所生如開導之；不捨道意，堅強精進；不捨佛道，不畏三界；離於所有，觀於人物；求審諦慧，觀無常相；積德不厭；合集智慧，不樂聲聞、緣覺之智；是為八。

「復有十事離諸恐懼，行菩薩事。何等十？行於布施，以莊嚴想；立于禁戒，斷諸惡趣；遊於忍辱，諸根不亂；堅強精進，種善不惓；修行禪定，其心不荒；成于智慧而離塵勞；善權方便，曉了無邊聖智之願，得分別事；解知法義，辯才隨順；逮得總持，決除眾生諸所狐疑；得住佛住，護一切法；是為十。

「復有八事御退轉者。何等八？言行相應；自省己過，不說彼闕；寧失身命，不造輕重；獲利不喜，無利不慼；心不懷害，誘導一切興眾祐意；等敷禁戒，不捨師法；安悅眾人，不自求安；一切所愛施而不悔；是為八。

「復有五事得不退轉於無上正真道。何等五？善權方便，成諸度無疑；入深妙法，了審諦義；神通無礙，見眾生根分別諸慧；行無所著，行不可盡；遊於緣起，不盡一切諸漏之證；是為五。

「復有三事逮不起忍。何等三？察人清淨而無吾我，法淨寂寞，慧淨無著；是為三。

「復有三事過諸清淨：過去清淨諸法常盡，當來清淨法無所起，今現清淨法無所住；是為三。

「復有三事：身行清淨功德熾盛，口言清淨智慧巍巍，意念清淨定而不轉；是為三。

「復有四事為佛世尊所見授決。何等四？情性和順，奉遵于法；具足諸行，觀清白行；逮得慧力，解一切心；了諸法本淨，不起不滅，所由不亂。」

佛告龍王：「是為四法菩薩所行，為佛、世尊所見授決。」

分別品第二

佛說是已，十二億百千諸天、龍、神、香音神、人與非人，皆發無上正真道意；七萬二千菩薩得不起法忍；百四十萬眾得法眼淨，遠塵離垢；八千比丘漏盡意解；五千天子得離愛欲。三千大千世界六返震動，其大光明普照世界，空中自然而雨天華。諸天在上鼓百千伎樂，共歎頌曰：「今者如來所說經法，為再轉法輪；在波羅奈所轉法輪，今說斯經復加增倍。所以者何？於此經者，為無央數不可計人開導利義。若人聞此，德本不忘，何況受持能奉行者！善得人身，快見如來，諦聞此法。聞此法已，便發無上正真道者，閉塞惡趣，開天人迹。當觀此比，如獲滅度。」

於是世尊讚諸天子曰：「善哉！善哉！快說此言。聞斯經法歡喜信者，佛所建立，開化大乘，是等之類逮如來慧，不退轉印而以印之，終不餘趣，順至佛道，超諸苦難。」

於是龍王，聞說斯經，欣然喜踊，善心生焉；有摩尼珠，名曰立海清淨寶嚴普明，價直三千大千世界，以奉世尊。其珠之光，覆蔽日月之明，一切眾會得未曾有，禮佛而住，同音而歎：「佛興難值，既興於世，乃現若茲，未曾有法。」

時，海龍王獻寶珠已，而白佛言：「以是德本，逮得無礙佛身光明，令其光明普照十方諸佛國土，若人蒙光，除諸塵勞。如今如來眉間光明，令我如是蠲却眾冥，逮平等覺，其入邪者令立正道。」

六度品第三

海龍王白佛：「何謂菩薩蠲却眾冥？」

佛語龍王：「菩薩智慧殊異，手執慧燈，分明智慧，智慧最勝。持智慧劍，有所興造，皆以智慧建立智慧，而以布施、持戒、忍辱、精進、禪思、智慧建立智慧。修行於戒、忍辱、精進、一心，普觀諸法，建立智慧，開化眾生。

「菩薩何謂建立智慧而行布施？等於布施。布施已等，等於吾我；吾我已等，便等於人；已等於人，諸法得等；諸法已等，得諸佛等。雖有所施，不捨是等。既所施者，不隨塵勞，而以施時捨一切塵，亦復如是。捨一切生，則一切施。離諸住見，棄諸所有，是為菩薩建立智慧而以施彼。

「何謂菩薩建立智慧而奉禁戒？見身意寂，斯護禁戒。不倚身、口、意，不倚今世、後世，亦無內外，不倚陰蓋四大諸入，不倚覺意，不倚滅度，於一切法亦無所倚，則為護戒。不以戒戲，亦不放逸，是為菩薩建立慧戒。

「彼行忍辱亦不得我，亦不得人，亦不得我人；不住吾所，不住我所我；淨人淨我，淨人淨見，一切法淨，是為行忍。彼雖行忍，於法無作，於法不起不滅。彼雖行忍，於諸法無寂不寂。彼雖行忍，見人空寂而無吾我，亦不恐怖。彼雖行忍，亦不得身、口、意。彼雖壞身段節解之，自觀其身如草木牆壁，則為忍辱。彼聞惡言、罵言、自在言、不可取言、清淨言無處所，曉了所言，則為忍辱。彼雖亂心，心無所結；本無之心，各各無實，須臾滅盡，以觀如此則為忍辱。是為菩薩建立慧忍。

「彼修精進，長諸善法，觀其法界不增不減，等御法界；察一切法，不見諸法；立成就者，觀猗世者，由從不實顛倒而興。彼以清淨智慧之明，觀一切法，不隨諸法，不捨諸法，不覩諸法之所積聚；不見去、來，何所從來？何所從去？曉了諸法，遵法如是；分別苦諦顛倒之事，為人說法，修行精進。彼諸眾生無實無諦，若人無得，一切諸法亦不可得。所以者何？人不離法，法不離人。如人自然，吾我自然；吾我自然，諸法自然；諸法自然，佛法自然。其以如是求諸佛法，如自然者解自然已，便逮佛法。其有求者，若已求者，甫當求者，彼求此已，求無所得，是為菩薩建立智慧精進之行。

「彼於禪定而以正受，不壞平等，亦不成就。彼於禪定而以正受，諸法無思，亦無所捨，亦不合會。於諸境界，行無著禪，立諸禪法；於諸法等亦無錯亂，非身非心，思惟禪定志性，無所應行，不以禪行，等於本無，而以正受；於本淨法而致平等，等一切人則致平等，諸法本淨，等無有色，不以三昧，所行如應。心而不住內，亦不起遊外，識無所住，度於一切墮顛倒者，超外五通、聲聞、緣覺禪定正受。彼以禪定出智慧上，除塵勞見；彼以禪定志願于道，開化眾生。是則如來常一禪定至于滅度，是為菩薩建立慧定。

「彼觀諸法以慧眼察，亦非肉眼，亦不天眼，觀諸法已，見諸法寂；觀諸法默，諸法寂寞，無行無處；諸法澹然，無所成就；普觀諸法，皆已如是。如是觀者，是為法觀。法觀如是，不見諸法之所歸趣。其有見法而不觀者，不以見法而成觀也。無求無曉，不知不見，是為見法。無我、無人、無壽、無命是為見法。假使菩薩觀法如此，見人顛倒，益於眾生而發大哀，法淨如是，眾人猗著。於是菩薩發弘大志，欲度群萌，是群萌者，常無萌類，是為菩薩建立慧法。」

無盡藏品第四

佛告龍王：「何謂菩薩建立智慧，為人說法，不見有人？人者無我，無人非身；人者寂寞，人無所有；人者本淨，人者音聲，人者名耳，人空、無相、無願，人非有數，人而審諦，人無所生，人不有起。為人說法，講人清淨，不懷吾我，無壽無命，不滅自然，不滅所有，隨人本行而為說法。何況眾生本淨自然，無我自然，無形自然，則人自然。設人自然，以此自然，諸法自然；設諸法自然，一切佛法亦復自然。是謂一切諸法悉為佛法。

「一切諸法但假名耳，因號有名，設說諸法，則講非法。所以者何？如法所言，非法亦然；如呼法音，則非法音。所以者何？諸法法界及與本淨，不可言說，亦無所得。法界本淨，亦無所持。一切法界諸法本淨，壞一切法，何所成就？是為諸佛法、為說經法。以是因緣，寂寞如是，不有諸佛法聲之化識也。佛法無教而不可處有為、無為，所以者何？不離有為、無為而以解脫，寧有異法可計數乎？」

龍王答曰：「不也！世尊！諸法無數，如來無數。」

佛言：「如是！如是！如仁所言，諸法無數，如來無數，則無有二。於龍王意云何？無數之言有處所乎？」

答曰：「不也！世尊！」

佛言：「何以故？當知當作斯觀，佛法無處無言。如佛法無言無處，一切諸法無處無言，亦復如是。龍王！觀視如來大哀巍巍，若茲開化眾生，令立堅固。又一切法無處無教，說因緣教：是法有漏，是法無漏，是有世，是度世事，有著、無著，有數、無數，有為、無為，塵勞瞋恨，習是、捨是，凡法、聖法，學法、不學法，聲聞法、緣覺法、菩薩法、佛法。」

佛言：「龍王！如來如是為人說法，講其處所，亦不見法，無諸法想。譬如有人，虛空無色無見，欲以諸色畫於虛空，而作天像及諸人像、象馬、步乘。彼人畫是，寧難不乎？」

答曰：「甚難！甚難！至未曾有！天中之天！」

佛言：「龍王！如來所為甚難，於彼諸法，無色無取而不可見，亦無文字，亦無所得，而為一切講說言教，示現文字，設以方便，此乃甚難。其有信入如是像法，是等諸人多所成辦。若有受此深妙義者，不為諸魔之所得便。憶念我過世，龍王！更見供事無央數佛，恒輒捨家，淨修梵行。彼如來等未曾為吾說深妙法，應病如講布施、持戒學道之法，聽聞忍辱仁和之教，燕居靜處止足功德。所以者何？行德未了。

「了行德已，從大殊曜，如來即得聞斯深妙之法，應時逮成柔順法忍。以是之故，當知此義，當作是觀，聞是深法，功德具足。從過去正覺受此深經，無想無名眾穢因緣，無我、無人、無壽、無命，信樂受持諷誦，為他人說，其福甚多。若有菩薩愍傷一切，欲令安隱，使三千大千世界一一眾生皆得所安，諸天人民合集此德，施與一人。於龍王意云何？菩薩寧為眾生加無極安不乎？」

答曰：「甚多！甚多！天中天！」

佛言：「其有菩薩，施諸眾生若干安隱，若為人說一句無常、苦、空、非身之義，空、無相、無願，無我、無人、無壽、無命，不生不起之事，則是施安，福難稱量。所以者何？有為之安，眾生皆更，無為之安，未曾歷也。彼其以此深妙之法而暢音聲，於無為安，以為服食。是故，菩薩欲自立義，具世人願，當學深妙之法。若有菩薩所在會坐，捨深妙法，說雜句飾，則為斷絕正法之化。所以者何？是深妙法，布閻浮利而不沒盡，人所聽受，樂於法者，不足言耳，非人最多。假使法師藏深妙法，讀雜句者不樂深法，天則不歡悅：『是族姓子隨世所樂，而說俗事。嗚呼！痛哉！此眾會中無說法者。』心懷悁慼，而退捨去。」

時，海龍王白世尊曰：「布施、持戒學道之法是俗事耶？棄家出學、淨修梵行非佛法耶？」

世尊答曰：「諸佛興已，起無起法，於三界行有所救護，皆是俗事，非是佛語。彼則何謂？四禪、四等心、四無色定、五通、十善之行，布施、持戒、忍辱、精進、一心、智慧、書疏、校計經卷、體醫、方藥、巧工技術、身想衣食財物、所愛禪定，在三界行皆是俗事，非為佛言。」

佛告龍王：「佛興於世間，未曾所聞非常之苦、非我之寂。除於苦義，斷乎習義，證於盡義，遵修道義，入乎空義，度於無想，導御無願，於諸眾行不生不起，義意止意，斷、根、力、神足、覺意觀、八寂路，求真諦本淨，如無所起陰種諸入，為空寂義。所由諸義，不壞諸法，不壞非法，解一切法不生不長，皆無所起。不計有常無常，由因緣起得無所生，還於本淨而離色欲，現無數法，入於道法；在於道法，無想不想，無應不應，捨於一切念、淨不淨想，無舉無下，陰幽冥門自然如空，得平等行。於想等想、無想，於想離想，均於一想離一切想；無所觀見，寂然諸所見；現諸顛倒一切平等，謂得果跡，皆音聲耳，彼無所得，亦無不得，不受不捨。」

佛語龍王：「是所先說諸法之御，所得不可稱說；至於聲聞，獲聲聞乘；至於緣覺，獲緣覺乘；菩薩逮得不起法忍，成於如來無上正真道，為最正覺，斯謂佛言。是所言者，隨習俗教，皆是佛法教於真諦。佛道無文，佛言無言；佛教無跡，佛教無想；佛教無歎，佛教無化；佛教無正，佛教無名，佛教無思，佛無心意識，亦無所念，是謂佛教，而不可說，亦無言教，不可指現。」

佛語龍王：「如是比教，乃為佛言。如來不以文義說法，無文字教而為說法，是故無文則為佛教。佛所說法不有所逮，滅一切得佛所說法，是故無得為佛所言。佛所說經曾無言教，寂滅言教，以故言曰無教佛言。說法無取，法無猗法、無放逸法、不想法、無起法、無壞法、無究竟法、無所得法、無所志法、無所念法、無所行法、無分別法、無有想法、無所至法、無所推法。」

佛語龍王：「如來為人說法，未曾有行、有所證也。吾之所言，一切本淨，法無形色。是故，龍王！諸法無像，是名佛言。又復何謂號為佛言？解一切音，無所不達，故曰佛言。察去、來、今，無所罣礙，故曰佛言。覺了眾言，故曰佛言。報答諸問，故曰佛言。一切所說，因緣有言，無所不博，故曰佛言。覺諸所說，如呼聲響，故曰佛言。無字無說，故曰佛言。諸所字說，亦皆佛言。所以者何？是諸文字，去、來、今佛所說。今佛所說者、已說之者、當來說者，以是之故，一切文字，諸所言教，皆名佛言。

「入如此比，曉了眾慧，是謂菩薩分別道義，故曰文字言說皆號佛言。不壞法界，志一味慧，是謂菩薩分別經本，故曰文字言說皆號佛言。其有如應，順于法慧，是謂菩薩分別順寂，故曰文字言說皆號佛言。其有說慧無處無著，是謂菩薩分別曉了。是故，龍王！一切諸法莫不歸此，分別四義。菩薩解四義者，文字言說諸所歸趣，身有所在，莫不誘進，皆入佛教，是故無著、本無所住，於百千劫有所言說，無能制者。所以者何？是名曰無盡之藏總持門也。

「假使菩薩逮斯持者，說無盡句，善順於教，棄去、來瑕，如應無猗，莊嚴百千真妙之句，忍於本淨，將護不亂，尊卑之義曉了平等，光曜所有塵勞、瞋恚，入一切行而順解脫，八萬四千諸根尋如所應，善講本性而為說法。不盡八難音聲諸法，亦無有盡，及譬喻慧三世無盡，及報應果願可盡耶？經典順普可盡耶？心之所入可盡耶？因緣愚跡可盡耶？順在愛欲可盡耶？發于所持可盡耶？說乘所處可盡耶？分別法處可盡耶？深妙雜句可盡耶？至於究竟可盡耶？逆順之言可盡耶？名字之訓可盡耶？歎佛法眾可盡耶？說正諦可盡耶？佛道法品可盡耶？罪福所應可盡耶？講度無極可盡耶？」

佛語龍王：「是名曰所說無盡故，號無盡法藏為總持門也。」

佛說海龍王經卷第一

佛說海龍王經 卷第二

西晉月氏國三藏竺法護譯

總持品第五

佛告龍王：「有四事法無盡之教、無盡之藏，為總持也。何等四？分別無盡，慧無盡，明智無盡，總持辯才無盡；是為四。

「復有四事難攝無盡之藏，為總持也。何等四？其性難攝，道心難攝，入法難攝，入眾生行難攝；是為四。

「復有四堅固要無盡之藏，為總持也。何等四？所願堅固，奉行堅固，立忍堅固，度於因緣所造堅固；是為四。

「復有四所說無盡之藏，為總持也。何等四？講諸至誠，講諸緣起，講眾生行，講諸乘本無慧；是為四。

「復有四光無盡之藏，為總持也。何等四？照于法界，照于智慧，照于慧明，照于如應之所說法；是為四。

「復有四上曜無盡之藏，為總持也。何等四？精進為上，禁戒修行勤力為上，求積功德為上，合聚求慧為上；是為四。

「復有四無窮無盡之藏，為總持也。何等四？求諸度無極而無窮極，不厭生死而無窮極，開化度人而無窮極，求諸通慧而無窮極；是為四。

「復有四無厭無盡之藏，為總持也。何等四？佛前聽經而無厭足，為人說經而無厭足，求諸德本而無厭足，供養如來而無厭足；是為四。

「復有四無能勝者無盡之藏，為總持也。何等四？一切塵勞亦無能勝，一切諸魔亦不能勝，諸外異道亦不能勝，一切怨敵亦不能勝；是為四。

「復有四無習無盡之藏，為總持也。何等四？不習聲聞、緣覺之乘，不習一切供養之利，不習一切諸所著求，不習一切諸凡夫行；是為四。

「復有四無得無盡之藏，為總持也。何等四？不得所生，不得開化惡戒之人，不得說經在於有為為上大乘，不得乞求；是為四。

「復有四力無盡之藏，為總持。何等四？忍力，忍於一切所作；眾惡慧力，蠲除一切眾生疑結；神通力，見一切眾生心之所念；善權力，為一切人如應說法；是為四。

「復有四大藏無盡之藏，為總持。何等四？不自侵欺而斷三寶，是則大藏；入於無量之法，是則大藏；得一切心，隨其所志，是則大藏；慧等如空，是則大藏；是為四。

「復有四無極無盡之藏，為總持。何等四？博聞無極，智慧無極，所願無極，順眾生說法無極；是為四。

「菩薩復有四事不自侵至無盡之藏，為總持。何等四？說法不自侵，說至誠不自侵，順法行不自侵，得至道極不自侵；是謂四。

「復有四事得無所畏無盡之藏，為總持。何等四？不畏惡趣，不畏眾會，不畏決疑，不畏失佛道。是為四無盡之藏為總持也。」

佛告龍王：「是無盡藏總持，說德無量，入無極慧，集菩薩行，所可由慧，光曜莊嚴菩薩所求，菩薩財寶所入法藏；入總持門分別言教，嚴身、口、意，得淨諸國，合集自在，護念正道；入眾生敷慧化導正法，力精進具諸度無極，嚴淨道場，逮諸佛法，是謂無盡之藏總持。其有文名字號之數，及法諸數，遊于正法，皆來歸斯無盡之藏，為總持也。

「菩薩入斯，於諸文字，無所分別；諸法清白，不壞本淨故；樂一切法，不侵樂法故；究竟諸法，所志諸法亦無侵欺故；一切眼法，不侵諸法明故；諸法假號，不侵會法故；以逮諸法，不侵行精進故；諸法調定，於柔順法無所侵故；諸法說之，無侵光曜焚燒諸法，於無起法而無侵故；信一切法，於所好法亦無侵故；說一切法，於諸言教無所侵故；諸法本無，於無趣法而無侵故；諸法審諦，等三世法亦無侵故；諸法常住，於不動法亦不侵故。

「諸法有哀，隨本所樂而為現法故；諸法悉等，說無差特故；諸法求跡，示現諸法至平等故；諸法所至，示現入深道門故；諸法至力，現諸上法故；諸法愚冥，為現智明故；懷來諸法，示現諸法無所亡失故；總持諸法，示現諸法為無盡故；諸法寂然，現憺怕故；諸法虛空，而為示現廣普之法故；諸法無明，現癡本故；諸法悉住，現所立處故；諸法入慧，現離癡法故；諸法人也，而為示現分別諸法故；諸法離有，而為示現離所有法故。

「諸法有難，而為示現諸法瑕穢故；諸法常念，而為示現宿命事故；諸法有緣，示現諸法而有侵故；諸法入志，而為示現寂諸亂故；諸法極重，而為示現無所動法故；諸法住處，而為示現眾法界處故；諸法導師，而為示現審諦之法故；諸法致果，而為示現志無所念故；諸法唯陰，而為示現蠲除五陰諸法苦患故；諸法生死，示現諸法無塵故；諸法寂空，示現諸法無所猗故；諸法如固，示現諸法斷眾固故；諸法寂滅，示現諸法斷因緣故。」

佛語龍王：「是名曰文字緣會無盡藏總持。菩薩得是，分別一切文字所興，譬如文字而不可盡，諸法所說不可盡，亦復如是；譬如文字亦不從身出、不從心出，諸法如是，不可知處，不住在身，不住在心；譬如文字無所依倚，而求解說塵勞之事，亦無所淨。菩薩已得無盡藏總持，雖說塵勞，不著塵垢，究竟本淨，譬如文字不合在身，然為他人有所解說，諸法如是，有所發起教心清淨。

「如文字有所說時無所至湊，無所言時不處在內，諸法如是，假使說時無所至到，設不說時不積在內；如文字無色、無見而現在外；諸色如是，無色、無見，由心因緣而有退轉；如文字虛自在寂寞，悉以怳惚無作字者，諸法如是，虛靜寂寞，莫有造作；如文字不出染污、瞋恚、愚癡，又因文字而有音教，諸法如是，不出染污、貪騃之惑，由從想念起婬、怒、癡；如文字因諸貪緣說得果證，文字無得亦無有證，諸法如是，因其緣對說有果證，計於本法無果無證；譬如諸法無不因字，諸行如是，所有諸法皆由佛道。」

總持身品第六

佛語龍王：「菩薩已住無盡藏，而以文字求於佛道，總持文字，力也；歸趣文字，身也；滅盡像，色也；入法門，頂也；觀瞻，額也；慧眼，眼也；天耳，耳也；說名字，鼻也；制亂意眉間，闕庭也；攝一切心，面也；解喻一切可眾生心，舌根也；調定其心，齒也；師子觀奮迅，髭也；藏匿空語，脣也；觀一切法，咽也；勉出眾生，令其歡悅，肩也；端正所謂，髀也；察諸法等，腹也；入於深門，臍也；入左右路，掌也；合會諸法，臂也；十善之句，為善救護，指也；清淨法銅，爪也；來致虛無之念，脇也；次第講法，脊也；說不侵時，無所為度，尻也；具足寂觀，髖也；趣審諦法，膝也；曉知一切，踹也；心意寂然，足趺也；遊到十方，足心也；次第說諦，步也。

「知羞慚恥，衣也；法鬘莊嚴，傅飾也；法華若干，臥具也；說種種法，枕也；不瞋不諍，塗香也；所行如應，無所不了，雜香也；入深戒，說香也；於諸法自在，眷屬也；嗟歎梵跡，則親友也；得安隱眾，知識也；斷諸結縛，開化眾人，則親暱也；曉了諸事，家室也；其心清淨，母也；一切巧便，無所依信，慧父也；諸通慧心，從等也；施度無極，漿食也；戒度無極，泰安也；忍度無極，莊嚴也；精進度無極，作善剋辦也；一心度無極，飽滿也；智度無極，隨時順也；善權度無極，二句合義也；道品身支，黨也。講說至誠，未曾侵欺，一切世間尊豪自由，於法自恣。」

佛語龍王：「是為無盡之藏總持，無色像身也。其有菩薩，於是總持樂法之樂，譬如國王，在於中宮；如天帝釋在須彌頂，威神巍巍；如梵天，尊豪自在；如燕居阿須輪，難可制持；如海無邊，功德超殊；如寶大山，天所娛樂；如父母獨有一子，愛重無極；如月盛滿，眾星獨明，莫不稽首；如世尊，為天、世人奮大光明；如日初出，光曜柔和；如孔雀，在林樹間放妙音聲；如師子，在巖窟中服美飲食；如龍，心意調和，以時澍雨；如轉輪王，大法化國；如眾龍，舞動發雷電；如龍王，已得自在，降大法雨。

「如天帝釋，撫化一切諸外異道；如勇猛將，摧伏嚴敵，除諸勞垢，降納眾魔；如水消火；如風靡草，心計如地，開化明者，順化眾生；如火焚草，皆忍苦樂；如乳母養長者子，療治眾病，持心堅強，具眾人願；如意珠王，總持諸寶。」

佛語龍王：「其有菩薩住無盡之藏總持門者，則可謂入佛之道場。如大海含受眾寶、諸珍苑府，無盡之藏總持如是，包弘諸法道寶篋藏；如無數香篋，令無量人恣意所欲。菩薩已住無盡之藏總持門者，以真妙言開化一切，令各得所。是總持者，入一切聲。此土名道心者，彼無盡世界佛一寶蓋如來國曰目前；此名諸通慧者，彼超得度世界導龍如來佛國曰普達；此名施度無極者，彼寂定世界吉祥如來佛國曰精氣；此名戒度無極者，彼無憂世界離憂如來佛國曰多安；此名忍度無極者，彼無垢世界離垢如來佛國曰無盡句；此名進度無極者，彼普明世界無垢光如來佛國曰上度；此名專度無極者，彼道御世界堅要如來佛國曰寂行；此名智度無極者，彼陰雨世界雨王如來佛國曰清淨。

「此名善權方便者，彼尊調世界離垢辟如來佛國曰隨習俗宜；此名慈哀喜護者，彼豐盛世界吉祥義如來佛國曰憐傷仁攝彼我二寂；此名苦習盡道者，彼無悅世界首寂如來佛國曰本原由根根盡歸本；此名四意止者，他方世界曰無止；此名四意斷者，彼曰上勝；此名神足者，彼曰超步；此名五根者，彼曰悅原；此名五力，彼曰堅強；此名覺意，彼曰無冥；此名八由，彼曰所度；此名分別，彼曰目見；此名護仰，彼曰隨順；此名法施，彼曰善攝；此名寂觀，彼曰定察；此名脫門，彼曰離癡；此名功德，彼曰嚴辦；此名智慧，彼曰了便；此名棄家，彼曰修行；此名具戒，彼曰無犯；此名安隱無為，彼曰寂滅度；此名曰歎佛無量，彼曰佛曰佛眼放光。」

佛語龍王：「計諸佛國音聲、言訓若干種教，菩薩若逮無盡之藏，皆知一切諸佛之土所說，音聲、文字所誨。佛以一劫若過一劫，讚歎有為言說章句之教，十方所出，不能究竟諸佛國土音聲義也。」

佛說是無盡之藏總持門時，六萬菩薩皆得總持，八千菩薩得不起法忍，三萬二千人皆發無上正真道意。

總持門品第七

爾時佛告龍王：「菩薩以是離諸幽冥之路，趣諸通慧。往古不可計無央數劫不可思議，彼時有佛，號曰梵首天王如來、至真、等正覺、明行成為、善逝、世間解、無上士、道法御、天人師，號佛、世尊，世界曰集異德，劫名淨除。彼時集異德世界豐盛安隱，五穀自然；快樂無極，天人繁熾。如我此土百億四域合為一佛國，則為彼土一大四域，如是之比百億須彌山，此梵首天王如來集異德世界廣大無邊，乃如茲乎！

「其世界如金剛光明摩尼之寶，自然常普大明，以寶交絡，周匝覆蓋，懸繒幢幡，百千伎樂於虛空中不鼓自鳴，其伎樂音普聞佛土。彼伎樂音，不出婬、怒、癡欲之音聲也，唯演寂然、憺怕、法樂、歡喜之音。諸天、人民聞樂音者，則逮一心寂定，安隱晏然，不為塵勞之所危害也。其土平等，如柔軟衣，無有惡趣音聲誨也。天、人清淨，皆解微妙，志于大乘，少求聲聞、緣覺之乘。心有所念，衣食、室宇所欲隨意，悉自然至，天、人一等，無有窮厄、匱乏者也，衣服、飲食如兜術天上，其國所有等無差特。其如來壽命，滿六十七萬二千歲，其土人民壽亦復如是，無中夭者。佛土菩薩七十二那術，聲聞甚少。

「爾時，有轉輪聖王，號無盡福，主十六四天下。其無盡福王有八十四那術夫人，如天玉女。有四太后：一名、離垢，二曰、無垢光，三曰、清淨，四曰、淨句。子有八萬四千，皆大猛勇身相；有八端正姝好，皆志大乘。彼時無盡福王處於大城，名曰具樂，其城東西，長二千四百四十里，南北亦爾。

「梵首天王如來興於彼國，無盡福王建立精舍，殖大林樹，名上香光園，佛所遊止。城之中央造王宮殿，七寶合成。城中有八萬四千街巷、八萬四千欄楯；一一街巷，有八萬四千家居。其大城壁七重，七重欄楯、七重行樹、七重交路，繞城有萬遊觀園。其塹七重，滿八味水，生青蓮、紅蓮、黃蓮、白蓮皆有美香，鴛鴦、鳧鴈相隨而鳴。其城如是，名等無量，不可思議。

「王供養佛，奉進所安，眾事具足，無所乏少，於百千歲不可稱限。率其中宮、子孫、親族、友黨、眷屬、國中人民，往詣上香光叢林，見梵首天王如來，稽首佛足，退住一面。佛告王曰：『有四事為大國王、君子、聖主猶得自在，與眾不同，增益善法。何等為四？立於篤信，數詣賢聖，樂欣請益，求德慕義；以法自娛，常觀無常、苦、空、非身之法，觀世所有有為之穢，皆歸離別；自攝其心，入無放逸，覺察欲樂，無所饒羨；不以毀斷宿世福德，不廢道心，務志妙慧。是為四事，大國聖主猶得自在，與眾不同。』

「無盡福王白世尊曰：『菩薩有幾法而得自在？』佛告王曰：『菩薩有八法而得自在。何謂為八？得五神通以自娛樂，未曾有退，無所罣礙；并除瞋恨，而無害心，具暢聖慧，攝于道明；所作已辦，現得叡達，誠信神足，拔諸所有；以智慧聖，捨離一切邪見塵垢，得四解明，佛所建立，無著不住；具足力處，逮于無盡福海印三昧；能悅眾生，攝御一切諸佛之教，以成總持；其心清淨，所聞不忘，應如所欲，而為說法；入一義味，住於本際，不計吾我，不起法忍。是為八事，菩薩而得自在。』佛告王曰：『又有總持，名曰寶事，菩薩逮得此總持者，於法自在。』

「時佛為王說寶事總持之慧，滿百千歲普分別義。王捨國事一切眾緣，專精一心，及與眷屬聽受道化，於百千歲未曾想欲，無瞋恨意，不含想害，不顧妻子、國土、眷屬，一切所有永不以計，唯願法樂，立志佛道，大慈清淨，等心一切而行大哀，被大德鎧而聽受法。如是之比具百千歲，受佛誨已，因此寶事總持之要，所作則辦；越七百萬劫終始之患，積十萬劫除諸罪殃，見億百千佛從受德本，於恒沙等作天帝釋。若為梵天、轉輪聖王，積功累德，以清淨心志御諸法，用心不亂，聞百千佛，受法不忘。時王諸子，皆悉逮得柔順法忍；中宮婇女八萬四千，普發道意，為菩薩學；八萬四千人逮得法忍；九十那術諸天人民皆發無上正真道意；三十六那術學聲聞乘得法眼淨；萬六千比丘漏盡意解。

「無盡福王棄國捐王，不慕天上、世間諸樂，唯志無上正真之道。因家之信，出家為道而作沙門；諸子亦然，皆作沙門。時國人見王棄國，六萬人悉為沙門；中宮婇女、四大夫人亦為沙門。佛教清淨，普蒙安隱，殖諸德本，眾行具足。」

佛言：「龍王！爾時無盡福王轉輪聖帝非是餘人，則爾身是也。爾時轉輪聖王諸子，今此會中諸菩薩大士是也。時彼梵首天王如來，為王無盡福所說寶事總持，則今佛所說無盡藏總持是。」

佛語龍王：「今如來以無著慧觀察人本而為說法，從無央數百千億那術諸佛聞無盡藏總持，以此數聞之故，今乃如斯志念強勇，獨步無礙，辯才難及，志懷智慧。若有菩薩，聞是無盡總持之名，其有說者，皆當逮得無著辯才。所以者何？由是總持，後當來世是離垢總持所流布處，皆是如來之所建立八萬四千法藏。是總持門為首面也，八萬四千行皆來歸於總持，八萬四千三昧皆從總持，八萬四千總持無盡之藏總持為本原。」

佛語龍王：「假使菩薩無住無著，於四解義則降大法雨，皆來依猗此無盡之藏。此無盡之藏總持所入正句，次第順章，諸天、龍、神、香音神、無善神、鳳凰神、甜柔神皆共營護：緣應意、隨順意、欣樂跡、直意、越度、無盡句、次第、曜面、光目、光英、志造、淨意、行步入、勇力、濟冥、所持、為上、寂門、入寂、滅塵、離居、居善、隨順、離次、無所至、所住、無所住、至處、無至處、要御、速慧、智根、轉本根、月光、日轉焰、光善離垢、無垢、淨諸垢、覺所建立、諸天祐、護諸魅、告乘、梵知化、釋諮嗟、四天護、眾聖愛、仙人歸、諸姓修行、解牢獄縛、天人所攝、捨諸塵勞、破壞眾魔、降伏外道、攝欲明智、開化自大、不犯法師、不亂眾會、悅可樂法、護於法音、不斷三寶、慈愍眾生、讚慕德義六十二事。」

佛告龍王：「是諸法句，為護無盡之藏總持，其有法師受是章句六十二事，若諷誦者，得三十二無所畏。何謂三十二？博聞無畏，諮嗟他人；處處無畏，言無缺短；如應無畏，棄捐鄭重；而無所畏，隨音所入；辯才無畏，無所罣礙；其心無畏，奉受道心；其志無畏，歡悅眾人；行步無畏，速決狐疑；覺意無畏，觀察眾人；無闕無畏，言行相應；無缺無畏，戒禁清淨；心面無畏，忍辱清淨；堅強無畏，於審諦願而不轉還；所處無畏，心不謬亂；辯慧無畏，能悅眾會；智慧無畏，知深妙法；降化無畏，離於調戲；師子無畏，伏諸外道；無受無畏，無衣食悅；無瑕無畏，降伏眾賊，令住正見；無愆無畏，智者不毀；導御無畏，不亂眾經；說等無畏，隨時而教；無諂無畏，言行相應；離慢無畏，見一切人；謙順無畏，無盡句本行修善；發遣所問無畏，開化一切無量法教；隨眾無畏，己身淨故；降魔無畏，除諸塵勞；大慈無畏，心不懷害；大哀無畏，將護眾生；智慧無畏，以法治國。」

佛語龍王：「菩薩聞是無盡之藏總持，歡喜信，便得三十二無畏。假使不斷是三十二無畏，稍稍漸成如來四無所畏；佛之所有無所畏，諸天、人前為師子吼，恣聽一切所可欲問，都無有人能來窮極如來之智，亦不敢斷佛所說。是故，菩薩欲致是無所畏者，當學行無盡藏總持。何所是總持所學行？無眼行、無色行、無眼色識行；無耳行、無聲行、無耳聲識行；無鼻行、無香行、無鼻香識行；無舌行、無味行、無舌味識行；無身行、無細滑行、無身細滑識行；無心行、無法行、無心法識行。無色行、無色生行、無色滅行、無色處行；無痛、想、行、識行，無識生行、無識滅行、無識處行。一切無行，是應總持行。

「復次，龍王！其行色空，心不空色，是應總持行；痛、想、行、識，其行識空，心不空識，是應總持行。

「復次，其無想色行，不念無想行，是應總持行；痛、想、行、識亦復如是，其無想識行，不念無想識行，是應總持行。

「復次，其不斷色行，於色行無行，不色生行，不色起行，不色寂行，色如諦行，色如本淨行，亦不念色如諦、本淨行，是應總持行；痛、想、行、識亦復如是，其不斷識行，於識行無行，不識生行，不識起行，不識寂行，識如諦行，識如本淨行，亦不念識如諦、本淨行，是應總持行。

「復次，於種由法界行，不想法界行，不想法界諸入本淨空行，不想本淨空，是應總持行。若一切法緣起之行，不想緣起，是應總持行。不著諸法行，不猗不著行，是應總持行。諸法如本無行，不壞諸法本無之行；若於諸法住本際行，不念本際住諸法行，是應總持行。

「復次，其知貪欲行，不於法界想念貪欲行，是應總持行。其知瞋恚行，不於法界想瞋恚行，是應總持行。其知愚癡行，不於法界想愚癡行，是應總持行。

「其等分行，不於等分行於法界有所壞行；若於八萬四千諸所修行，入于法界無若干行，是應總持行。若行、若合行，於行、合行而無所行，亦無不行。所以者何？其行無量亦無所度，亦無所想，是故彼行為平等行。於平等行亦無所毀，亦不有為，亦不無為，亦不受，亦無不受，無處無住，故曰平等行。菩薩行如是，則得無盡藏總持之門也。」

於是世尊則說頌曰：

其人心意則清淨，普入經卷度無極，
悉解眾人之音聲，得總持時乃如是。
觀知群萌心所行，善惡所念及中間，
分別本性所造興，則為說法隨所應。
悉了因緣之報應，令不覩常及無常，
皆以棄捐墮邊際，分別總持隨順化。
明解文字之方便，知無央數之音響，
曉了義理微妙好，得總持者乃如是。
逮得天眼無垢污，天耳清淨亦如是，
無量智慧知眾行，念億千劫去來事。
獲四神足亦如是，至無量國須臾頃，

供無數億諸導師，聞所講法則總持。
若干億魔至百千，不能覩知境界行，
清淨之人無塵埃，講說經法無數千。
譬如蓮華無著水，不猗世法亦如是，
常以解脫諸有無，等心一切如虛空。
持最色相而勇猛，眾人觀仰無厭足，
進止安詳行無缺，愍傷群萌故遊世。
天帝釋梵及護世，皆以恭敬稽首禮，
其心不以憍慢說，得總持時亦如是。
口言柔軟如梵音，為眾人說可其心，
溫潤流利言得時，所可教化無所覆。
在於眾中無所畏，為師子吼妙無難，
降伏一切眾麁人，得淨總持為如是。
其諛諂人難調化，興于憍傲而自大，

聞彼聖明所說法，即棄貢高稽首禮。
入於本淨寂法界，以達義歸解諸法，
以故所說無窮已，分別文字知法律。
人之本性法界淨，曉眾生淨亦如是，
解知本無人本無，所說經法無罣礙。
所盡無盡不可知，無盡之事無能盡，
覺了知是趣寂寞，則說無住億經卷。
斯諸文字不處身，亦不在意不住心，
文字本性空寂寞，譬如山中呼聲響。
計總持者不著字，無音無言無說聲，
以知文字所趣然，假使所說無罣礙。
無意無想亦無心，設有所說無所念，
又復解知去法慧，講順說經隨所應。
以入分別四句義，曉了義理明識法，

究暢音聲順所聽，故講無著不可量。
翫習本原承其慧，故說深要若干法，
所解之慧了逆順，有趣頂法度無極。
方便所有諸怯弱，以用救攝諸卒暴，
明識所作為解說，得總持者乃如是。
其身口意皆已寂，分別諸慧不著古，
所言無厭除瞋恨，得住總持為勇猛。
其所總持心執御，意之所入住法慧，
其有聞者未曾忘，順如聽采等經典。
其總持義法不亂，計法行之無所入，
以法等故曰平等，如應平等順清淨。

分別名品第八

佛說此章句偈時，海龍王眷屬萬三千龍，皆發無上正真道意，則更啟曰：「廣宣此言，唯然，世尊！我等亦當逮是無盡之藏總持也，當為一切眾生之類廣說經法。」

爾時，賢者舍利弗白佛言：「至未曾有！世尊！乃令諸龍發無上正真道意，人反不能發大道也。」

佛告舍利弗：「是萬三千龍，迦葉佛時皆作沙門，從迦葉如來一反聞菩薩行，同時歡喜讚曰：『善哉！善哉！說大乘事不可思議！』與族黨知友俱行分衛，貪利不慎，不護禁戒，以是之故，壽終之後墮於龍中。彼時從迦葉佛聞大乘教，讚迦葉佛，因由報應德本之緣，今聞吾說諮嗟大乘，講無盡藏總持，皆發無上正真道意。舍利弗！觀是至心之奇特，今吾授決，恒沙等劫供養諸佛積累道品，自致得成無上正真道，號曰慧上、智上、法上、梵上，得成佛時，以是四事號世界曰無垢藏，劫名大欣，皆同一劫得成無上正真道最正覺，猶如賢劫當興千佛。」

授決品第九

於是海龍王白佛言：「我從初劫住止大海，從拘樓秦如來興於世來，大海之中諸龍妻子、眷屬甚少，今海龍眾妻子、眷屬繁裔弘多，設欲計挍不可窮盡。唯然，世尊！如此云何有何變怪？」

佛告龍王：「其於佛法出家奉律行戒，不具現戒成就，違戒犯行，不捨直見，不墮地獄，如斯之類，壽終已後皆生龍中。」

佛語龍王：「拘樓秦佛時，九十八億居家出家，違其禁戒，皆生龍中。拘那含牟尼佛時，八十億居家出家毀戒恣心，壽終之後皆生龍中。迦葉佛時，六十四億居家出家犯戒，壽終之後皆生龍中。於我世中，九百九十億居家出家，若干鬪諍，習若干行，誹謗經戒，壽終之後皆生龍中，今有生者。」

佛語龍王：「以是之故，仁在大海中，諸龍妻子、眷屬不可稱計。我般泥洹後，多有惡比丘、惡優婆塞，違失禁戒，當生龍中，或墮地獄。」

海龍王白佛言：「於今棄家為道，犯戒比丘墮龍中者，有何殊特？」

佛言：「棄家學行，於今犯戒比丘墮龍中者，行於方便，不能清淨。又有至心信於佛法，以至心力，龍中壽終，生天上、人間，當見賢劫所興諸佛，皆當見之。假使不以解脫者，悉於拔陀劫中般泥洹，除志大乘者。龍王！且觀佛教廣大因緣出家之奇特，棄諸惡法，得超異類。」

爾時，有龍王子，號曰威首，前白佛言：「至未曾有！世尊！龍近如來難值難聞，雖有所毀，作眾罪殃，發一善意，心念佛法，終不失德；緣是之行，至得滅度。今我願發無上正真道意，用佛、世尊難值難聞，令菩薩行無有違缺，至于道場，莫使心中忘失德本，大慈、大哀、大喜、大護，所生之處常見諸佛，得聞經法，供養眾僧，開化眾生。」

爾時，世尊告威首龍王子曰：「善哉！善哉！仁者之問，乃發救護一切之心。今汝至心興無極哀，而起道意，緣彼德本如來嗟歎，七日、七月、若至一年，為功德福而不可盡，所植善行乃如是也。」

佛見威首龍王子心之所念，即時欣笑。諸佛笑法，無央數色，色色各異，光從口出，照不可計諸佛世界，遶身三匝，還從頂入。

爾時，賢者阿難以偈讚佛：

百福功德莊嚴身，體諸相好三十二，
清淨無垢如月光，今之所笑何感欣？
靜無塵埃離三垢，如百葉華行無惓，
天人龍神所奉敬，安住今者何因笑？
善哉平等齒普淨，十力威曜面香潔，
以除生死之根原，今者世尊笑何感？
心如虛空無瑕穢，意等善友及怨家，
持志如地無憎愛，唯願世尊笑何欣？
音聲所講喻梵天，猶雷哀鸞微妙響，
所說柔軟莫不歡，唯願世尊歎因緣。
心於聖慧無所著，知三世人意所行，

解眾人根得喜悅，導師今笑為何感？
以為成醫王，療治眾生病，能施究竟安，世尊笑何緣？
護德為我說，諸天人民聞，皆當懷喜踴，即志諸通慧。

佛告賢者阿難：「寧見威首龍王子住於佛前，至意發無上正真道意不？」

阿難對曰：「唯然，已見！」

佛言：「是威首龍王子，過八百不可計會無央數劫，當得作佛，號慧見如來、至真、等正覺，世界名淨住，劫曰明察。是龍王子至誠奉行菩薩之道，見無央數諸如來，供養奉事，常修梵行，開化度脫無量眾生，使立三乘。慧見如來淨住世界，豐熟安隱，五穀平賤，快樂難量，天人充滿，猶如炎天被服飲食。其佛當壽百萬歲，賢聖眾僧聲聞有六十億，菩薩百二十萬億。慧見如來其有覲者，皆得慈行三昧。慧見如來說經，聲聞行者，若始見佛，則得道跡；再見，得往來；三見，得不還；四見，得無所著。志菩薩乘者，適覲慧見如來得柔順忍；再見，獲神通；三見，得總持辯才；四見，得不起法忍。淨住世界無毀戒者，意淨無邪，皆住正見。壽終之後無有惡趣，悉生天上清淨佛土。」

時，威首龍王子聞佛授決，歡喜踊躍，善心生焉，奉百千珠瓔用散佛上，而叉十指，以偈讚曰：

人尊無垢如月光，威神無量眾所奉，
其力無限總持世，願稽首禮無邊慧。
慈哀之聖不可限，叡智無瑕不可議，
禁戒廣普住正定，稽首人尊如虛空。
無量無限億劫數，所行究竟無不入，
以故曉知諸眾生，心性所歸諸根本。
若人覩觀尊顏容，一心察之無厭足，
不為塵埃之所惑，愛欲之穢皆滅盡。
哀鸞拘夷諸鬼神，梵天之音亦如是，
聲聞十方甚微妙，如來之音超於彼。
譬若如日墜於地，海水當竭須彌壞，
虛空尚裂地反覆，世尊所說終無異。

世尊至誠以諦說，授我之別大聖慧，
吾無狐疑結網除，得佛自在為眾祐。
十方無量億萬國，滿中珍寶供導師，
假使有人發道心，前所植德不及此。
供養正覺德第一，若人志發尊佛道，
則為報恩諸十力，用不斷此導師命。

龍王子說此偈讚佛已，十千人皆發無上正真道意，悉說言：「慧見如來逮得最正覺時，吾等同心共生淨住世界，奉彼如來正法之教，又供養之。佛滅度後，次補其處，得最正覺。」佛皆授決，悉當令生淨住世界。

佛說海龍王經卷第二

佛說海龍王經　卷第三

西晉月氏國三藏竺法護譯

請佛品第十

爾時，海龍王白世尊曰：「唯佛加哀諸天、龍、神及無量人，令致安隱至于大海，詣我宮中屈神小食。所以者何？大海之中有龍、鬼神、香音神，及餘無數眾生之類，見如來已，皆殖德本，悉當往會，因聞法音，除斷無底生死之源。吾等龍宮并蒙其恩，天上、世間緣得度脫，如來普現佛大道心，令我等身近道品法。」佛愍龍王，默受其請，及無量人悉當廣殖眾德之本。

時，海龍王見佛就請，歡喜踊躍，稽首佛足，右繞三匝，與眷屬俱，忽然不現，還在大海聚會龍民，而告之曰：「吾明日請佛，佛垂矜許，汝等同心當俱供養。」

海龍王又告燕居無善神、誑惑縛、補離垢錦等曰：「諸仁！當知如來降神，當詣此海乎！宜用身故，率諸眷屬來集吾宮，獻饌世尊。」又勅龍王，名曰主度王、歎無量王、離垢王、焰光王、戲樂王、清淨王、妙曜意王、現諸難王，及餘龍王百千之眾，悉當來會，至吾宮裏，奉覲如來。又勅龍子威首曰：「仁者！致敬宣吾命於無焚龍王，命諸海宮供養如來、至真、等正覺。」即時受教。又勅龍王子強威，詣安明山頂，請歡喜龍王、迦歡喜龍王，及天帝釋，使諸仁者令詣大海，集吾宮內，供養如來。時強威即時受教，宣令如是。

時，海龍王化作大殿，以紺琉璃、紫磨黃金而雜挍成，則建幢幡，造金交露，寶珠瓔珞，七寶為欄楯，而極廣大，若干種香而以熏之，散眾色華，紛紛如雪。於大殿上化立師子之座，高四百八十里，皆以眾寶而合成，敷無數百千天繒，以為綩綖。諸菩薩及比丘眾所坐師子座，各各嚴麗，階級殊別。饌具兼重，若干種味，寂然飲食，供設以具。

爾時，龍王明旦修敬，住安明山十二之坎，與眷屬俱遙請世尊，以偈頌曰：

殊特慧無量，於法得自在，明知成眾事，如空聖無限，
離垢眼清淨，於世為最上，日時今已到，唯加哀自屈。
清淨音如梵，柔軟聲和仁，響雷如哀鸞，為眾現甘露，
除若干塵冥，為眾最上醫，人中寶願來，今正是其時。
心調柔寂寞，志軟常安和，自度濟眾生，願救諸人民，
開化眾黎庶，使越彼四瀆，造安度彼岸，惟屈今是時。
調仁樂布施，學道戒清淨，忍辱力最上，已獲大精進，
滅除禪脫門，智慧普無量，言誨如月明，住聖時已到。
智跡方別路，邪徑永已斷，七覺意根力，化現以四諦，
平等四意止，四神足意定，總得普通達，時到宜屈神。
三十二相明，英妙百功德，為存德義者，示現大福田，
尊稱為眾祐，如春萌滋茂，唯愍傷加慈，大哀自屈神。
志如須彌山，心等譬如地，除愛及瞋冥，所說如演空，
人尊不自卑，未曾有貢高，歸於空脫門，屈神今正時。

知義尋分別，曉了隨順要，究暢解經法，心行常如斯，
顯進人本性，觀察諸慧義，稽首最勝足，時到屈神臨。

爾時，世尊遙聞龍王啟白，時到，告諸比丘：「著衣持鉢，當詣大海，開化眾生，就龍宮食。」

比丘應曰：「唯然！」

於時，世尊與諸菩薩、比丘眾俱眷屬圍繞，踊在虛空，身放大光明而雨天華，百千伎樂相和而鳴，集于海邊，至欣樂園，有思夷華，名曰意樂，佛住止彼。

時，海龍王往詣佛所，稽首佛足陳敬已畢，却住一面。龍王自念：「吾欲化作寶階，從海邊至海底，令佛及比丘眾及諸菩薩，由是下海至我宮中，如昔世尊化作寶階，從忉利天至閻浮利。」適設此念，便從海邊化作三寶階金、銀、琉璃，下至其宮甚微妙好。

於是世尊以威神力，化大海水令不復現，使海生類不以為患。佛身放光，照于大海，普至三千大千世界。其海居類身蒙此光，皆懷慈愍柔仁之心，不相嬈害，

相視如父、如母、如兄、如弟、如子無異。

於時，欲行天人、色行天人侍從世尊，欲聽道化，猶欲觀龍王莊嚴宮殿。時，佛與諸菩薩及大聲聞、諸天、龍、神、香音神、無善神、鳳凰神、山神、甜柔神、釋、梵、四天王，從欣樂園思夷華樹欲詣龍宮。

佛昇寶階涉於中階，諸菩薩眾住于右階，諸大聲聞住在左階。時六十億釋而在前導；六十億梵天皆在虛空，各執寶蓋；六十億天皆在佛後，而雨天華；六十億諸欲天、人作諸伎樂，而供養佛；六十億魔眾皆於佛前，香汁灑地；六十億龍后在虛空中，各現半身，手執珠瓔，垂散佛上；六十億山神皆鼓伎樂，歌佛功德；六十億香音神，手執華蓋，以用奉佛；六十億無善神，各持若干百千種衣，以覆佛上；無焚龍王與億百千眷屬在於虛空，皆以華香、雜香、擣香作眾伎樂，莊嚴諸龍，及諸天華以供養佛。如是比類，六萬龍王皆供養佛，欲見世尊，勸海龍王。

安樂世界無量壽如來佛土菩薩，號光世音、大勢至大士，與無央數億諸菩薩俱，為佛、世尊示現莊嚴諸所有供養，皆令前所嚴供隱蔽不現，無能知者。焰氣世界難逮如來佛土菩薩，號法英、法道大士。妙樂世界無怒如來佛土菩薩，號香首、眾香首大士。照明世界月辯如來佛土菩薩，號師子、師子音大士。不眴世界善目如來佛土菩薩，號導御、諸法自在大士。光曜世界普世如來佛土菩薩，號寶場、寶焰大士。樂御世界寶首如來佛土菩薩，號慧步、慧見大士。光察世界普觀如來佛土菩薩，號雨王、法王大士。愛見世界尊自在王如來佛土菩薩，號退魔、后魔王大士。取要言之，如是十方各各無央數億諸菩薩，皆來勸樂海中龍王欲見如來供養奉事。

於是世尊以大道力諸佛感動，威德所監，以佛弘威勸化無戲，供養諸佛，放大光明，徹照十方無量世界，以佛洪音大師子吼，而講言化諸天百千，皆作音樂而雨天華，滅諸惡趣，施於一切安隱之具。有三昧名曰立於大哀歡悅群萌，以佛三昧正受已，所作莊嚴光飾大海不可思議。佛從寶階降神海宮，自然音樂，普聞十方無量世界。佛之威神，如來所感，皆見能仁如來下于大海。

彼時億百千玉女、魔妻、無善神、鳳凰神、山神、甜柔神、群神婦女，皆以伎樂而行迎佛，調諸音樂，而歌頌佛德：

施上戒清淨，忍力慈心尊，精進勤御義，禮樂禪脫門，
心淨光慧智，嚴明奮威神，現在示解脫，故來除垢塵。
施以甘露安，道御罄眾穢，無盡德如空，慧海願降海，
所說具足要，講歎度無極，施眼明清淨，一切人中上。
歎頌深義句，愍人光無倫，等祠所宣普，降伏諸異道，
施以法無慳，講經淨恣塵，讚歎實慧光，道財敷演珍。
見諦莫不受，正觀斷結著，不動如山根，願稽首導師。
諸天金翅鳥，須倫真陀羅，迦留鳩垣師，願稽首足下。
尊相三十二，無比妙善現，體柔紫金色，爪足下安平，
妙響如哀鑾，其聲踰梵天，大音超三千，稽首柔軟音。
根調心寂寞，猶如月電光，言誠常平等，願稽首樂法。
已度老病苦，救一切令脫，得勝伏眾魔，滅除生現盡。
無著蠲塵勞，為諸天所敬，歸尊普救護，導師開化眾。

十德六度品第十一

於是王女及諸龍后、無善神、鳳凰神、山神、甘柔神后共讚佛已，一切同等皆發無上正真道意，脫身瓔珞，用散佛上。

佛與眾俱降于大海，到其海城，詣海龍王莊嚴大殿，坐師子座。時諸菩薩及比丘眾，各各次坐其座。於時，海龍王與中宮眷屬俱見佛坐已，手自斟酌，寂然飲食，無央數味供養佛及比丘僧。飲食畢訖，行澡水竟，坐佛前聽經，及諸天、龍、神、香音神、無善神、鳳凰神、山神、甘柔神、釋、梵、四天王及十方諸來會菩薩。於是佛見眾會坐定，從身放光，光名善度脫法柔和，悉照大海。諸居之類上、中、下品，普自見佛，歡喜踊躍，願樂聞法，各以恭敬遙稽首佛。

爾時，世尊告海龍王：「猗世間者，作若干緣，心行不同，罪福各異，以是之故，所生殊別。龍王！且觀眾會及大海若干種類形貌不同，是諸形貌，皆心所畫。又心無色而不可見，一切諸法誑詐如是，因或興相，都無有主，隨其所作各各自受。譬如畫師本無造像，諸法如是而不可議，自然如幻化相，皆心所作。明者，見諸法因或興相，則當奉行諸善；德者，其解或相興成諸法、蔭種諸入，當歡喜悅，得好端正。龍王！具觀如來之身，以百千福而得合成，超於眾會普現巍巍，其百千德由得自在，而使梵、釋覆蔽不現。觀如來身，目不敢視，當其威光察諸大士，色身相好，莊嚴具足，皆以善德挍飾其體。」

佛語龍王：「仁所嚴淨，皆因福成；諸釋、梵、天、龍、鬼神、香音神、無善神、鳳凰神、山神、甜柔神所有莊嚴，皆因福生。今此大海，若干種身，善惡大小、廣狹好醜、強羸細微，皆自從心而已獲之，為若干貌，悉身、口、意之所作為。是故，龍王！自護身行，救濟罪福，當作是學。汝等以護身行，救濟罪福，奉行諸善，得成佛道，滅棄邪見，不住有常、無常之見，當求眾祐，已殖供養。因供養故，當為諸天、世人所敬。」

佛語龍王：「菩薩有一法，皆斷一切惡趣眾難。何等為一？專察妙法，云何正諦？入於法樂，多觀善法，不聽諸惡眾邪之想，已斷惡法，奉行眾善，在在所生與佛、菩薩、賢善性俱。」

佛言：「何等善事，已立德根天、人之安，不為聲聞、緣覺之本？立道本者，志無上正真道。何謂立本？謂行十事。何謂十？身不殺、盜、婬，口不妄言、兩舌、惡口、綺語，意不嫉、恚、癡，是謂立本。」

佛語龍王：「人不殺生，得十善寂法。何謂十？常施安隱於一切人，常樂慈心，斷瞋恨心，所生之處常無疾病，常種長命，為非人所護，臥安寤歡，未曾惡夢，不懷怨結，不畏惡趣，壽終之後得生安處。人不殺生得斯寂法，以不殺生善本之德，願志無上正真之道，若成佛時而得自在於壽命也。」

佛告龍王：「人不盜竊，得五信法。何等五？得大富，無有縣官、水火、盜賊、怨家、惡子能竊取者，眾所愛敬，到處寂然，所至無難，患畏永除。以不取之福、志存慧施，殖眾德本，志願無上正真之道，以依如來無見之慧，成最正覺使立神通。」

佛語龍王：「人不犯邪婬，得四明智所歎之德。何等四？攝護諸根，離諸調戲，一切世間悉共稱歎，已離邪婬，無敢輕眄其妻室者。以是德本，志願無上正真之道，得大人相馬陰之藏。」

佛語龍王：「人不妄語，諸天、世人以八法歎。何謂八？得面清淨；語言中當，一切世人所見任信；自成其證，天人所敬；心懷至誠，而無邪想；心意清淨，而無諛諂；多所歡悅，無恚厭者；能受禁誨，無有麁言；生天上、人間，獨見任信，無有疑者。以至誠言善德之本，志願無上正真之道，因此所行常得至誠。」

佛語龍王：「人不兩舌，得五不別離。何等五？身不別離，無散亂者；眷屬不散，不傲他人；得信無壞，見於緣報；他無壞法，以行為要；得親友和，用無欺故。以是德本，求最正覺，得成如來眷屬無亂，一切眾魔及與怨敵，終不能壞如來眷屬。」

佛語龍王：「人不惡口，得八清淨言辭之報，壽終之後得生天上。何等八？所說如諦，所言柔軟，所言如應，所言和順，所言能受，所言光曜，所言眾人莫不承樂，所言眾所不譏。因是德本，志願無上正真之道，得成如來音聲超梵。」

佛語龍王：「人不綺語，得三正行。何等為三？常為眾明，諸等敬愛；心常專一，入于至誠；不以多言，於天上、人間常得大尊，不為雜碎。以是德本，志願無上正真之道，為佛所授決，得成如來所言無異。」

佛語龍王：「人不嫉妬，得五威神。何等五？身、口、意明，諸根具足；得極財富，而以自恣；降伏諸冤，樂於飲食、美味生活之業；福德巍巍，為諸國王所見恭敬，而蒙覆蓋；如己所有微妙之寶，致差特家功德宿本，不嫉他財。因是德本，志願無上正真之道，成等世尊，三界所奉。」

佛語龍王：「人不瞋恚，得八心歡喜法。何等為八？無害樂諦，滅除瞋恚；樂於誠實，心不樂諍；心樂質直，安祥而和；等於聖賢，常懷慈心；愍傷具足，見人安悅；端正殊好，眾人所敬；生於梵天不以為難；心以方便，哀和之故，是為八。因是八德本，志願無上正真道意，得為如來、至真、等正覺觀無厭者。」

佛語龍王：「人不邪見，得十法德。何等十？志性真實，得人善友；信善、惡之報；若已沒命，不傷犯人；念行佛道，心無有異；不事天神，志懷質朴；捨於諛諂神呪之術；與諸天、人以為朋友，不與地獄、餓鬼、畜生而作伴侶；與眾特異功德巍巍，聖道為上；離於邪見，離於貪身，離於惡見；都無罣礙，於聖平等，須臾之間生天上、人間。是為十德法，已離邪見得本，志願無上正真之道，近得諸佛道法，速逮神通，成為如來。」

佛語龍王：「菩薩離於殺生而行布施，常得大富、長壽、無極行、菩薩道，一切外怨莫能當者。已離盜竊而布施者，既饒財寶，人不敢取，行菩薩道無能妨廢，合聚一切功德之法。離於邪婬而布施者，後常大富，妻無逸態，在於人間無敢犯者，其家女人而不色視。

「離於妄語而布施者，常大富有，不被誹謗，以下劣人皆蒙擁護，行菩薩道言行相應，所願堅強。離於兩舌而布施者，常大富有，眷屬不別，行菩薩道則得菩薩一切眷屬質直等性。已離惡口而布施者，常大富有，所言人受，行菩薩道入於眾會莫不欣樂。離於綺語而布施者，常大富有，所言輒行，行菩薩道斷一切疑。

「離於嫉妬而布施者，常大富有，喜好、衣食、床臥具足，行菩薩道已所喜者，而以加施得大尊豪。離瞋恚心而布施者，常大富有，威耀端正，所言說者眾人愛樂，行菩薩道心無加害，諸根具足。離於邪見而布施者，常大富有，立於正見，生於族姓，值佛、世尊，行菩薩道不離諸佛，常得聞法，發菩薩心。」

佛語龍王：「是謂十善布施，莊嚴廣大乃爾。此十善行，以戒莊嚴，以自具願，得諸佛法；以忍莊嚴，諸相種好，成佛音聲；以精進莊嚴，降伏魔怨，以佛道法有所超度；以禪莊嚴，心意所趣而以清淨；以智慧莊嚴，除諸枉見；行慈莊嚴，當以仁和，不害眾生；行哀莊嚴，不捨黎庶；行喜莊嚴，無懈厭心；行護莊嚴，得無所著，斷諸疑結；行恩莊嚴，勸化群萌；行意止莊嚴，止身、諸痛痒、心、法具足；行意斷莊嚴，斷諸惡法，具足善德；神足莊嚴，神足輕舉；五根莊嚴，堅固其行，以上精進而無放逸，以心修治，除諸塵勞；五力莊嚴，以質直心，降化眾怨；覺意莊嚴，曉了諸法，如本所由；八路莊嚴，懷來正慧；寂然莊嚴，滅除一切諸垢塵勞；以觀莊嚴，觀諸法本，審諦悉無；善權莊嚴，有數無數、有為無為，具足安隱。」

佛語龍王：「取要言之，十善之德，具足十力、四無所畏，成諸佛法。以具足之故，於是十善之德，廣普莊嚴，常當精進。譬如郡國、縣邑、村落、丘聚、百穀、藥草、樹木、華果種殖刈穫，皆因地立；十善之德，天上、人間皆依因之。若學、不學及得果證、住緣覺道、菩薩道行、諸佛道法，皆由從之。」

於是海龍王白世尊曰：「何謂入法門菩薩所行？入法門者，除於宿世陰蓋之罪，已除陰蓋，得至超異。」

佛語龍王：「菩薩有一法，除諸罪蓋。何等一？立於擁護，不捨所說，悔過首罪。

「復有二法，除諸罪蓋。何等二？常觀淨法，不造現在。

「復有三法，除諸罪蓋。何等三？入因緣慧，具足悅心，依本淨法了知本無。

「復有四法，除諸罪蓋。何等四？曉了於空，不住無想，趣於無願，慧無所造。

「復有五法，除諸罪蓋。何等五？無我、無人、無壽、無命、無識。

「復有六法，除諸罪蓋。何等六？歡喜篤信，而無狐疑，往返進止，觀察審諦，所作至誠，不失正信；是為六法，除諸罪蓋。」

龍王白佛：「何謂菩薩得至超異？」

世尊曰：「菩薩有十事，得至超異。何等十？常念歡悅；心性清淨；善權方便；堅強精進；觀察人物，行無極哀；修德無厭，博聞不惓；奉無放逸；念於道場；令得佛慧；不捨道心。是為十事，菩薩所行得至超異。」

燕居阿須倫受決品第十二

於是燕居無善神白世尊曰：「何謂菩薩超諸德上？」

佛告無善神：「菩薩有八法，超諸德上。何等為八？菩薩於是離於貢高，為一切人下屈謙敬；受教恭順，言行相副，謙順尊長；一切德行諸法為本，所行堅強，超諸善德；樂於微妙若干種施；寧失身命，不求人便；見有危懼，施以無畏；來歸命者，不以捨棄；求於一切福慧之業，不以厭足；是為八法。」

無善神又問佛言：「菩薩有幾法行，得身長大，面部弘滿，眷屬繁熾，意廣無極？」

佛告燕居無善神：「菩薩有四事，得身長大。何等為四？不說他人所作貪、嫉；作佛形像，根相具足；和合離別，勸令志於無上正真之道；向於眾生無傷害貌。是為四事，得身長大。

「菩薩有四事，面部弘滿。何等四？若干瓔珞而用布施，一切所愛施而不惜，常以慈眼觀於如來，見人端正不生嫉妬；是為四事，得面色弘滿。

「菩薩有四事，得眷屬繁熾。何等四？離於兩舌，未曾破壞他人眷屬；見他友黨，代其歡喜；不捨道心；并化他人，令發道意；是為四。

「菩薩有四事，意廣無極。何等為四？其心清淨而無諛諂，除重愛欲；所在中間，而無厭疲；志於微妙，深入要法；一切諸法，本末皆空。是為四，菩薩意廣無極。」

於是燕居無善神與三萬二千眷屬，各各以若干種八千天華散世尊上，以偈讚曰：

其有於十方，人種不可量，須臾一時頃，則供養世尊。
假使十方人，一切供養德，在於百千劫，等心給足人。
不能及慈心，愍傷之福行，寂然極如應，供養安能報，
是為諸十方，供養之奉事。發心無與等，正諦住如應，
於是吾自由，立志無諛諂。已覺了本無，自致得佛道，
人中尊見愍，三界無諛諂。十力證明我，解我心性行，
柔軟無怯弱，以離諸恐懼。布施調禁勝，持戒及忍辱，

精進于定意，為應住智慧，順從慈愍哀，常奉至誠行。
加哀不為我，勝不受善決，人尊我便當，自別受佛決。
吾悉不狐疑，謂不成自由，吾了了究竟，志淨在于道。
人中尊時笑，月英尋問曰：「今何故欣笑？唯聖解說之。」
化度時告曰：「月英具聽之，吾所以示現，奮出大光明。
時燕居廣普，志願尊大道，三萬二千人，諸所從眷屬，
於百千劫中，常行菩薩道，一切志同等，當得聖佛道。
當供養諸佛，等如恒邊沙，所開化人民，其數復過此。
其劫曰歡喜，又號淨復淨，得佛離寂塵，覺了至無憂。
此燕居廣普，當逮為法王，超出精進力，號曰帝幡幢。
其世界名曰，欣樂仁莊嚴，衣食豐平賤，譬如兜術天。
其十力壽命，七十億萬歲，滿六十那術，比丘比丘尼，
諸菩薩之眾，有八百那術，堅住於總持，所聞悉解了。
彼於歡喜劫，又號淨復淨，皆以如是比，當成尊佛道。

開化百千人，悉使住佛道，具觀是德勝，菩薩之道心。」

燕居無善神，彼聞佛授決，四千萬大眾，悉發菩薩心。

三千界震動，則時雨天華，善哉總要德，心意之所持。

無焚龍王受決品第十三

於是無焚龍王白佛言：「一切諸法皆無所住，亦無有人。何有受決者？誰當成至無上正真道，為最正覺乎？」

佛言：「如是！如仁所言：『一切諸法皆無所住，亦無有人。』一切諸法亦復如是。凡夫愚人處於顛倒，住吾我人，無人起人想；菩薩發大哀，為除顛倒，去吾我人，被覺德鎧。此正士等，曉了諸法，無吾我人，開化誘立吾我人命。屬仁所云：『誰受決者？』諸仁等解人空無我，則為受決；一切法等觀諸法寂，則為受決；諸佛國等而無所取，心淨無垢，則為受決；慧觀諸佛等，諸佛道不壞法界，則為受決；於諸魔眾等一切魔，於塵無塵了心本已，則為受決；無名無相，無應不應，無念不念，不受不捨，則為受決。」

佛語龍王：「其心意識無所住立，則為受決。諸法如是，以無因緣諸法本諦，覺了諸法平等無異，則成無上正真之道。究竟求本，無有受決及成佛道，若受決者，若受決已。所以者何？諸法無形，本末悉斷，皆無有主。一切諸法從因緣轉，諸法如空，無從生相故；諸法無從生相，無所至相故；諸法無所從來，計本空故；諸法無所至，未發起故；諸法無所住，不可得處故；諸法悉空，用無身故；諸法無著，用無猗故；諸法無所猗，不可動故；諸法不可動，無處所故。

「諸法皆愚，用自然故；諸法自然，無言教故；諸法無言教，無色像故；諸法無色像，用無念故；諸法無念，無因緣故；諸法無因緣，無所行故；諸法無所行，用寂然故；諸法寂然，無受陰故；諸法無受陰，本淨空故；諸法脫相，用無二故；諸法無二，用本一故；諸法本一，離若干故；諸法等無差特，用等覺故。」

佛語龍王：「解諸法等，無受決者、不成等覺。且觀于是，如來堅固，與無極哀，及諸菩薩勸樂之力，諸法如是，以無央數為人解說，合會有數；於諸法觀，無解脫人，法亦不度。人如法者，人亦如也，道亦如也，佛亦如也，決亦如也，諸法亦如也，故曰如來。了於本無，住本無故，而不可動，故曰本無。本無像，本無壞，解了本無，故曰如來。以如來故，等住本無，諸法如是等如本無住，是為如來等住之地。其有菩薩，聞是說者，不恐不怖，不畏不難，以是如來等住之地，為人解說。」

佛說是時，三千菩薩皆得法忍，阿耨達龍王歡喜踊躍，以白珠瓔珞價當是世，而覆佛上。

女寶錦受決品第十四

爾時，海龍王有女，號名寶錦離垢錦，端正姝好，容顏英艷，與萬龍夫人俱，各以右手執珠瓔珞，一心視佛，目未曾眴，禮佛而立。

時，寶錦女及萬夫人以珠瓔珞，奉上世尊，同音歎曰：「今日吾等一類平心，皆發無上正真道意。吾等來世得為如來、至真、等正覺，當說經法，將護眾僧，如今如來。」

於時，賢者大迦葉謂女及諸夫人：「無上正覺甚難可獲，不可以女身得成佛道。」

寶錦女謂大迦葉：「心志本淨，行菩薩者，得佛不難。彼發道心，成佛如觀手掌。適以能發諸通慧心，則便攝取一切佛法。」

女謂迦葉：「又如所云：『不可以女身得成佛道。』男子之身亦不可得。所以者何？其道心者，無男無女。如佛所言：『計於目者，無男無女；耳、鼻、口、身、心亦復如是，無男無女。』所以者何？唯，仁者！眼空故，計於空者，無男無女；耳、鼻、口、身、心俱空，如是虛空及寂，無男無女。若能解了分別眼本，則名曰道；耳、鼻、口、身、心，亦復如是。計於道者，無男無女法，是故，迦葉！又如諸法皆在自然，道亦自然，吾亦自然。」

迦葉問女：「汝是道耶？」

其女答曰：「尊者耆年！謂我是非道乎？」
迦葉答曰：「吾非佛道，是聲聞耳。」
女又問曰：「誰開化仁？」
答曰：「如來。」
女曰：「假令如來不成正覺，寧能開化於耆年不？」
答曰：「不也。」
「是故，仁者！當知在彼則為以道，無不覺道。」
迦葉問女：「逆為道乎？」
答曰：「唯然！迦葉！逆則道也。所以者何？以別本淨可覺了，道者則無有逆解，逆本淨則名曰道。空者本無分別，諸逆則名曰道。假使諸法有合有散，則非道也。等一切法、順如應者，乃為道耳。」
迦葉問女：「誰以如此辯才相施？」
女答曰：「尊者迦葉施我辯才。設使仁者不問於我，何因發辯？譬如，迦葉！無有呼者，何緣響應？假使無問菩薩義者，無因發辯。」

迦葉問女：「汝為供養幾何佛乎？」

女答曰：「如仁者所斷塵勞。」

迦葉答女曰：「吾不斷塵勞。」

女又問：「仁者！俗有塵勞穢耶？」

迦葉答曰：「吾無塵勞，亦不斷矣。」

女又問曰：「安置諸塵勞？」

答曰：「不起不滅，亦無所置。所解如此，如本無也。」

又問：「本無寧可知耶？」

答曰：「不也！」

又問：「何故仁言：『其慧如道，如所知了。』？」

「明無為，知如此，如解本無，是故名曰慧與凡夫等。」

又問女：「汝所辯者斷一切言？」

答曰：「吾無所斷，亦無有言。所以者何？法界無所斷，一切所說皆應法界。」

迦葉又問女：「汝等我，於凡夫法，寧不有疑乎？」

女答曰：「假使立仁、凡夫慧法，而各異者，吾當有疑。吾謂仁者、凡夫無異，以故無疑。諸法皆等，無若干故，是謂平等，如虛空是謂平等。」

又問女：「汝於凡夫等聖賢耶？」

答曰：「吾不凡夫，亦非聖賢。所以者何？假使吾等身與凡夫等，不行菩薩；設使賢聖等，則斷佛法。」

又問女：「設汝不與凡夫等，亦不與聖賢等，寧與佛等乎？」

女答曰：「不也！所以者何？吾身本於佛法等。」

又問女曰：「假使汝於佛法等者，寧逮佛法乎？」

女答曰：「仁者耆年！寧信佛法有去、來、今現在緣耶？有方面乎？有所處青、黃、赤、白、黑不？」

答女曰：「諸佛之法無有形貌。」

女答曰：「假令諸佛法無有形貌，云何從我求乎？」

迦葉問女：「佛法當於何求？」

答曰：「當於六十二見中求。」

又問：「六十二見當於何求？」

答曰：「當於如來解脫中求。」

又問：「如來解脫者當於何求？」

答曰：「當於五逆中求。」

又問：「五逆當於何求？」

答曰：「當於度知見求。」

又問：「此言何謂？」

女答曰：「無縛無脫、無取無捨，此為本淨，是為諸法之深教言，非若干言。」

又問女：「是之言教，不違如來言乎？」

女答曰：「是真諦言，不為違失如來之教。所以者何？如如來之道而無所得，亦不可持，亦無言說。一切所言皆音聲耳，曉了道本亦無音聲。唯，仁者！解道寂然無跡，以名跡自愛跡。」

迦葉又問：「假使道無跡，如是比相，云何成最正覺？」

答曰：「亦不從身、亦不從意得最正覺。所以者何？身心自然乃成道耳。其自然者都無所覺，吾則是道，不以為道成最正覺。」

迦葉問女：「汝設是道，何不轉法輪？」

女答曰：「我轉法輪耳。」

迦葉問曰：「所轉法輪為何等類？」

女答曰：「無動之輪，遠離一切諸所猗住，其法輪者，謂法界住故；本無輪者，順本無故；無斷輪者，如本淨住故；無著輪者，覺了一切諸法，無所著故；無二輪者，等於一切法故；無若干輪，忍一行故；無言法輪者，化諸音聲，皆無所想，入一味故；清淨輪者，一切無塵故；斷諸不調輪者，不得有常、無常故；無亂輪者，善觀報應故；至誠輪者，無起無滅故；空無輪者，無相、無願故。唯，迦葉！輪已如是，何所轉者？」

大迦葉曰：「如女之辯才，不久當成無上正真道最正覺。」

女答曰：「假令迦葉成最正覺時，吾亦當成最正覺。」

迦葉答曰：「吾終不得成最正覺。」

女答曰：「如是了法身者，道住無所住，無能得致，成最正覺。」

女說是語時，五百菩薩逮得法忍。佛時讚曰：「善哉！善哉！快說此法！」

爾時，眾會中天、龍、鬼神、無善神、香音神心自念言：「是寶錦女，何時當成無上正真道最正覺？」

佛知諸天、龍、神、香音神心之所念，告諸比丘：「此寶錦女，三百不可計劫後，當得作佛，號曰普世如來、至真、等正覺，世界曰光明，劫曰清淨。其光明世界，如來光常當大明。菩薩九十二億，佛壽十小劫。」

於是萬龍后白佛言：「普世如來得為佛時，吾等願生彼國。」佛即記之當生其國。

天帝釋品第十五

於是天帝釋白世尊曰：「此忉利天，常懷恐懼，難無善神。天與無善神共戰鬪時，展轉共諍，懷其怨結，各有瞋毒。唯願！世尊！慈愍眾生，諸無善神皆悉來會，此諸忉利天，悉令共和。」

佛告燕居無善神、誑詐超度離垢錦無善神言：「諸仁者！其仁慈心，諸佛所歎。人能行慈，現世、後世具足利義。其命甚短，當就後世。合會有離，國土、豪貴皆歸無常，汝等之身，不免此患，當觀後世，和順同心，無得懷瞋，將護罪福因緣之對。」

於是世尊為說辛酸悲哀之言，使無善神及忉利天悉共和解，各自說言：「吾從今始當為親友順于等行，各各當懷悲心愍哀，無瞋恚意。」

佛言：「善哉！善哉！諸仁者！是則第一供養如來，用行慈故。」說是語時，所教造福，共和不諍，謂慈心三昧。

「有四事尊敬如來。何等四？不違犯戒；身、口、意慈；不斷三寶，志於佛道；如所聞法，為人講說。是為四事，尊敬如來，為供養也。」

於是會中二萬三千天無善神，聞說此言，皆發無上正真道意。

佛說海龍王經卷第三

佛說海龍王經　卷第四

西晉月氏國三藏竺法護譯

金翅鳥品第十六

爾時，有龍王，一名、噏氣，二名、大噏氣，三名、熊羆，四名、無量色，而白世尊曰：「於此海中無數種龍，若干種行、因緣之報來生於是，或有大種，或有小種，或有羸劣，獨見輕侮。有四種金翅鳥，常食斯龍及龍妻子，恐怖海中諸龍種類。願佛擁護，令海諸龍常得安隱，不懷恐怖！」

於是世尊脫身皀衣，告海龍王：「汝當取是如來皀衣，分與諸龍王皆令周遍。所以者何？其在大海中有值一縷者，金翅鳥王不能犯觸。所以者何？持禁戒者所願必得。」

爾時，諸大龍王皆懷驚懅，各心念言：「是佛皀衣甚為少小，安得周遍大海諸龍？」

時，佛即知諸龍王心所懷疑恐，告海龍王：「假使三千大千世界所有人民，各各共分如來皂衣，終不滅盡。其欲取衣，譬如虛空，隨其所欲則自然生；佛所建立不可思議巍巍之德，其如斯矣。」

時，海龍王即取佛衣，而自分作無央數百千段，各各部分分與龍王，龍王之宮隨其所之廣狹大小自然給與，其衣如故，終不知盡。於時海龍王告諸龍王：「當敬此衣，如敬世尊，如敬塔寺。所以者何？今此衣者，如來所服，以是之故，如敬塔寺也。假使一切供養如來，有奉此衣，等無差特。」

於是世尊告海龍王：「如是！如是！如仁所言！其奉此衣則供養如來。且觀諸龍及龍妻、息，各各所分如來衣不？」

對曰：「唯然！已見！」

佛言：「我皆授決即脫龍身，於是賢劫除志大乘，其餘諸龍皆得無著、當般泥洹。如是，龍王！如來在世，一切眾祐發一善心，緣當致佛，未曾有失。」

爾時，海中諸龍及龍妻、息欣然大悅，自投佛前同音說言：「如來所語終無有二，至誠不虛，授我等決，至無為度。吾等今日住於大海，歸命佛法及諸聖眾，奉受禁戒，恭順如來反復之義。如來現在，數數往造，見佛稽首，聽采法義；般泥洹後，供養舍利，一切眾具而以奉事世尊舍利。」

於是四金翅鳥王聞佛所建立，惶懅速疾，往詣佛所，前稽首足：「何故世尊奪吾等食？」

佛言：「都有四食，坐趣三處。何等四？一曰、網獵禽獸、殘害群畜、殺生枉命以為飲食，是趣惡處。二曰、執帶兵杖、刀矛斫刺、逼迫格射、劫奪他財以用飲食，是趣惡處。三曰、慳貪諛諂、憒亂犯禁、邪見巧欺而以得食，是趣惡處。四曰、非師稱師、非世尊稱世尊、墮邪稱正、非寂志稱寂志、非清淨稱清淨、非梵行自稱梵行，自稱詐求而以得食。是為四食，坐趣地獄、餓鬼、畜生三惡之處。吾所說法除此四食，不當以此養身、害眾生命。所以者何？一切眾生各自愛命，無自憎者。以是之故，欲自護身，當護他人，安隱眾生。明者如是，不以危逼人，所不當作，慎勿為也。」

爾時，四金翅鳥王，各與千眷屬俱而白佛言：「今日吾等自歸命佛及法、眾僧，自首悔過前所犯殃，奉持禁戒，從今日始常以無畏施一切龍，擁護正法，至佛法住，將順道法到于滅盡，不違佛教。」

佛告四金翅鳥王：「汝等之身，金仁佛時為四比丘，名曰欣樂、大欣樂、上勝、上友。是四比丘，違犯戒法，貪於供養，志迷醉惑，隨親友種，逐於豪貴，意亂吾我，墮於邪見，輕諸比丘，逼迫惱之，不護身、口、意，作惡眾多，供養金仁佛亦不可計，以是之故不墮地獄，墮此禽獸。前後殺生不可稱計，多所恐怖用不自護。」

世尊應時即如其像現其神足，令四金翅鳥識念宿命，所可供養金仁佛及諸弟子。彼時所作罪福普悉念之，目覩悉見前世所作，白世尊曰：「其心剛*鞕，難可調伏，坐心貪嫉，多所危害，違金仁尊教。我等今始寧沒身命不敢犯惡！」

佛為說經，授其決言：「彌勒佛時，在第一會皆當得度。」

舍利品第十七

爾時，海龍王子及一切龍白佛言：「未曾有！世尊！如來所說，普安一切，授諸龍決，開化眷屬，皆發道意；又以加恩乞施皂衣，使諸龍分，各以供養稽首奉事，緣是得護，因發道意；慈愍眾生，遵四等心，慈悲喜護，興隆四恩，惠施仁愛，利人等利一切救濟合聚。由此行德，沙不雨身，離於眾患；又寂意時，不失天身，變為蛇虺；臨食意後，不遭蝦蟇，金翅鳥王不取食之。佛化四鳥，皆識宿命，金仁佛時為四比丘，坐行兇暴，不順正法，逼迫同學故，墮金翅鳥；自首悔過，改心易行，發大道意，行四等心，不害群黎，以得善護，吾等永安，不復見食，志不懷懼，長夜無難，皆蒙佛恩。

「今如來受龍王請，所演廣覆，譬如虛空無所不蓋。于今世尊還閻浮利，海中諸龍無所依仰，唯加大哀，佛滅度時，在此大海留全舍利，一切眾類皆得供養華香、伎樂、被服、幢幡，轉加功德，速脫龍身，疾得無上正真之道。續見救濟，惟佛垂恩，威德兼加，所願得果。」

佛言：「善哉！從爾所志！」

時，須菩提謂諸龍子：「諸仁者等勿建此心，則為妨廢一切之德。所以者何？佛泥洹後舍利分布八方、上下，天、龍、鬼神、一切人民、蚑行喘息、人物之類，皆當供養華香伎樂，稽首自歸，變化現光見者歡喜，知佛威神巍巍無極。緣是信之，皆發無上正真道意，或成緣覺，或得聲聞，或生天上，還得人身，與法相值，世世得度；如是之計普蒙獲濟。今者卿等各自求願，使佛、世尊在於大海而取滅度，供全舍利，獨欲奉侍，一切眾生何緣得度？永為窮厄，無一救護。以故吾言勿發此心，令佛、世尊海中滅度，獨奉全舍利而供養乎！」

諸龍答曰：「唯，須菩提！勿宣斯言！無以己身限礙之智，以限如來無極之慧。如來功德聖道自在，無不變現，無遠無近，無彼無此，普遊十方其若虛空。發意之頃，能令海中諸龍神宮，三千大千世界州城、郡國、縣邑、丘聚，人中曠野天上世間，各各化現佛全舍利一切供養，於佛身體不增不減；分身十方無數佛土，亦無所分，普現一切，不去不來。譬如日影現於水中，佛亦不生亦不滅度，云何欲限如來慧乎？欲限如來為限虛空。」

時，須菩提聞諸龍子歎如來德，無窮無極，不可譬喻，默而無言。海中諸龍、虛空諸天及諸鬼、神踊躍歡喜，皆發無上正真道意。

時，佛歎嗟諸龍子曰：「善哉！善哉！仁等鑒明！誠如所云，無有異也。佛道高妙，無邊無際，無方無圓，無廣無狹，無遠無近，譬如虛空，不可為喻。」

法供養品第十八

於是世尊告海龍王：「吾於大海所當教化皆以周畢，欲還精舍。」即從坐起，與大眾俱，尋從寶階出于大海，以無極莊嚴廣普威神住於海邊。

爾時大海神名曰光耀，則以此偈，而讚歎曰：

身相三十二，天人所恭敬，無善神奉宗，稽首人中上。
光如百葉華，猶若月盛明，清淨德超異，稽首施安隱。
顏容殊妙好，百福功德相，德慧度無極，稽首於導師。
施與調順上，積於清淨戒，忍辱力最勝，稽首世之上。
過於精進力，禪定思清淨，智慧如虛空，稽首以自歸。
行慈以等心，修哀攝眾生，喜心導御眾，常護度彼岸。

妙音如哀鸞，所說喻梵聲，其響甚柔軟，願以稽首禮。
降伏於魔怨，其力無等倫，遵修願道法，三處所奉持。
淨除於三垢，講說三脫門，其名聞三千，是故稽首禮。
善願常至誠，超度諸法上，尊勝諸國王，常施惠大財。
以離諛諂塵，威神甚巍巍，光顏大殊妙，是以稽首禮。
心堅如金剛，譬如須彌山，意至猶若地，故稽首德海。
為人說空義，常寂度無極，湛然心平等，願以自歸命。
開演如甘露，無趣斷所趣，天人人所敬，願稽首最勝。
聞天上人間，名稱無有比，德普不可量，稽首于德海。
所作如所言，為人說本行，所興為人講，稽首善調御。
度於老病死，為賢眾所奉，演說解脫句，稽首歸命佛。
分別罪福應，淨除邪見冥，為現正道行，歸命於最勝。
以經寶布施，究暢于法樂，等心於怨友，以歸命世尊。
我嗟歎導師，於德度無極，所以諮嗟福，願後如世尊。

於是海神光*燿，說是偈讚佛已，顯揚大海：「如來出海，海無威神，願佛垂恩遺以法教，使此海中蒙其莊挍而獲度脫。」

佛告海神：「有十法行，得至莊挍。何等為十？護於諸根，十善清淨；志于慈心，不害眾生；意立大哀，發無上正真道；一切布施，以若干行莊嚴其願；以大精進，具足善法，心常寂然；不違本德，好樂經法；智慧清淨，以愍哀行；開化眾生，立於正德；入乎殊異，以致欣悅；逮得佛意，導以佛教。是為十法，致乎莊嚴。」

時，大海神光*燿與二萬天神，發無上正真道意，俱共歎曰：「今以莊嚴於是大海。所以者何？若發道意則為莊嚴三千世界，何況海乎！我等以發諸通慧心，一切莊嚴之功德也。我在於海，如來現在、若滅度後，擁護佛法，令其宣布。如來入城，現眾莊嚴，蒙以法恩化作講堂。」

佛告光燿海神：「汝前後供養萬佛，普立大殿，又護正法，次當供養賢劫興佛，將導正法。竟賢劫已，當生無怒佛國妙樂世界，轉女人身，得為男子。無怒如來當授汝決，為無上正真道。」

時大海神光燿，聞佛授決，歡喜踊躍，則取珠瓔，價踰海寶，用散佛上，即而頌曰：

佛以聖諦音，能仁授吾決，我不懷猶豫，後當成佛不？
可令三千界，*地所有劈裂，亦令月墮地，佛所說不妄。
觀慈志境界，心淨修精進，今察我莊嚴，恭敬慧法義。
覩安住所行，以慧決狐疑，了心如野馬，所說審至誠。
施安除眾苦，歿命救恐畏，所療益無難，稽首最正覺。
度脫諸惡趣，歸命光照世，導師明無上，稽首佛說道。
其有聞佛聲，諸天人快利，佛法清淨行，志在于佛道。
不得歸惡趣，便棄于八難，生天在人間，後得寂然跡。

於是海龍王子，名曰受現，白佛言：「無央數天、龍、神、香音神、無善神、鳳凰神、山神、恬柔神供養佛，我身亦當少少供養如來、正覺。假使世尊愍傷聽者，化作大殿，譬如忉利最上選宮，佛及弟子悉處其上，送至靈鷲山。」

世尊曰：「如仁者願，宜知是時！」

受現龍子自以神力承佛聖旨，化大嚴殿如忉利宮，佛及眾會皆處其上，在虛空中與八萬四千龍王諸后，鼓諸琴瑟而雨眾華及一切香，送佛、世尊詣靈鷲山。海龍王子與中宮俱，在世尊前自投歸命：「願周不及。所以者何？所興供養當如其寶。佛為一切無上福田，世尊大寶，正使三千大千世界滿中羅漢皆共供養於百千劫，不如奉侍如來、世尊，如是乃應供養。又，世尊！何謂菩薩供養如來？」

佛言：「且聽菩薩所行供養如來：其心清淨，除於瑕穢；而無諛諂，本性自然；不著一切，諸善之本；無加害心，等光眾生；除妖邪心，所行鮮潔；言行相應，不侵欺世；賢聖智足，威儀至德；一切平平，而不違捨賢聖大願；樂於空閑，捨眾憒鬧；自調其心，聞法靜思；解知本諦，無我、無人、無壽、無命；入於空無，入普達寂；觀空、無想、無願，至三脫法；如是像法，調諸邪見；棄有常無常，不起不滅；逮得法忍，本淨無人；無身、口、心，志行因緣；是則應法供養如來。身、口、心行則不供養；無所造行，不進不退；淨三道場，等於三世；除去三垢，不著三界；入三脫門，得三達智，是則名曰供養如來。」

時，海龍王問世尊曰：「其有人以華香、雜香、擣香、繒蓋、幢幡、伎樂、衣被、飲食、床臥、病瘦、醫藥供養如來，寧應供養不？」

佛言：「龍王！隨其所種各得其類，此之供養不為究竟，離於垢塵，殖于德本，逮至賢聖，心之解脫，不為無德，不至無上。菩薩有四事，應供養如來。何等四？不捨道心，殖諸德本；心立大哀，合集慧品；建大精進，嚴淨佛土；入深妙法，心得法忍。是為四，尊敬如來，為供養也。」

爾時，王舍城中梵志長者及無央數人民、尊者、大臣，上至摩竭國王阿闍世，聞佛在大海龍王宮，就請來還靈鷲山。時，七萬二千人皆詣佛所，王阿闍世與官屬三萬二千，出王舍城詣靈鷲山，稽首佛足，遶佛三匝，却住一面，前白佛言：「佛入大海，水何所至？」

佛言：「大王！其有比丘威光定意心正受者，普見滿火，其水安在？」

王對曰：「三昧自在之所致也，天中天！志心所為也。」

佛言：「王！寧得聲聞所興三昧自在已耶？心之所為乎！如來常定，等一切法；曉了坐起，而得自在；於法為尊，心無所礙。佛入大海，其處水類，續見如故；其陸地人，覩乎大海，其水枯涸，但見眾寶而莊嚴之，譬如第六他化自在諸天宮殿所莊嚴也。佛光普照諸龍宮殿、香音神宮、無善神宮，其大海中含血之類，皆行慈心，仁意相向，無懷害者。」

阿闍世王白佛：「其海龍王久如發無上正真道意？奉事幾佛？何時當逮最正覺？所號為何？」

佛告王曰：「乃往久遠無央數劫不可思議，彼時有佛，號光淨照耀如來、至真、等正覺、明行成為、善逝、世間解、無上士、道法御、天人師，號佛、世尊，乃在東方，世界曰善淨現，劫名可意寂。其善淨現世界，平正而悉莊嚴，假使一切嗟歎其德，不能究竟。時有轉輪聖王，號曰護天，常供養光淨照耀如來，四百二十萬歲一切施安，竟此之數，寐於夢中，自然瑞應，聞此偈曰：

「王以供養大聖人，甚多無量難思議，
　常興慈哀於眾生，當發最上菩薩心。
　是供養尊妙第一，此則奉敬諸如來，
　其有能發菩薩志，則為度世威神德。」

佛告阿闍世王：「其護天轉輪聖王，夢聞此已，寤自驚怪：『吾供養佛四百二十萬歲，佛說經法章句各異，初未曾聞如此偈經，是佛說邪？魔所云乎？』即疏偈文而諷誦之。時光淨照耀如來行遊諸國，聖王即與八萬四千王及八萬四千后、國中臣民，其諸往者各八萬四千，俱往追佛，欲決斯疑。即逮見佛，稽首足下，敬問無量，即白佛言：『吾供養佛四百二十萬歲，佛說經法若干種義。我昨夜夢，夢中見佛說此二偈，寤甚驚怪，未從如來聞此偈教，不審佛所歎乎？魔所說耶？今故遠來欲決此疑。唯願！世尊！分別說之。』佛告護天：『是吾所讚，非魔之所云。』王又白佛言：『我奉事世尊若干億歲，供養衣食無所乏少，為我說經章句各異，爾時何故不歎此義？』佛即以偈答王曰：

「人心羸劣未有識，初習福事未見深，
不可為說微妙法，心中驚疑或作却。
以解罪福信佛法，心堅意固不迴動，
乃可為說菩薩事，爾乃解至無極慧。

「時王及群臣后民心中大悅，皆發無上正真道意，尋立不退轉地，則以此偈而讚世尊曰：

「不以貪諸色，亦不猗音聲，香薰眾細滑，不以此得佛。
離懈怠怯弱，避貪嫉犯法，除瞋恚憒亂，乃得成正覺。
捨身諸所安，代眾生受惱，精進常樂法，如是乃得佛。
我今志大道，佛與天證我，唯導師造行，令所言無異。
夢中聞道心，適聞志大乘，所作慧無疑，得至佛法王。」

佛告阿闍世王：「欲知爾時轉輪聖王護天者不？今海龍王是，彼時初發無上正真道意。又王所問何時成佛？王具當聽：過二百無央數劫當成為佛，號無垢淨無量德超所有王如來、至真、等正覺，世界曰法音聲，劫曰首華。其法音聲世界，眾寶合成若干種色，地平如掌，其地柔軟，如天綩綖，有萬億安明山廣普難量，安隱豐熟，五穀平賤，天人充滿，衣服飲食如第六天人所居。法音聲世界諸樹，根、葉、莖、節、華、實皆以七寶，悉出無數若干百千道法音聲。其界人民猶若諸天，所語變化柔軟之聲，皆承法音，寂然澹泊，及佛法眾智度無極四恩之教，善權方便，滅定離欲，空、無想、不願無為無數，以故其界名法音聲。

「其有天人在彼土者，樂法歡喜，皆當入大聖，分別諸慧，審諦究竟，發無上正真道意。其佛欲說經時，身放大光普照佛界，其光明中則出億佛說講法聲。時諸天人見光聞法，欣然大悅，往詣如來，自歸供養，則無央數以神足力飛行虛空，化寶蓮華而坐其上。如來應時亦在虛空坐師子座，為諸菩薩講說經道。時諸十方無央數百千諸菩薩者，皆當來會聽受經法，其國人民皆樂經法，亦無諸魔有所嬈害，亦無眾邪異道，亦無橫死。其佛壽十二劫，諸菩薩行超過於空。其國如是莊嚴無量，說法無限，菩薩無數。」

空淨品第十九

王阿闍世前白佛言：「唯然！世尊！常於諸法有大愍哀，諸法誑詐，因惑起想，隨其所欲，展轉相惑。菩薩之行不可計量，彼為菩薩當修道行，至彼佛土具足嚴淨，諸菩薩行皆當追學，攝取佛土，如海龍王國土嚴淨。」

佛言：「如是！如是！大王！一切諸法皆從念興，隨其所作各各悉成，諸法無住亦無有處。」

爾時，阿闍世王謂海龍王：「快哉！龍王！為得善利，乃令如來授仁之決，當成佛時，國土清嚴不可思議。」

龍王答曰：「法無有決。所以者何？諸法皆靜，因種、陰、入，假名曰人。其受決者，無陰、種、入，以有名色，假名為人。其受決者，無名、無色，因緣報應，見思想念，假名曰人。其受決者，無有報應，無見、無思、無想、無念；假使菩薩等行德本，彼之德本亦無決矣。諸法相空，虛空無決，一切諸法無想、無願、無為、無數，不授無想、無願、無為無數之決也。」

龍王復謂王阿闍世：「諸佛大哀不可思議！諸經無名，無有思想，而說名想。諸佛、世尊無名相識，而隨習俗因而示現有授決也。彼亦無法受決，亦無內外當受決者。」

阿闍世又問龍王言：「以得法忍，逮平等行，菩薩如是，乃得決乎？」

海龍王曰：「其忍悉空，想不可盡，究竟曉了，至于本際，無盡之際、平等之際、無我之際、吾我之際、審諦之際，至于究竟無成就際。其際以空，至于脫際，*婬、怒、癡際，有了是際，則無所猗。無所猗者，設於音聲無合會；無合會者，不著無脫。無脫無行，行無所行，亦無不行，亦無所憂。已無所憂，於斯菩薩，則都一切諸所作行，所見無見。假使無所見，不作審諦，而已平等。入已所住，已平等度，不殘不禮，不卒不暴，以等諸法然後得忍。彼所謂忍及所授決，若受決已及受決者，是一切法皆平等法乎。諸法界究竟無法界，無不以決了亦無所成，觀此法已，察其義理，諸法無能計者，譬如虛空不可計數以度諸數，諸法如是。」

海龍王說是語時，二萬菩薩得不起法忍，百比丘漏盡意解。

爾時，王阿闍世白佛：「至未曾有！世尊！龍王之辯。」

佛言：「未足為怪！不以為難！新發意者聞是不恐、不難、不畏，是乃為難。所以者何？諸佛、世尊本之道法，如是難及，少有信者。天上、世間人不能受，不入不信而不喜樂。以故當知，其有聞是深經法者，不以恐畏，此乃為難。前世供養無央數佛，安以為難？譬如有人，虛空無形而現形像，是為難不？」

對曰：「甚難！天中天！」

佛言：「其聞此經深奧之義，一切信樂，皆知無我、無人、無壽、無命。其有信者、甫當信者，此等則是如來順明平夷之類親友善師也。則能堪任信除垢塵，為一切人講說經法，能詣道場，以慈降伏百千億魔及餘官屬，為於諸法而得自在。其心清淨，諸通之慧近在目前；發意之頃，成智慧明，逮最正覺；勸訹眾生，知一切心，群萠諸根，而轉無上大法輪也；療一切病，開化異道，破壞怨敵，吹大法螽。」

於是海龍王所願皆獲，不失本志，聞所受決，欣然大悅，善心生焉，踊在虛空，以偈讚佛：

如虛空本清淨，無色無受無數，安住說法如是；若虛空普自然，
名不有而不無，造因緣及報應，安住講調不諍，無人命無壽識。
一切法甚清淨，吾我清悉平等，吾我靜法等靜，解是者則受決。
察法界本清淨，人界靜亦如是，如眾生界靜者，佛法靜亦復然。
若佛法清淨者，諸佛土靜亦等，設佛土清淨者，諸慧靜無差特。
諸法淨因數號，以計數不得名，由想數名本空，其諸名數無礙。
群萠類志所念，無見無色無成，如無成心意識，諸法爾空無心。

或有作則無作，有緣罪無受者，終始瑕無行者，名泥洹無寂然。
入本際無礙原，虛空本無我際，選諸際得等原，知眾生本審門。
去來今現在際，順明智此諸際，於慧等無際門，究法界佛種性。
不起滅最勝幢，空無想願本靜，無言聲真諦法，是諸聖寂寞地。
若解諸法澹泊，自然悅如捉空，彼無吾我身寂，假如此樂聖法。
十方佛所說法，當來佛所宣揚，一切等未來聲，因音現入無聲。
聲空自然如響，諸法空猶虛念，無法非法教化，誠本無可不得。
一切法無主名，若干想念非明，人名靜不可得，諸法本靜如是。

囑累受持品第二十

於是世尊告諸大士言：「諸正士！汝等當持此如來說無上正真道，使得久存。誰能堪任，受持誦說如是像比？」

即時二萬菩薩、萬天子起住佛前，同音白世尊曰：「吾等當受如是像經，當令流布，普周遠近。」

佛又問言：「汝等云何而將御法，持斯如來無上正真道乎？」

彼有菩薩名曰慧英幢，前白佛言：「唯然！世尊！隱省諸法都無所持，寧能髣髴持佛道乎？」

世尊答曰：「族姓子！如斯則應持佛道。」

等見菩薩白佛言：「揆察佛道等乎五逆，寧少髣髴持佛道乎？」

世尊曰：「族姓子！是故仁者則應持如來佛大道也。」

無見菩薩曰：「唯然！世尊！我不見凡夫法，亦不見學、不學法，不見緣覺及菩薩法，亦不見佛法，我有持如來法乎？」

世尊曰：「族姓子！以是寂故，應持如來佛大道也。」

諸法無所願菩薩曰：「唯，世尊！我永不知一切諸法當所持者，寧能為持如來法乎？」

世尊曰：「族姓子！以是寂故，應持如來佛大道也。」

不眴菩薩曰：「唯，世尊！我自不行，亦不遺心，亦不發意，我寧為持如來法乎？」

世尊曰：「族姓子！以是寂故，應持如來佛大道也。」

無得菩薩曰：「唯，世尊！其不說法及非法，不演法聲，除諸法想，如是行者為護一切法乎？」

答曰：「族姓子！是應寂然。」

無在菩薩曰：「唯，世尊！其不聽受法應不應，為護正法乎？」

答曰：「族姓子！是應寂然。」

虛空藏菩薩曰：「唯，世尊！其觀諸法等如虛空，不見彼法，有所執持，為護一切法乎？」

答曰：「族姓子！是應寂然。」

度金剛作菩薩曰：「唯，世尊！不壞法界，入於人界及以法界，為持正法乎？」

答曰：「族姓子！是應寂然。」

度不動跡菩薩曰：「唯，世尊！其於諸法無所動轉，不猗法及非法，為持正法乎？」

答曰：「族姓子！是應寂然。」

嘲魔菩薩曰：「唯，世尊！其至魔界、佛界，則於佛界及與魔界，悉以為入諸法境界，為護正法乎？」

答曰：「族姓子！是應寂然。」

無著菩薩曰：「唯然，世尊！其於諸法都無所得，一切毛孔皆出法聲，為護正法乎？」

答曰：「族姓子！是應寂然。」

普寂菩薩曰：「唯，世尊！不護諸魔，行菩薩道，為持正法乎？」

答曰：「族姓子！是應寂然。」

海意菩薩曰：「唯，世尊！其以海印等一切法，修一切解味而知自然，為護法乎？」

答曰：「族姓子！是應*寂然。」

須深天子曰：「唯，世尊！其有所生不起不生，諸陰、種、入無心意識，為護正法乎？」

答曰：「族姓子！是應寂然。」

無垢光天子曰：「唯，世尊！其見諸法無垢塵者，無眾瑕穢，解脫諸受，為護法乎？」

答曰：「族姓子！是應寂然。」

度人天子曰：「唯，世尊！其度眾生，不知萌類，度無所度，既有所度，現周旋還，不住彼此，為受法乎？」

答曰：「族姓子！是應寂然。」

賢王天子曰：「唯然，世尊！其於眾生而等一切，諸法已等，等諸國土，等諸佛道，為受正法乎？」

答曰：「族姓子！是應寂然。」

自在天子曰：「唯，世尊！其於諸法而得自在，普於諸法不起不滅，為受正法乎？」

答曰：「族姓子！是應寂然。」

善念天子曰：「唯，世尊！我不念法亦無所得，亦不有想，為受正法乎？」

答曰：「族姓子！是應寂然。」

蓮華天女曰：「唯，世尊！知一切法皆為佛法，不成正覺，無所不覺，為受正法乎？」

答曰：「族姓女！是應寂然。」

麻油上天女曰：「唯，世尊！我不得女亦不得男，如佛法想及*男女法想，亦復同等，此諸法想則為非法，亦非無法，無二無一亦無所至，我為受法乎？」

答曰：「族姓女！是應寂然。」

寶女曰：「唯，世尊！我不見佛、佛道，覩菩薩行，為被一切志德之鎧，不察於本末，為受法乎？」

答曰：「族姓女！是應寂然。」

無垢光女曰：「唯，世尊！於一切法不起法想，於一切人不起人想，亦不想念人法佛法，覩諸佛法入一切法，不見本末，我為受佛正法乎？」

答曰：「族姓女！是應寂然。建行如是，為受佛法。」

於是天帝釋白佛言：「未曾有也！世尊！此女人等所說辯才不可思議，分別方便；合若干音、文字之說，講于法界；不亂諸法，諸法平等；如演說道，等不差特。」

佛言：「如是！拘翼！是諸女等分別無量不可思議法，供養奉事不可計佛，以得法忍。又，拘翼！是經卷者，號『不起忍持無所御』，當為眾會廣說其義。如來滅度後受是法者，護持法城，則為供養佛、世尊已。」

天帝釋白佛：「我已奉受此經本已，佛所建立當令廣普，當為將來諸大士故，分別說之，終不迷謬違佛之教。所以者何？如來護我授以法忍，佛當建立此之經典，令降眾魔，志行於斯。」

佛言拘翼：「有神呪，名曰遮諸妨礙。具聽！今為汝說神呪要言，使一切魔及諸外徑，令諸官屬，自然降伏，使如來法光明久立。」

爾時，世尊說神呪曰：

無畏離畏　淨諸恐懼　施無畏　度於滅度無所亂　淨所亂　無所諍

不鬪訟　無懷瞋　無以歿　淨威神　威神跡　大威神寂滅　趣慈心

除於瑕　示現諦　無蹉踖　其同義　吉祥義　甘露句　見於要　以導御
無所懷　行次第　無所盡　光無生　清淨生　鮮潔光照句　等順於等心
至無上　佛所建立戒清淨　無所犯　無所負　制魔場　降外徑　耀法明
攝以法施　開法藏

「今是神呪，過去、當來、今現在佛所說，以擁護法而順句義；以此章句，總執降伏一切諸魔塵勞跡也。」

於是普首天白佛言：「我當受此經典之要，精進諷誦，當令廣普！所以者何？於如來法則有反復，長益法律，布清白典。我修反覆，擁護如來所齎法目。」

時，有天子名曰德超，白佛言：「若有受此如來之法，其福云何？」

於是世尊即說頌曰：

今吾所見國，佛眼覩十方，皆滿中珍寶，則以持布施。
其人所獲福，計當過於彼，至心受世吼，所說之經法。
合集諸譬喻，一切歎廣說，終不能究竟，總持正法德。

佛說是經時，七十六那術人皆發無上正真道意，六萬菩薩得不起法忍，三千大千世界六返震動，其大光明普照世間，而雨天華，百千伎樂不鼓自鳴，諸伎樂音出是輩聲：「如來之尊建立是經，降伏眾魔，化諸外徑。如來以印印此經已，順而不荒。」爾時，海龍王雨大珠瓔供養此經，周遍三千大千世界。

佛告賢者阿難：「以是經卷用為囑累，受持諷誦，普令流布，為他人說。」

阿難對曰：「唯然！世尊！已受斯經。經名何等？云何奉持？」

佛言：「是經名曰『海龍王問龍總持品』，又名『集諸法寶淨法門品』，當善奉持！」

佛說如是，海龍王及龍王子、諸天、人民、十方諸來大會菩薩、諸大聲聞、釋、梵、四天王、賢者阿難、一切魔眾、諸天、龍、神、香音神、無善神、鳳凰神、山神、甜柔神、及世間人，莫不歡喜，作禮奉行。

佛說海龍王經卷第四

佛爲海龍王說法印經

大唐三藏法師義淨奉　詔譯

如是我聞：一時，薄伽梵在海龍王宮，與大苾芻眾千二百五十人俱，并與眾多菩薩摩訶薩俱。

爾時，娑竭羅龍王即從座起，前禮佛足，白言：「世尊！頗有受持少法，得福多不？」

佛告海龍王：「有四殊勝法，若有受持讀誦，解了其義，用功雖少，獲福甚多，即與讀誦八萬四千法藏功德無異。云何為四？所謂念誦諸行無常、一切皆苦、諸法無我、寂滅為樂。龍王！當知是謂四殊勝法，菩薩摩訶薩無盡法智，早證無生，速至圓寂，是故，汝等常應念誦。」

爾時，世尊說是四句法印經時，彼諸聲聞、大菩薩眾及天龍八部、阿蘇羅、揵達婆等，聞佛所說，皆大歡喜，信受奉行。

佛為海龍王說法印經

龍王兄弟經

吳月支優婆塞支謙譯

聞如是：一時，佛在舍衛國祇洹阿難邠坻阿藍。時有無央數比丘僧，皆阿羅漢也。

阿難邠坻至佛所，作禮，却坐。

佛言：「人當布施、持戒、忍辱、精進、禪定、智慧。」

阿難邠坻聞之歡喜，即起白佛：「明旦，請佛及比丘僧降德到舍，設麁食。」佛默然，阿難邠坻繞佛三匝而去。

佛告比丘僧：「旦日當上天，投日中下，會阿難邠坻舍。」

佛如伸臂頃，即住虛空中。羅漢名須檀，正衣服，於虛空中，長跪白佛：「我恒上下，未甞冥如今日也。」

佛言：「有兩龍王，瞋恚作變，吐氣為雲故也。」

復有羅漢名愛波，白佛：「欲行止之。」

佛言：「此龍大有威神，汝行者，必當興惡意，出水沒殺天下人民。」

摩訶目揵連復正衣服，長跪虛空中問佛：「今日以冥，不復見須彌山帝釋宮殿下已質樹子。」

佛言：「有兩龍王：一名、難頭，二名、和難，大瞋恚言：『何等沙門欲飛過，摩我頭上？』龍身繞須彌山七匝，以頭覆其上，吐氣出霧故冥。」

目連白佛：「欲往訶止之。」

佛言：「大善！」目連繞佛三匝而行。

釋提桓因從八萬八千玉女，於後園相娛樂。目連先過其所，天帝迎之，稽首作禮。相問訊已，乃到龍所。兩龍見之，大怒，便變化出煙，須臾復出火。目連以佛意，亦變化出烟，必繞兩龍三重。稍前分身入兩龍身中，右目入，左目出；左目入，右目出；右耳入，左耳出；左耳入，右耳出。復入右鼻，左鼻出；入左鼻，右鼻出，飛入其口中，兩龍謂目連在其腹中也。目連亦復作龍身，繞兩龍十四重，以頭覆須彌及兩龍。兩龍於下悚慄，延動須彌山，以尾搏扇海水，百獸震怖。

佛遙告目連：「此龍今當能出水沒壞天下，汝且須止。」

目連言：「我從佛聞知此法，我有四神足，當信持行之。我能取是兩龍及須彌山，著掌中跳過他方天下；亦能取劑磨須彌山，令碎如塵；復能磨須彌山及下地，令萬民不覺之。」

兩龍恐懼，稽首。目連復沙門身，兩龍化作人，為目連作禮悔過，目連將至佛所。

兩龍言：「我迷狂惑，不知尊神，觸犯雷震，哀原其罪。」便受五戒而去。

阿難邠柢到精舍，索佛及比丘僧，了不見一人，便長跪白佛：「飯具以嚴辦，佛可自屈。」

佛即下到其舍。飯已，阿難邠柢言：「我求佛不見，佛從何所來？」

佛言：「目連與兩龍王共諍，適從天上來下。」

問：「誰勝者？」

佛言：「目連。」

阿難邠坻言：「善哉！善哉！此龍秉戒堅強，失之毫數，罪至於龍，威神尊重，目連迺臣伏之乎！我從今日始，請佛及比丘僧宣揚目連功德。」

佛呪願迦羅越阿難邠坻：「汝前後飯食得道人，善鬼神當擁護汝家，皆令安隱。」

阿難邠坻作禮而去。

龍王兄弟經

十善業道經

大唐于闐三藏實叉難陀奉　制譯

如是我聞：一時，佛在娑竭羅龍宮，與八千大比丘眾、三萬二千菩薩摩訶薩俱。

爾時，世尊告龍王言：「一切眾生心想異故，造業亦異，由是故有諸趣輪轉。龍王！汝見此會及大海中，形色種類各別不耶？如是一切，靡不由心造善不善身業、語業、意業所致。而心無色，不可見取，但是虛妄諸法集起，畢竟無主，無我、我所。雖各隨業，所現不同，而實於中無有作者。故一切法皆不思議，自性如幻。智者知已，應修善業，以是所生蘊、處、界等，皆悉端正，見者無厭。

「龍王！汝觀佛身，從百千億福德所生，諸相莊嚴，光明顯曜，蔽諸大眾。設無量億自在梵王，悉不復現；其有瞻仰如來身者，莫不目眩。汝又觀此諸大菩薩，妙色嚴淨，一切皆由修集善業福德而生。又諸天龍八部眾等大威勢者，亦因善業福德所生。今大海中所有眾生，形色麁鄙，或大或小，皆由自心種種想念，作身、語、意諸不善業，是故隨業各自受報。汝今當應如是修學，亦令眾生了達因果，修習善業。汝當於此正見不動，勿復墮在斷、常見中；於諸福田歡喜、敬養，是故汝等亦得人天尊敬、供養。

「龍王！當知菩薩有一法，能斷一切諸惡道苦。何等為一？謂於晝夜，常念、思惟、觀察善法，令諸善法念念增長，不容毫分不善間雜，是即能令諸惡永斷、善法圓滿，常得親近諸佛、菩薩及餘聖眾。言善法者，謂人天身、聲聞菩提、獨覺菩提、無上菩提，皆依此法以為根本而得成就，故名善法。此法即是十善業道。何等為十？謂能永離殺生、偷盜、邪行、妄語、兩舌、惡口、綺語、貪欲、瞋恚、邪見。

「龍王！若離殺生，即得成就十離惱法。何等為十？一、於諸眾生普施無畏；二、常於眾生起大慈心；三、永斷一切瞋恚習氣；四、身常無病；五、壽命長遠；六、恒為非人之所守護；七、常無惡夢，寢覺快樂；八、滅除怨結，眾怨自解；九、無惡道怖；十、命終生天；是為十。若能迴向阿耨多羅三藐三菩提者，後成佛時，得佛隨心自在壽命。

「復次，龍王！若離偷盜，即得十種可保信法。何等為十？一者、資財盈積，王、賊、水、火，及非愛子，不能散滅；二、多人愛念；三、人不欺負；四、十方讚美；五、不憂損害；六、善名流布；七、處眾無畏；八、財、命、色、力安樂，辯才具足無缺；九、常懷施意；十、命終生天；是為十。若能迴向阿耨多羅三藐三菩提者，後成佛時，得證清淨大菩提智。

「復次，龍王！若離邪行，即得四種智所讚法。何等為四？一、諸根調順，二、永離諠掉，三、世所稱歎，四、妻莫能侵，是為四。若能迴向阿耨多羅三藐三菩提者，後成佛時，得佛丈夫隱密藏相。

「復次，龍王！若離妄語，即得八種天所讚法。何等為八？一、口常清淨、優鉢華香；二、為諸世間之所信伏；三、發言成證，人天敬愛；四、常以愛語安慰眾生；五、得勝意樂，三業清淨；六、言無誤失，心常歡喜；七、發言尊重，人天奉行；八、智慧殊勝，無能制伏；是為八。若能迴向阿耨多羅三藐三菩提者，後成佛時，即得如來真實語。

「復次，龍王！若離兩舌，即得五種不可壞法。何等為五？一、得不壞身，無能害故；二、得不壞眷屬，無能破故；三、得不壞信，順本業故；四、得不壞法行，所修堅固故；五、得不壞善知識，不誑惑故；是為五。若能迴向阿耨多羅三藐三菩提者，後成佛時，得正眷屬，諸魔外道不能沮壞。

「復次，龍王！若離惡口，即得成就八種淨業。何等為八？一、言不乖度，二、言皆利益，三、言必契理，四、言詞美妙，五、言可承領，六、言則信用，七、言無可譏，八、言盡愛樂，是為八。若能迴向阿耨多羅三藐三菩提者，後成佛時，具足如來梵音聲相。

「復次，龍王！若離綺語，即得成就三種決定。何等為三？一、定為智人所愛；二、定能以智，如實答問；三、定於人天，威德最勝，無有虛妄；是為三。若能迴向阿耨多羅三藐三菩提者，後成佛時，即得如來諸所授記，皆不唐捐。

「復次，龍王！若離貪欲，即得成就五種自在。何等為五？一、三業自在，諸根具足故；二、財物自在，一切怨賊不能奪故；三、福德自在，隨心所欲，物皆備故；四、王位自在，珍奇妙物皆奉獻故；五、所獲之物，過本所求百倍殊勝，由於昔時不慳嫉故；是為五。若能迴向阿耨多羅三藐三菩提者，後成佛時，三界特尊，皆共敬養。

「復次，龍王！若離瞋恚，即得八種喜悅心法。何等為八？一、無損惱心；二、無瞋恚心；三、無諍訟心；四、柔和質直心；五、得聖者慈心；六、常作利益安眾生心；七、身相端嚴，眾共尊敬；八、以和忍故，速生梵世；是為八。若能迴向阿耨多羅三藐三菩提者，後成佛時，得無礙心，觀者無厭。

「復次，龍王！若離邪見，即得成就十功德法。何等為十？一、得真善意樂、真善等侶；二、深信因果，寧殞身命，終不作惡；三、唯歸依佛，非餘天等；四、直心正見，永離一切吉凶疑網；五、常生人天，不更惡道；六、無量福慧，轉轉增勝；七、永離邪道，行於聖道；八、不起身見，捨諸惡業；九、住無礙見；十、不墮諸難；是為十。若能迴向阿耨多羅三藐三菩提者，後成佛時，速證一切佛法，成就自在神通。」

爾時，世尊復告龍王言：「若有菩薩依此善業，於修道時，能離殺害而行施故，常富財寶，無能侵奪；長壽無夭，不為一切怨賊損害。離不與取而行施故，常富財寶，無能侵奪；最勝無比，悉能備集諸佛法藏。離非梵行而行施故，常富財寶，無能侵奪；其家直順，母及妻子，無有能以欲心視者。離虛誑語而行施故，常富財寶，無能侵奪；離眾毀謗，攝持正法，如其誓願，所作必果。離離間語而行施故，常富財寶，無能侵奪；眷屬和睦，同一志樂，恒無乖諍。

「離麁惡語而行施故，常富財寶，無能侵奪；一切眾會，歡喜歸依，言皆信受，無違拒者。離無義語而行施故，常富財寶，無能侵奪；言不虛設，人皆敬受，能善方便，斷諸疑惑。離貪求心而行施故，常富財寶，無能侵奪；一切所有，悉以慧捨，信解堅固，具大威力。離忿怒心而行施故，常富財寶，無能侵奪；速自成就無礙心智，諸根嚴好，見皆敬愛。離邪倒心而行施故，常富財寶，無能侵奪；恒生正見敬信之家，見佛、聞法、供養眾僧，常不忘失大菩提心。是為大士修菩薩道時，行十善業，以施莊嚴，所獲大利如是。

「龍王！舉要言之，行十善道，以戒莊嚴故，能生一切佛法義利，滿足大願；忍辱莊嚴故，得佛圓音，具眾相好；精進莊嚴故，能破魔怨，入佛法藏；定莊嚴故，能生念、慧、慚、愧、輕安；慧莊嚴故，能斷一切分別妄見；慈莊嚴故，於諸眾生不起惱害；悲莊嚴故，愍諸眾生，常不厭捨；喜莊嚴故，見修善者，心無嫌嫉；捨莊嚴故，於順違境，無愛恚心；四攝莊嚴故，常勤攝化一切眾生；念處莊嚴故，善能修習四念處觀；正勤莊嚴故，悉能斷除一切不善法，成一切善法；神足莊嚴故，恒令身心輕安、快樂；五根莊嚴故，深信堅固，精勤匪懈，常無迷忘，寂然調順，斷諸煩惱；力莊嚴故，眾怨盡滅，無能壞者；覺支莊嚴故，常善覺悟一切諸法；正道莊嚴故，得正智慧常現在前；止莊嚴故，悉能滌除一切結使；觀莊嚴故，能如實知諸法自性；方便莊嚴故，速得成滿為、無為樂。

「龍王！當知此十善業，乃至能令十力、無畏、十八不共，一切佛法皆得圓滿。是故汝等應勤修學。龍王！譬如一切城邑、聚落，皆依大地而得安住；一切藥草、卉木、叢林，亦皆依地而得生長。此十善道亦復如是，一切人、天依之而立，一切聲聞、獨覺菩提、諸菩薩行、一切佛法，咸共依此十善大地而得成就。」

佛說此經已，娑竭羅龍王及諸大眾，一切世間天、人、阿修羅等，皆大歡喜，信受奉行。

十善業道經

佛爲娑伽羅龍王所說大乘經

西天譯經三藏朝散大夫試鴻臚少卿傳法大師臣施護奉　詔譯

如是我聞：一時，佛在大海中娑伽羅龍王宮莊嚴道場，與大比丘眾七千五百人俱，并諸得大智慧菩薩摩訶薩，自十方世界皆來集會。復有百千俱胝那由他梵王、帝釋及護世等，天、龍、夜叉、乾闥婆、阿修羅、誐嚕拏、緊那羅、摩睺羅伽等亦來集會。

爾時，世尊見彼一切大眾來集會已，告娑伽羅龍王言：「龍主！觀此世間，種種行業皆從妄起，種種心法當感種種果報。若彼不了，當生種種之趣。

「龍主！汝當觀此大海之眾，見作種種士夫色相。龍主！而彼一切色相，由於一切善惡身、口、意業，各各之心，種種變化；然此心法，雖云色相，由如幻化，無可取故。

「龍主！此之色相，一切諸法本無所生，亦無主宰；復無有我，亦無礙故。如是種種所作之業，諸法自性，皆幻化相，不可思議。

「龍主！若有菩薩，知一切法無生、無滅、無色、無相，如實知已，所作所修一切善業而無修作；所有色相及蘊、處、界，一切生法悉無所見。彼若如實得是見已，當復觀察殊妙色相。龍主！殊妙色相，云何觀察？當觀如來身相。如來身者，皆從百千俱胝那由他福德之所生故。又如是之相，云何嚴持？云何恭信？當得如是之相？復得人間、天上無老無死？復得十百千他化自在天身，乃至大梵天身？此由心不散亂，專注觀想、瞻仰如來最妙之身；實知此身，一切色相殊妙莊嚴，皆從善業所集而得。

「龍主！如汝住宮，一切莊嚴亦福所生。至於梵王、帝釋及護世等，乃至天、龍、夜叉、乾闥婆、阿修羅、迦樓羅、緊曩羅、摩睺羅伽、人非人等，所有一切莊嚴皆福所生。

「龍主！又此大海之中，所有眾生種種，或有廣大，或復微細多住醜陋；彼一切身，皆由種種心之所化。龍主！是故說言『隨身、口、意業之所得』。龍主！如是之報，以業為因，業為主宰。汝當令諸眾生起智慧心，所作所修，隨學善業；於諸邪見，不作不住；知彼邪見，非為究竟。如是知已，一切眾生，當求為師咸來供養，并得天上、人間歸信供養。

「龍主！而有一法，能令眾生斷於一切惡趣之業。云何一法？所謂觀察善法。而彼善法，云何觀察？當觀自身：我於日夜行、住、坐、臥，所興心意，無不是過。如是覺察，令四威儀中諸不善法，不得發生。如是斷盡諸不善法，當令善法而得具足。復使一切同善眾生，悉皆當得聲聞、辟支及菩薩等，乃至無上正等正覺之位。

「龍主！云何善法？我今說之。所謂十善之業，是為一切根本安住；是生天上、人間根本安住；世間、出世間殊勝善法根本安住；聲聞、辟支佛、菩薩根本安住；無上正等正覺根本安住。云何為彼根本安住？所謂十善業道。若能遠離殺生、偷盜、邪婬、妄語、綺語、惡口、兩舌，乃至貪、瞋、邪見等，若能如是遠離，是為十善業道，乃是世間、出世間根本安住。

「龍主！士夫、補特伽羅遠離殺生，獲得十種善法。云何十法？所謂：得無畏施；他一切眾生得住慈心；得正行，得不起一切眾生過失之念；得少病；樂得壽命長；得種種非人而作擁護；於眠睡、覺寤，皆悉安隱；又得賢聖守護，心不厭捨；於睡夢中，不見惡業苦惱之事；自得不怖一切惡趣；命終之後得生天上。龍主！士夫、補特伽羅，獲得如是十種善法，行菩薩道，得善心住；善根成熟，當得無上正等菩提。

「龍主！士夫、補特伽羅遠離偷盜，獲得十依止法。云何為十？所謂：得大富自在；得免王難；得免水火、賊盜、冤家之難；得多眷屬善順和睦；得多人愛樂，不相苦惱，凡所言說，一切諦信；得無量財寶皆悉集聚；得此方、他方一切稱讚，於一切行處無怖、無畏；得他稱善名、讚於智慧；又得色力、壽命、辯辯相應，於親非親，心無分別，不生惱害；命終之後，得生天界。龍主！士夫、補特伽羅遠離偷盜，獲得如是十依止法；以彼善根，於諸佛法自能證知，當得無上正等正覺。

「龍主！士夫、補特伽羅遠離邪婬，獲得四智善法。云何為四？所謂：降伏諸根，離於散亂，得世間一切稱讚，復得無量營從。龍主！士夫、補特伽羅遠離邪婬，獲得如是四智善法；以此善根，當得無上正等正覺，復證大丈夫陰藏隱密之相。

「龍主！士夫、補特伽羅遠離妄語，獲得天上、人間八種善法。云何為八？所謂：得口處清淨，常如青蓮華香；又得世間一切正見；得天上、人間一切愛樂；得身、口、意清淨，化彼一切有情，令住三業清淨之行；得清淨已，咸皆歡喜；得真實語，言必誠信；得過人辯，所出言辭，咸有方便；於天上、人間離諸過失。龍主！士夫、補特伽羅遠離妄語，獲得如是天上、人間八種善法；而彼善根獲得口業清淨、誠實正行，當得無上正等正覺。

「龍主！士夫、補特伽羅遠離綺語，當得三種一向之法。云何三種？所謂：得知法者，一向愛樂；得一向真實，復生智慧；得一向為人天師，天上、人間，一切信樂。龍主！士夫、補特伽羅遠離綺語，獲得如是三種一向之法；以此善根，迴向菩提，得一切如來授記，當證無上正等正覺。

「龍主！士夫、補特伽羅遠離惡口，獲得八種口過清淨，而得八種善法。云何為八？所謂：實語、愛語、依義語、軟語、離取語、多人愛樂語、善語、有義利語。龍主！士夫、補特伽羅遠離惡口，獲得如是八種清淨口業；以此善根，迴向菩提，當來證得無上正等正覺，復得最上清淨梵音。

「龍主！士夫、補特伽羅遠離兩舌，當得五種堅固。云何五種堅固？所謂：得身堅固，當得遠離一切怖畏之難故；得眷屬堅固，不為他人之所貪故；得信堅固，獲得信業果報故；得法堅固，獲得果證堅牢故；得善友堅固，常得愛語攝受故。龍主！士夫、補特伽羅遠離兩舌，獲得如是五種堅固；以彼善根，迴向菩提，當證無上正等正覺，使彼一切外道、魔王等，咸不能破壞故。

「龍主！士夫、補特伽羅遠離貪毒，獲得八種善法。云何為八？所謂：得貪心消除；得殺心不生；得嫉妬心不生；得樂生聖族，心為聖人尊重；得慈心，以善業利益一切眾生；得身端正；得多人尊重；得生於梵世。龍主！士夫、補特伽羅遠離貪毒，獲得如是八種善法；以此善法，迴向菩提，心不退轉，當證無上正等正覺。

「龍主！士夫、補特伽羅遠離瞋毒，當得五種勝願圓滿。云何為五？所謂：修身、口、意不退，諸根不亂，當得一切廣大富貴圓滿；得冤家降伏，得一切廣大福德圓滿；得受人天最上供養，得一切廣大功德圓滿；於最上受用、心所欲者，皆得圓滿；如為富貴，發百千最上勝願，如願圓滿。龍主！士夫、補特伽羅遠離瞋毒，獲得如是五種圓滿；以此善根，迴向菩提，證得無上正等正覺，而為三界之所尊故。

「龍主！士夫、補特伽羅遠離邪見，獲得十種功德之法。云何為十？所謂：得自心安善及同行善友；深信因果，得不為身命作於罪業；不久獲得賢聖之位；得不迷善法，修人天行；不墮傍生及焰魔界；行於聖道，得最上福；得離一切邪法；得離身見；得見一切罪性皆空；得天上、人間，正行不闕。龍主！士夫、補特伽羅遠離邪見，獲得如是十種功德；以此善根，迴向菩提，速能證了一切佛法，當得無上正等正覺。

「龍主！復次，觀於十不善法微細之行，多墮地獄、餓鬼、畜生之趣。

「龍主！觀彼眾生，若復殺生，當墮地獄、畜生、焰魔等界，後生人間，以餘業故，得二種報：一者短命，二者苦惱。

「若復偷盜，當墮地獄、畜生、焰魔等界，後生人間，以餘業故，得二種報：一者自居貧賤，二者不得他人財寶。

「若復邪染，當墮地獄、畜生及焰魔界，後生人間，以餘業故，得二種報：一者、愚癡，二者、妻不貞正。

「若復妄語，當墮地獄、畜生及焰魔界，後生人間，以餘業故，得二種報：一者、言不誠實，二者、人不信奉。

「若復綺語，當墮地獄、畜生及焰魔界，後生人間，以餘業故，得二種報：一者、言不真正，二者、所言無定。

「若復惡口，當墮地獄、畜生及焰魔界，後生人間，以餘業故，得二種報：一者、言多鬪諍，二者、人聞不重。

「若復兩舌，當墮地獄、畜生及焰魔界，後生人間，以餘業故，得二種報：一者、得下劣眷屬，二者、感親屬分離。

「若復多貪，當墮地獄、畜生及焰魔界，後生人間，以餘業故，得二種報：一者、不能利益他人，二者、常被他人侵害。

「若復多瞋，當墮地獄、畜生及焰魔界，後生人間，以餘業故，得二種報：一者、心常不喜，二者、多不稱意。

「若復邪見，當墮地獄、畜生及焰魔界，後生人間，以餘業故，得二種報：一者、邪見，二者、懈怠。

「龍主！若有行於如是十不善法，決定獲得如是果報，復更別得無邊諸大苦蘊。

「龍主！若復菩薩遠離殺生，修菩薩道，行於布施，得大富、長壽及無量福，得離一切他侵之怖。

「龍主！若復菩薩遠離偷盜，修菩薩道，行於布施，得大富貴及無量福；而於一切心無悋惜，證得深智諸佛所說無上法義。

「龍主！若復菩薩遠離邪染，修菩薩道，行於布施，得大富貴、獲無量福；感善眷屬、父母、妻男，悉無惡見。

「龍主！若復菩薩遠離妄語，修菩薩道，行於布施，得大富貴、獲無量福；當感所有語言一切善軟；凡起誠願，堅固不退。

「龍主！若復菩薩遠離綺語，修菩薩道，行於布施，得大富貴、獲無量福；所言真實，聞者信受；凡有所說，斷一切疑。

「龍主！若復菩薩遠離惡口，修菩薩道，行於布施，得大富貴、獲無量福；所言可取，聞無背捨；於諸眾中，無有其過。

「龍主！若復菩薩遠離兩舌，修菩薩道，行於布施，得大富貴、獲無量福；於諸眷屬，心住平等，愛之如一，無有離散。

「龍主！若復菩薩遠離貪毒，修菩薩道，行於布施，得大富貴、獲無量福；得端正身，諸根具足；見者愛樂，心無厭捨。

「龍主！若復菩薩遠離瞋毒，修菩薩道，行於布施，得大富貴、獲無量福；得於仇讎，心無所起；聞佛法要，能生深信。

「龍主！若復菩薩遠離邪見，修菩薩道，行於布施，得大富貴、獲無量福；於三寶所而具正見；常近於佛，得聞妙法；供養眾僧，常無懈退；教化眾生，令發菩提之心。

「龍主！若能修此十善之業，行菩薩道，初以布施而為莊嚴，果報圓滿，得大富貴。

「若以持戒而為莊嚴，果報圓滿，得一切佛法，願滿具足。

「若以忍辱而為莊嚴，果報圓滿，得佛菩提三十二相、八十種好，復得梵音具足。

「若以精進而為莊嚴，果報圓滿，當能降伏天魔、外道，以諸佛法而救度之。

「若以禪定而為莊嚴，果報圓滿，當得正念、清淨、法行具足。

「若以智慧而為莊嚴，果報圓滿，當得永斷一切邪見。

「若以大慈而為莊嚴，果報圓滿，能令一切眾生，降伏一切微細煩惱。

「若以大悲而為莊嚴，果報圓滿，當得一切眾生，心不厭捨。

「若以大喜而為莊嚴，果報圓滿，當得一心而無散亂。

「若以大捨而為莊嚴，果報圓滿，當得微細煩惱皆悉除滅。

「龍主！乃至以四攝法而為莊嚴，果報圓滿，當得一切眾生，隨順化導。

「若以四念處而為莊嚴，於身、受、心、法悉能解了。

「若以四正斷而為莊嚴，能使一切不善之法皆悉斷滅，得一切善法圓滿。

「若以四神足而為莊嚴，能得身心皆獲輕利。

「若以五根而為莊嚴，當得信進不退、心無迷惑，了諸業因，永滅煩惱。

「若以五力而為莊嚴，當得不愚、不癡，及得永斷貧窮過失。

「若以七覺支而為莊嚴，當得覺悟一切如實之法。

「若以八正道而為莊嚴，當能證得正智。

「若以奢摩他而為莊嚴，當得斷於一切煩惱。

「若以尾鉢舍曩莊嚴，當得了悟一切法之智慧。

「若以正道而為莊嚴，當於有為、無為、一切方便，悉能了知。

「龍主！我今略說十善之法而有莊嚴，至於十力、四智，及十八不共之法，乃至如來一切法分，皆得圓滿。

「龍主！乃至廣大解說此十善業道莊嚴之事，當令修學。龍主！譬如大地，能與人界一切國城、聚落，乃至林樹及藥草等而為安住。又復諸業皆有種子，種子既有四大而成；由如種穀初生芽莖，乃至成熟，皆依於地。龍主！此十善業道，能為天上、人間一切有情，勝妙安住；能令一切有為、無為，得智果報；一切聲聞及辟支佛，乃至菩薩、無上正等正覺而為安住；亦復為一切佛法根本安住。

「龍主！我此所說，汝等一切，當以正心而生信解。」

爾時，娑伽羅龍王并在會諸菩薩摩訶薩，一切聲聞及天、人、阿修羅、乾闥婆等一切大眾，聞佛所說，歡喜奉行。

佛為娑伽羅龍王所說大乘法經

佛說弘道廣顯三昧經　卷第一

一名入金剛問定意經

西晉月氏三藏竺法護譯

得普智心品第一

聞如是：一時，佛遊王舍國鷲山之頂，與大比丘眾千二百五十人，諸菩薩八千人俱。于時，世尊廣為無數百千諸眾而所圍繞，敷演說法。

爾時，有龍王名阿耨達（晉言無熱），宿造德本，遵修菩薩，堅住大乘，行六度無極，以具滿相，勤救眾生，化道無極；曾事九十六億諸佛，積累功德不可稱數，執權方便，普現五道拔諸愚冥，使修菩薩無欲之行，懷慈四等濟度一切；傷愍罪類故現為龍，化龍億數使免殃行。自處于池，率諸眷屬八千萬眾，又將婇女十四萬人，周匝導從，調作倡伎，其音和雅，乘龍感動，協懷威德，神變自由，賫眾雜花，奉最妙香，擎持幡蓋而詣世尊。至輒稽首，敬問如來，尋以所持香華、雜寶、繒綵、幡蓋，重調音樂，欣心敬意，與眾眷屬及諸婇女俱進詣佛，則前長跪肅然叉手，而白佛言：「欲問如來、無著、平等最正覺，菩薩所應行道當云何？唯蒙聽許乃能敢問！」

爾時，世尊告龍王曰：「恣汝所問，勿疑！勿難！所欲，如來、至真、等正覺當隨敷散解釋汝心。」

時，阿耨達得為神尊所聽質疑，心益欣悅，而白佛言：「天師最尊！人中聖導！猛如師子感變無量，吾問如來普及眾生，亦為菩薩大士之故，為世師者拔過俗法，志行清淨明盡因緣，濟度群生作無請友，心普安救誘育立之，執持無畏、十種力，進伏眾魔降諸外道；心無穢行，被堅金剛大德之鎧，志不有惓，積德因緣不可計量；施、戒、忍、進、定、智已備，心等一切蠲除雜相，棄捐二見，以越智度解因緣法；已入深奧難極之要，去離聲聞、緣一覺念，不捨大乘一切智心，意行堅強常得自在，身淨無垢暉曜明徹，志若虛空，無數諸劫意不惓者；逮獲總持，降除貪穢自大貢高，等如逝者；空、無相、願，以過如住夢、幻、影、響、野馬、水月，於斯諸法等解不動，重三寶教奉而敬之，轉其法輪而無所礙，欣悅信樂皆自得之。

「如優曇花億世希出，志靜安獨普有具相，宿樹恭恪明賢大士，尊修上義法住若此，為彼正士故問如來。唯願如來、至真、等正覺解說菩薩大士所行，得遊法門入金剛德果達深妙，使其修應獲總持場，以四諦行順化聲聞使解要真，導眾緣覺靜起因緣，獎以一心使等正覺，欲達諸法當入大乘，曉入大乘能伏魔場，散棄疑結過度罪惱，普知眾生意志所行，積最辯達布演諸法，隨一切願化示所欲。

「善哉！世尊！如來、無著、平等正覺廣為賢明大士之故，普弘演說，使諸菩薩得致智力；降己自大，得法上力；曉解央行，不有所造；使得施力，所有無惜惠不望報；使得戒力，等除眾罪而過諸願；使得忍力，於諸苦法受生之處，身命無惜；得精進力，積眾德本，志常無惓；使得定力，善寂居靜，解定要行；使得慧力，而過邪見，疑冥昧昧；曉權方便濟度眾生，明了勸助具達五通：天眼無限、徹聽、知心、神足、明宿，以此遊樂。果大辯才，辯才句義無盡不斷，便得總持志無恍忽；令逮海印三昧正定，進隨普智果同一味；得佛志定習樂通行，永常奉尊而無障蔽；逮法志定勉進定意，長久聞法都無限礙；崇眾志定普令一切奉不退眾；得施志定，俗貨法施不有遺惜，具足於戒；行念靜定，使速得佛，心而無忘；昇天志定，常念兜術，一生補處，志樂菩薩清高之行。」

爾時，龍王質疑畢訖，悅心怡懌，重以讚頌啟問世尊：

大仁願說現世義，菩薩德行所當入；
內性志操所應修，興發何道行云何？
順導以慈行入悲，意以度眾護濟念；
弘化定智使清淨，願垂哀傷而普說。
誘眾止意及意斷，根力神足行如是，
演道七覺散示眾，願說彼德所應奉。
施調撿戒德具足，忍力普行及精進；
慧志因緣轉無量，云何度彼蒙說之？
辯才通達勉愚冥，志行詳審常清淨；

諸起生者即覺知，唯願為諸菩薩說。
欣悅之德有歡豫，聖種七財是行最；
樂遊閑居及修靜，唯蒙慈尊廣度說。
辯才行具云何得？深致總持永安住；
弘法要說常無斷，聞輒奉行終不忘。
寂滅清淨而行觀，覺意深邃智廣博；
其慧難究德無邊，解行云何應菩薩？
制持魔力與怒意，毀壞外道眾邪類；
勇德難動若大山，月明至遊弘說之。
曉空無想性所在，解了野馬及幻法；
夢想體像計皆無，唯願世尊指示說！

於是世尊告龍王曰：「善哉！善哉！快甚無比！乃自發心啟疑如來。今汝所問承宿功德，已顯大悲為眾志友，不勞生死，弗斷三寶。王之質疑用是故也，聞以諦聽，受而思惟，吾當廣說菩薩大士應所修行，彼此無限果最要法。」

時，龍王言：「大善！世尊！願樂思聽，聞輒受行，宣布十方，勸進無惓。」

於是世尊答龍王曰：「有一法行，菩薩應者，相好備具，得諸佛法。何謂為一？造起道意，不捨眾生，是謂一行，致諸佛法。

「又有三十二事得普智心，當勤樂行，專意守習。何謂三十二？御修內性，執上最志，昇行大慈，堅固大悲，志慕無厭，發於精進，仂具猛勵，而德強力，又踰*踊勢，安靜無煩，為眾忍任，習近善友，專行法事，執御權化，施備忍行，樂於撿戒，諂想已無，滅斷偽佞，言行相應，志存反復，常有愧色，內自慚恥，已調怡悅，根行至信，意而制御，得持功德，志遠小道，樂弘大乘行，觀一切三寶之事使其不斷，是謂，龍王！三十二法，菩薩應此逮普智心。

「又復，龍王！有十六事進增普智顯力弘軌。何謂十六進普智耶？施行眾濟，具戒無缺，忍應調忍，果上精進，致定諸行，已具智慧，信行悉足，供事如來，遊靜樂閑，備六堅法，有最十善，飾身、口、意，德具操行，知足樂靜，身三勸彼，修勝定觀，諸德得備，是謂十六行法之事，應相祥福演大智心，顯持佛世流化自由。

「又復，龍王！其普智心，以二十二事而除邪徑，以其大乘志修普智。何謂二十二事？行過聲聞、緣一覺意，已下貢高，無我自大，消去諂事，抑俗雜言，遠棄非戒，拔恚怒根，免却魔事，除去蔽礙，不章師訓，耗滅罪除，省己切惻，不論彼非，習離惡友，遠逆良善，去非六度，又逝貪惜，戒無不消，已棄諍訟，而離懈怠，於迷自正，捨諸無知，斷去無便，却去惡行，是謂菩薩普智釋除二十二邪軌，速應權慧，永無懈退。

「又復，龍王！二十二踊事，進順隨行，得普智心而不可當，諸魔波旬及魔官屬，并與外道降而却之。何謂二十二？踊過戒事，踊過於定，亦踊過智而過慧行，踊過權化，亦過大慈，踊過大悲。以要言之，過空、相、願、我、人、壽命，過離眾見及發因緣，過心自淨承覺神聖，過於識念應不應見，過大金剛堅固之行，是謂，龍王！菩薩所行二十二踊法致普智心，一切眾魔及諸魔身，并邪外道不得自在，無敢當者悉降却之。

「又復，龍王！其普智心，依二行處致普智心。何謂為二？如其所言修應行處，諸功德本觀道行處，是謂二事普智行處。

「復有二事，其普智心而不可毀。何謂二事？在於眾生無增異心，於諸殃行濟以大悲，是謂二事普智無毀。

「又復，龍王！其普智心有二重法而無過者，生死之黨，及眾聲聞并諸緣覺無能勝踰。何謂為二？執權方便，深行智慧，是為二事普智重法。

「又有二事，休普智心。何謂為二？處毀無疑滯結之心，在在不安樂俗諸樂，是謂二事休普智心。

「復有二事，護普智心。何謂為二？不志聲聞、緣覺行地，觀覩大乘至美之德，是謂二事護普智心。

「復有二事，妨普智心。何謂為二？志常多佞，內性懷諂，是即二事妨普智心。

「復有二事，不妨普智。何謂為二？專修直信，行于無諂，是謂二事不妨普智。

「又有四事，蓋普智心。何謂為四？數亂正法，於諸菩薩、賢明達士亦不奉敬，常無恭恪，不覺魔事，是為四事蓋普智心。

「復有四事，於普智心而無其蓋。何謂為四？護持正法，謙恭受聽，尊重菩薩視若世尊，常覺魔事，是為四事普智無蓋。

「又有五事，致普智心。何謂為五？所行無望，於生死漏用戒德故，不捨一切以大悲故，憎、愛無二身命施故，財利周惠供事法故，是為五事得致普智。

「復有五事，進普智心。何謂為五？習善知識，不患生死，志遠無益，去非時心，求諸佛智，是為五事進普智心。

「復有五事，在普智心，過諸聲聞、緣覺一覺念。何謂為五？過聲聞脫，過緣覺脫，過眾智心，過諸吾我，又過習結，是為五事過諸行法。

「復有五事，於普智心而有其悅。何謂為五？悅過惡道，悅審普智，悅具覺慧，悅戒無厭，悅解眾行，是為五事普智之悅。

「復有五事，發普智心，得五力助，不溺生死。何謂為五？無其怒恨用忍力故，能滿諸願用德力故，降己自大以智力故，勤勢廣聞用慧力故，過眾恐怯無畏力故，是為五事致諸助力。

「復有五事，在普智心，得五清淨。何謂為五？體眾穢行淨，諸墮者因緣諸根無惑淨之，隨順諸時以觀淨之，行治於等權道淨之，一切諸法化轉淨之，是為五事普智清淨。

「復有五事，得普智明。何謂為五？明解無欲，明己彼心，明於五句，明達慧行，明眼無礙，是為五事致普智明。

「復有五事，廣普智心。何謂為五？以其五種、五根、五莖、五枝、五葉、五花、五果。

「何謂為五種？曰修志修，而淨內性，等觀人物，求習脫行，弘於權變，是為五種。

「何謂五根？以大慈悲，德本無厭，勸進眾生，使免小乘，不志餘道，是為五根。

「何謂五莖？曉權方便，慧度無極，示導人民，護持正法，等觀喜怒，是為五莖。

「何謂五枝？施度無極，戒度無極，忍度無極，進度無極，定度無極，是為五枝。

「何謂五葉？樂進聞戒，求處空靜，常志出家，心安佛種，所遊無礙，是為五葉。

「何謂五花？得文相具積滿德故，眾好繡備種種施故，七覺財具心無雜故，致有顯辯不蔽法故，深達總持聞無忘故，是為五花。

「何謂五果？昇致戒果，已得度果，達緣覺果，又得菩薩不退轉果，獲佛法果，是曰五果。

「斯謂，龍王！菩薩七五三十五事，廣普智樹，道寶行也，修應之者，得佛不難。」

佛告龍王：「其有菩薩，欲受持此普智心樹深妙明顯要行句者，當勤加習普智寶樹。如是，龍王！吾視一切諸法功德，莫不由斯寶樹奧義；諸發無上正真道意，悉皆因是普智寶樹至要句也。譬如，龍王！選植樹種，知此已致樹之根、莖、枝、葉、花、果而甚盛茂也。如是，龍王！其有能受普智心種，斯已得致諸佛賢聖最上慧法三十七品。是故，龍王！欲入普智所行功德、欲轉法輪，當受持此，精修誦讀專心習行，廣為一切宣傳布演。如是，龍王！勤受學此。」

當佛說斯普智心品法語之時，諸龍眾中七萬二千，皆發無上正真道意；龍王太子及諸婇女萬四千人，悉皆逮得柔順法忍；五千菩薩承宿德本悉得法忍。

時，阿耨達并餘龍王及諸眷屬，自乘神力踊昇虛空，興香之雲忽便普布，調和美香及末栴檀，微雨如來及眾會上。又化琦妙珠交露蓋，遍覆王舍一國境界，而悉歡悅於上歌詠至真、如來積祚巍巍聖德無量，列住雲日，各現半身，光文虛空，一切眾會莫不見者也。

清淨道品第二

於是龍王復白佛言：「甚未曾有！唯然！世尊！乃若如來博為眾生，說道俗及心普智心行德所應。又唯，世尊、如來、無著、平等正覺！願演散說菩薩之行，修應清純明賢所由，得道清淨使其終已，長久無垢不中有懈，無惓弗退至得十力、四無所畏，而得具足諸佛之法。」

爾時，世尊告阿耨達：「善哉！龍王！勤思念行，吾當廣說菩薩大士清淨道品。」

阿耨達曰：「甚善！世尊！幸蒙授教，唯願說之。」

於時聖尊告龍王曰：「菩薩行有八直正道，當勤受持。何謂為八？六度無極道，恩行之道，得五通道，行四等道，及八正道，等眾生道，三脫門道，入法忍道，如此，龍王！是為菩薩八正行道。

「何謂菩薩度無極道？度無極道者，諸所布施勸彼普智。何則然者？不以無勸施成普智，其行勸助於德本者，斯得施度無極名目；又及行戒、忍、進、定、智，亦以勸助彼普智心，乃得慧度無極名目，是曰菩薩度無極道。

「恩行道者，含受眾生。何則然者？以彼菩薩演示法度，菩薩行恩含受一切，覆以四恩廣為說法，而使眾生順受戒化，是四恩道。

「神足道者，覩諸佛土天眼徹視，見眾一切生者、終者，又見十方諸佛世尊、弟子圍遶，悉見如是；於諸佛土，以其天眼，應當所採而採受之；又其天耳，聽諸佛言，聞輒受行；在於眾生及諸類人，而皆明曉，悉了知盡，為隨說法，得識宿命，不忘前世所作功德；又具神足，遊過無數諸佛國土，應以神足，當得度者，輒弘神足而度脫之，是神足應道。

「又何謂為四等行道？其隨修淨梵志中者，并及諸餘色像天子，知彼意行隨順化日，斯則慈悲，是為喜護，建立以道，使彼應度，此謂菩薩四等行道。

「其八正道，普悉行之，聲聞所由、緣覺依因，大乘亦然！是謂賢聖八直正道。

「何謂心等諸眾生道？當為此興，不為是興；為斯可說，為此不應；是有賢德，此非福人；斯為盡應，此復不應，行等菩薩，盡除此意，是謂心等諸眾生道。

「何謂菩薩三脫門道？得致以空，斷諸妄見；以其無相，除眾念想應與不應；以其無願，永離三界，是謂菩薩三脫門道。

「何謂得致法忍之道？受拜菩薩，菩薩自覺行應於忍，得為諸佛世尊所決授者無上正真道意，是謂菩薩不起忍道。

「菩薩致此八直正道，弘化流布權導無礙。」

時，佛說是八正道已，二萬四千天龍及人悉逮應此八道行也。

「若是，龍王！菩薩以此八直正道等塗一歸，用無等故，莫有能與菩薩比者，亦無其侶，獨步三界，靜一心時修致慧行，應當所得已自果之，明達諸法而如本無，斯謂如來！是曰，龍王！八正之道。為彼一切，凡諸若干眾生所行，興種種說，而此要說等同一向以無望說，歸未至說也。

「云何於此道清淨耶？曰：道無垢，用無塵故；是道無瑕，本無念故；是道無冥，慧照明故；是道無著，本清淨故；道常無生，無所滅故；道如永無，本無有故；道無漏穢，三界淨故；是道寂然，過凡行故；道無可至，無有去故；道無所來，無從來故；道恒無住，過諸欲故；道無所處，過眾見故；道無勝者，過諸魔故；道大弘覆，外道不及故；道永離妄，自大者故；道無所容，不修入故；是道極遠，用希望故；道為永離，過愚夫行故；道可果致，修行者故；是道夷易，樂勤行故；道極平坦，住正見故；是道無妨，修無毀故；是道無礙，等正行故；是道無垢，三毒淨故；是道清淨，終無著故，是謂菩薩道之清淨。

「若是菩薩，於清淨道務進勤修又應行者，彼於法性已悉清淨，得淨我性亦以而過。法性淨故則數性淨，數性淨故無數性淨，無數淨故得三界淨，三界淨故眼識性淨，眼識淨故意識性淨，意識淨故得空性淨，空性淨故諸法性淨，用是淨故則諸法等等淨，如空空等淨故得眾生淨；以諸淨故便無其二亦不著二，無二淨故則道清淨，以斯言之清淨道也。彼無眾念亦不念道，諸念悉淨若如泥洹，於彼永無，是謂無念。應無所念，無念道者亦無識念，其道都無心意識行，以此言之清淨道也。」

說是清淨道品法時，二萬天人皆得法忍。

時，阿耨達復白佛言：「云何，世尊！菩薩大士修是清淨而應向道？」

聖尊告曰：「如是，龍王！菩薩大士欲行斯清淨道意者，當曉淨行，亦使其身、口、意清淨。

「何謂身淨？已身已空，解諸身空；身之寂靜，解諸身寂；身之已脫，解諸身脫；身之怠慢，解諸身怠；身之如影，解諸身影，是謂菩薩清淨道也。又云身淨，身行無生，其有生死觀於無生，彼以無生而等生死，則其知身亦曉身行。何謂身行？去來生法，來無盡法，見在景法，終無盡法；其無盡者，是謂身行。

「又復身法因緣合會，其因緣者，則空無想，淡然無念。若此，龍王！是像法觀，斯謂身淨。又若如來身之無漏、不墮三界，觀身無漏，如如本無，以無漏身，不墮三界。彼無漏身，能入生死，其無漏際，無惓捨退，以無漏身，示現色身。如此現已，亦不念滅身之法本如，如來身淨，眾生身淨、己身亦淨，等如本無，是謂菩薩行應清淨。

「何謂口言為應清淨？一切賢、愚言皆清淨。所以者何？用等相故。凡夫劣勢，著於音聲，若信不諦憂喜無常，樂於顛倒。觀察眾生無本，都無婬、怒、癡欲。何則然者？以諸字說聲出皆淨，無欲、恚、愚，亦無其著，以此謂之一切言淨。

「以言言之，何者為言？以欲、恚、癡而為言耶？諸垢為言乎？言者無著，不著眼、耳、鼻、口、身、心。所言風像，風動聲出，因緣合會，使有聲耳；所言如響，賢、愚所言皆同如響；所可言者，不住於內，亦不出外，於其中間而不可得，住本所念及其所行，出於言者并所念想無住無想。是謂，龍王！如來所言及其眾生一切音聲皆空、非真，損斯法耳！」

曰：「唯，世尊！如來所言斯不諦耶？」

曰：「是！龍王！如來審諦，所以者何？如來諦故，解知諸法非真非諦。又復，龍王！如來所言隨字音聲，皆答眾生一切音聲，爾故眾生亦轉法輪，而亦不知法之義順，以此報應使其行之，隨如等滅眾苦之事，曉解諸法，行了如是；眾生音聲已無所住，在諸煩惱而常閑靜，現出欲言於著無著，聲出所言講論談語，其如法者不有違錯，是謂菩薩口言清淨。

「何謂菩薩心為清淨？其心本者不可染污，所以者何？心本淨故。其所可謂客欲垢蔽，菩薩於斯不有所著，了解以權，於本自淨。又其心行不撰德本，彼德本者了識心本，以此心行慈及眾生，識了知彼空無我、人，其心德本，助*勸於道，知等彼道；觀如是者，斯謂心淨。以此淨心，與諸婬、恚、愚行者俱，而永不受欲、怒、癡垢；與操行俱，不著諸穢。是謂菩薩身三清淨。」

說斯清淨道品法時，三萬菩薩逮補生處。

道無習品第三

「又復，龍王！其菩薩者乘是淨心，生於欲界而在形界，與諸天俱處眾梵中，詳安靜然，在中進止無勝動者；又斯菩薩，能降諸天化道以權，或生形界而在欲界，現如有家與諸眾生周旋坐起，不與有勞，弗慢眾生，亦無自輕。彼以斯淨，諸定正受盡自為定，不隨正定而有所生。何則然者？以彼菩薩執權方便心應淨故。若此，龍王！菩薩曉解清淨行者，當修清淨已而習道。

「如是，龍王！菩薩不習以求道習；不習無習以想道習，亦不習於望道之習，亦不求習；了解道習不習所生；冀向道習，不習行滅而為道習，亦不求習以為道習；不習無習為道之習，不習執捨以習道習；不我、人、壽，不身無常、不身性苦、不身有我、不身夢、幻、野馬、影、響；亦不身空、無相、無願，不身無欲法身習道。以要言旨，身性諸情，亦不興有十二因緣，乃至老死無欲之法，不數無數道無二習，不俗無俗、不漏無漏、不犯無犯，不二之習以求道習。又復諸法無習之習，是道無習，斯謂道習不習之習。如空無習亦不無習，當如此習是道無習；無相、無願，彼不作習亦非無習，當作是習。無稱不稱諸法無住，勤習如此乃應道習。」

當佛世尊說是清淨行無所習道品法時，三萬二千天及世人悉皆逮得無所從生法樂之忍；五萬天人宿不發心於菩薩者，皆發無上正真道意；七萬菩薩逮得法忍。爾時，一切同聲而言：「世尊！其有族姓之子及族姓女，逮聞說是清淨道品無習法者，其值聞已，心無驚恐不捨退者，是皆受習如來無上正真道意，得轉諸佛所轉法輪。又唯，世尊！是輩菩薩悉獲無上正真道意，為無量人分布斯法，亦復當坐師子之座，當於天上、天下、人中極師子吼，猶若如今如來之吼，悉降魔眾，伏摧外道，顯樹法幡，熾法煇明，震雷法鼓已鳴，能降法雨。」

爾時，世尊見諸天、龍、神之眾，人與非人又及四輩，聞其至說莫不悅懌。於是如來為阿耨達重復弘演，而說頌云：

道非習可得，無乃興習想，其道行*如此，棄離習念行。
不望求習道，蕩除眾異想，其道都無習，清淨像明月。
若有起習想，無處亦不習，已過無習處，得致最上道。

道為無我念，亦不與空習，是道無有二，安快而無上。
命壽亦如此，無人及與言，其道不有人，無命亦無住。
諸有習道者，而欲住於空，斯去聖路遠，是不應道習。
道亦無有空，以捨於有習，如本同一相，永空空於空。
道為無起相，亦不有滅相，不起亦無滅，彼悉為道習。
吾音譬如幻，解想當如此，持想行所習，道當何從生？
道為都過俗，彼不有身習，亦無滅身行，可得致於習。
是身根之家，本無所演廣，彼不有餘求，本無不可得。
其習是道者，當如如本無，如本知本無，是謂應道習。
諸法之本無，所覺若如幻，解行而致此，乃應道之習。
若其不至道，所作如不住，無能止其行，佛法不由道。
若如所習道，并及與無習，所演為如此，以住於本無。
有限餘道者，劣乘之所依，是者無上道，本乘所因由。
諸與此道者，以致而無住，斯則顯行德，可致應道習。

道正而無嶮，端直且平坦，勤親行此道，永離眾邪迹。
若如卿龍王，自住其宮室，不動於所處，降雨充大海。
大士亦如是，習道如所行，法身而不動，能滿於智海。
又如仁龍王，在於大地上，以雨遍充足，其不有身著。
菩薩德如斯，行此之所習，用法滿眾生，其內無所著。
若如阿耨達，龍王大神變，勝道德如是，感動普十方。
眾生墮邪徑，諸墮受著見，其住是道者，將順度無為。
已住於斯道，菩薩果大稱，能降魔波旬，并及邪外行。
得道如其如，如道無能動，踊過諸俗法，其行譬蓮花。
道心無有愚，是行為住止，千數諸眾生，化度立以道。
以常住斯道，得致於五句，神足諸感動，為眾廣說法。
諸事悉清淨，身口及與意，當願賢聖道，人性不可識。
忍行為無著，其往所可至，斯得如來處，示道諸眾生，
生死於至歸，斯處則如來。其往似若至，此為無所至，

眾生所可至，當念彼上處。學最佛之道，遊樂以幻法，
其作是習道，弘道之所習；彼眾德儀行，諸佛所稱歎。
其德無有邊，終不可極盡，如此習道者，不習亦無住。
彼處不咎魔，眾都不著行，其順此道者，不起亦無滅。
已得意志行，總持弘大辯，施惠及戒忍，遂增進若海。
身口穢以無，心潔乃清淨，垢消永無瑕，修應此道者。
得昇於知達，所行習深妙，難動惠無即，守習是道者。
其諸最正覺，過去與當來，現在亦如是，致道世所歸。
彼已離眾難，值世遭難遇，永為諸佛子，其聞此法者。
快哉諸眾生，至善聞斯法，真應奉如來，其樂是經者。
有曉此道者，能斷諸情態，紹德具眾相，得應三界將。

佛說弘道廣顯三昧經卷第一

佛說弘道廣顯三昧經　卷第二

西晉月氏三藏竺法護譯

請如來品第四

時，阿耨達自與其眾諸眷屬俱，稽首世尊，跪膝叉手而白佛言：「願請天尊迴屈神光，往詣無熱之大池中，盡其三月，吾等志樂供養聖尊，并諸神通果辦菩薩及上弟子，蒙愍納許，願受其請。所以然者，吾等供事至真正覺，豈能應於如來儀耶？冀蒙逮聞寂靜上化，唯以此法應供養也。思願重聞如是像法令常歡悅，此乃應奉於三寶耳！」

爾時，世尊不受其請。

重啟：「三月？」

如來不然。

「垂聽一月？」

世尊不可。

「願納半月？」

世尊默然而已受之。

於是龍王，自與其眾諸將從俱，見尊受請，忻喜悅懌，善心遂生，遶佛三匝，興震雲電而降微雨，普遍天下，忽然之頃還昇宮中。

時，阿耨達到坐正殿，輒召諸五百長子，其名：善牙、善施、善意、善明、能滅、寂相、感動、大威、甘威、甘權、甘德、普稱、威勇、持蜜、忍力、行祥，如是比等五百長子，宿樹無上正真道已。王告之曰：「又諸子等！吾今以請如來、無著、平等正覺及眾菩薩、諸弟子俱，盡其半月，世尊正覺垂大慈哀，興有弘愍而尋受請。汝等當共同一其心廣相勉勵，加敬世尊、至真、如來！勤念無常，當各寂靜，謙恪恭肅，住待如來，儀應棄捐淫心欲意及龍戲樂，除貪、怒、害，離欲色、聲、香、味、細滑。所以者何？世尊無欲而且詳安，仁雅審諦，順調寂靜，顯備諸德；侍從圍衛，儀容無量，皆承諸佛真正要戒。以是之故，汝等半月無得入宮，當除婬、恚、愚癡之念。又復如來宣講法故，必有他方神通菩薩、釋、梵、持世、宿淨天子當普來會，汝等勤念廣施姝妙，光顯嚴飾，慎勿中懈，令諸會眾觀變踊躍，此乃真應供養如來。」

時，阿耨達都約勅訖，輒為如來於雪山下無熱池中，為世尊故，化其無瑕淨琉璃座，而使縱廣七百由旬，乃殊異妙，周匝列置八萬四千雜寶琦樹，挍以眾珍諸寶鮮飾，蔚有光華精耀百色中出美香。諸樹間化八萬四千七寶之堂，眾珍光彩極好無雙，施置十萬交露綺帳，乃垂異妙赤真珠貫。在諸堂上有師子座，八萬四千皆大高廣，而布無價妙好雜氎床座寶分，施諸交露挍以眾寶。所在堂上有龍、婇女各二千人，其色姝妙姿美無量，顏像蘼華口出熏香，擎持雜花、末香、塗香，調作諸妓，以詠佛德，興悅眾會；於上虛空化大寶蓋，周千由旬，遍覆會上，琦珍綵鏤，其寶蓋中眾色無數，懸好繒幡，於幡綵間垂諸寶鈴，景風和降音踰諸樂，施饌百味備辦都訖。為此變已，與其眷屬恭撿叉手，向佛跪膝而遙啟尊，以其請意，歎詠頌曰：

慧藏知富積辯德，慧達無著明導眾，

慧弘普至不有礙，慧上最力降神光。
慧解心行唯大仁，當觀十方眾生類，
最上神尊受吾請，念啟慈愍唯時屈。
知足無貪而易養，祥福審諦聖道師，
善行質信知眾意，時節以至可屈尊。
其德普稱行等王，造無請友興普念，
至仁清淨踰若空，所設辦訖枉神尊。
威御十方猛持世，佛事十八而等有，
度眾最首悲踊行，願與其眾時蒙至。
色妙端正相綵身，琦好種種花繡文，
志樂歡悅惠法施，大仁上導願察時。
梵聲清淨若雷震，鸞鳳哀鳴師子步，
妙音具足悅諸*土，眾心忻望願時顧。
佛土三千無等倫，弗有能知如來心，

聖尊明覩眾生行，所修常應時降此。
知時普應懷權化，了達眾生有聖誓，
詳審之行目明好，神威撿足願迴光。
眾生甚多普渴仰，十力持勢威無慢，
大仁德峻勇而果，聖性爾枉昇遊此。
慚祥備足德最上，寧救濟育遍無極，
師友無雙協懷眾，化龍億百興有悲。
於世威猛普慈救，達知眾行應如意，
開布散示唯天尊，輕舉神足願時至。

爾時，世尊知阿耨達請時已到，告諸比丘：「著衣持器，差應留守，無熱龍王遙跪啟時，應受半月，宜便即就。」

於時八萬四千菩薩，皆大神通德具果辦，弟子二千亦上神足，侍遶世尊，周匝而導，至真如來從鷲山頂，忽昇虛空，神力而進，如其色像身放無數百千之光，遍照三千大千境界普悉晃明。

諸欲、色天皆見世尊揚光無數，飛過虛空，自相謂言：「神尊致彼無熱王所，將興法化，演奧無極，及使如來為眾圍遶，即彼半月中，多諸天數百千眾，得見世尊又聞法說，緣復觀覩無熱所設莊嚴感變，而令世尊故遊到彼。」時，諸天子各各發念供養如來，或願散花，或雨名香，或施天樂以歌佛德，或復懸幢、幡蓋、繒綵率隨如來！

世尊身光，炤耀煒煒，明踰日月宿淨色淨及諸天光。佛之聖威神耀無量，根定寂靜，行遊詳安，釋、梵、四天威變種種，奉敬追侍隨從如來。

於時，聖尊到雪山下住止右面，便告賢者大目連言：「汝到無熱王所處宮，當宣告之：『如來已至，時可應入。』」

於是賢者大目揵連承佛神旨，忽遷無熱大池之中，現於虛空去地七丈，化身像者若金翅鳥王，住阿耨達龍王宮上，便告王言：「如來至也。」

彼諸龍眾及婇女等，無不愕然，驚恐怖悸，衣毛為竪，四之藏竄，展轉相謂：「此池自初無金翅鳥，斯從何來？」

時，阿耨達告諸宮人、太子、眷屬而慰之曰：「且各安心，勿恐！勿怖！此為賢者大目連耳！承如來使，興神足變。」

賢者目連到彼告訖，還詣世尊。

時，阿耨達便與其眾諸子、臣民、夫人、婇女，舉宮大小俱而圍遶，各奉名花及美末香，并眾塗香、幢蓋、繒幡、倡伎種種調作相應進迎正覺。

于時，世尊為諸菩薩及眾弟子、天、龍、尊神所共圍遶，俱而前至無熱所設廣博座場。如來到已，尋就高顯師子之座，菩薩相次，然後弟子諸眾坐訖。

爾時，龍王觀視世尊及諸菩薩、弟子、眾會坐悉而定，興心無量內懷怡悅，輒與其眾手執斟酌，所設饌具踰世甘肥，延有天味餚饍百種，以用供佛、菩薩、弟子并諸眾會，使皆充足。世尊、菩薩及諸弟子飯畢，輒各洗蕩應器。察眾都訖，時阿耨達即啟如來：「願聞法說。」

於是世尊日昃時後，便從定起端坐說法，諸來會眾滿千由旬，從*地至上中無空缺，天、龍、鬼、神及人非人，周匝衛遶至真正覺！一切會者各懷踊躍。

無欲行品第五

爾時，龍王悅顏進前跪，重白佛：「唯願，世尊！為斯眾會如應說法，令諸一切免離生死，精除相著五陰諸苦，穢垢昧昧勞塵之行，使其永無三毒意結，蒙及龍眾得棄邪冥，伏其心意，弘致至善，使有悅豫，深行菩薩。後若如來現有存亡，當使吾等所在國邑護持正法。」

於是世尊讚龍王曰：「善哉！善哉！阿耨達王！諦聽其義，勤思念之以宣布示，吾當廣說，令此會眾，多免罪痛，根拔雜想、意識志疑，使解普智，昇遊三界。」

時，龍王言：「善哉！世尊！願樂廣說，當頂受行。」

是時聖尊告龍王曰：「有一法行，菩薩應者為天、世人甚所敬重。何謂為一？志修深法，以行無欲。何曰深法法行無欲乎？如是，龍王！菩薩依順因緣之無，離二見際，知有無者，斯見諸法，依著因緣，不見有法，不由緣生，彼作此念：『其依因緣，斯無依緣，彼不依魔。其依緣者，彼不言吾，亦不言我。又其依緣中無我我，依緣無主亦無執守。』其依順緣了解起生，速易得致四依之念。

何謂為四？依於至義而不文飾，依於慧行不為識念，依順義經不依攀緣，依念於法而不為人。

「彼何謂義？何等為慧？云何順義？何謂念法？義謂空義，不受妄見；無相之義，不著念識；無願之義，不著三界；無數之義，不著於數；又復義者，於法、非法而無其二，音聲無得，念想無念，法處無住，用無人故，命壽言聲，偽無所有。又復為義，其法義者為無欲義。

「何謂菩薩為法義？其無眼色、耳聲、鼻香、舌味、身更、心法之義；不生色義，不滅色義；不為痛、想、行、識之義，亦不生滅識行之義；亦不欲、色、無色之義，亦不生滅欲、色、無色義；亦不我義，亦無我見著人之義；不有人義，亦不著人見入之義；亦不著入有佛身義，亦不法字著入之義，不數計會有著入義；亦復不有施、戒、忍、進、定、智著義。曉入一切諸法之義，是謂菩薩為法義也。其從是義而不有退，是謂為義。

「彼何謂慧？*曰：苦無生慧，習無念慧，盡都盡慧，道無志慧。於陰幻法，諸性法性而無毀慧；在於諸情，空取為慧，解入諸法，明了眾生，根滿具慧，志念無忘。於諸止意，不意無念；於諸斷意，等善不善；於其神足，身心建慧；又於諸根，了輕重慧；於諸覺意，覺諸法慧；而於諸力，已降調慧。道為無數，於滅寂慧，觀別法慧，始不生慧，來不至慧，中無住慧；於身像慧，言以響慧，心法幻慧，是謂菩薩明達智慧。

「又何謂為順導義經？從是因緣而起然者，滅於愚癡，滅於老死、無我，而然於無我、人及與命壽，深解諸物。若如來、我皆非真法，而然於三脫之門也。等於三世，求三無著，所謂諸法見都無生，視了知者，而得等滅，離俗情態。菩薩來智，慧度無極，於諸意念而無疑惑，應入是行，斯謂順義；無所去至亦無從來，泥洹無為不有去至，是謂順義。

「何謂如法？若諸如來，興與不興，法身常住，是謂如來；如如本無而無增減，不二無二，真際法性，謂之如法。不毀行報，無行報法，斯謂如法。大乘者由六度無極，緣一覺乘從因緣脫，聲聞之乘依音聲脫，是謂如法。施致大福，戒得生天，博聞多智，定念致脫，斯謂如法。從行不修，興有生死，行之純至，而立無為，如法之謂。愚以欲力，智則慧力，斯謂如法。其一切法，悉依法性。

「如此，龍王！其依因緣而起生者，斯則應得四依之念。其依因緣，彼則不依斷著有無，是謂其見因緣起者，斯見諸法；其見法者，斯見如來。所以者何？因緣乎！龍王！等起無起，法於非法等而無著。又如來者，亦為無著因緣之起，亦無有起，法不可得，覺其法者，斯則如來。於因緣起，慧眼見之；慧眼見者，斯則諸法；見諸法者，斯則如來。是謂其見因緣起者，斯則見法，其見法者斯見如來；又如來者，以法見法。如是，龍王！若以此法行應脫者，斯謂菩薩而無欲行。

「又呼，龍王！無欲菩薩不作欲習，悅樂賢聖捨非賢聖，勤慕興護於賢聖種，廣合諸慧為法作護，修於博聞，志樹無忘，不捨戒身，智身無傾，定身不動，於其慧身得善堅住，脫慧見身強固難轉，脫慧見故。

「又復，龍王！無欲菩薩得無數佛正法度義，亦具無數諸佛要慧，又果無盡諸佛之辯，得通無量諸佛神足，因致無數諸佛權解，普入無量眾生之行，遊過無數諸佛國土，因見無數百千如來，緣得聽聞無數諸法，得無數義，達無數慧，曉無數行，度無數眾。

「若是，龍王！無欲菩薩常應清淨，消盡眾穢，德不可量，三界自由，不有所著。何則然者？以其無欲自從心生。

「有三事從心出生，何謂為三？從其欲生，又從愛生，亦由起生。復有三生：觀於起生，又觀起生，又觀所行觀心無處。又復三生：滅寂專一，曉解於觀，如法隨行。又復三生：德備仁調，以為寂靜，從行勤生。又復三事：從於行直，而無有諂，仁慈調忍。復有三事：無沈吟疑，順善不麁，志足易養。又復三事：從其空生，又復無想，亦由無願。又復三事心之所生：諸法無常從其心生，諸法皆苦亦由心生，諸法無我亦從心生。復有三事而從心生：諸法無常，諸法無我，滅盡無為，皆從心生。

「如其，龍王！菩薩等滅亦由心生，謂其不捨普智心，行等一切，以大慈故，不捨眾生；大悲心故，不厭生死；用大喜故，等離喜怒；以大護故，所有慧施，不望報故；眾戒學行，德義備故。內免己過，不論彼短，能忍眾生諸不善行；欲令彼人心固金剛，合集眾善諸德之本，身命無惜；得致一切諸定正受，心無勞惓，不以正受而有所生；曉智以權，順隨眾生，以其諦慧，度諸志脫；欲達聲聞、緣覺乘者，顯念佛法，求諸佛法。心能忍苦，廣宣法故；眾利敬養，蔑而棄之；志具諸相，德行無厭；充滿智慧，博勤多聞；習善友故，值善知識；用謙敬故，得應謙行；降自大故，以降自大；志行備故，具滿意行；用無諂故，以離諂者；言行應故，以其無欺；修誠信故，以住信言；離眾欺故，滅除妄語；生誠信故，降心於信。如是，龍王！其有菩薩而生是心，斯謂無欲。

「又復，龍王！無欲菩薩，魔不能得其限便也。所以者何？以彼菩薩應無限故，而亦不行有限之法。彼何謂為是限法乎？欲婬、恚、癡斯皆有限，菩薩於是不有所著，以此謂之為無限也。聲聞、緣覺其乘有限，菩薩住於普智心者，魔終不能得其限便。有念、無念、念想有限，菩薩以離眾念之應。如此菩薩，魔不能得其限便也。

「如是，龍王！有二魔事，而是菩薩當深覺之，亦當遠離。何謂二事？於其師友無恪敬心，而自處大貢高蔑人，是謂為二。又二魔事：捨菩薩六度無極藏，心返喜樂親行聲聞及緣覺法。復有二事。何等為二？無其智慧而欲行權，與諸墮著望見眾生樂相狎習。復有二事：寡聞少智自以慧達，雖有通博於中自大。又復二事：於德甚少妄生尊貴，若修德行而樂小乘。復有二事：正法不護，不度眾生。復有二事：志不樂習於諸菩薩，及眾通達明智者俱；專行誹謗清高菩薩，主為法師數興蔽礙，又障師訓而多諛諂。又二魔事：捨諸德本，心存不德。復有二事：雖在閑居，懷想三毒，志常憒鬧；若遊國邑，有貪利心。復有二事：為非其人說深要法，應當為說而反不說。復有二事：不覺魔事，遠離普智，意數錯亂。如是，龍王！其諸魔事色像若斯，無欲菩薩而永無此。

「又復，龍王！若有菩薩修於清淨行應無欲，當致菩薩十六大力，以此諸力降調己志，以化眾生。何謂菩薩十六力耶？曰：得志力、意力、行力、慚力、強力、持力、慧力、德力、辯力、色力、身力、財力、心力、神力、弘法之力、伏諸魔力。無欲菩薩得是菩薩十六大力。

「何謂菩薩為志力耶？如是，龍王！菩薩志力，能覽諸佛一切所說，總而持之，是謂志力。斯菩薩意，應諸佛行，於諸眾生而無斷礙，是謂意力。能達一切音聲所說，解了諸義，是謂行力。離諸罪行，與眾德法，是則慚力。一切諸難，不為非行，斯則強力。億千魔兵不敢而當，是則智力。通達持法，宣示等學而無遺忘，斯則持力。無著不忘，於百千劫其所可說無礙不斷，隨解諸法，是則辯力。若諸釋、梵及四天王往詣菩薩，黯然無色，是端正力；以其寶首，所可念願，應意即至，是則財力。過諸外道，在中獨尊，是則身力。眾生之心，能一其心，知眾生心，順行化之，是則心力。眾生應以神足度者，為現神變使眾覩見，是神足力。若所說法，使眾聞之而無中斷，彼受順行，等除苦盡，是弘法力。若其禪定正受之時，得承佛旨賢聖行法，是降魔力。斯謂菩薩十六大力。

「其有行者，志慕願此十六之力，而欲得者，當修無欲。譬如，龍王！一切河流歸於大海，道法諸行三十七品，悉歸無欲。又若，龍王！諸藥草木依因於地，諸善行法皆由無欲。譬如，龍王！轉輪聖王眾生所樂，若此其有無欲菩薩，乃為諸天、龍、鬼、世間人之所愛樂也。」

爾時，世尊為阿耨達并諸太子而說頌曰：

欲為慧菩薩，志願佛道者，彼當離穢法，常勤行無欲。
慧解因緣法，不猗於見際，覩法以因緣，無緣不有法。
緣生彼無生，是不與自然，善緣斯亦空，知空彼無欲。

著緣而無相，脫願寂復寂，澹泊像大愚，其處魔不審。
見法無著緣，於其無吾我，彼不有我人，知是則無欲。
無主不守護，不獲亦弗捨，本脫無取捨，離欲常了法。
觀義不為飾，慧行常脫識，曉了順義經，依法不為人。
空義是佛法，及脫無相願，不猗造見念，是義其無欲。
於法不有二，音聲無可得，處法難可動，不人義無欲。
法義無欲我，眼耳不色聽，鼻口離香味，身心無更法。
不色生威儀，又不離痛想，亦無識住我，達是應法義。
不住三界義，亦無吾我義，世尊無色身，無字法說義。
計數非法義，至要不以施，非戒忍進定，慧無我世尊。
諸法解無義，智謂是法要，於義永非義，無欲則佛法。
無生曉苦慧，不起無有滅，不生亦無終，如是應尊習。
五音解若幻，知其如法性，曉內如空聚，了是為無欲。
知法至趣向，明達眾生情，逝念以止意，無欲得是慧。

意斷無有二，神足心輕騰，以力而無慢，諸根知止足。
覺定解以智，明了八直道，慧觀於滅行，解法所至歸。
本法不有生，當來而未至，現在無住法，不欲知如是。
身像無堅固，語空譬如響，心幻若如風，無欲解如是。
知說順義經，了達於因緣，本癡生死滅，無欲是慧義。
無我人命壽，解了法非法，以脫於三門，所說空無著。
無生見滅道，習慧喻俗行，不從心意生，無欲覺是行。
法性常如住，佛興及滅度，無二覺不覺，無欲知是法。
其積如本際，彼積悉諸法，空積及人際，無欲達是智。
法性常以住，覺起而滅度，不識知其二，無欲法如是。
不殃善不善，知法無罪報，佛法不從他，從行度無極。
以離因緣覺，音脫聲聞行，惠施致大富，彼見戒生天。
博聞得智慧，守意化眾生，至聖都守意，無欲法如是。
力常轉諸欲，智慧志存法，等念是諸法，法性常無得。

識智因緣起，而致四德行，知義及與法，順義知無欲。
觀緣彼見法，以法見世尊，等於起滅法，無欲了尊法。
因緣跡無得，音聲法無字，斯法得本無，是聖謂如來。
以慧見因緣，無見不見法，明慧了因緣，是謂見世尊。
彼求無欲行，悅性諸賢聖，法性毀不捨，而護聖賢種。
常護佛正法，無欲聞不忘，戒根不捨離，於定達難動。
知身慧不動，常住於脫身，及脫慧所見，無欲常安住。
解人諸佛法，無量眾聖道，得佛神足具，辯達一切行。
知眾情意行，忽然遊諸土，得見諸如來，受彼所說法。
聞守解達義，宣示無量人，知彼億數行，志得向無數。
無數當自在，降心入功德，伏意使無欲，終不還是世。
諸陰心以脫，了知起滅處，觀滅無所有，所習以而無。
聲性心所行，不諂常端直，無佞調仁善，無欲德如斯。
以脫空想願，解苦知生死，無我法常寂，無欲從心行。

普知心等慈，以悲濟眾生，喜不厭生死，行護無有邊。
所施無望報，省己立諸行，忍耐善不善，念脫彼眾生。
勤精強修德，不計有身命，以次知諸定，亦不隨於定。
慧定大精進，於數不墮*數，以諦化聲聞，智不志滅度。
無欲值佛世，彼有此諸法，魔不知其行，安住法了是。
無欲不有限，曉是貪茹根，離欲彼無想，魔不知其處。
其想吾我應，彼自起魔事，是悉度諸行，眾魔而不審。
無欲志不忘，所行常清淨，無欲不意志，慚行而不毀。
以聞無欲者，悅慧敬如來，其住如法住，彼應如世尊。
諸佛十力者，菩薩欲奉事，聞斯無欲行，勤意當受持。
其聞此無欲，悅信廣奉行，彼常致無欲，得佛是不久。
無欲聖所由，而致最清淨，無欲得成佛，以化無有邊。
去來現在佛，諸得眾相好，悉從斯無欲，及行是法故。

爾時，世尊說是無欲法品之時，諸在會者四萬二千天、龍、鬼、神、人與非人，皆發無上正真道意；萬二千人得不起忍，又八千人逮柔順忍；三萬二千天子、神、龍，得離塵垢悉生法眼；又八千人而離欲行，八千比丘漏盡無餘。

當爾之時，三千大千世界六反震動，普遍十方焜然大明，於雪山下無熱池中，周匝現有所未見聞，光耀妙花皆至于膝，其池水中普生乃異，鮮飾蓮花大如車輪，中出美香，花色無數百千諸種，皆是佛之威神所致，亦為是法興其供養，以悅無熱龍王意故。

佛說弘道廣顯三昧經卷第二

佛說弘道廣顯三昧經 卷第三

西晉月氏三藏竺法護譯

信值法品第六

爾時，阿耨達龍王心甚悅豫，又及龍王五百太子宿發無上正真道意，聞佛說是，尋即皆得柔順法忍，忻心無量，各樂供養，輒為如來施飾寶蓋，進上世尊，同時白佛言：「聖師、如來、至真、正覺為吾等故，出現生世。何則然者？令吾等聞普信道品。得聞是已，意而無惓，不有懈退，亦無驚恐，聞以加重專心習行，樂聽無厭，如是像法也。又惟如來解說，菩薩云何得值諸佛世尊？」

如來告曰：「諸賢者等！勤念受聽，吾當廣說。」

諸太子言：「唯思樂聞！彼諸上士受世尊教。」

如來告曰：「樹信賢者興值有佛。何謂為信？信謂正士修諸明法，奉之為先。

何謂明法？曰：依行應不離德本，習求樂賢慕隨聖眾，勤心樹信志無勞疲，思僥聞法拔棄陰蓋，順習於道得法利養；以施周慧，戒與不戒濟接等與，在諸恚怒而常有悅，勤樂普智心無懈退，信佛不休未曾亂法，悅心聖眾志道難動，喜樂正真，而離貢高，於眾自卑；常有等心諸處無著，終捨身命不造惡行，修立質信言行相應，等過於著心無垢穢，身、口、意行順隨聖化，明了諸事得為清淨，知足無貪所行應淨，曉入智幻習求慧根，依順七財修念誠信，根、力以備而行正見，所受師友謙恪禮敬，安足易養數詣法會，心無退厭有患生死，示無為德勤心精進；求昇普智以弘道化，於如來法志樂出家，修諸無數梵清淨行，造立慈悲救彼眾生，志存反復；其有報恩及不報者，等接護之心無適莫；不自念利常悅彼恭，忍調之行以悉備足，目見無惡不背說人，內性以寂志於閑居，心常樂靜專念習法，而無諍訟等己彼過；求備戒具，集合定行，勤謹於道。斯謂賢者行應俗信，樹信如是，此謂與值佛世者也。

「又，賢者等！其於世俗造信無忘，是謂與信值佛世也。又，賢者等！何謂俗信？其有信者，信諸法空，以離妄見；信知諸法，以為無想而離念應；信知諸法，悉皆無願不有去來；信知諸法，無識無念，靜身、口、意，寂無有識；信知諸法，以為離欲，無我、人、壽命；信知諸法，信知本無，去來自然；信知諸法，真際無跡，如本無跡；信知諸法，已皆自然，等若空跡；信知諸法，而依法性；信知諸法，等過三世；信知諸法，欲處邪見而皆悉盡，信法無著，以離本癡，本無清淨；信知諸法，心常清淨，亦不興起客欲之垢；信知諸法，無所觀見；信諸法護，等斷眾行；信法無我，以過喜怒；信諸法無，心無形像而不可獲；信諸法偽，如握空拳，誘調小兒；信法無欺，不有上下，無所捨置；信諸法虛，若芭蕉樹；信法自由，如常寂靜；信法無審，不住三處；信法永無，不有所生；信法若空，以等無數；信知諸法，若如泥洹，常自寂靜。如是，賢者！其於世俗興起是信，斯謂造信而值佛法。

「又復，賢者！其有信值佛法名者，此則名曰諸法都無起之謂也。所以者何？不色生故，不色無生化轉之習，不痛、想、行、識，已無識起；不以眼、耳、鼻、舌、身、意，無起轉習，不身起轉，不癡有無，不生老死，有無起故，如值佛世。不起有生，亦不起滅，又復無起習於無滅，不以正意，無志意習而值佛世。總要言之，亦不以三十七道品法起無起習，亦不以道無生之習，不以起慧亦不滅慧，不慧、無慧無二之習，如值佛世。」

當說*信值佛*世品時，無熱龍王五百太子皆悉逮得柔順法忍。於是世尊復說頌曰：

興信值佛世，而習於不生，其無向信者，斯不值佛世。
修信謂最上，從致清淨法，行質有報應，不違厥所修。
信習諸賢聖，勤隨常禮敬，心不有懈退，此信之所行。
勤行聽法說，陰蓋不能動，從信得致道，行逮於柔順。
以法所得財，轉惠普周濟，護戒與毀戒，行信而等施。
能悅諸恚怒，道心不懈惓，勤求大乘法，有信悅向眾。
永離大貢高，志常自卑下，所在無所著，立信相如是。
志信不惜身，終不造惡行，守善無妄語，言行常相應。
悅信以過界，樂行於無心，身口意清淨，習隨聖所護。
有信行內淨，常為慧所將，知身之要本，求問宣所聞。

等念於七財，得力根以足，長離眾邪見，志常習等行。
禮恪有悅心，敬事如其師，心宿善虔恭，知足無所遺。
其心常無念，所志唯道法，有厭生死者，引示無為德。
脫之所當行，唯常求悅心，速離於是世，修梵行無惓。
懷受諸眾生，救彼無利望，當報所受恩，悅信當勤求。
己利不以悅，亦不嫉彼供，仁忍而悉備，無諂調質直。
行信目所見，不背說人短，根寂性安敏，志悅樂閑居。
其心無憒鬧，自勵備恩行，先順不有諍，內省剋己過。
勤求具戒行，專習於定道，悅信慕樂行，信者相如是。
其過欲信者，彼行而解此，與法不有諍，深妙佛所說。
誠信信於空，彼都無眾見，諸法無有想，不意離眾念。
當除斷諸念，覺了去來事，法求無著作，不有於身心。
信為無欲法，離我人壽命，信者解無本，得至不二處。
其本無有積，體無若虛空，諸法信亦然，便與法性同。

等過於三世，諸法無有漏，欲處及與貪，樂信無受見。
諸法不有著，其本明清淨，客欲無能蔽，不處心有住。
諸法不可見，因緣而無起，常觀於高行，不受所住短。
無合不有離，脫者無合同，信悅於空法，愚之所可惑。
湛泊意無起，欺偽如芭蕉，口言而自然，無去亦不有。
諸法無所有，所見皆不要，其法若虛空，等緣無有數。
諸法如泥洹，本無不可見，信悅而行此，解了身虛空。
其有如是信，菩薩及凡人，彼則值奉佛，所處無有惡。
不以造色行，得應值佛世，無色不有處，不來亦不去。
於色無有生，不滅亦無住，當來無所至，值佛廣演說。
五陰亦如是，化習轉無生，值佛當敢說，慧達諸菩薩。
其身及諸情，亦習以無生，佛興以無生，常救諸墮生。
癡本無有生，生死亦如斯，是緣如本無，從法而有佛。
無起不有生，不滅無有住，是以知無處，處亦不可見。

斯亦不自生，與佛而博演，無志不有住，是亦佛所轉。
諸種亦如是，佛種順如法，斯類亦起無，如佛而等與。
其行如是者，佛興為若此，悅信斯大處，其限不可量。

轉法輪品第七

爾時，世尊告太子等：「又，諸賢者！何謂菩薩得轉法輪？其有布露如是像法樂說句義，受持不忘修而行之，諸有不發大悲意者，為興普智隨順眾願，而為說之廣宣布示，志不有惓忽棄利養，勸念順時受持護行，斯謂菩薩應轉法輪。

「又若如來所轉法輪，而其法輪行像入德，當粗剖說，不以起法亦不滅法，不以凡夫下劣行法，亦復不以賢聖法故而轉法輪。又其法輪，不中斷絕，等斷善、惡，彼以是故，為無斷輪。又其法輪，因緣之起，不起無起而有其轉，以斯之故，為無起輪。又其法輪，不以眼色、耳聲、鼻香、舌味、身更、心法諸情轉隨有轉，以此之故彼無二輪，若有二者則非法輪。又其法輪，亦不過去、當來、現在所著而轉，是無著輪。又其法輪，不我見轉，非人、命壽所住而轉，是為空輪。又其法輪，不識行想滅念之轉，是無想輪。又其法輪，不於欲界、形、無形界所望而轉，是無願輪。又其法輪，不計眾生有異而轉，不處二法，是凡人法、是聖戒法，是聲聞法、是緣覺法、是菩薩法、是為佛法，彼以是故為無異輪。又其法輪，不以有住法輪而轉，以斯之故為無住輪也。

「法輪名乎，諸賢者等！真諦正輪，常無毀故；要義之輪，等三世故；無處之輪，諸習見處以等過故；寂寞靜輪，身心無著，不可見轉，意識離故；無樔之輪，五道不處；審諦之輪，無諦現故；行信之輪，等化眾生用無欺故；不可盡輪，字無字故；法性之輪，以其諸法依法性故；本積諦輪，本無積故；本無之輪，如本無故；無所造輪，無念漏故；無數之輪，導至聖故；如空之輪，明見內故；無想之輪，無外念故；無願之輪，無內外故；不可得輪，修過度故。

「又，諸賢者！其如來者，以此法輪，轉之眾生諸意行也；其轉不轉，彼不可得，法無所捨。」

於時，世尊說是轉法輪品之時，天、龍、鬼、人及諸種神欣心踊躍，顯光讚揚如來斯法，皆同聲曰：「善哉！世尊！甚為難值！如來示說轉此法輪，聞者奉行則應法輪，是法名轉空虛之輪。諸已過佛及與當來并諸現在，悉由是法；其有信者斯則已度，諸行此法，吾等，世尊！代其勸助彼諸眾生，其興是心常欲聞斯法輪品者，聞當發求是道要行，彼亦不久得轉法輪。」

於是眾中聞是說者，有萬天人皆發無上正真道意，五千菩薩逮得法忍。

於是世尊告諸賢曰：「又，正士等！其護正法，受持正法，營護正法，是謂護法。所以者何？於永無滅應是行者，天及世人終不能當。」

於時，無憂前白佛言：「又唯，世尊！若斯正士以如是法而得最覺，於其本無不有惑者，又如是像諸正士等，當共擁護。所以護者，令諸正士，使其速應於此大乘，彼皆行已，得轉法輪，又能與識法之大明。是故，世尊！以斯等教，要法正護，使發大乘，以護法師，安救敬禮，順聽禁戒。」

是時，世尊讚歎無憂龍王子曰：「善哉！善哉！無憂正士！諸發大乘為法師故，安救擁護，是謂護法，為諸法師，營護正法，護持正法。

「又復，無憂！護正法者，得十功德。何謂為十？無其自本降下貢高，又行恭敬，亦無諂行，勤思樂法，志慕習法，專意隨法，行觀於法，樂宣說法，樂修行法，隨所志乘順如說之，是為十行以護正法。

「又復，無憂！有十事行，護得正法。何謂為十？若族姓子及於族姓女所聞法師，遙禮其處，思樂得奉，來輒敬愛，供給所欲衣被、飲食，護以諸事，往詣謙敬，順聽所說以宣同學，障其說非，常樂稱歎，使譽流布，是為十事得護正法。

「又復，無憂！有四施行，得護正法。何謂為四？筆、墨、素施給與法師；衣被、飲食、床臥、醫藥供養眾所；若從法師聞所說法，以無諂心而讚善之；所聞受持，廣為人說；是為四施得持正法。

「又復，無憂！有四精進，得持正法。何謂為四？求法精進，勤廣說法，敬禮法師，若毀法人正法降之亦以精進，是四精進得持正法。」

時，阿耨達五百太子聞佛說是，悅懌欣喜歡樂無量，同聲言：「如來所說，甚善無比，解諸狐疑。」

各以宮室及其官屬，盡以上佛奉給所應，以敬順心而重言曰：「從今，世尊！當勤受化永常無惓，至於如來無為之後，佛之所說是像寶法，當共敬受是經要品，求索通達勸進修行，斯則，世尊！吾等至願。又若如來無為之後，吾等聖尊在所國邑，當共同心供養舍利，護奉禮敬，至於現滅也。」

於是賢者耆年迦葉謂諸太子：「又，賢目等！如仁輩言：『獨欲全完供養如來神身舍利。』汝等是言，多斷眾生諸德之本，障蔽明淨翳道至化，使興是言。何則然者？又若如來本始造願，使留舍利布如芥子，為諸眾生降大悲故，何得全完而獨供養耶？」

彼正士等即答賢者大迦葉曰：「唯然，迦葉！勿以聲聞所有智限，而限如來深邃無極明達之慧。所以者何？若如來者，有普智心一切之見，處以神足感動變化；若其興念，能使三千大千世界天、龍、鬼神，各於宮殿普令完全安置舍利，使各念言：『吾獨供養如來舍利，其餘者不！』又復，迦葉！若如世尊無為之後，隨眾生心應置舍利。又復，迦葉！若如來德，至阿迦膩吒天上立置舍利，其如芥子，能普明照一天地內。是佛世尊神威變化感動力也。」

決諸疑難品第八

爾時，賢者須菩提曰：「諸族姓子！又如來者為滅度耶？」

曰：「須菩提！於起生處，當有其滅。」

須菩提曰：「諸族姓子！如來有生乎？」

曰：「如來者，如其本無，無生而生。」

須菩提曰：「如如本無，無生不生，彼都無生也？」

答曰：「是者，須菩提！則佛所生，如其本無而不有生。」

須菩提曰：「佛生如是，滅復云何？」

答曰：「亦復如如本無，生於無生，無為滅度，亦爾本無。唯，須菩提！不起而生，滅度亦爾。如是其滅亦爾，本無也。」

說是語時，無熱淵池現大蓮花，若如車輪，藪有無量種種之色，以名眾寶而用光飾，於諸花間有大蓮華色最暉明，現奇異好特獨踊高。

賢者阿難在於無熱大池之中，覩其變化，所見若斯，尋啟世尊：「今此變化為何瑞應，興其感動乃如此耶？」

如來告曰：「且忍，阿難！自當見之。」

說適未久，忽從下方乃於寶英如來佛土寶飾世界，六萬菩薩與濡首俱，忽然踊出，遷能仁界，昇於無熱大池之中，各現妙大蓮花座上，濡首童子即就蓮花高廣顯座。是時，眾會皆悉見之，愕然而驚。時，阿耨達及諸菩薩、釋、梵、持世來會，諸眾悉各叉手稽首敬禮。濡首童子退住虛空，共持珠寶交露之蓋。

時，濡首與諸菩薩俱并蓮花座，亦踊虛空去地乃遠，於上而雨未曾所見最妙蓮花，供養如來，從諸花中有聲出曰：「寶英如來問訊世尊，起居無量、體祚康強、神力安和乎？」聲復言曰：「濡首童子與諸菩薩六萬人俱往詣忍土，至於無熱龍王淵池，觀彼感變，又志樂聽龍王所問莊飾道品，入法要說，為世尊廣勸法言，便有懽悅。」於是濡首及諸菩薩從虛空下，悉詣正覺，稽首如來，欣心肅敬住世尊前。

爾時，天師告濡首曰：「童子來乎！為何志故與諸菩薩俱至此耶？」

濡首白佛：「吾等，世尊！在彼寶英如來佛土寶飾世界，承聞至真能仁如來，垂慈十方，演說斯要，聞是法故，尋從彼土昇遊詣此，奉禮天師，緣聞如來所講法也。」

迦葉白佛：「近如？世尊！寶英佛土寶飾世界，而諸大志忽至此耶？」

濡首答曰：「唯！如迦葉坐一定時，極其神足飛行之力，盡其壽命於中滅度，而由不能達到彼土，其國境界弘遠乃爾。」

佛告迦葉：「其土去此，過於六十恒沙佛剎，乃至寶英如來佛土。」

曰：「其來久如而到此乎？」

答曰：「久！如耆年漏盡意得解也。」

大迦葉曰：「甚未曾有！唯然！濡首！是諸正上神足若斯。」

濡首又曰：「耆年漏盡意解久如耶？」

答曰：「如其轉意之頃。」

又曰：「耆年意以解乎？」

答曰：「以解。」

濡首復曰：「其誰縛心而有解乎？」

答曰：「濡首！以心結解，非脫有解，致慧見也。」

曰：「唯！迦葉！其無縛心以何解乎？」

迦葉答曰：「知心無縛，斯則為解。」

曰：「唯！迦葉！以何等心？云何知心？過去知耶？當來、現在乎？去者滅盡，當來未至、現在無住，以何等心而知其心？」

曰：「心已滅者是，濡首！即無身心之計數也。」

曰：「賢者！心知其滅耶？」

曰：「心滅者不可得知。」

曰：「其得致都滅心者，彼永無有身識之得？」

曰：「大辯哉！濡首童子！吾等微劣，豈能應答上辯之辭？」

濡首又曰：「云何，迦葉！響寧有辭耶？」

曰：「無！童子！因緣起耳。」

曰：「不云乎？唯，大迦葉！一切音聲若響耶？」

曰：「爾！」

濡首又曰：「響辯可致不乎？」

曰：「不可致。」

又曰：「如是！唯，大迦葉！菩薩協懷權辯之才不可思議，亦無其斷，若耆年問從劫至劫，菩薩機辯難可究盡。」

爾時，迦葉而白佛言：「唯願世尊加勸濡首，為此大眾弘講法說，令諸會眾長夜致安，普使一切得明法要。」

於是眾中有大菩薩，其名智積，問濡首曰：「何故？童子！長老迦葉年耆極舊，所言怯弱微劣乃爾？為以何故名之耆年？」

濡首答曰：「是聲聞耳！故不果辯。」

智積復曰：「斯不知發大乘志耶？」

曰：「永不矣！唯以聲聞乘之脫也。」

曰：「又，濡首！何故名為聲聞之乘？」

濡首答曰：「是族姓子！世尊能仁隨諸眾生，興三乘教，敷以說法，有聲聞乘、緣一覺乘及大乘行。所以然者？由此眾生意多懷貪，志劣弱故，說三行耳。」

智積又曰：「云何？濡首！如空、想、願都無其限，何故限之有三乘乎？」

曰：「族姓子！是諸如來執權之行，空、無想、願不有其限，為諸著限而諸有限，終不限於無限行也。」

曰：「又，濡首！吾等可退，使永莫與劣志眾生得有會也。」

濡首答曰：「諸族姓子！且忍，當從無熱龍王聞其智辯及無量法。」

耆年迦葉謂智積曰：「云何？正士！如彼寶英如來佛土，云何說法？」

智積答曰：「唯一法味，從其一法演出無量法義之音，但論菩薩不退轉法，諸佛奧藏要行之論，從已取脫不由眾雜，依於普智永無餘脫，恒講菩薩清純之談，其土都無怯弱之行也。」

時，阿耨達問濡首曰：「仁尊濡首來奉如來，為何等像觀於如來？以色觀耶？痛、想、行、識觀如來乎？」

答曰：「不也。」

「以約言之，色苦觀耶？痛、想、行、識苦觀之乎？滅色、痛、想、行、識觀耶？為以空、無想、願行觀如來乎？」

答曰：「不也。」

又問：「云何去、來、現在相好？肉眼、天眼、慧眼觀如來乎？」

答曰：「不也。」

「云何？濡首！以何等相觀如來耶？」

答曰：「龍王！觀於如來當如如來。」

又曰：「軟首！如來云何乎？」

曰：「如來者無等之等，等不可見，用無雙故，故妙矣。龍王！如來極尊，無偶無雙、無比無喻，無儔無等，無匹無倫，亦無色相；為其無像，無形無影，無名無字，無說無受也。如是，龍王！如來若此，當作是觀觀於如來！亦不肉眼、天眼、慧眼而觀如來。所以者何？其肉眼者以見明故，如如來者無冥無明，故不可以肉眼而觀；又天眼者有作之相，若如來者等過無住故，不可以天眼而觀；又其慧眼知本無相，又如來者眾都永無，故不可以慧眼而觀。」

「云何？軟首！觀其如來得為清淨？」

曰：「若，龍王！其知眼識心不有起，又知色識心無起滅，其作是觀觀於如來，為應清淨。」

爾時，其從寶英如來寶飾佛土菩薩來者，得未曾有，而皆歎曰：「甚快！妙哉！斯諸眾生善值如來，逮聞如是龍王所問決狐疑品，聞已悅信，不恐不怖，又無驚怪，加復受持，諷誦宣布，如是正士應在慧署。吾等，世尊！不空至此，值聞是要無極像法。又若，世尊！斯法所至聚落國邑，當知其處如來常在，終不滅度，正法無毀道化興隆。何則然者？以此法品能降魔場，伏諸外道也。」

時，阿耨達謂軟首曰：「善修行者，軟首童子！斯之菩薩逮聞是法，得佛不難，進己勸人，勤道無惓也。」

「何謂菩薩應修善行？」

軟首答曰：「若是，龍王！如貪行空，施行亦空，等解於此是謂善行。以約言之，不戒與戒，懷恚及忍、懈退精進、亂意一心、如其愚空，智慧亦空，於是等行，斯謂善行。

「又復，龍王！如其婬欲、恚怒、愚癡為之空者，無其婬欲、恚、癡亦空；如參行空，無雜亦空；於其等行，是謂善行。

「又復，龍王！如其八萬四千行空，賢聖正脫亦悉為空，於斯等行，是謂善行。

「又復，龍王！若有明賢修菩薩行，無行無不行，亦不見行；不有惑行，亦無念行，又不知行，於是等行，是謂善行。」

無熱龍王謂軟首曰：「云何？童子！菩薩行於無所行乎？」

答曰：「龍王！若初發意行菩薩道至得佛坐，所行功德，悉由初行、不生之行，無受處行，無獲捨行，無櫟之行；又無著行，亦無諦行，無有限行，亦無惑行；又無婬行，無所作行，亦無特行，無審之行，亦無底行，是謂菩薩無行之行。若菩薩以不生之行，無行不行，得三十七品無所造作，以慧而脫永脫於脫，不過二際，明了本際而不取證，菩薩作是，此謂菩薩得不起忍。如斯之行。此謂善行。」

說是語時，三萬四千天、龍、鬼、神、菩薩行者，逮無從生法樂之忍。

佛說弘道廣顯三昧經卷第三

佛說弘道廣顯三昧經　卷第四

西晉月氏三藏竺法護譯

不起法忍品第九

時，阿耨達謂軟首曰：「不起法忍，當云何得乎？」

軟首答曰：「忍不生色、痛、想、行、識，是謂菩薩得不起忍。

「又復，龍王！菩薩所得不起法忍，等見眾生以致是忍，等彼眾生如其所生，等見眾生亦無有生，等見眾生以如自然，等見一切若如其相，亦不與等而見其等，是謂菩薩等見忍空。

「云何為空？眼以色識，耳之聲識，鼻而香識，口之味識，身所更識，心受法識，如諸情空，其忍亦空、過忍亦空、現忍亦空；如其忍空，眾生亦空，何用為空？以欲為空，恚、怒、癡空，如眾生空，顛倒亦空，欲垢起滅亦悉為空，作是智行，斯謂菩薩行應不起法忍之者。其等眾生已應向脫，何則如是？又彼菩薩而作是念：『如其以空，至於我垢及諸眾生，空無所有。御欲如此，是欲已脫，於本自無一切眾生，如此之忍，於欲自在，以脫是欲，根寂無處，其永不滅無脫不脫，亦無有得至脫者也。』若斯永脫，則彼是故，住處自然。

「又此，龍王！若有菩薩行應忍者，拔度一切不有其勞。所以者何？見諸眾生本都無縛，於本自脫。彼作此念：『是諸眾生悉著一欲，行者不著而脫本法，一切眾生著其不諦妄想之念，菩薩了此，終始無著已脫法本。』

「又復，龍王！得不起法忍菩薩者，雖未得達佛要行處，然是菩薩不住凡夫、學、無學處，普入諸處習度無惓，不於欲處有其婬行，恚處不怒，癡處不愚；不於處所，以無欲住，離眾欲際，御持諸姓導化眾生。自無欲垢、貪著、穢行，彼於魔界及與佛界，并自然相而無疑惑，亦不念其法性之處；普現於彼眾生之界，了知識處法非法處，曉入行處以慧而觀，於行之處及生死處，亦不生死入隨生死；所在諸處為造德本，守靜不疲，解知生死如無生死，不以賢聖修應而脫。」

時，阿耨達謂軟首曰：「如仁軟首而作是言：『菩薩不以修應向脫，其曉是學，斯則菩薩修應向脫。』何謂菩薩修應向脫？」

軟首答曰：「得不退轉，是謂菩薩修應向脫。又復，龍王！菩薩曉知有念未脫，為諸隨念眾生等故，建立精進化轉無念，言有吾我亦為未脫。

「又復，龍王！其菩薩者已無吾我，向諸縛著眾生類故，為起大悲而以度之。彼見生死都無生死，生諸所生以其無生，眾生無生而皆等見。為諸倚著眾生之故，現生受身，永無其生亦不有終，是慧菩薩應修向脫，執權而還，還住生死，現在所生受身之處，濟化愚冥導以智慧，得免罪苦。菩薩以空故應寂向脫，以權而還，反于生死，為諸眾生興發大悲；菩薩無相修應向脫，弘權而還，還遊生死，向諸隨念眾生之故為起大悲；菩薩無願修應向脫，執權而還，還住生死，為諸隨願眾生之類，向發大悲化行無願脫乎。

「龍王！菩薩解入無所有法，不捨眾生入於無我及人、命、壽，不忘道場，曉入無量果，致大人三十二相；終寂靜寞，無寂不寂，亦無其亂等過諸行，無心、意、識不違本願，昇普智心等離眾念，權曉眾生種種意行，得賢聖者及非賢聖，勤以精進立正聖法，無淫泆行，建志不捨，寂與不寂等皆濟度，無念不念；其不整者，佛土莊飾嚴整立之，過俗向脫，脫不離俗。如是，龍王！以執智權有賢聖定，是為菩薩修應向脫。

「譬如，龍王！聲聞之行修應向脫，名曰往還。以成其道，不能前進發於無上，建立大悲而化眾生。如其菩薩亦應修脫，無復動搖，成不退轉往還乎！龍王！修應向脫，無疑會當得至道果。又如菩薩修應向脫，都不忘於聲聞之果受菩薩道，以是聲聞修應向脫為有其限，如菩薩者永無其限。譬如，龍王！有二匹夫在峻山頂而欲自投，其一人者力贔勇悍，權策通捷，宿習機宜，曉了諸變無事不貫，從其峻山而已自投，忽爾復還住彼山頂，由其勇勢，爽健猛達，身昇最力，輕驫翻疾，強倮所致而使無墮，亦不所住；如其一人志怯意弱，亦無權謀，於其山上不能自投。

「如是，龍王！其菩薩者於空、無相、願，觀覩諸法無所作念，如是觀訖，又復能以權慧之力，為眾生故住普智心。其峻山者謂是無數，其慧博達顯大力者，譬執權慧行菩薩也。其修權慧菩薩行者，不處生死不住無為，是謂菩薩披普智鎧，如入死生抽拔眾生，令發菩薩大乘之行。其劣弱者，住彼山上不能返還，譬之聲聞不入生死，無益眾生。

「若是，龍王！其有菩薩，聞是脫慧要行品者，斯輩世尊，皆得堅固於無上正真道意，疾近佛坐，濟度三界。」

說是法時，會中菩薩七千人得不退轉。

眾要法品第十

時，阿耨達龍王太子，其名感動，前白佛言：「今吾，世尊！以無貪心自歸三尊，願使是經久住於世，護正法故。唯，世尊！志發無上正真道意，願造斯行，樂興達之，得了心本，明曉道本及諸法本，自致成佛最正之覺，當廣宣道化潤眾生。又唯，世尊！其諸菩薩，聞此清淨大道法品而不信樂、不奉行者，當知斯輩菩薩之類，為魔所魔，亦不得疾近普智心行。所以者何？從斯世尊法品要義出生菩薩，自致成佛、伏魔外道，去、來、現在諸佛正覺皆由是法。」

爾時，賢者須菩提謂太子感動：「如仁賢者了解心本，明盡道本及諸法本，若得成其覺諸法者，此何心本而得了耶？」

曰：「其本者，唯！須菩提！是之本者，以心本也。」

須菩提曰：「心為何本？」

曰：「本乎婬、怒、癡也。」

曰：「婬、怒、癡為何本耶？」

曰：「以念無念為本也。」

須菩提曰：「云何？賢者！婬、怒、癡本，為從其無念興起生耶？」

曰：「須菩提！婬、怒、癡本，不念無念亦不生也。又其本者，不起為本。又，須菩提！所可言者，此何心本？為心本者其本清淨，斯謂心本。如本清淨，彼無婬欲、恚怒、癡垢。」

曰：「族姓子！欲生起生，彼從何生？而常生生如無斷耶？」

曰：「須菩提！其欲當生而已生生，於心本者不有著生。唯！須菩提！若彼心本有其著者，則終無致至清淨者；是故心本都無著也。由是知欲亦為清淨。」

須菩提曰：「云何？族姓子！了知欲耶？」

曰：「以因緣之起生也，其無因緣為不有生。唯！須菩提！修淨念者了欲無也。」

須菩提曰：「又，云何乎？族姓子！菩薩為應修淨念耶？」

曰：「須菩提！菩薩於行而修諸行，是謂菩薩修淨行者也。唯！須菩提！其有菩薩都為眾生，被大德鎧化至泥洹，等見眾生本如泥洹，是則菩薩修淨念行。唯！須菩提！其菩薩者，為諸聲聞及緣一覺隨應說法，不隨是化，斯謂菩薩修淨念行。唯！須菩提！又彼菩薩自寂其欲、靜眾生欲，是謂菩薩為修淨行。又，須菩提！其菩薩者，在於淨念而見不修，又於不淨而見修淨，是謂菩薩修淨行者。」

爾時，須菩提謂王太子感動曰：「又，云何乎？族姓之子！菩薩於淨而見不修，於其不修見淨修念？」

曰：「須菩提！修淨念者，謂修眼色、耳聲、鼻香、舌味、身更、心所受法見悉不修，法性無二謂修。三界不著是菩薩住，住以善權，斯曰修念。菩薩作此行，須菩提！則謂修淨念行者也。」

於是世尊歎太子曰：「善哉！善哉！如若正士感動所言，修淨如斯，是為菩薩應修淨行。今若所說皆佛威神，其有菩薩修行如此，是乃應興大乘之行，當知斯輩堅固普智。」

於是太子感動白佛：「云何？世尊！菩薩得以無欲之心應自歸佛？」

曰：「族姓子！若有菩薩了知諸法無我、人、壽，無色、無想亦無法相，不於法性而見如來，如是菩薩為應無欲自歸命佛。如如來法彼則法性，如其法性為普所至，有得致是法性之法，則知諸法，斯謂菩薩以無欲心應自歸法。其法性者，彼為無數，習無數者即是聲聞。又如菩薩等見無數，於其無數而不有數，亦不二者，斯謂菩薩以無欲心應自歸依。」

說是語時，太子感動得柔順忍，來會色、欲諸天、龍、人，聞此法品等二萬眾，皆發無上正真道意。

受封拜品第十一

爾時，龍王阿耨達與宮夫人、太子、眷屬俱而圍繞，自歸三尊，都以宮室并池所有，供奉世尊及比丘僧，以為精舍。又復言曰：「吾今，世尊！興發是願，從斯大池出流四河，充于四海，從其，世尊！四河之流，若龍、鬼、人、飛鳥、走獸，二足、四足有含命類，飲此流者，願其一切皆發無上正真道意。宿不發者，飲此水已，使成其行，速在佛座，降却魔眾，伏諸外道。」

時世尊笑。諸佛笑法，口出五色，奮耀奕奕光焰無數，震照十方無量佛世，明踰日月，須彌珠寶，諸天、魔宮及釋、梵殿，一切天光盡翳無明。

是時，無數億千天眾莫不懷悅，發願聖覺；光徹阿鼻諸大地獄，有被明者尋免眾苦，皆志無上正真道意，還繞世尊乃無數匝，忽從頂入。

爾時，賢者名曰披耆（晉言：辯辭也），見其光明輒從坐起，整著衣服，偏袒右臂，向佛跪膝，恭撿又言，歎頌世尊，而以偈曰：

其色無量見者悅，人雄至最獨世尊，
滅除眾冥與大明，執持威神說笑意。

百福所詠德七滿，得智光明演慧行，
為法上講惟法王，世尊今笑何瑞應？
具見誠諦常樂信，根定寂靜眾權敬，
化度一切以寂然，德過無極說笑故。
梵聲清徹甚軟和，鸞音商雅踰諸樂，
眾音備足無缺減，解散笑故宣布示。
智脫之明應慧度，行常清淨樂淡然，
權曉眾行普智具，賢聖導王說笑義。
智辯通達慧無極，現力無量神足備，
十力已具普感動，天師現笑用何故？
身光無數照杳冥，大千眾明不能蔽，
踰越日月及珠火，威聖之光無等倫。
功德滿足若如海，順化菩薩以智明，
懷慧無限散眾疑，興發何故而有笑？

尊度三界無有極，權道眾生除諸穢，
能淨欲垢化無餘，天顏含笑為誰興？
如來所由普感動，震動天龍諸鬼神，
稽首受禮於法王，蒙說笑意決眾疑。

是時，佛告耆年辯辭賢者：「汝見阿耨達不？供如來故，造此嚴飾。」

曰：「然！世尊！已而見之。」

曰：「是龍王以於九十六億諸佛，施種德本，今受封拜，如吾前世為定光佛世尊所決：『汝當來世得致為佛，號名能仁如來、無著、平等正覺、通行備足、為最眾祐、無上法御、天人之師，號佛、世尊！』是時，龍王為長者子，其號名曰比守陀來（來丹本未，晉言：淨意），聞吾受決，尋轉興願：『使吾來世得其拜署，若斯梵志，為是定光佛所決也。』爾時，淨意長者子者，阿耨達是。又斯龍王當於賢劫中，在此池中莊飾種種，鮮交眾寶，若天宮室，當悉進奉賢劫千佛。斯諸如來盡知王意，率皆說此清淨法品，悉坐是處等亦如今；又及如前拘樓秦佛、文尼、迦葉，同共坐此師子之座，及其最後樓至如來，亦當轉此法品要義。無熱龍王當供養賢劫千佛，從聞是法，諸佛眾會悉同如今。

「是阿耨達後無數世奉諸如來，事眾正覺，修梵淨行，常護正法，勸進菩薩，然後七百無數劫已，當得作佛，號阿耨達如來、無著、平等正覺、通行備足、無上法御、天人之師，為佛、世尊。如是，賢者！無熱如來得為佛時，其土人民都無貪婬、恚怒、愚癡，永無相侵，不相論短。何則然者？以彼眾生志行備故。如是，賢者！阿耨達佛、至真、如來，乃當應壽八十億載，弟子之眾亦八十億，如其始會之為清淨，從始至終無異缺減，如此之比數百千會，當有通辯受決菩薩四千億人都悉集會，又諸發意菩薩行者不可計數。

「無熱如來當為佛時，其土清淨，紺琉璃為地，天金分錯飾用諸寶，以眾明珠造作樓閣及經行地。彼土眾生若興食想，應輒百味，悉得五通；其國處所人民居止，但以珍琦、被服、飲食、娛樂自由，悉如第四兜術天上。彼不二念，又無貪欲婬行之心，而諸眾生法樂自娛，其土人民都無欲垢。若彼如來敷雨法說不有勞想，神變無數以演洪化，宣示經法永無其難，方適說法眾生輒度。何則然者？以彼一切志純熟故。

「又其如來自於三千大千世界，唯一法化無外異道；又若如來欲會眾時，輒放身光盡明其界，彼土人民尋皆有念：『世尊覺來將演法化，故揚光耳！』各承佛聖神足飛來詣佛聽法。

「又彼如來終無不定，乘大聖神，忽昇空中去地七丈，就其自然師子之座，廣為眾會進講法說，普土見之，譬如覩其日月宮殿明盛滿時。眾生種德故生彼土，其國人民觀於世尊師子之座，懸在虛空而無所著，尋解諸法亦空無著，當爾之時，悉得法忍。其如來者但說金剛定入之門，不有聲聞、緣覺雜言，所以唯演金剛定者，譬如金剛，所可著處靡不降徹，而彼如來所可說法，亦如金剛，鑽碎吟疑住著諸見。

「如是，賢者！阿耨達佛若現滅度，而其世界有尊菩薩，名曰持願，當授其決然後現滅。其佛方滅，持願菩薩即得無上最正之覺，尋補佛處，號曰等世如來、無著、平等正覺。其土所有神通菩薩，及上弟子眾會多少如阿耨達。」

時，阿耨達王之太子名曰當信（丹常），敬心悅欣，以寶明珠交露飾蓋，進奉如來，叉手白佛：「誰當於時得為持願菩薩者耶？」

是時，世尊知王太子當信意向，告阿難曰：「其時持願菩薩大士當補佛處者，今龍王子當丹常信是也。時阿耨達如來方滅，持願菩薩尋昇佛座，又其等世如來、無著、平等正覺方適得佛，亦便轉此法品正要。」

當佛說是封拜品時，四萬菩薩得無從生忍，十方世界來會菩薩、釋、梵、持世、天、龍、鬼、神，聞佛說此封拜法已，悉皆喜悅，懽心踊躍，信樂遂生，五體稽首，各還宮殿。

阿耨達王與諸太子眷屬圍遶，勅伊羅欒龍象王曰：「為如來故，造作交露琦珍寶車，使其廣博殊妙無極，當以奉送至真正覺。」尋應受教，輒為如來化作七寶珠交露車，令極高大廣博嚴飾，世尊、菩薩及諸弟子悉就車坐，無熱龍王、太子、眷屬心懷恭恪，手共挽車，從其宮中出于大池，如來神旨忽昇鷲山。

囑累法藏品第十二

於是世尊到鷲山已，即告慈氏、軟首童子并眾菩薩曰：「諸族姓子！以阿耨達所問道品宜重宣廣，使諸未聞而得聞之。」

慈氏、軟首而俱白佛：「唯願！如來！垂慜當說！」

於時，世尊尋輒揚光，光色無數，天地震動至于六反，光明鑠鑠乃曜十方，十方佛土諸尊菩薩神通備者，尋明飛來，到皆稽首，各便就坐。王阿闍世、夫人、婇女、太子、眷屬，舉國臣民、長者、居士、梵志、學者，見是光明，又聞如來從無熱還，各捨其事悉詣鷲山，到世尊前，肅然加敬叉手為禮，問訊如來：「景福無量乎！」即退還坐，觀佛無厭。

如來身光明，悉普至無極世界，諸大地獄眾窈冥處，靡不降徹，諸在地獄無不被明。又其光明而出聲曰：「能仁如來於無熱池，弘說清淨道品要法，今還鷲山而重演化。」

又其音聲徹諸地獄，十方地獄眾生之類，所受苦痛應時得免，悉遙見佛及諸眾會，皆自悲嗟：「嗚呼！世尊！吾等受此苦痛無數地獄之酸，六火圍遶，燒炙苦毒，鋒瘡萬端，鑊湯之難，諸變種種更斯眾痛，日月彌遠。善哉！世人！值奉如來稟佛道化，得離三苦，吾等宿世雖遇諸佛，不受法化使被眾痛，蒙賴如來所說法品，令諸殃罪而輒微輕。」

當爾之時，十方地獄一切眾生，得萬有億千悉發無上正真道意，遙承佛聖，皆同聲曰：「一切苦痛本為清淨，其了本者則無顛倒，吾等但坐不了之故，更諸地獄眾苦無數，願使一切速解正真。」

爾時，佛告慈氏菩薩、軟首童子及阿難曰：「諸族姓等！當勤受此是經要說，持諷誦讀，以宣流布，廣為學者演說斯法，使諸四輩加心專習，是慧要行，積辯句義。若族姓子及族姓女，發心怡悅，向樂是經，當為斯輩，解此奧藏深邃諸義，道之無府，眾經所歸，諸佛積要微妙無量，若所授者，當令字句了了分明，使無增減。又，諸族姓！若賢男、女在於過去恒沙諸佛所作功德，施行種種，受持諸佛所可說法，一一專習勤心奉行，若復施、戒、忍、進、定、智，行是六度億百千劫，奉是諸佛并眾弟子，衣被、飯食、床臥、醫藥、香華、伎樂，進諸所欲。又造精舍、經行之地，奉敬如是不可稱計；至諸世尊般泥洹已，為諸如來起七寶塔，一一供養諸如來塔，香華、伎樂、繒綵、幡蓋、進然香燈，又懸夜光明月諸寶，供養如是極多無數。斯所行德集會計之，都不如是族姓男、女，逮得一聞此阿耨達龍王所問決諸狐疑法品義也。所以者何？以斯法藏出生諸佛、菩薩要行慧之最故，何況奉持執卷誦讀，以無疑心體解深妙，復以所聞宣示流布，斯諸功德不可測量也！」

是時，慈氏、軟首童子、賢者阿難俱白佛言：「甚未曾有！唯然！世尊！又若如來慈降一切興有大悲，乃為十方去、來、現在菩薩、行者、天、龍、鬼、神、諸眾生故，弘說是法無極清淨道品之義。又復，世尊！若族姓子及族姓女，聞阿耨達龍王所問決狐疑經，不即受持樂習誦讀，又不廣博布示等學，亦不興心勸助之者，當知是輩族姓男女，以為眾魔及魔官屬，并邪外道之所得便，常在羅網結疑中也。」

時，佛歎曰：「快哉所言！誘進一切使習斯法，令行應之。」

如來又曰：「當以是經數為四輩宣廣說之。」

爾時，慈氏、軟首菩薩、賢者阿難皆白佛言：「唯願，世尊！輒當受持布演是法。又復，世尊！此經名何？當云何奉？」

世尊告曰：「斯乎！族姓！名阿耨達龍王所問決諸狐疑清淨法品，亦名弘道廣顯定意，當勤受持斯經之要。又，族姓等！是道品者珍護諸法經之淵海也。」

慈氏菩薩、軟首童子及諸來會神通菩薩，釋、梵、持世、天、龍、鬼、神同聲白佛：「甚善！如來快說是法！吾等，世尊！在所聚落、國界、縣邑有行是法，當共躬身營護斯輩，其聞此者令無邪便；吾等亦當受持是經，使普流布而常無斷。」

佛歎慈氏、軟首童子并眾菩薩曰：「善哉！諸族姓子！卿等所言，勸樂將來諸學菩薩，快甚乃爾！」

佛說此已，十方來會神通菩薩七萬二千悉逮顯定，五萬四千天、龍、鬼、人，皆發無上正真道意，五千天人得生法眼。阿耨達龍王、慈氏菩薩、軟首童子、一切菩薩、賢者阿難，來會四輩，及諸天、龍、種種鬼、神，人與非人，聞佛說是，莫不歡喜，稽首佛足，各便而退。

佛說弘道廣顯三昧經卷第四

大雲輪請雨經　卷上

開府儀同三司特進試鴻臚卿肅國公食邑三千戶賜紫贈司空
謚大鑒正號大廣智大興善寺三藏沙門不空奉　詔譯

如是我聞：一時，佛住難陀、塢波難陀龍王宮，吉祥摩尼寶藏大雲道場寶樓閣中，與大苾芻及諸菩薩摩訶薩眾，復有諸大龍王，其名曰：

難那龍王、塢波難那龍王、娑伽羅龍王、阿那婆達多龍王、摩那斯龍王、嚩嚕拏龍王、德叉迦龍王、持國龍王、嚩素吉龍王、目真隣陀龍王、伊羅跋拏龍王、芬陀利龍王、威光龍王、吉賢龍王。電鬘龍王、大摩尼髻龍王、摩尼珠髻龍王、光耀火龍王、帝釋仗鋒龍王、帝釋幢龍王、帝釋杖龍王。贍部幢龍王、吉祥龍王、大輪龍王、大蟒蛇龍王、光味龍王、月威龍王、具吉祥龍王、寂見龍王、善見龍王、善住龍王、摩尼瓔珞龍王、興雲龍王、持雨龍王、澍雨龍王、大拍脅聲龍王、小迫脅聲龍王、奮迅龍王、大撥拏龍王、大項龍王、深聲龍王、大深聲龍王、大雄猛龍王、塢鉢羅龍王。
大步龍王、螺髮龍王、質怛羅斯那龍王、大名稱龍王、翳羅業龍王、遍光龍王、驢耳龍王、商佉龍王、捺度羅龍王、塢波捺度羅龍王、安隱龍王、臆行龍王、大臆行龍王、大力龍王、呼嚧拏龍王。阿波羅龍王、藍謨羅龍王、吉哩弭賒龍王、黑色龍王、帝釋軍龍王、那羅龍王、塢波那羅龍王、劍謨羅龍王、捺囉弭拏龍王、端正龍王、象耳龍王、猛利龍王、黃色龍王、電焰龍王、大電焰龍王。天力龍王、嚩嚕禦蹉龍王、妙蓋龍王、甘露龍王、河津龍王、琉璃光龍王、金髮龍王、金光龍王。月幢光龍王、日光龍王、警覺龍王、牛頭龍王、白色龍王、黑色龍王、焰摩龍王、妙彌龍王、蝦蟇龍王。
僧伽吒龍王、尼泯馱囉龍王、持地龍王、千頭龍王、寶髻龍王、不空見龍王、雲霧龍王、蘇屣那龍王、虁波羅龍王、仁施龍王、調善龍王、宿德龍王、蛟龍王、蛟頭龍王、持毒龍王、食毒龍王、蓮華龍王、大尾龍王、騰轉龍王、可畏龍王、善威德龍王，五頭龍王。波哩羅龍王、古車龍王、嗢怛羅龍王、長尾龍王、鹿頭龍王、擯卑孕反比迦龍王、醜相龍王、馬形龍王、三頭龍王、龍仙龍王、大威德龍王、那羅達多龍王、恐怖龍王、焰光龍王、七頭龍王、大樹龍王、愛見龍王、大惡龍王、無垢威龍王、妙眼龍王、大毒龍王、焰肩龍王、大害龍王、大瞋忿龍王、寶雲龍王、大雲施水龍王。

帝釋光龍王、波陀樹龍王、雲月龍王、海雲龍王、大香俱牟陀龍王、華藏龍王、赤眼龍王、大幢旛龍王、大雲藏龍王。雪山龍王、威德藏龍王、雲戟龍王、持夜龍王、雲龍王、雲雨龍王、大雲雨龍王、大光龍王、雲聲離瞋恚龍王、惡瓶龍王、龍猛龍王、焰光龍王、雲蓋龍王、應祁羅目佉龍王、威德龍王、出雲龍王、無邊步龍王、蘇師拏龍王、大身龍王、狼腹龍王、寂靜龍王、勤勇龍王、老烏龍王、烏途羅龍王、猛毒龍王、妙聲龍王、甘露堅龍王、大散雨龍王、隱(於靳反)震聲龍王、相擊聲龍王、鼓聲龍王、注甘露龍王、雷擊龍王、勇猛軍龍王、那羅延龍王、馬口龍王、尾羯吒龍王，有如是等諸大龍王而為上首；復有八十四俱胝百千那庾多諸龍王俱來會坐。

時，彼一切龍王等從座而起，各整衣服，偏袒右肩，合掌向佛，即以種種無量無邊阿僧祇數微妙香華、塗香、末香、華鬘、衣服、寶幢、旛蓋、龍華寶冠、真珠瓔珞、寶華繒綵、真珠羅網，覆如來上，作眾伎樂，起大慇重奇特之心，右遶佛已却住一面。

爾時，諸龍心發是願：「所有一切諸世界海、微塵身海，一切諸佛、菩薩眾海，遍於一切諸世界海，已過所有一切四大地、水、火、風微塵等海，所有一切諸色影像微塵數海，已過無量不可思議不可宣說阿僧祇數諸身等海、於一身化作無量阿僧祇諸手雲海，遍滿十方；又於一一微塵分中化出無量供養雲海，遍滿十方，我等咸皆持以供養一切諸佛、菩薩眾海。無量無數不可思議不可宣說阿僧祇數無有間斷普賢行願色身雲海，滿虛空際住，如是菩薩色身雲海。

「以一切寶眾光明色一切日月身宮殿道場雲海、以一切寶鬘雲海、以一切寶光明藏樓閣雲海、以一切末香樹藏雲海、以一切塗香燒香現一切色雲、以一切擊諸音樂聲雲海、以一切香樹雲海，如是等無量無邊不可思議不可宣說阿僧祇數，如是一切供養雲海，如是等滿虛空際住，我等咸皆供養、恭敬、尊重、禮拜一切諸佛菩、薩眾海。

「復以一切莊嚴境界照耀藏摩尼王雲海，滿虛空際住，我等咸皆供養、恭敬、尊重、禮拜一切諸佛、菩薩眾海。

「復以一切普遍寶雨莊嚴摩尼王雲海、以一切寶光焰佛決定音樂摩尼王雲海、以一切佛法平等音聲普遍摩尼寶王雲海、以一切普門寶焰諸佛化光雲海、以一切眾光明莊嚴顯現不絕摩尼寶王雲海、以一切光焰順佛聖行摩尼寶王雲海、以一切顯現如來不可思議佛剎電光明摩尼王雲海、以一切間錯寶微塵三世佛身影像示現遍照摩尼王雲海，如是等滿虛空際住，我等咸皆供養、恭敬、尊重、禮拜一切諸佛、菩薩眾海。

「復以一切寶香間錯華樓閣雲海、以一切無邊色摩尼寶王莊嚴樓閣雲海、以一切寶燈香焰光樓閣雲海、以一切真珠妙色樓閣雲海、以一切華臺樓閣雲海、以一切寶瓔珞莊嚴樓閣雲海、以一切寶微塵數嚴飾無量莊嚴示現樓閣雲海、以一切遍滿妙莊嚴樓閣雲海、以一切門華幢垂鈴羅網樓閣雲海，如是等滿虛空際住，我等咸皆供養、恭敬、尊重、禮拜一切諸佛、菩薩眾海。

「復以一切妙金寶間雜莊嚴瓔珞寶歡喜藏師子座雲海、以一切華照耀間雜師子座雲海、以一切帝青摩尼閻浮檀妙色蓮華藏師子座雲海、以一切摩尼燈蓮華藏師子座雲海、以一切摩尼光寶幢妙蓮華藏師子座雲海、以一切寶莊嚴妙色蓮華藏師子座雲海、以一切樂見因陀羅蓮華光藏師子座雲海、以一切無盡光焰威勢蓮華藏師子座雲海、以一切寶光普照蓮華藏師子座雲海、以一切佛音聲蓮華光藏師子座雲海，如是等滿虛空際住，我等咸皆供養、恭教、尊重、禮拜一切諸佛、菩薩眾海。

「復以一切妙香摩尼樹雲海、以一切諸葉周匝皆如合掌出香氣樹雲海、以一切莊嚴現無邊明色樹雲海、以一切華雲垂布寶樹雲海、以一切出於無邊莊嚴藏樹雲海、以一切寶焰輪電樹雲海、以一切栴檀末菩薩示現神通身樹雲海、以一切不思議無邊樹神莊嚴菩提道場寶衣藏日電光明樹雲海、以一切妙音聲流出意樂音普遍金光樹雲海，如是等滿虛空際住，我等咸皆供養、恭敬、尊重、禮拜一切諸佛、菩薩眾海。

「復以一切無邊寶色蓮華藏師子座雲海、以一切周匝摩尼王電藏師子座雲海、以一切瓔珞莊嚴藏師子座雲海、以一切諸妙寶鬘燈焰藏師子座雲海、以一切圓音出寶雨藏師子座雲海、以一切華香蓮華莊嚴寶藏師子座雲海、以一切佛座現莊嚴摩尼王藏師子座雲海、以一切闌楯垂瓔珞莊嚴藏師子座雲海、以一切摩尼寶蜂金末香胎藏師子座雲海、以一切妙香寶鈴羅網普莊嚴日電藏師子座雲海，如是等滿虛空際住，我等咸皆供養、恭敬、尊重、禮拜一切諸佛、菩薩眾海。

「復以一切如意摩尼寶王帳雲海、以一切帝青寶華蘂一切華莊嚴帳雲海、以一切香摩尼帳雲海、以一切寶燈焰形帳雲海、以一切佛神力出聲摩尼寶王帳雲海、以一切華光焰寶帳雲海、以一切妙鈴普遍出聲焰帳雲海、以一切無邊色無垢妙摩尼臺蓮華焰帳雲海、以一切金蘂臺大光寶幢帳雲海、以一切不思議莊嚴諸光瓔珞帳雲海，如是等滿虛空際住，我等咸皆供養、恭敬、尊重、禮拜一切諸佛、菩薩眾海。

「復以一切雜妙摩尼寶蓋雲海、以一切無量光明莊嚴華蓋雲、以一切無邊色真珠藏妙蓋雲海、以一切諸佛菩薩慈門音摩尼王蓋雲海、以一切妙色寶焰華鬘妙蓋雲海、以一切寶光明莊嚴垂鈴羅網妙蓋雲海、以一切摩尼樹枝瓔珞蓋雲海、以一切日照明徹焰摩尼王諸香煙蓋雲海、以一切栴檀末藏普遍蓋雲海、以一切廣博佛境界電光焰莊嚴普遍蓋雲海，如是等滿虛空際住，我等咸皆供養、恭敬、尊重、禮拜一切諸佛、菩薩眾海。

「復以一切寶明輪雲海、以一切無間寶焰光形輪雲海、以一切華雲電光輪雲海、以一切寶光佛化寶光明輪雲海、以一切佛剎現入光輪雲海、以一切普門佛境界吼聲寶枝光輪雲海、以一切佛剎吠瑠璃寶性摩尼王光輪雲海、以一切無邊眾生色心剎那顯現光輪雲海、以一切佛願生放悅意聲光輪雲海、以一切所化眾生會妙音摩尼王光輪雲海，如是等滿虛空際住，我等咸皆供養、恭敬、尊重、禮拜一切諸佛、菩薩眾海。

「復以一切摩尼藏焰雲海、以一切佛色聲香味觸光焰雲海、以一切寶焰雲海、以一切佛法震聲遍滿焰雲海、以一切佛剎莊嚴電光焰雲海、以一切華樓閣光焰雲海、以一切寶末光焰雲海、以一切劫數佛出音聲教化眾生光焰雲海、以一切無盡寶華鬘示現眾生光焰雲海、以一切諸座示現光焰雲海，如是等滿虛空際住，我等咸皆供養、恭敬、尊重、禮拜一切諸佛、菩薩眾海。

「復以一切無邊色寶光雲海、以一切普遍摩尼王寶光雲海、以一切廣博佛剎莊嚴電光雲海、以一切香光雲海、以一切莊嚴光雲海、以一切佛化身光雲海、以一切種種寶樹華鬘光雲、以一切衣服光雲海、以一切無邊菩薩諸行名稱寶王光雲海、以一切真珠燈光雲海，如是等滿虛空際住，我等咸皆供養、恭敬、尊重、禮拜一切諸佛、菩薩眾海。

「復以一切不可思議摩尼寶光輪雲海、以一切寶焰蓮華光雲海、以一切無邊色摩尼寶光輪雲海、以一切摩尼真珠色藏雲海、以一切摩尼妙寶旃檀末香雲海、以一切摩尼寶蓋雲海、以一切清淨諸妙音聲悅可眾心寶王雲海、以一切日光摩尼莊嚴雲海、以一切無邊寶藏雲海、以一切普賢色身雲海，如是等滿虛空際住，我等咸皆供養、恭敬、尊重、禮拜一切諸佛、菩薩眾海。」

爾時，諸龍王等作是願已，遶佛三匝，頭面作禮，得佛聖旨，各各還依次第而坐。

爾時，有一龍王名無邊莊嚴海雲威德輪蓋，三千大千世界主，得不退轉，住願力故，為欲供養、恭敬、禮拜於如來聽受正法，來此贍部洲。時，彼龍王從座而起，整理衣服偏袒右臂，右膝著地，合掌向佛，而白佛言：「世尊！我今欲有少問，如來、正遍知唯願聽許！」

爾時，世尊告無邊莊嚴海雲威德輪蓋龍王言：「汝大龍王！若有疑者恣聽汝問，吾當為汝分別解說，令汝心喜。」作是語已。

時，無邊莊嚴海雲威德輪蓋龍王即白佛言：「唯然！世尊！云何能使諸龍王等滅一切苦得受安樂？受安樂已，又令於此贍部洲時降甘雨，生長一切樹木、叢林、藥草、苗稼皆生滋味，令贍部洲一切人等悉受快樂？」

爾時，世尊聞是語已，即告無邊莊嚴海雲威德輪蓋大龍王言：「善哉！善哉！汝今為彼諸眾生等作利益故，能問如來如是等事。汝大龍王！聽！善聽！極善聽！汝當作意我為汝說。

「龍王！汝成就一法，令一切諸龍除滅諸苦具足安樂。何者一法？所謂行慈。汝大龍王！若有天人行大慈者，火不能燒，刀不能害，水不能漂，毒不能中，內外怨敵不能侵擾，安樂眠睡，安樂覺寤，以自福護持其身，以大福而獲威德，不被他凌，於人天中形貌端嚴眾所愛敬；所行之處一切無礙，諸苦滅除，心得歡喜，諸樂具足；大慈力故，命終之後，得生梵世。汝大龍王！若有天人，修大慈行獲是福利。是故，龍王！以慈身業，以慈語業，以慈意業，應當修行。

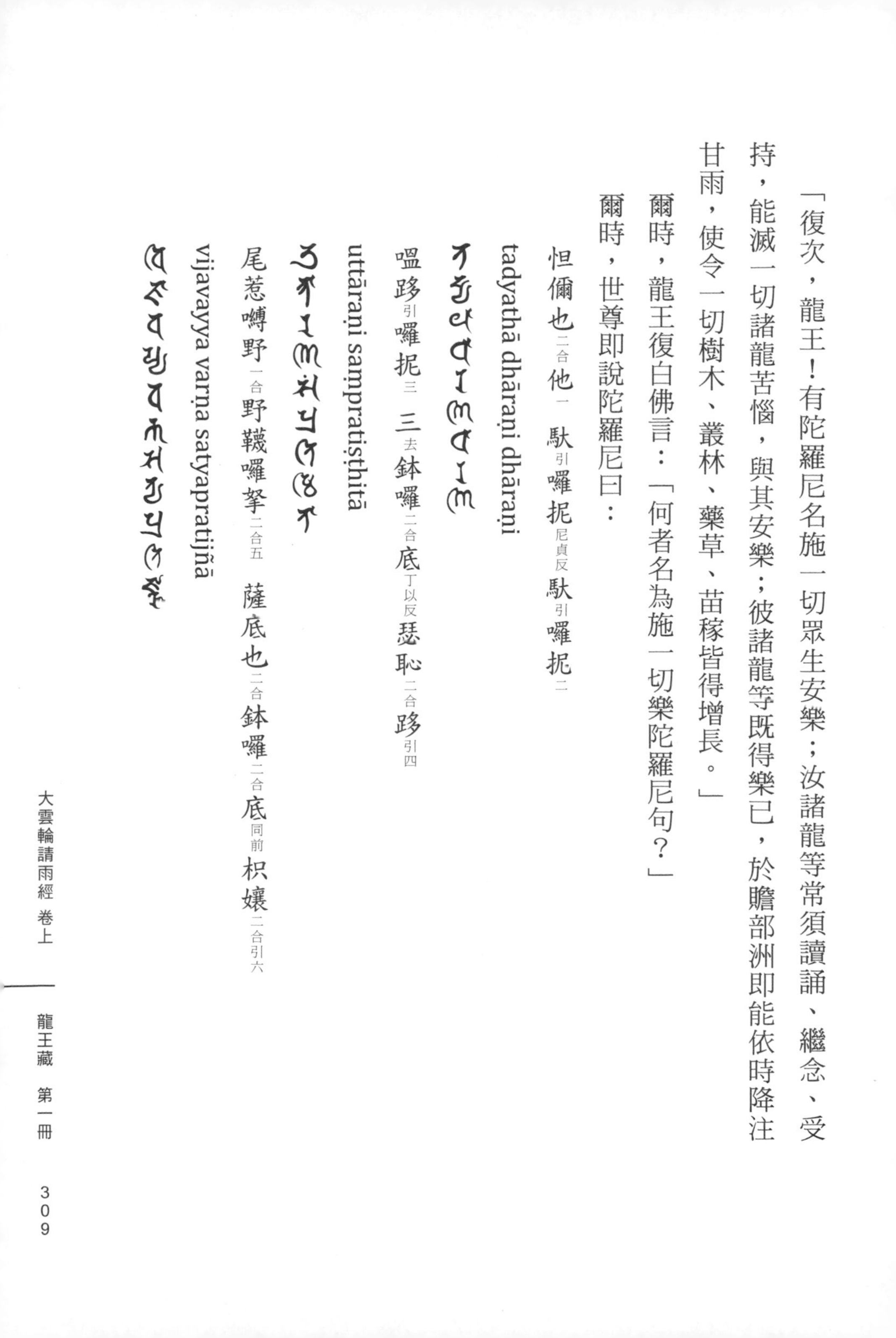

「復次，龍王！有陀羅尼名施一切眾生安樂；汝諸龍等常須讀誦、繫念、受持，能滅一切諸龍苦惱，與其安樂；彼諸龍等既得樂已，於贍部洲即能依時降注甘雨，使令一切樹木、叢林、藥草、苗稼皆得增長。」

爾時，龍王復白佛言：「何者名為施一切樂陀羅尼句？」

爾時，世尊即說陀羅尼曰：

怛儞也二合他一　馱引囉抳尼貞反馱引囉抳二

tadyathā dhāraṇi dhāraṇi

嗢路引囉抳三　三去鉢囉二合底丁以反瑟恥二合跢引四

uttāraṇi sampratiṣṭhitā

尾惹嚩野一合野韈囉拏二合五　薩底也二合鉢囉二合底同前枳孃二合引六

vijayayya varṇa satyapratijñā

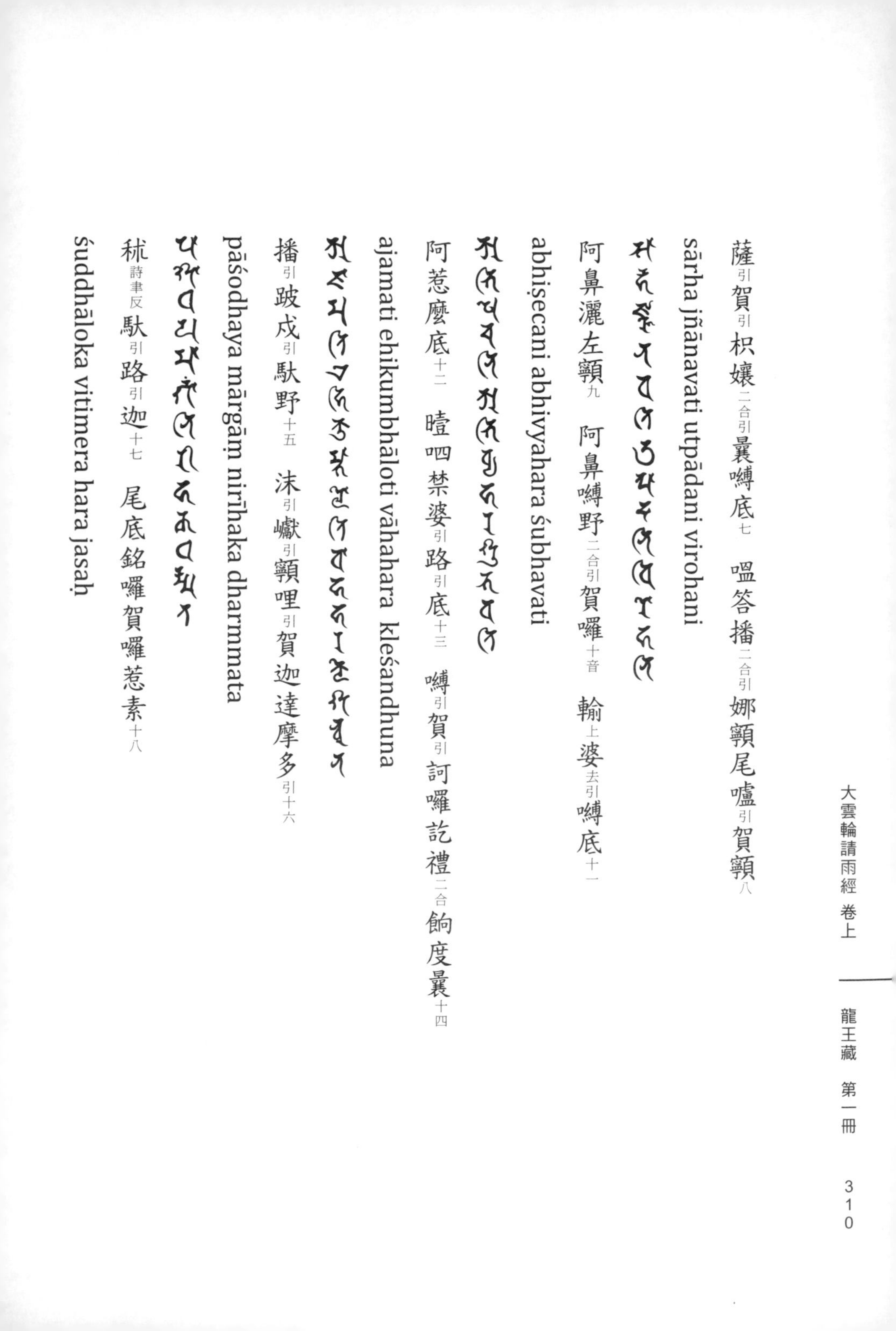

薩引賀引枳孃二合引曩嚩底七　嗢答播二合引娜顐尾嚧引賀顐八

sārha jñānavati utpādani virohani

阿鼻灑左顐九　阿鼻嚩野二合引賀囉十音　輸上婆去引嚩底十一

abhiṣecani abhiyahara śubhavati

阿惹麼底十二　曀呬禁婆引路引底十三　嚩引賀引訶囉訖禮二合餉度曩十四

ajamati ehikumbhāloti vāhahara kleśandhuna

播引跛戍引馱野十五　沫引孍引顐哩引賀迦達摩多引十六

pāśodhaya mārgāṃ nirīhaka dharmmata

秫詩聿反馱引路引迦十七　尾底銘囉賀囉惹素十八

śuddhāloka vitimera hara jasaḥ

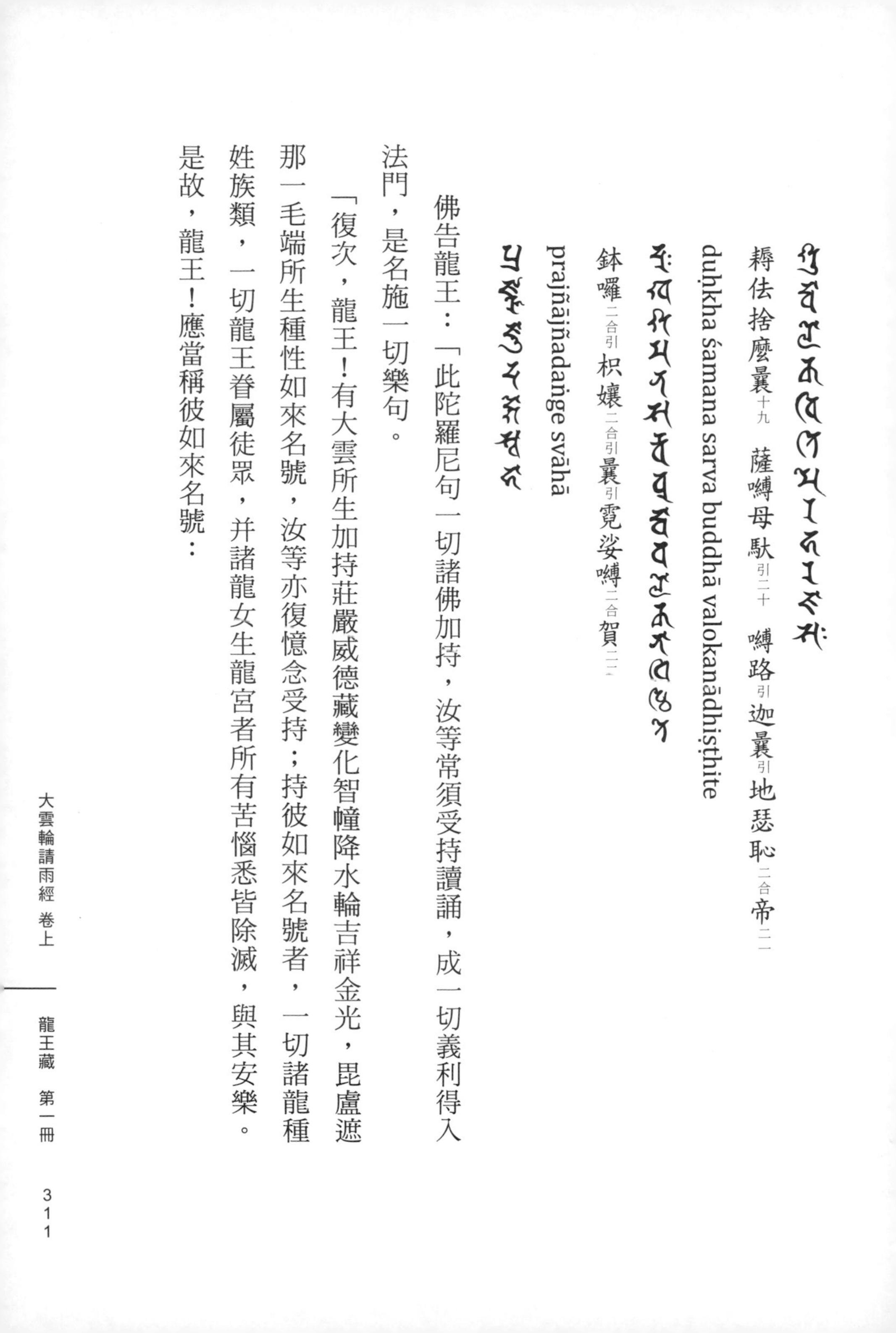

耨佉捨麼曩十九　薩嚩母馱引二十　嚩路引迦曩引地瑟恥二合帝二一

duḥkha śamana sarva buddhā valokanādhiṣṭhite

鉢囉二合引枳孃二合引曩引霓娑嚩二合賀二二

prajñājñadaṅge svāhā

佛告龍王：「此陀羅尼句一切諸佛加持，汝等常須受持讀誦，成一切義利得入法門，是名施一切樂句。

「復次，龍王！有大雲所生加持莊嚴威德藏變化智幢降水輪吉祥金光，毘盧遮那一毛端所生種性如來名號，汝等亦復憶念受持；持彼如來名號者，一切諸龍種姓族類，一切龍王眷屬徒眾，并諸龍女生龍宮者所有苦惱悉皆除滅，與其安樂。是故，龍王！應當稱彼如來名號：

南無毘盧遮那藏大雲如來。
南無性現出雲如來。
南無持雲雨如來。
南無吉祥雲威如來。
南無大興雲如來。
南無大風輪雲如來。
南無大雲閃電如來。
南無大雲勇步如來。
南無須彌善雲如來。
南無大雲如來。
南無大雲輪如來。
南無大雲光如來。
南無大雲師子座如來。
南無大雲蓋如來。

南無大善現雲如來。
南無雲覆如來。
南無光輪普遍照耀十方雷震聲起雲如來。
南無十方大雲清涼雷聲深隱奮迅如來。
南無布雲如來。
南無虛空雨雲如來。
南無疾行雲如來。
南無雲垂出聲如來。
南無雲示現如來。
南無廣出雲如來。
南無擊雲如來。
南無雲支分如來。
南無如著雲衣如來。
南無雲苗稼增長如來。

南無乘上雲如來。
南無飛雲如來。
南無雲名如來。
南無散雲如來。
南無大優鉢羅華雲如來。
南無大香身雲如來。
南無大涌雲如來。
南無大自在雲如來。
南無大光明雲如來。
南無大雲施如來。
南無大雲摩尼寶藏如來。
南無雲聲藏如來。
南無雲族如來。
南無雲攝受如來。

南無散壞非時雲雹如來。
南無大雲高響如來。
南無大發聲雲如來。
南無大降雨雲如來。
南無族色力雲如來。
南無大雲并雨水如來。
南無流水大雲如來。
南無大雲滿海如來。
南無陽焰旱時注雨雲如來。
南無無邊色雲如來。
南無一切差別大雲示現贍部檀飛雲威德月光焰雲如來、應供、正遍知、三藐三佛陀。」

爾時，世尊說是如來名已，告無邊莊嚴海雲威德輪蓋龍王言：「汝大龍王！此等如來名號，汝等一切諸龍若能受持稱名禮敬者，一切諸龍所有苦難皆悉解脫，普獲安樂；得安樂已，即能於此贍部洲，降注甘雨令一切藥草、叢林、樹木、苗稼悉皆增長。」

爾時，三千大千世界主無邊莊嚴海雲威德輪蓋龍王復白佛言：「世尊！我今啟請如來說陀羅尼句，令於未來末世之時，於贍部洲亢旱不降雨處，誦此陀羅尼，即當降雨，飢饉惡世多饒疾疫，非法鬪諍人民恐怖，妖星變怪災害相續，有如是等無量苦惱，以佛威神加持皆得除滅。唯願！世尊！以大慈悲愍諸眾生，為說陀羅尼句，警覺諸龍悉令受持，能使諸天歡喜踊躍，能摧一切諸魔遮止眾生災害逼惱，能作息災吉祥之事，能除妖星變怪，如來所說五種雨障亦皆消滅，即令此贍部洲雨澤以時；唯願！如來！為我等說。」

大雲輪請雨經卷上

大雲輪請雨經　卷下

開府儀同三司特進試鴻臚卿肅國公食邑三千戶賜紫贈司空
謚大鑒正號大廣智大興善寺三藏沙門不空奉　詔譯

爾時，世尊聞此無邊莊嚴海雲威德輪蓋龍王如是請已，讚言：「善哉！善哉！汝大龍王！能請如來利益安樂一切有情。是故，龍王！汝今聽！善聽！極善聽！汝當作意，我為汝說。此陀羅尼名為大悲雲生震吼奮迅勇猛幢，一切如來威神加持隨喜宣說，利益安樂一切眾生故，於未來世，若亢旱時能令降雨，若滯雨時亦能令止，飢饉疾病亦能除滅，普告諸龍令使知聞，復令諸天歡喜踊躍，能摧諸魔，安隱一切有情。」說此陀羅尼曰：

怛儞也二合他去引一　摩賀枳孃二合引曩引嚩無可反婆去引娑上顊二

tadyathā mahājñānā vabhasani

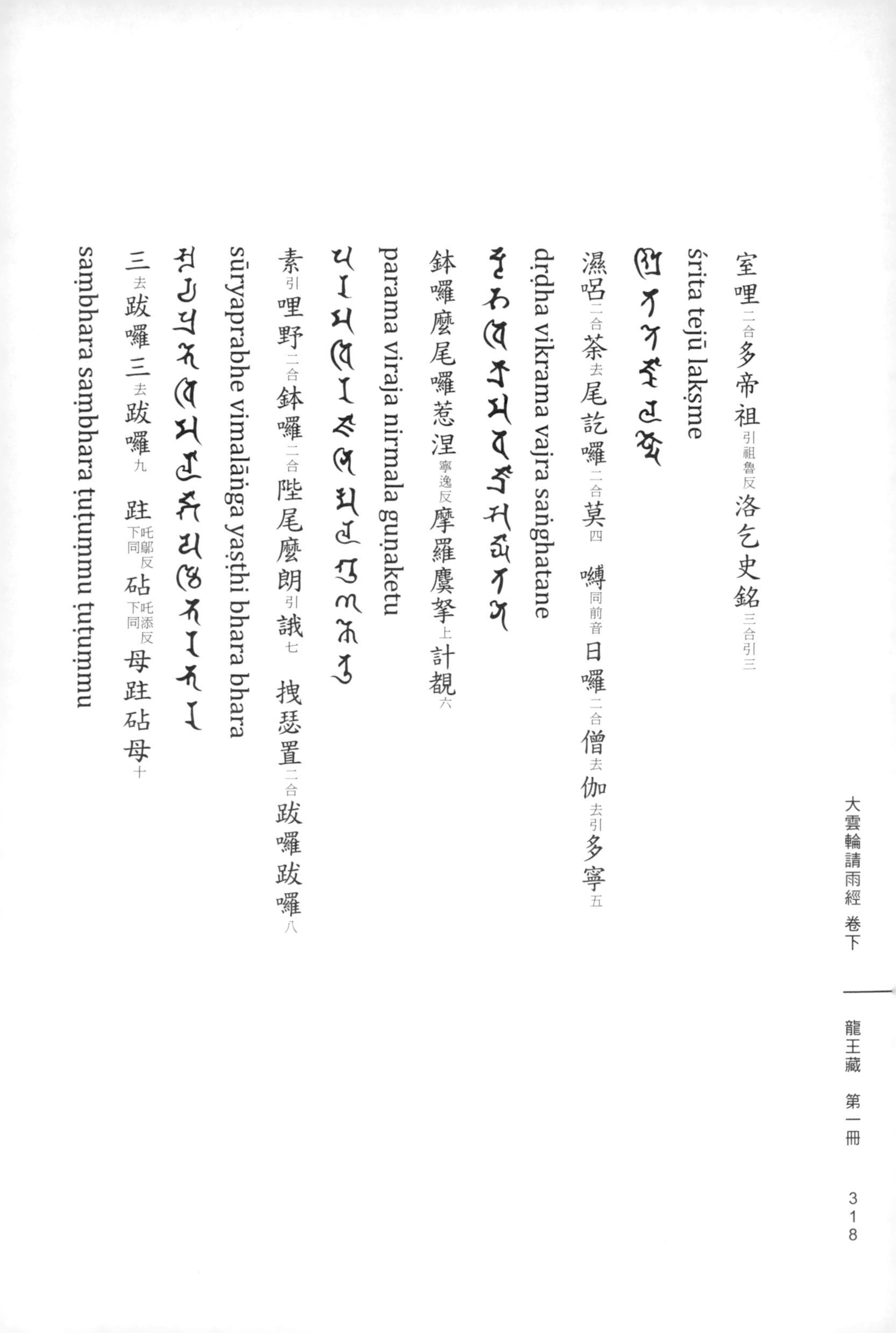

室哩(二合)多帝祖(引祖魯反)洛乞史銘(三合引三)

śrita tejū lakṣme

濕呂(二合)荼(去)尾訖囉(二合)莫(四)　嚩(同前音)日囉(二合)僧(去)伽(去引)多寧(五)

dṛḍha vikrama vajra saṅghatane

鉢囉麼尾囉惹涅(寧逸反)摩羅麌拏(上)計覩(六)

parama viraja nirmala guṇaketu

素(引)哩野(二合)鉢囉(二合)陛尾麼朗(引)誐(七)　拽瑟置(二合)跋囉跋囉(八)

sūryaprabhe vimalāṅga yaṣṭhi bhara bhara

三(去)跋囉三(去)跋囉(九)　跓(吒鄔反下同)砧(吒添反下同)母跓砧母(十)

saṃbhara saṃbhara tuṭummu tuṭummu

賀曩賀曩十一　摩賀引鉢囉二合陛十二　尾度引多謨引輸引馱迦引嚇十三

hana hana mahāprabhe vidhūtamośūddha kāre

鉢囉二合枳孃二合引秫第跛哩布羅抳二合十四　每引怛嚇二合每引怛嚇二合十五

prajña śuddhe paripurṇi maitre maitre

每引怛哩二合引味引囉那莫塞訖哩三合帝十六

maitrī vīra nama skṛte

每引怛覽二合引母馱嚇惹在娜反攞惹攞十七

maitraṃ buddhare jala jala

惹攬引母馱隸冒引地孕二合誐十八

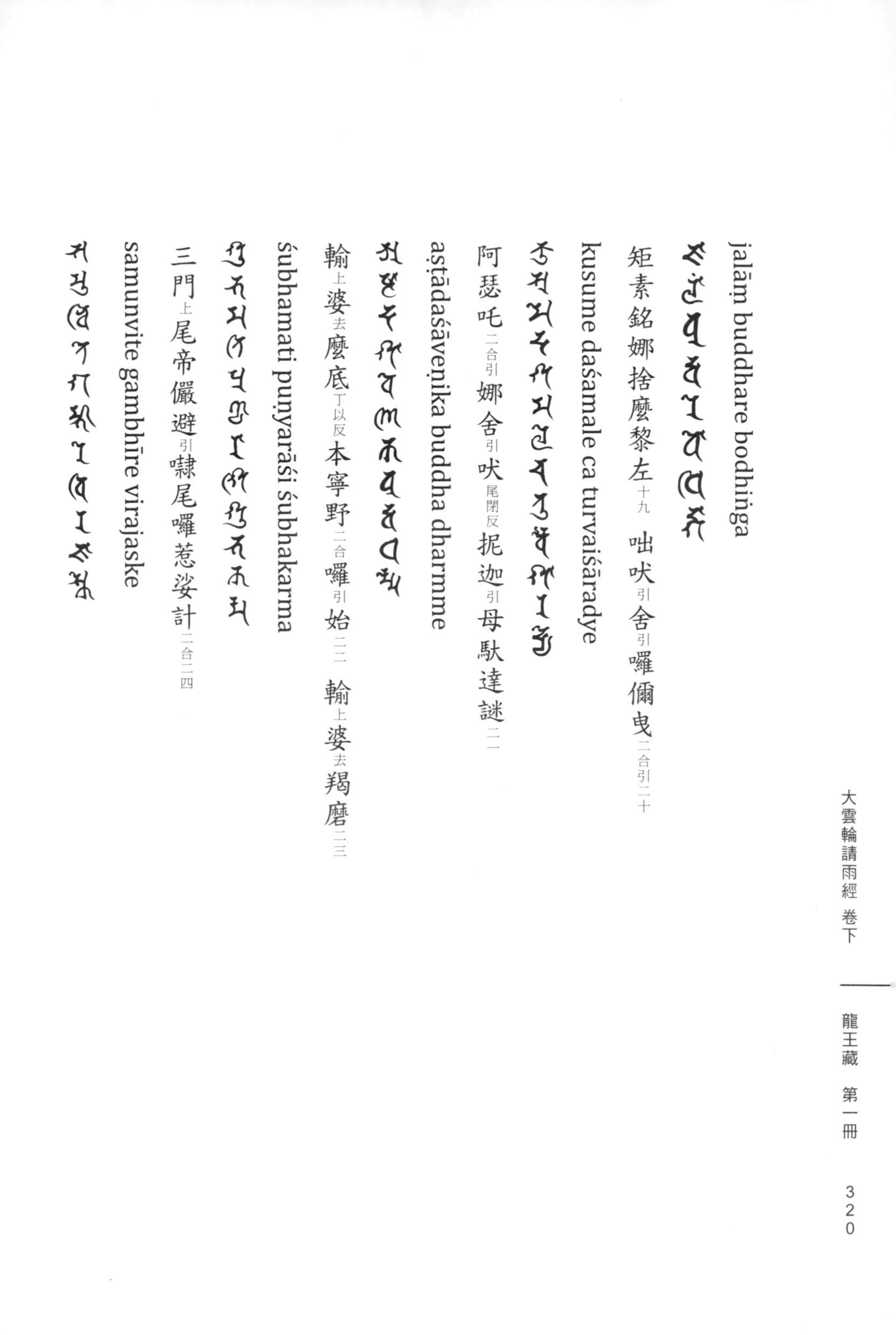

jalāṃ buddhare bodhiṅga

矩素銘娜捨麼黎左十九　咄吠引舍引囉儞曳二合引二十

kusume daśamale ca turvaiśāradye

阿瑟吒二合引娜舍引吠尾閉反抳迦引母馱達謎二一

aṣṭādaśāveṇika buddha dharmme

輸上婆去麼底丁以反本寧野二合囉引始二二　輸上婆去羯磨二三

śubhamati puṇyarāśi śubhakarma

三門上尾帝儼避引㘑尾囉惹娑計二合二四

samunvite gambhīre virajaske

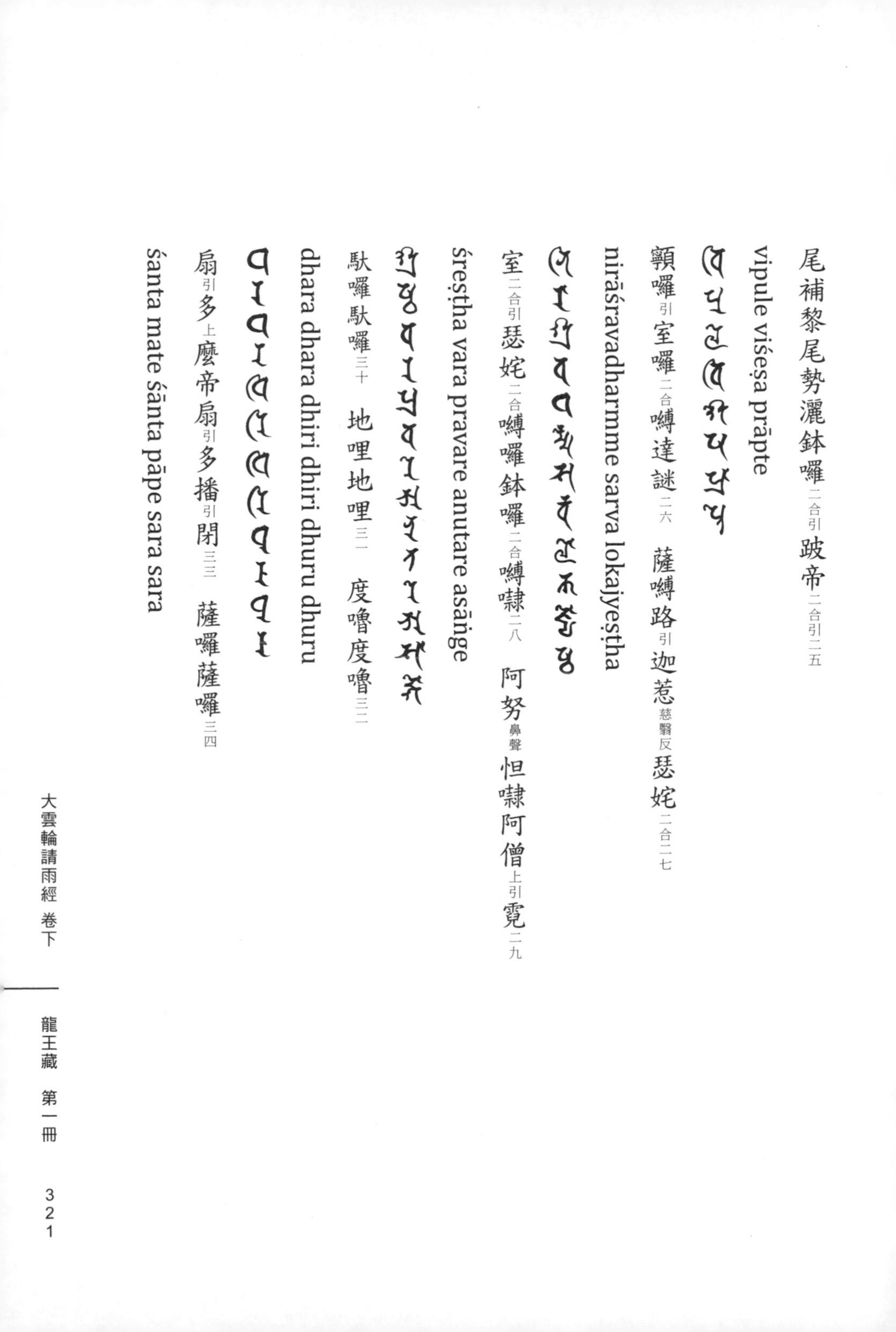

尾補黎尾勢灑鉢囉二合引跛帝二合引二五

vipule viśeṣa prāpte

顊囉引室囉二合嚩達謎二六　薩嚩路引迦惹慈翳反瑟姹二合二七

nirāśravadharmme sarva lokajyeṣṭha

室二合引瑟姹二合嚩囉鉢囉二合嚩隸二八　阿努鼻聲怛隸阿僧上引霓二九

śreṣṭha vara pravare anutare asāṅge

馱囉馱囉三十　地哩地哩三一　度嚕度嚕三二

dhara dhara dhiri dhiri dhuru dhuru

扇引多上麼帝扇引多播引閉三三　薩囉薩囉三四

śanta mate śānta pāpe sara sara

左囉左囉三五　唧哩唧哩三六　祖嚕祖嚕三七

cara cara ciri ciri curu curu

𑖓𑖨𑖓𑖨𑖓𑖰𑖨𑖰𑖓𑖰𑖨𑖰𑖓𑖲𑖨𑖲𑖓𑖲𑖨𑖲

跛囉麼母馱引努鼻麼帝三八

parama buddhānumate

𑖢𑖨𑖦𑖤𑖲𑖟𑖿𑖠𑖯𑖡𑖲𑖦𑖝𑖸

摩賀引鉢囉二合枳孃二合引播引囉弭帝娑嚩二合引賀引三九

mahāprajñapāramite svāhā

𑖦𑖮𑖯𑖢𑖿𑖨𑖕𑖿𑖗𑖢𑖯𑖨𑖦𑖰𑖝𑖸𑖭𑖿𑖪𑖯𑖮𑖯

南無智海毘盧遮那如來。

南無一切諸佛菩薩摩訶薩眾。

我今召請一切諸龍於贍部洲令降雨故，以一切佛、菩薩誠實真言，誡勅諸龍除滅五障；復說陀羅尼曰：

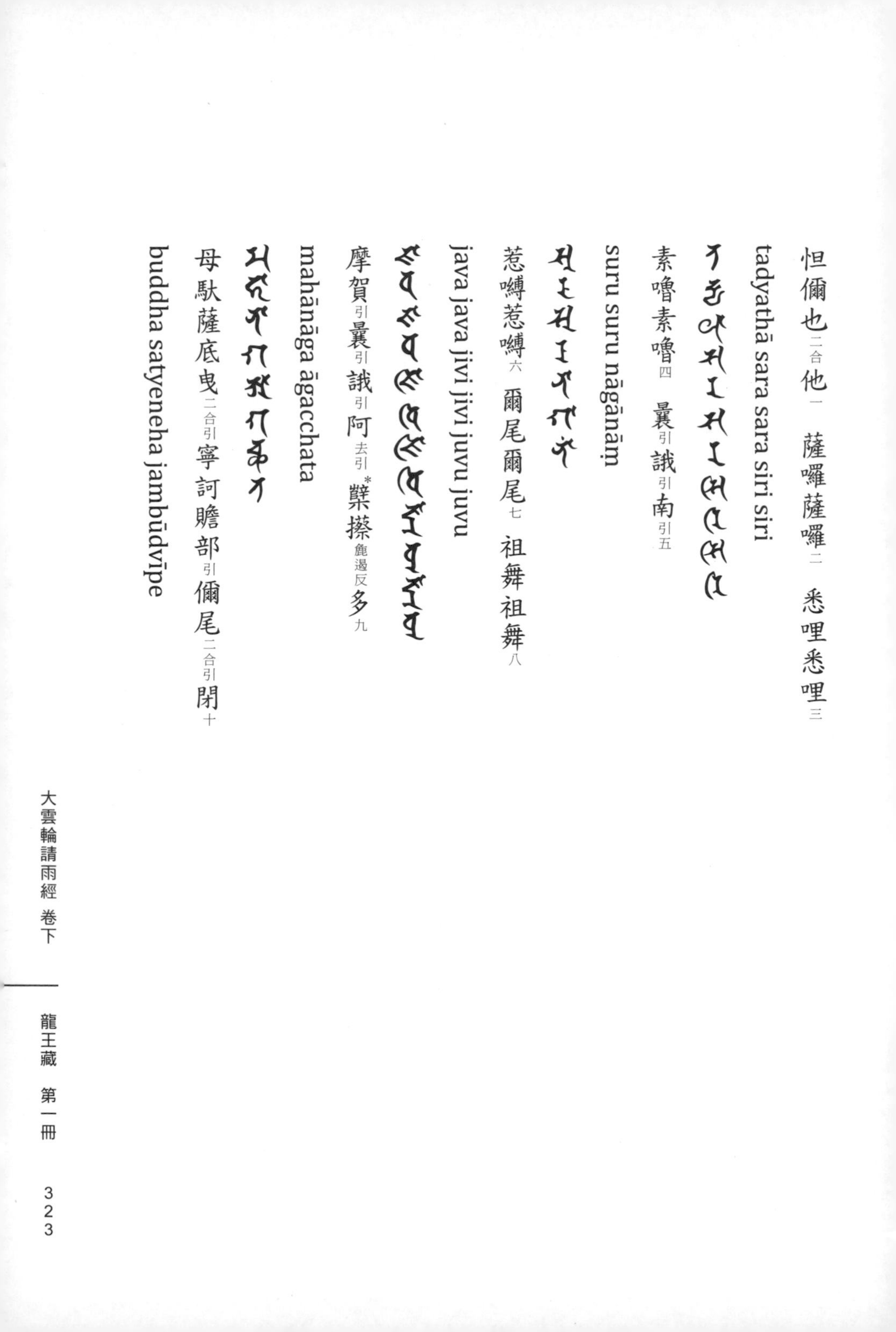

怛儞也二合他一　薩囉薩囉二　悉哩悉哩三

tadyathā sara sara siri siri

素嚕素嚕四　曩引誐引南引五

suru suru nāgānāṃ

惹嚩惹嚩六　爾尾爾尾七　祖舞祖舞八

java java jivi jivi juvu juvu

摩賀引曩引誐引阿去引*櫱擦麁遏反多九

mahānāga āgacchata

母馱薩底曳二合引寧訶贍部引儞尾二合引閉十

buddha satyeneha jambūdvīpe

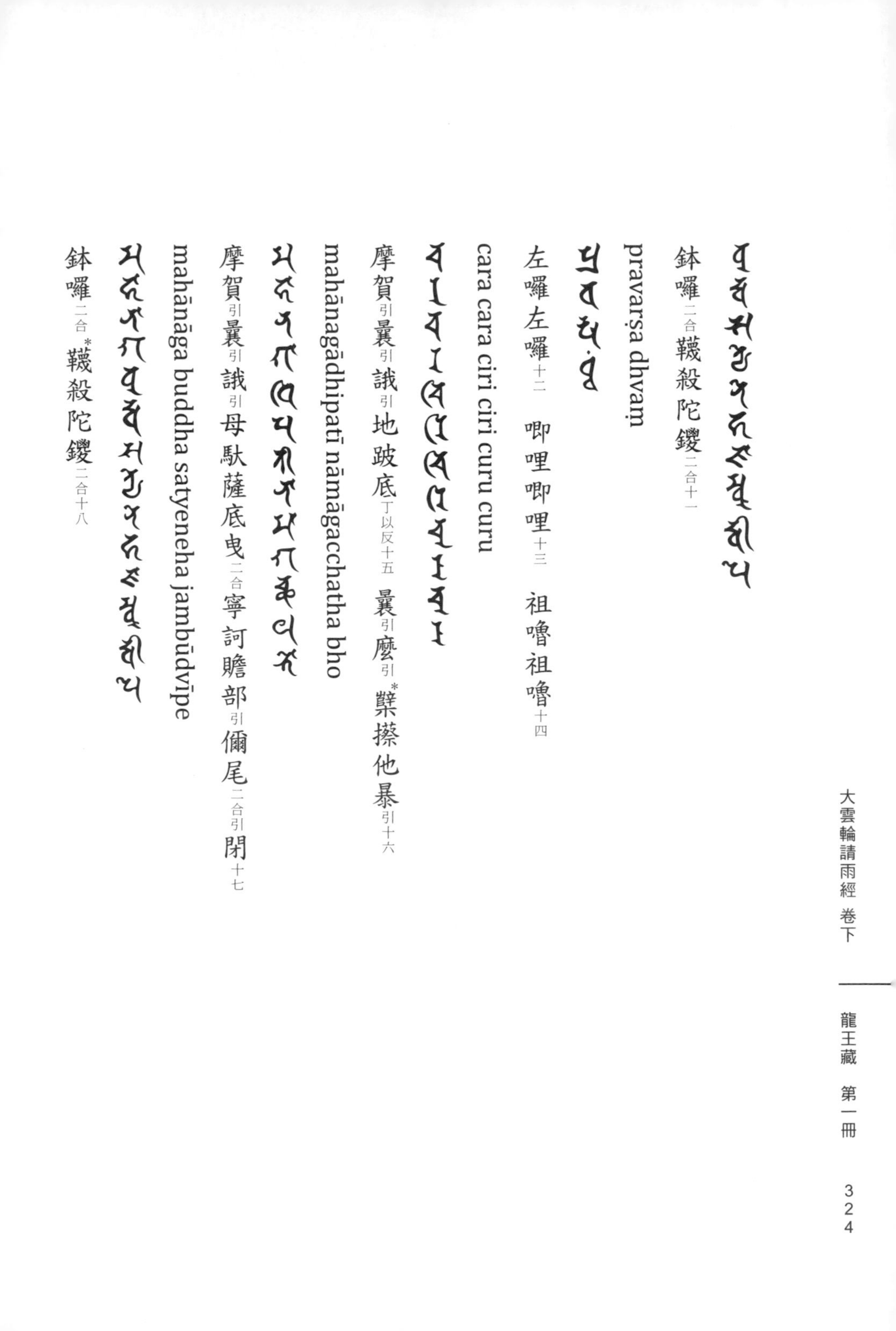

鉢囉二合韈殺陀鑁二合十一

pravarṣa dhvaṃ

左囉左囉十二　唧哩唧哩十三　祖嚕祖嚕十四

cara cara ciri ciri curu curu

摩賀引曩引誐引地跛底丁以反十五　曩引麼引*蘗攃他暴引十六

mahānagādhipatī nāmagacchatha bho

摩賀引曩引誐引母馱薩底曳二合寧訶贍部引儞尾二合引閉十七

mahānāga buddha satyeneha jambūdvipe

鉢囉二合*韈殺陀鑁二合十八

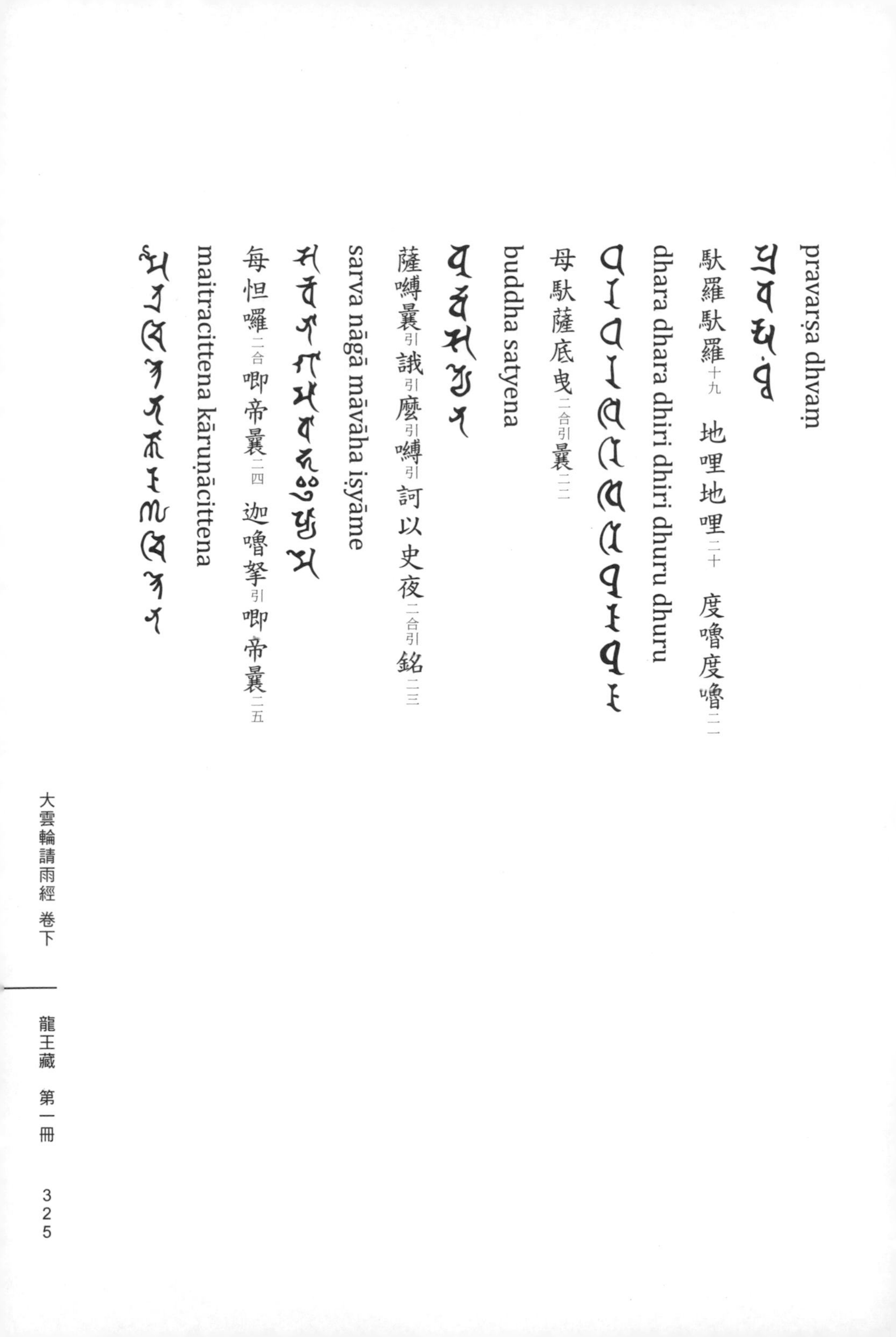

pravarṣa dhvaṃ

馱羅馱羅十九　地哩地哩二十　度嚕度嚕二一

dhara dhara dhiri dhiri dhuru dhuru

母馱薩底曳二合引曩二二

buddha satyena

薩嚩曩引誐引麼引嚩引訶以史夜二合引銘二三

sarva nāgā māvāha iṣyāme

每怛囉二合唧帝曩二四　迦嚕拏引唧帝曩二五

maitracittena kāruṇācittena

母儞跢引唧帝曩二六　鄔閉乞灑二合引唧帝曩二七

muditācittena upekṣācittena

薩嚩母馱冒地薩怛嚩二合引地瑟姹二合引寧引二八

sarva buddha bodhisattvādhiṣṭhāne

曩摩賀夜引曩引捨曳平曩引*蘖攃他二九

namahāyānāśaye nāgacchatha

摩賀曩引誐引地跛多上野三十　娑麼二合囉多母馱引南三一

mahānāgādhipataya smarata buddhānāṃ

母馱達麼引喃引三二

buddha dharmmāṇāṃ

𑖭𑖨𑖿𑖪𑖤𑖲𑖟𑖿𑖠𑖯𑖡𑖽

冒地薩怛嚩二合麌拏鼻聲引南三三

bodhisattva guṇānaṃ

𑖤𑖺𑖠𑖰𑖭𑖝𑖿𑖪𑖐𑖲𑖜𑖯𑖡𑖽

跋囉跋囉三四　鼻哩鼻哩三五　部嚕部嚕三六

bhara bhara bhiri bhiri bhuru bhuru

𑖥𑖨𑖥𑖨𑖥𑖰𑖨𑖰𑖥𑖰𑖨𑖰𑖥𑖲𑖨𑖲𑖥𑖲𑖨𑖲

摩賀惹攬引謀謎伽去嚩引哩馱引哩抳三七

mahājalāṃbu meghavāri dhāriṇi

𑖦𑖮𑖯𑖕𑖩𑖯𑖽𑖤𑖲𑖦𑖸𑖑𑖪𑖯𑖨𑖰𑖠𑖯𑖨𑖰𑖜𑖰

摩賀部惹誐引跛哩迦囉入引每引怛囉二合唧帝曩引三八

mahābhujagā parikarāḥ maitra cittenā

𑖦𑖮𑖯𑖥𑖲𑖕𑖐𑖯𑖢𑖨𑖰𑖎𑖨𑖯𑖾𑖦𑖹𑖝𑖿𑖨𑖓𑖰𑖝𑖿𑖝𑖸𑖡𑖯

*蘖攃多娑麼二合囉多三九

gacchatta smarata

嚩囉舍引娑難舍引娑覩二合入四十

vara śāsanaṃ śāstuḥ

伽去聲下同吒伽吒四一　岐去致岐致四二

ghaṭa ghaṭa ghiṭi ghiṭi

具誅去具誅去四三　隖仡囉二合矩嚕二合引馱引四四

ghuṭu ghuṭu ugrakrodhā

摩賀吠微閉反誐引路引攞爾賀嚩二合四五

mahāvegā lola jihva

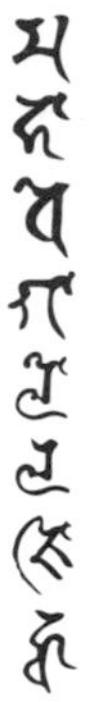

摩賀引尾灑入引阿去引*蘗擦多四六

mahāviṣāḥ āgacchata

每引怛囉二合唧跢入引韈囉灑二合陀鑁二合四七

maitracittaḥ varṣa dhvaṃ

伊上訶贍部儞尾二合引閉薩嚩怛他去*蘗多薩底曳二合引曩娑嚩二合引賀四八

iha jambūdvipe sarva tathāgata satyena svāhā

怛吒怛吒四九　底致底致五十

taṭṭa taṭṭa tiṭṭi tiṭṭi

咄跓吒鄔反咄跓五一　摩賀引摩抳麼矩吒五二

tuṭṭu tuṭṭu mahā maṇi makuṭa

冒引里馱囉引試引尾灑嚧引比拏入五三

boridharāśī viṣaropiṇaḥ

娑麼二合囉多底哩二合囉怛曩二合地瑟姹二合引難五四

smarata triratnādhiṣṭhānaṃ

嚩日囉二合馱囉薩底曳二合引曩韈囉灑二合多五五

vajradhara satyena varṣata

伊上訶贍部儞尾二合引閉娑嚩入二合賀五六

iha jambūdvipe svāhā

迦攞迦攞五七　枳里枳里五八　矩魯矩魯五九

kala kala kili kili kulu kulu

麼護引娜迦嚩引悉諾六十

mahodaka vāsinaḥ

摩賀勃囉二合矩引吒夜引曩引鼻夜引以諾鼻聲六一

mahābhrakuṭayā nābhi yāyidaḥ

阿去引*蘖攃多六二　每引怛囉二合唧帝引曩伊上訶贍部儞尾二合閉六三

āgacchata maitracittena iha jambūdvīpe

韈囉灑二合馱囉引母此呂二合惹多六四

varṣa dhārāmucchri jata

怛他去引*蘖多薩底曳二合曩六五

tathāgata satyena

𑖝𑖞𑖯𑖐𑖝𑖭𑖝𑖿𑖧𑖸𑖡

怛他引*蘖跢引地瑟姹二合引寧引曩六六

tathāgatādhiṣṭhānena

𑖝𑖞𑖯𑖐𑖝𑖯𑖠𑖰𑖬𑖿𑖙𑖯𑖡𑖸𑖡

嚩日囉二合播引抳尼貞反囉引枳孃二合引跛野底六七

vajrapāṇi rājñāpayati

𑖪𑖕𑖿𑖨𑖢𑖯𑖜𑖰𑖨𑖯𑖕𑖿𑖗𑖯𑖢𑖧𑖝𑖰

囉攞囉攞六八　哩里哩里六九　嚕魯嚕魯七十

rala rala rili rili rulu rulu

𑖨𑖩𑖨𑖩𑖨𑖰𑖩𑖰𑖨𑖰𑖩𑖰𑖨𑖲𑖩𑖲𑖨𑖲𑖩𑖲

尾誐多弭娜嚩二合引婆去嚩多七一　*蘖嚩部惹在娜反虐入七二

vigata midvā bhavata sarva bhujagāḥ

怛哩拽二合怛他去引*蘖多薩底曳二合引曩七三

tryatathāgata satyena

伽去麼伽去麼七四　祇去弭祇去弭七五

ghama ghama ghimi ghimi

具娑重聲呼母具娑嚩二合賀引七六

ghumu gumu svāhā

阿去引嚩引賀夜引弭薩嚩曩引孅引每怛囉二合唧帝引曩七七

āvāhayami sarva nāgāṃ maitracittena

冐引地唧多布引囉網二合誐謎引曩七八　怛囉怛囉七九

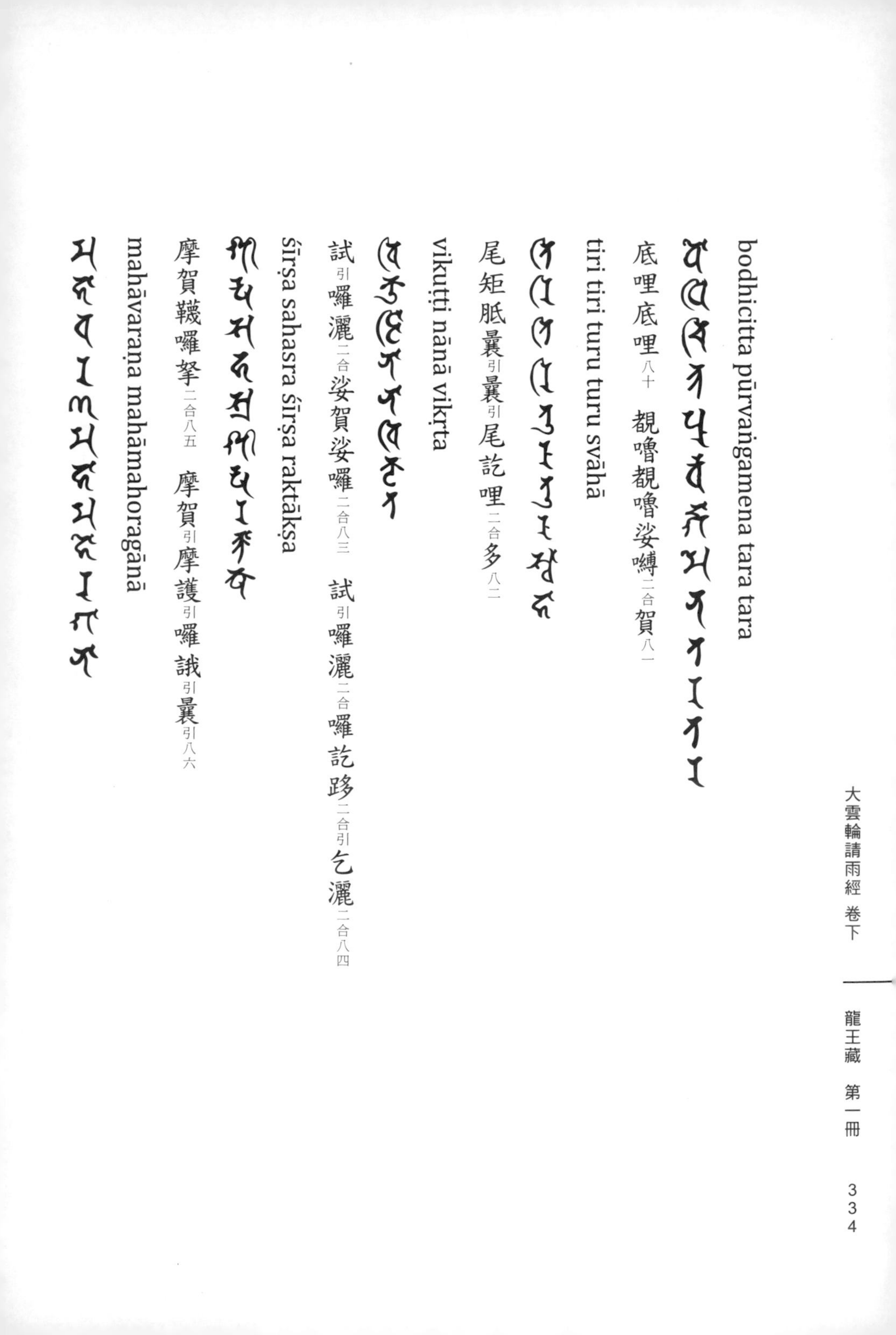

bodhicitta pūrvaṅgamena tara tara

底哩底哩八十　覩嚕覩嚕娑嚩二合賀八一

tiri tiri turu turu svāhā

尾矩胝曩引曩引尾訖哩二合多八二

vikuṭṭi nānā vikṛta

試引囉灑二合娑賀娑囉二合八三　試引囉灑二合囉訖跢二合引乞灑二合八四

śīrṣa sahasra śīrṣa raktākṣa

摩賀䕶囉拏二合八五　摩賀引摩護引囉誐引曩引八六

mahāvaraṇa mahāmahoragānā

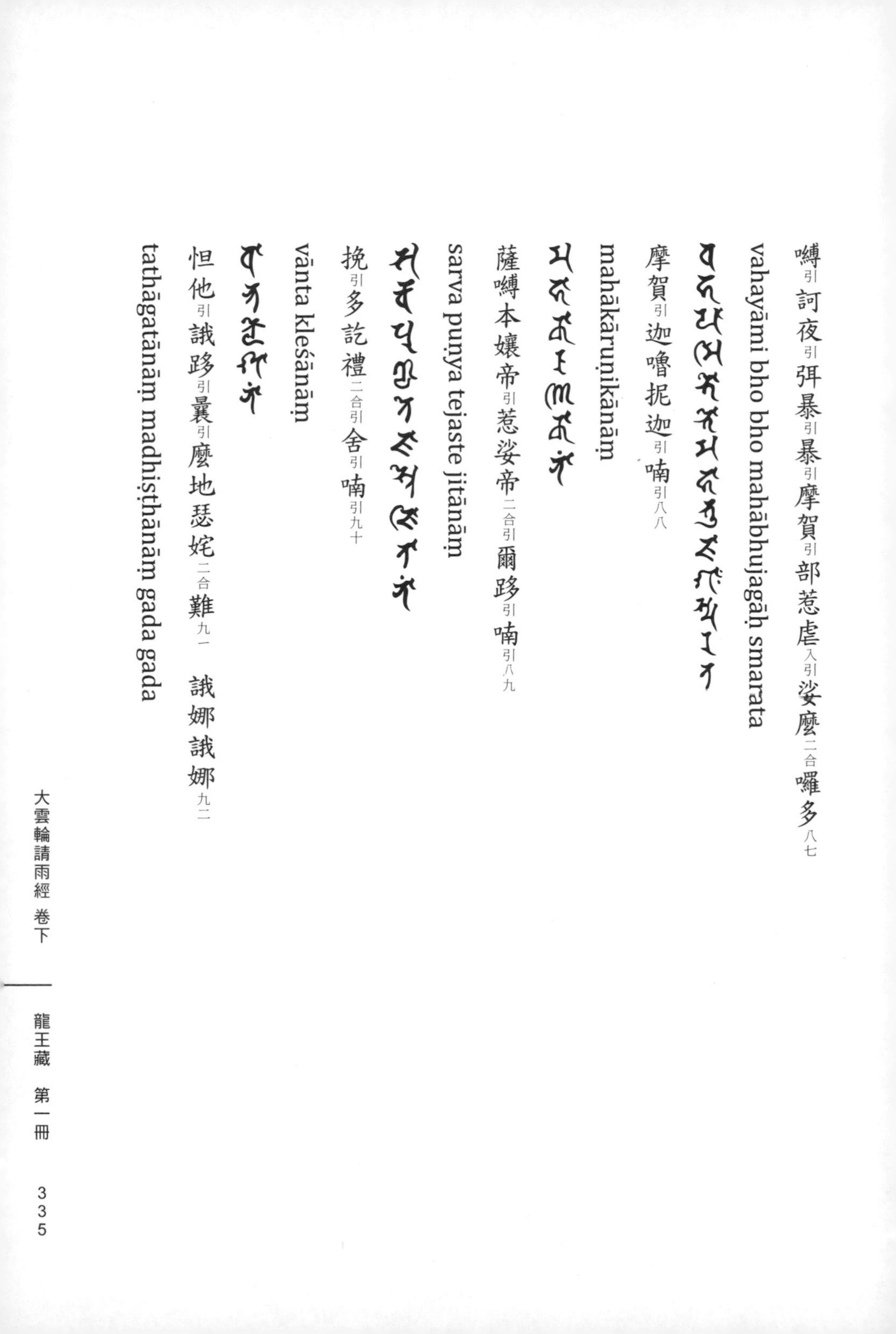

嚩引訶夜引弭暴引暴引摩賀引部惹虐入引娑麼二合囉多八七

vahayāmi bho bho mahābhujagāḥ smarata

摩賀引迦嚕抳迦引喃引八八

mahākāruṇikānāṃ

薩嚩本孃帝引惹娑帝二合引爾跢引喃引八九

sarva puṇya tejaste jitānāṃ

挽引多訖禮二合引舍引喃引九十

vānta kleśānāṃ

怛他引誐跢引曩引麼地瑟姹二合難九一　誐娜誐娜九二

tathāgatānāṃ madhiṣṭhānāṃ gada gada

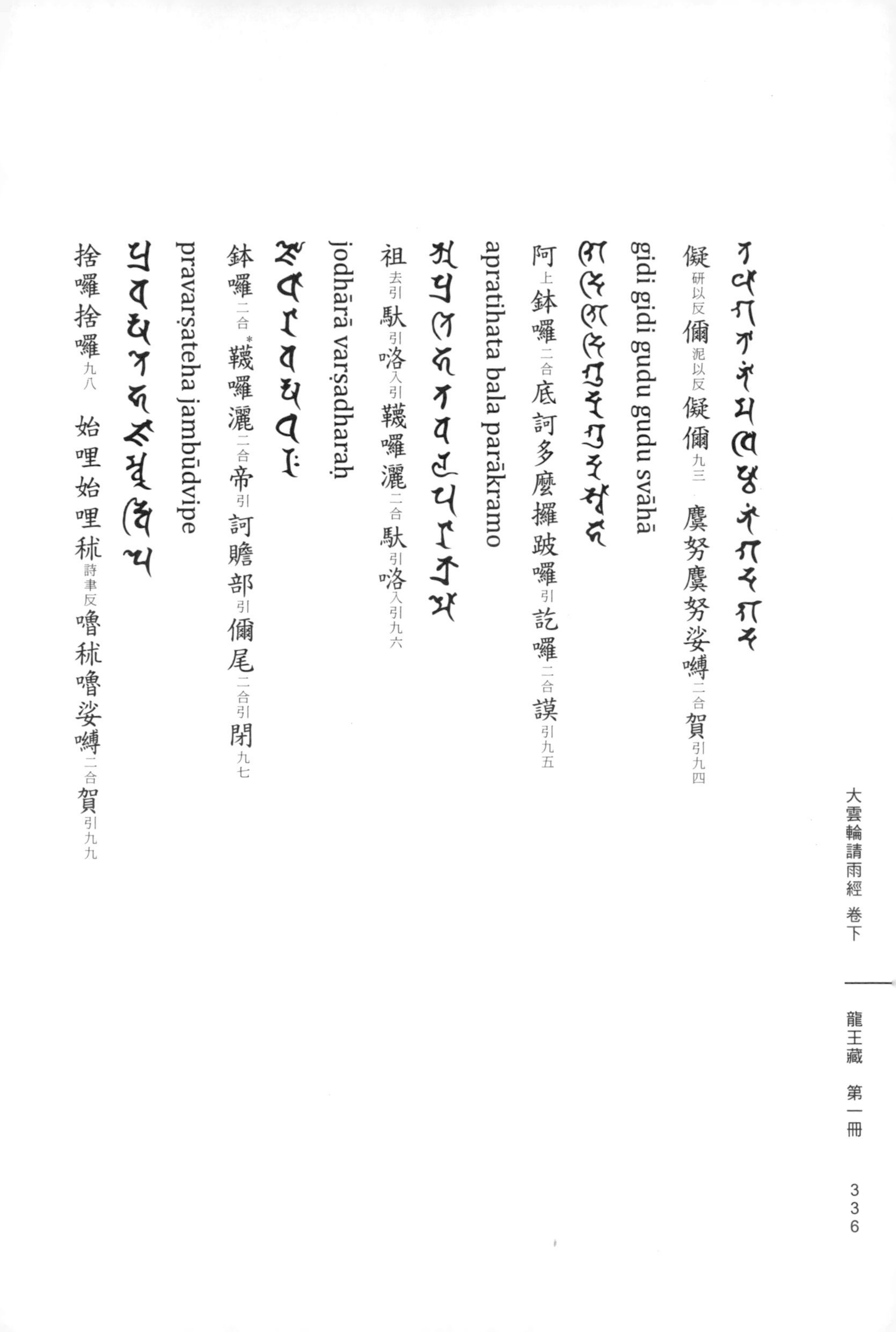

儗研以反儞泥以反儗儞九三　虞努虞努娑嚩二合賀引九四

gidi gidi gudu gudu svāhā

阿上鉢囉二合底訶多麼攞跛囉引訖囉二合謨引九五

apratihata bala parākramo

祖去引馱引咯入引穰囉灑二合馱引咯入引九六

jodhārā varṣadharaḥ

鉢囉二合*穰囉灑二合帝引訶瞻部引儞尾二合引閉九七

pravarṣateha jambūdvipe

捨囉捨囉九八　始哩始哩秫詩聿反嚕秫嚕娑嚩二合賀引九九

śara śara śiri śiri śuru śuru svāhā

𑖫𑖨𑖫𑖨𑖫𑖰𑖨𑖰𑖫𑖰𑖨𑖰𑖫𑖲𑖨𑖲𑖫𑖲𑖨𑖲𑖭𑖿𑖪𑖯𑖮𑖯

暴引暴引摩賀引曩引虐娑嚩二合炬攞遇引怛囉二合麼努鼻娑麼二合囉多一百

bho bho mahānāgaḥ svakulagotra manosmarata

𑖥𑖺𑖥𑖺𑖦𑖮𑖯𑖡𑖯𑖐𑖾𑖭𑖿𑖪𑖎𑖲𑖩𑖐𑖺𑖝𑖿𑖨𑖦𑖡𑖺𑖭𑖿𑖦𑖨𑖝

韈囉灑二合馱引囉引一百一

varṣadhārā

𑖪𑖨𑖿𑖬𑖠𑖯𑖨𑖯

嗢此哩二合惹帝引訶贍部引儞尾二合引閉一百二

ucchri jateha jambūdvīpe

𑖄𑖓𑖿𑖔𑖿𑖨𑖰𑖕𑖝𑖸𑖮𑖕𑖦𑖿𑖤𑖳𑖟𑖿𑖪𑖱𑖢𑖸

薩嚩禰引嚩薩底野二合地瑟姹二合引寗引曩麼鼻引尾攬麼多娑嚩二合賀引一百三

sarva deva satyādhiṣṭhānena māvilambata svāhā

𑖭𑖨𑖿𑖪𑖟𑖸𑖪𑖭𑖝𑖿𑖧𑖯𑖠𑖰𑖬𑖿𑖙𑖯𑖡𑖸𑖡𑖦𑖯𑖪𑖰𑖩𑖦𑖿𑖤𑖝𑖭𑖿𑖪𑖯𑖮𑖯

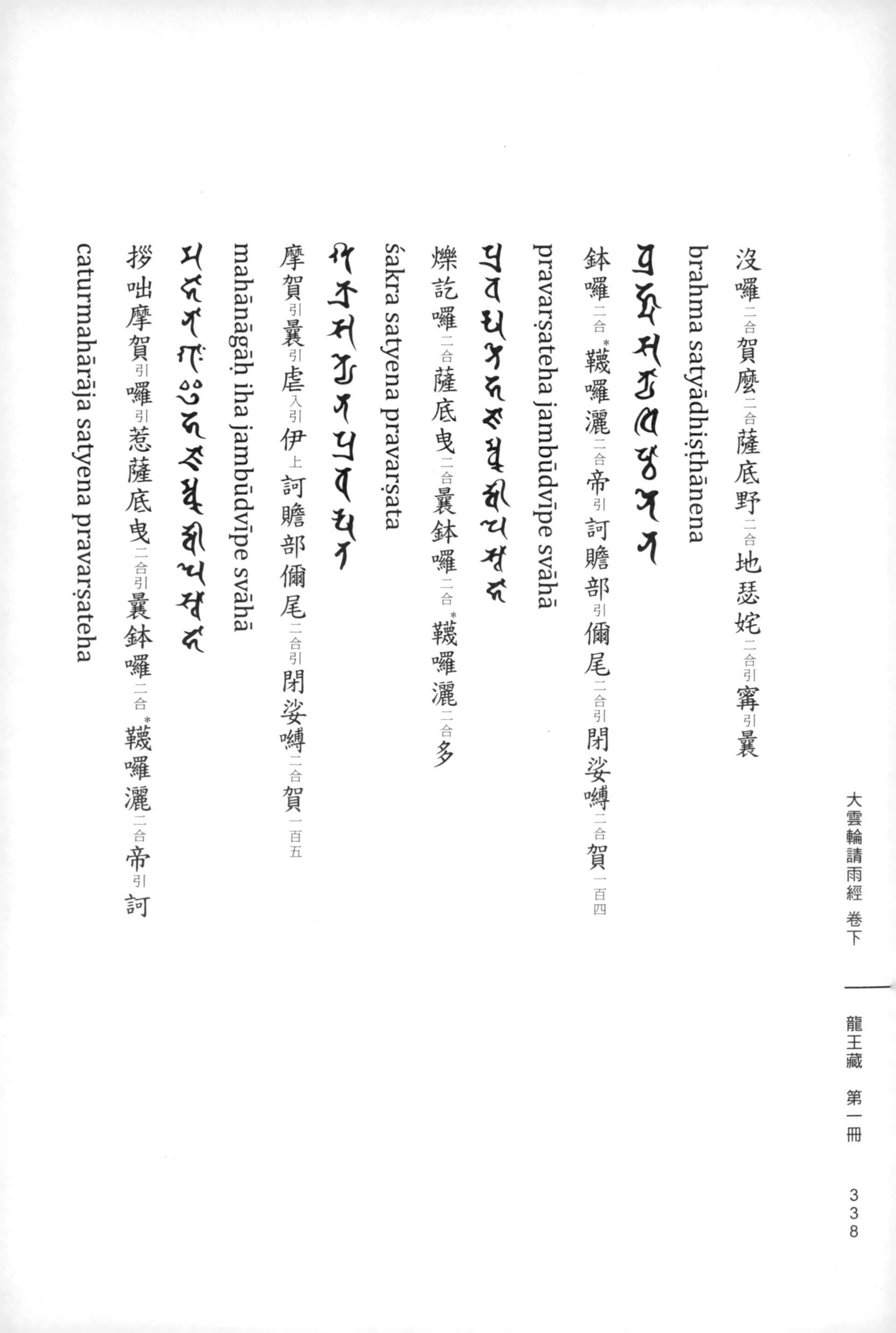

沒囉二合賀麼二合薩底野二合地瑟姹二合引寧引曩

brahma satyādhiṣṭhānena

鉢囉二合*韈囉灑二合帝引訶贍部引儞尾二合引閉娑嚩二合賀一百四

pravarṣateha jambūdvīpe svāhā

爍訖囉二合薩底曳二合曩鉢囉二合*韈囉灑二合多

śakra satyena pravarṣata

摩賀引曩引虐入引伊上訶贍部儞尾二合引閉娑嚩二合賀一百五

mahānāgāḥ iha jambūdvīpe svāhā

拶咄摩賀引囉引惹薩底曳二合引曩鉢囉二合*韈囉灑二合帝引訶

caturmahārāja satyena pravarṣateha

[illegible]

贍部儞尾二合引閉娑嚩二合賀一百六

𑖕𑖽𑖤𑖳𑖟𑖿𑖪𑖰𑖢𑖸 𑖭𑖿𑖪𑖯𑖮𑖯

jambūdvipe svāhā

阿悉吒二合麼鼻迦薩底曳二合曩鉢囉二合*蘖囉灑二合摩賀引曩引虐入引一百七

𑖀𑖬𑖿𑖘𑖦𑖎 𑖭𑖝𑖿𑖧𑖸𑖡 𑖢𑖿𑖨𑖪𑖨𑖿𑖬 𑖦𑖮𑖯𑖡𑖯𑖐𑖯𑖾

aṣṭamaka satyena pravarṣa mahānāgāḥ

伊上訶贍部引儞尾二合閉娑嚩二合賀一百八

𑖂𑖮 𑖕𑖽𑖤𑖳𑖟𑖿𑖪𑖰𑖢𑖸 𑖭𑖿𑖪𑖯𑖮𑖯

iha jambūdvipe svāhā

鉢囉二合*蘖囉灑二合多摩訶引曩引虐入引一百九

𑖢𑖿𑖨𑖪𑖨𑖿𑖬𑖝 𑖦𑖮𑖯𑖡𑖯𑖐𑖯𑖾

pravarṣata mahānāgāḥ

素嚕二合引多阿去引半曩薩底曳二合引曩伊上訶贍部儞尾二合引閉娑嚩二合賀一百十

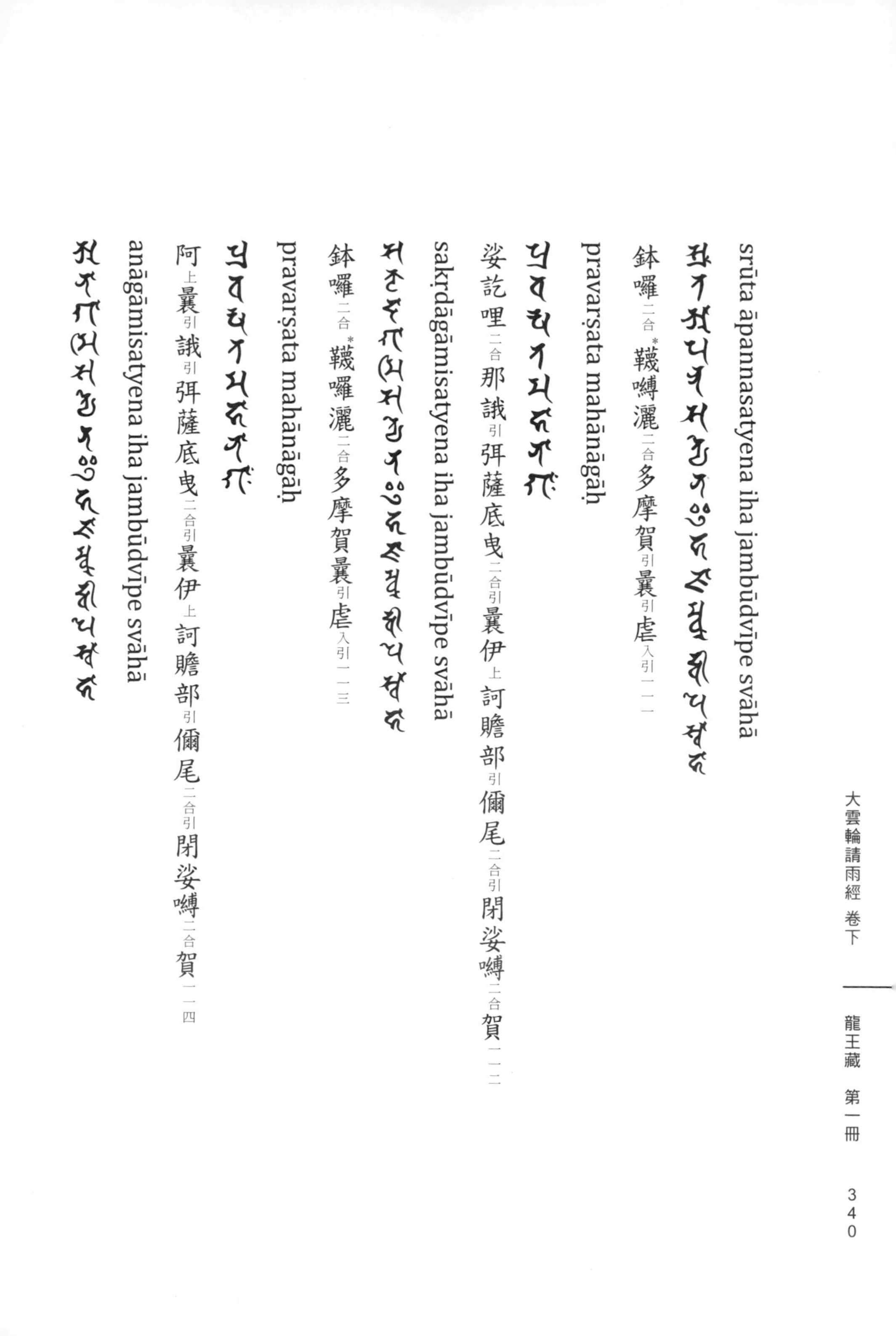

srūta āpannasatyena iha jambūdvīpe svāhā

鉢囉二合*蘵嚩灑二合多摩賀引曩引虐入引一一一

pravarṣata mahānāgāḥ

娑訖哩二合那誐引弭薩底曳二合引曩伊上訶贍部引儞尾二合引閉娑嚩二合賀一一二

sakṛdāgāmisatyena iha jambūdvīpe svāhā

鉢囉二合*蘵囉灑二合多摩賀曩引虐入引一一三

pravarṣata mahānāgāḥ

阿上曩引誐引弭薩底曳二合引曩伊上訶贍部引儞尾二合引閉娑嚩二合賀一一四

anāgāmisatyena iha jambūdvīpe svāhā

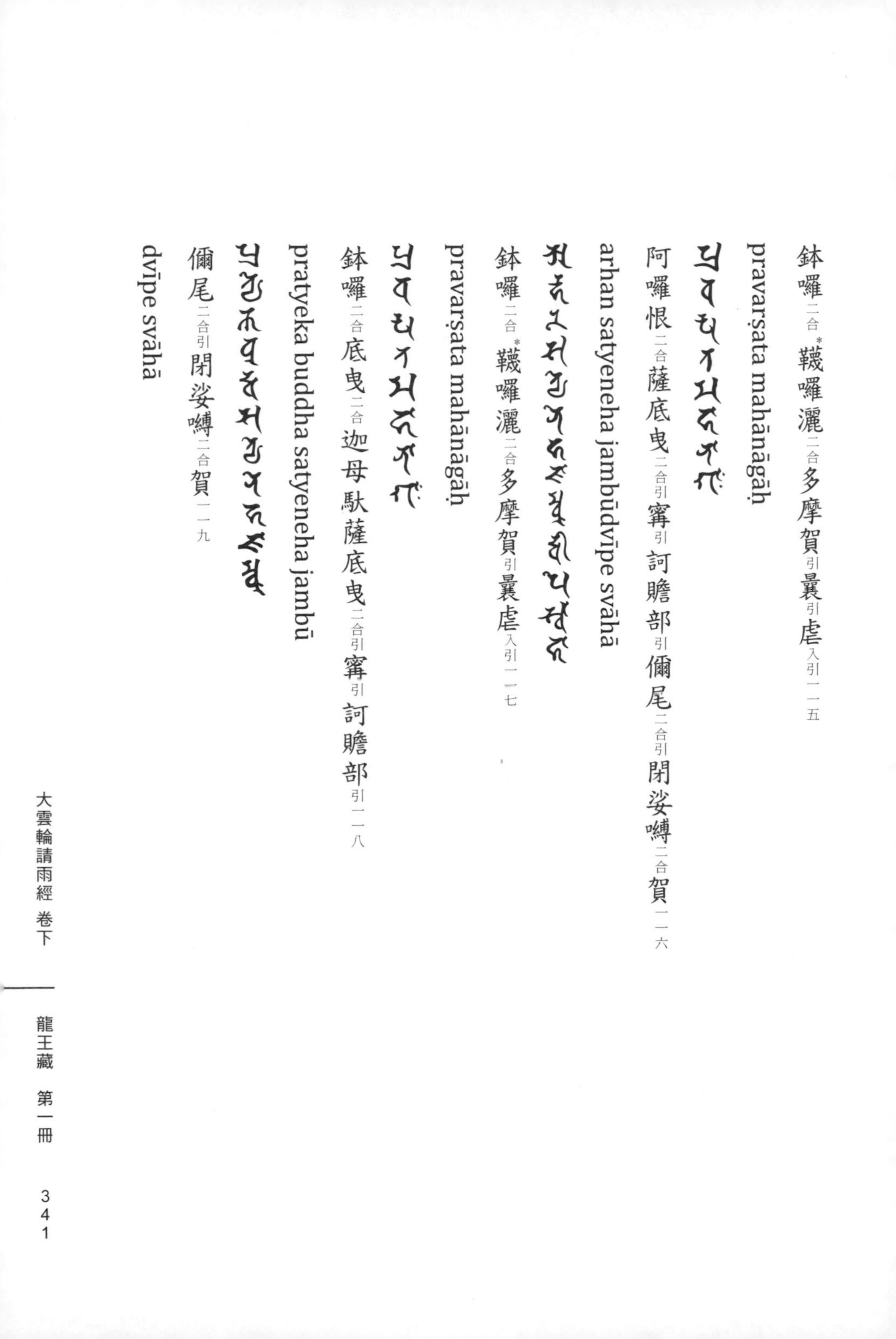

鉢囉二合*穰囉灑二合多摩賀引曩引虐入引一一五

pravarṣata mahānāgāḥ

阿囉恨二合薩底曳二合引寗引訶贍部引儞尾二合引閉娑嚩二合賀一一六

arhan satyeneha jambūdvīpe svāhā

鉢囉二合*穰囉灑二合多摩賀引曩引虐入引一一七

pravarṣata mahānāgāḥ

鉢囉二合底曳二合迦母馱薩底曳二合引寗引訶贍部引一一八

pratyeka buddha satyeneha jambū

儞尾二合引閉娑嚩二合賀一一九

dvīpe svāhā

𑖟𑖿𑖪𑖱𑖢𑖸𑖭𑖿𑖪𑖯𑖮𑖯

𑖢𑖿𑖨𑖪𑖨𑖿𑖬𑖝𑖦𑖮𑖯𑖡𑖯𑖐𑖯𑖾

鉢囉(二合)*穰囉灑(二合)多摩賀(引)曩(引)虐(入引)一二十

pravarṣata mahānāgāḥ

𑖭𑖨𑖿𑖪𑖤𑖺𑖠𑖰𑖭𑖝𑖿𑖪𑖭𑖝𑖿𑖧𑖸𑖡𑖸𑖮𑖕𑖽𑖤𑖳𑖟𑖿𑖪𑖱𑖢𑖸𑖭𑖿𑖪𑖯𑖮𑖯

薩嚩冒(引)地薩怛嚩(二合)薩底曳(二合引)寧(引)訶贍部(引)儞尾(二合引)閉娑嚩(二合)賀一二一

sarva bodhisattva satyeneha jambūdvīpe svāhā

𑖢𑖿𑖨𑖪𑖨𑖿𑖬𑖝𑖦𑖮𑖯𑖡𑖯𑖐𑖯𑖾

鉢囉(二合)*穰囉灑(二合)多摩賀(引)曩(引)虐(引入)一二二

pravarṣata mahānāgāḥ

𑖭𑖨𑖿𑖪𑖝𑖞𑖯𑖐𑖝𑖯𑖡𑖯𑖽𑖭𑖝𑖿𑖧𑖯𑖠𑖰𑖬𑖿𑖙𑖯𑖡𑖸𑖡

薩嚩怛他(去引)櫱跢(引)喃(引)薩底曳(二合)地瑟姹(二合引)寧(引)曩

sarva tathāgatānāṃ satyādhiṣṭhānena

伊(上)訶贍部(引)儞尾(二合引)閉娑嚩(二合)賀一二三

iha jambūdvīpe svāhā

薩嚩禰嚩引南薩底曳二合引曩捨麼野多

sarva devānāṃ satyena śamayata

薩冒引鉢捺囉二合嚩引抳尼貞反娑嚩二合引賀一二四

sarvopadravaṇi svāhā

薩嚩曩引誐引南引薩底曳二合曩鉢囉二合*韤囉灑二合帝引訶

sarva nāgānāṃ satyena pravarṣateha

麼賀引畢哩二合體毘以反娑嚩二合賀引一二五

mahāpṛthivyāṃ svāhā

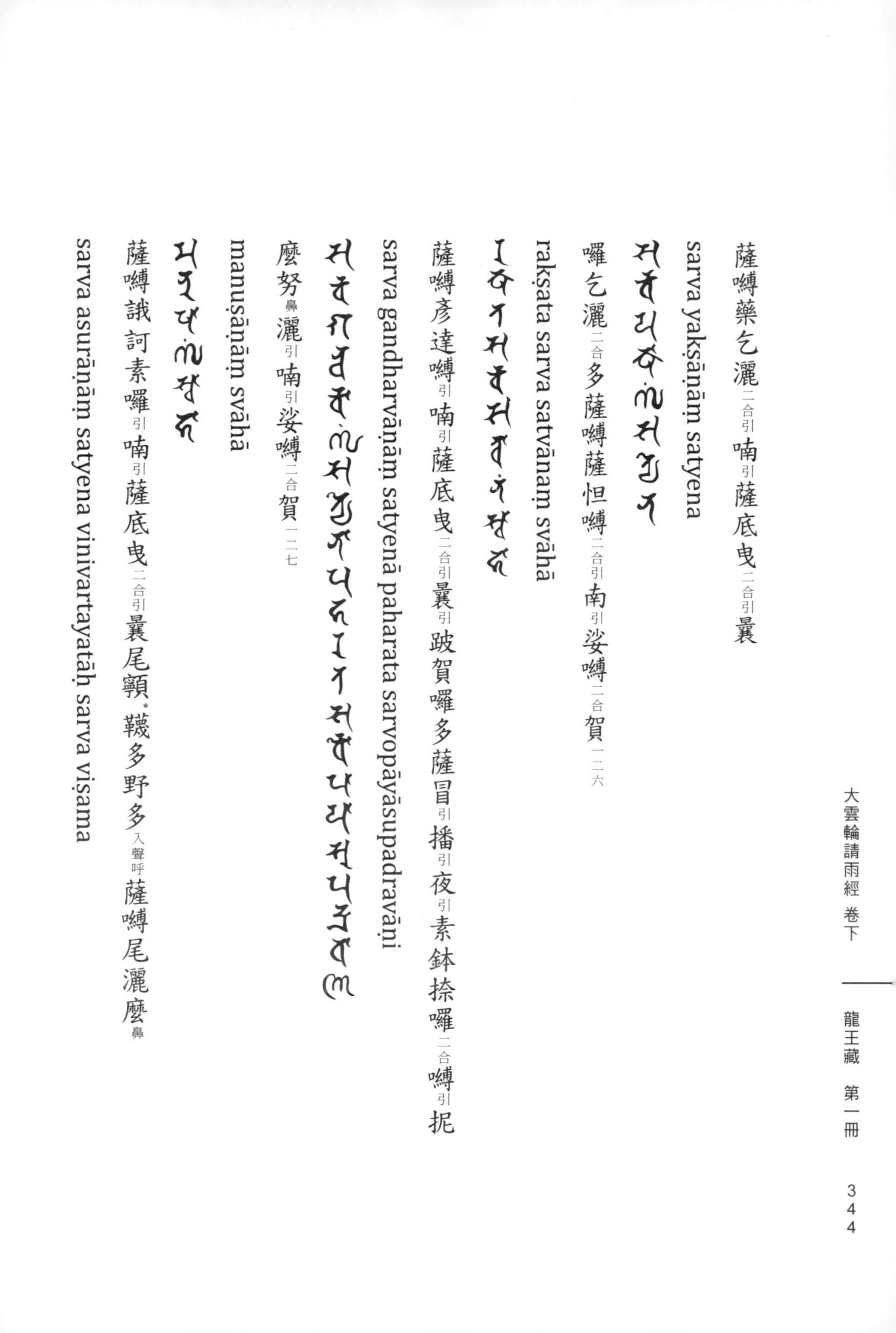

薩嚩藥乞灑二合引喃引薩底曳二合引曩

sarva yakṣāṇāṃ satyena

囉乞灑二合多薩嚩薩怛嚩二合引南引娑嚩二合賀一二六

rakṣata sarva satvānaṃ svāhā

薩嚩彥達嚩引喃引薩底曳二合引曩引跛賀囉多薩冒引播引夜引素鉢捺囉二合嚩引抳

sarva gandharvāṇāṃ satyenā paharata sarvopāyāsupadravāṇi

麼努鼻灑引喃引娑嚩二合賀一二七

manuṣāṇāṃ svāhā

薩嚩誐訶素囉引喃引薩底曳二合引曩尾𩕳*韈多野多入聲呼薩嚩尾灑麼鼻

sarva asurāṇāṃ satyena vinivartayatāḥ sarva viṣama

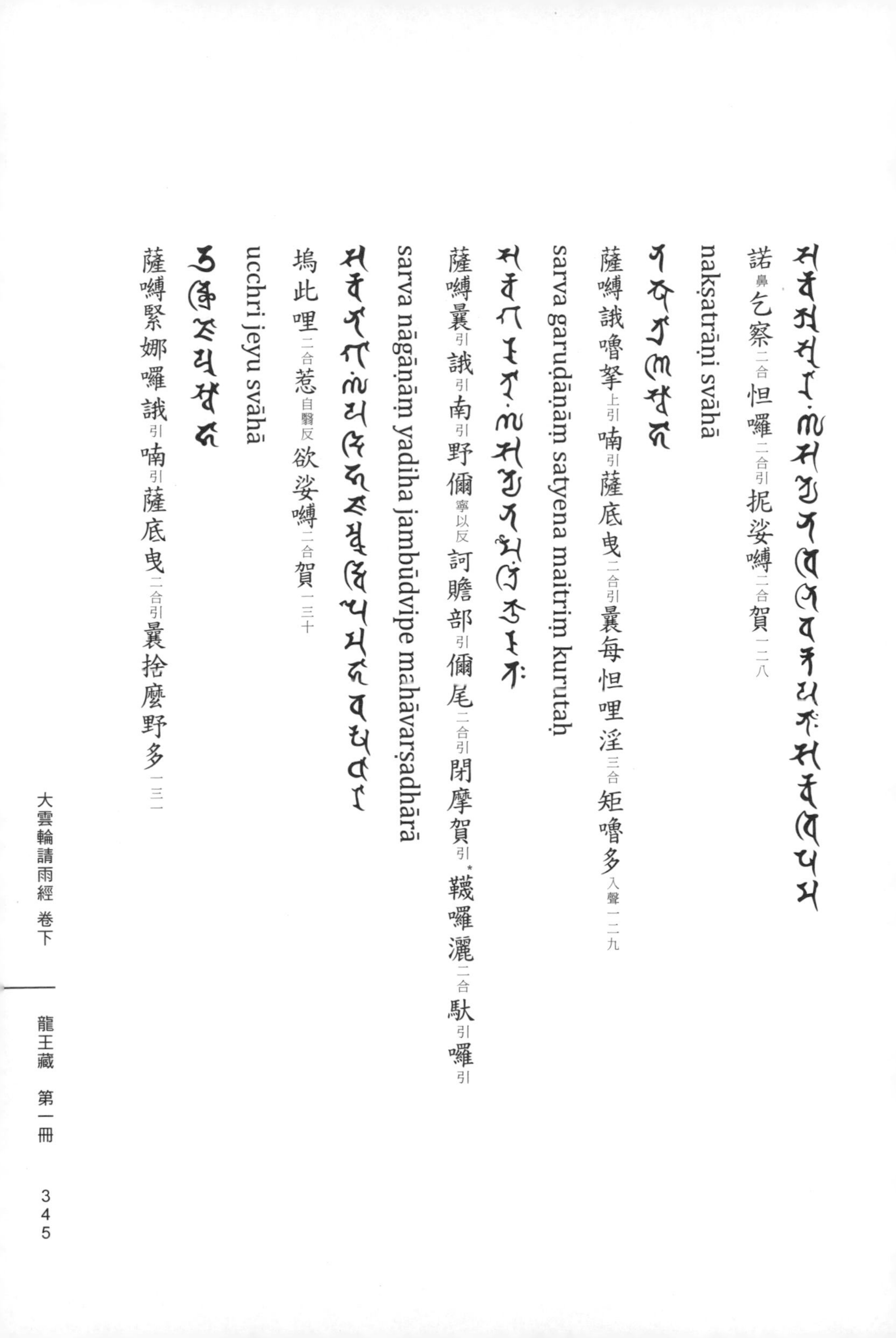

諾鼻乞察二合怛囉二合引抳娑嚩二合賀一二八

nakṣatrāṇi svāhā

薩嚩誐嚕拏上引喃引薩底曳二合引曩每怛哩淫三合矩嚕多入聲一二九

sarva garuḍāṇāṃ satyena maitriṃ kurutaḥ

薩嚩曩引誐引南引野儞寧以反訶贍部引儞尾二合引閉摩賀引*韈囉灑二合馱引囉引

sarva nāgāṇāṃ yadiha jambūdvipe mahāvarṣadhārā

塢此哩二合惹自翳反欲娑嚩二合賀一三十

ucchri jeyu svāhā

薩嚩緊娜囉誐引喃引薩底曳二合引曩捨麼野多一三一

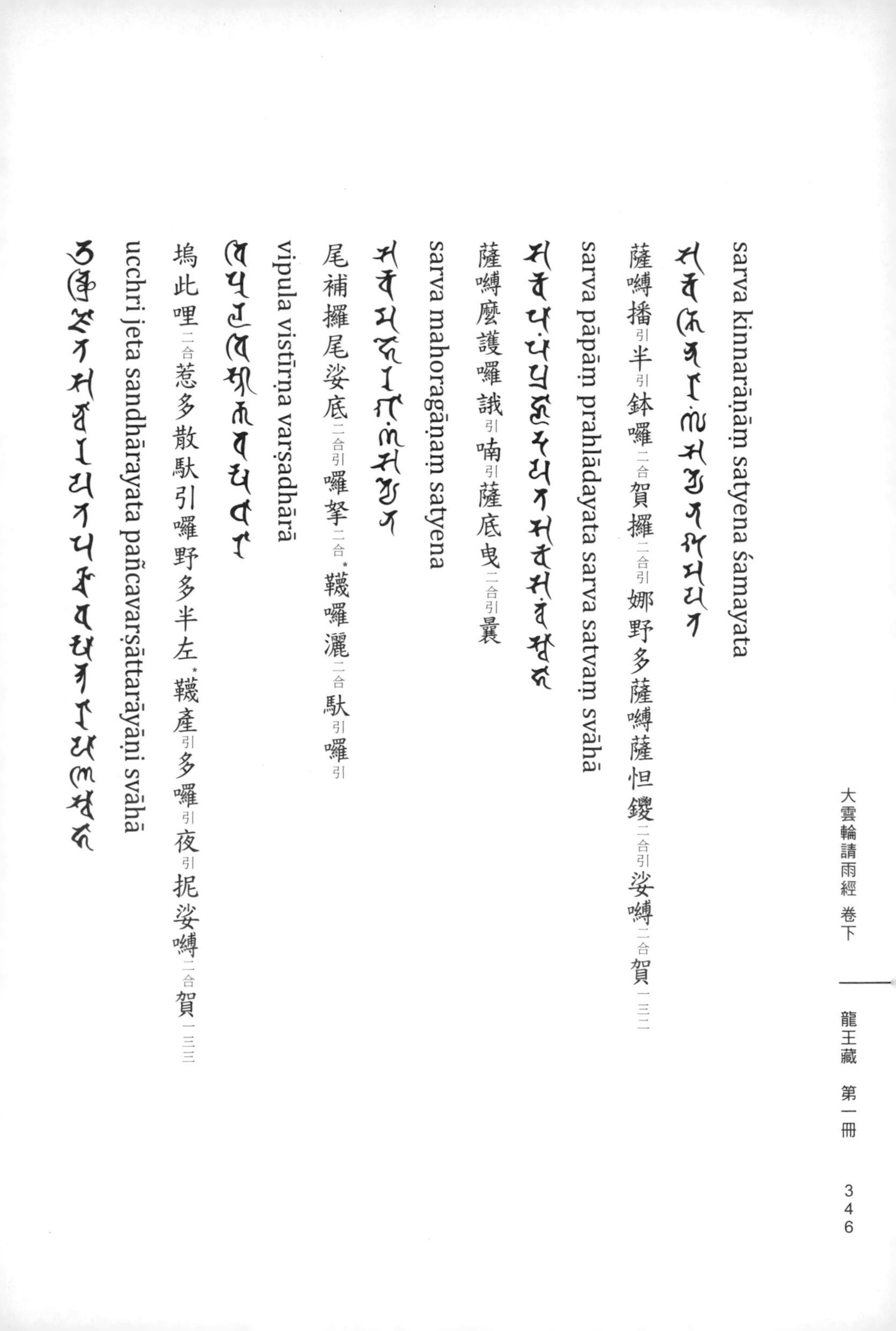

sarva kinnarāṇāṃ satyena śamayata

薩嚩播引半引鉢囉二合賀攞二合引娜野多薩嚩薩怛鑁二合引娑嚩二合賀一三二

sarva pāpāṃ prahlādayata sarva satvaṃ svāhā

薩嚩麼護囉誐引喃引薩底曳二合引曩

sarva mahoragāṇaṃ satyena

尾補攞尾娑底二合引囉拏二合*韈囉灑二合馱引囉引

vipula vistīrṇa varṣadhārā

塢此哩二合惹多散馱引囉野多半左*韈產引多囉引夜引抳娑嚩二合賀一三三

ucchri jeta sandhārayata pañcavarṣāttarāyāṇi svāhā

薩嚩麼努鼻灑引喃引薩底曳二合引曩跛哩播引攞野多

sarva manuṣāṇāṃ satyena paripālayata

薩嚩麼努鼻灑引喃引娑嚩二合賀一三四

sarva manuṣāṇāṃ svāhā

迦囉迦囉一三五　枳哩枳哩一三六

kara kara kiri kiri

矩嚕矩嚕一三七　娜囉娜囉一三八

kuru kuru dara dara

儞哩儞寧以反上同哩努嚕努嚕一三九

diri diri duru duru

[illegible]

曩吒曩吒一百四十　頸胝頸胝一四一

naṭa naṭa niṭi niṭi

𑖡𑖘𑖡𑖘𑖡𑖰𑖘𑖰𑖡𑖰𑖘𑖰

努鼻聲跓吒郎反努跓同上一四二

nuṭu nuṭu

𑖡𑖲𑖘𑖲𑖡𑖲𑖘𑖲

試伽羅二合嚩引呬頸摩賀引謎引儉引謀馱嚇一四三

śīghra vāhini mahāmeghāṃ buddhare

𑖫𑖱𑖑𑖿𑖨𑖪𑖯𑖮𑖰𑖡𑖰𑖦𑖮𑖯𑖦𑖸𑖑𑖯𑖽𑖤𑖲𑖟𑖿𑖠𑖨𑖸

謎引祇歧藝反引謎引祇同上一四四

meghe meghe

𑖦𑖸𑖑𑖸𑖦𑖸𑖑𑖸

摩賀引謎引祇麼賀引謎引祇一四五

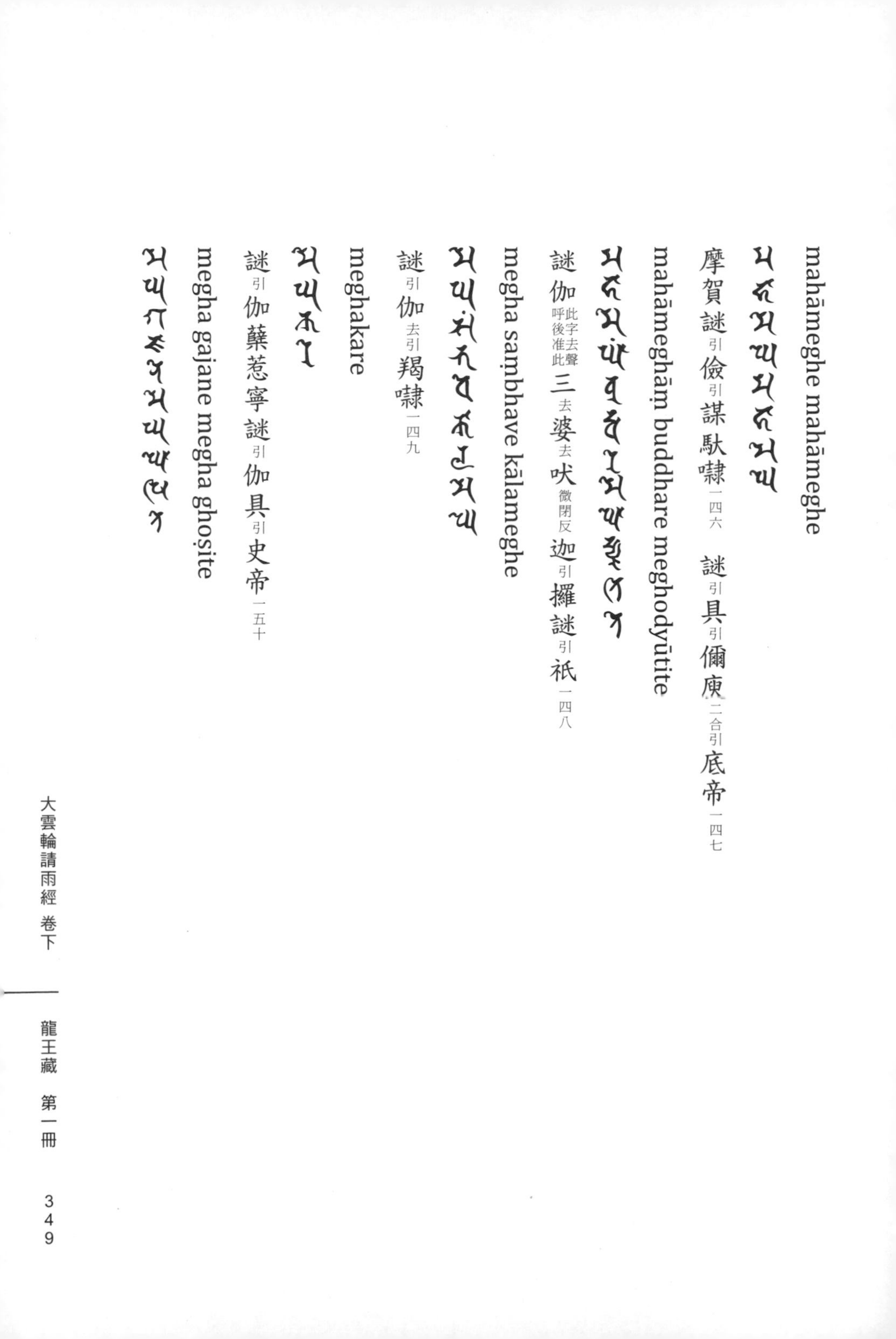

mahāmeghe mahāmeghe

摩賀謎引儉引謀馱嚇一四六　謎引具引儞庾二合引底帝一四七

mahāmeghāṃ buddhare meghodyūtite

謎伽此字去聲呼後准此三去婆去吠微閉反迦引攞謎引祇一四八

megha saṃbhave kālameghe

謎引伽去引羯嚇一四九

meghakare

謎引伽蘖惹寧謎引伽具引史帝一五十

megha gajane megha ghoṣite

謎伽冐引里謎伽麼鼻引邏引達𠼝謎伽尾步引灑抳一五一

𑖦𑖸𑖑𑖤𑖺𑖩𑖰𑖦𑖸𑖑𑖦𑖯𑖩𑖠𑖨𑖸𑖦𑖸𑖑𑖪𑖰𑖥𑖳𑖬𑖜𑖰

meghaboli meghamāladhare megha vibhūṣaṇi

謎伽娑嚩賀二合寧謎伽尾曩引捨𩕳一五二

𑖦𑖸𑖑𑖭𑖿𑖪𑖯𑖮𑖯𑖡𑖸𑖦𑖸𑖑𑖪𑖰𑖡𑖯𑖫𑖡𑖰

meghasvāhā nemeghavināśani

謎伽蘖陛謎伽惹𪘨謎伽鉢囉二合陛謎伽嚩引哩馱引𠼝一五三

meghagarbhe meghajaṭe meghaprabhe meghavāridhāre

𑖦𑖸𑖑𑖐𑖨𑖿𑖥𑖸𑖦𑖸𑖑𑖕𑖘𑖸𑖦𑖸𑖑𑖢𑖿𑖨𑖥𑖸𑖦𑖸𑖑𑖪𑖯𑖨𑖰𑖠𑖯𑖨𑖸

尾補攞謎伽去聲引地庾二合史帝一五四

vipula meghādhyuṣite

𑖪𑖰𑖢𑖲𑖩𑖦𑖸𑖑𑖯𑖠𑖿𑖧𑖲𑖬𑖰𑖝𑖸

謎伽野枳跛尾帝薩須去引跛賀引𠼝儗哩建娜囉嚩引枲𩕳一五五

megha yajnopavīte sasyopahare girikandara vāsini

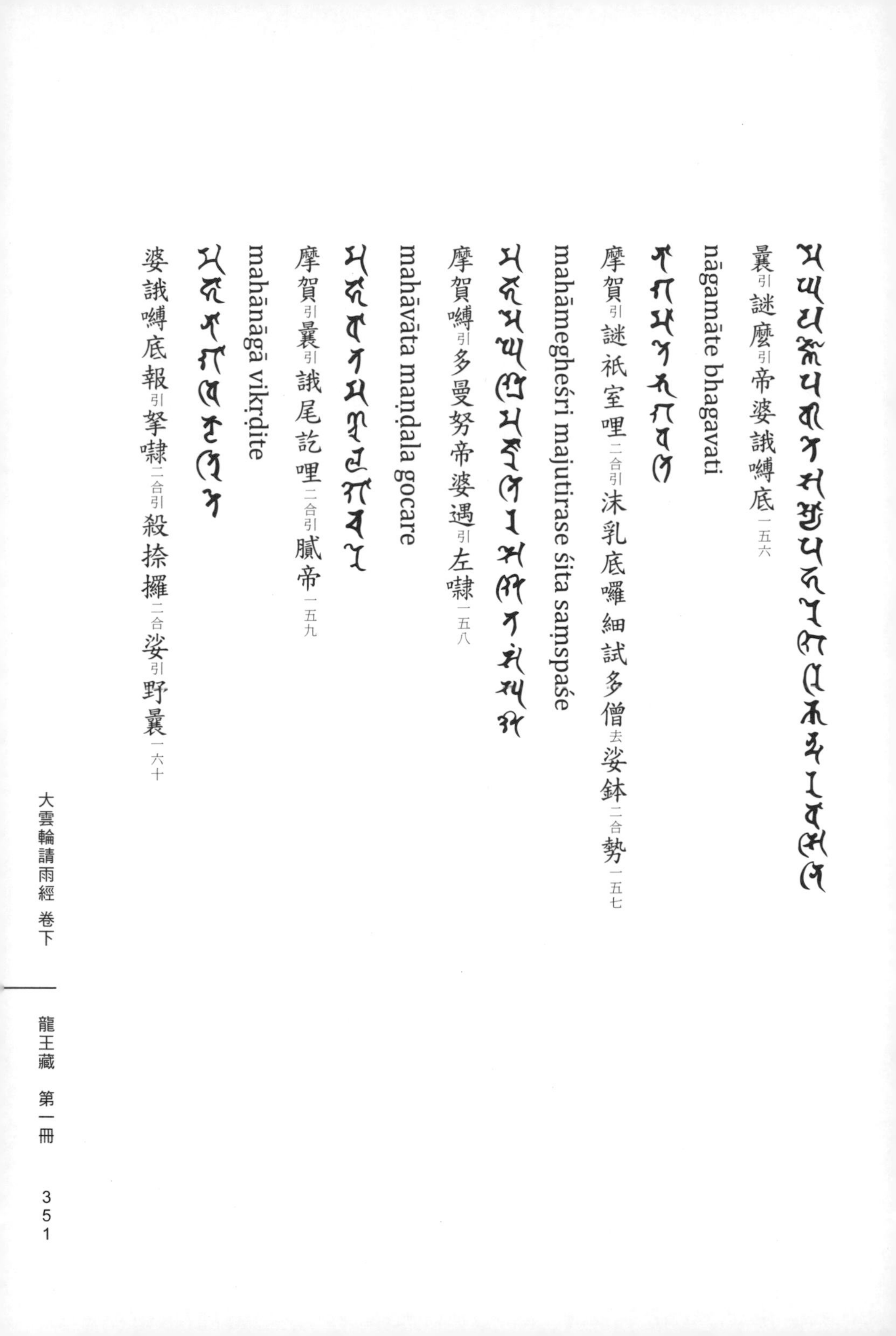

曩引謎麼引帝婆誐嚩底一五六

nāgamāte bhagavati

摩賀引謎祇室哩二合引沫乳底囉細試多僧去娑鉢二合勢一五七

mahāmegheśri majutirase śita saṃspaśe

摩賀嚩引多曼努帝婆遇引左㘑一五八

mahāvāta maṇḍala gocare

摩賀引曩引誐尾訖哩二合引膩帝一五九

mahānāgā vikṛdite

婆誐嚩底報引拏㘑二合引殺捺攞二合娑引野曩一六十

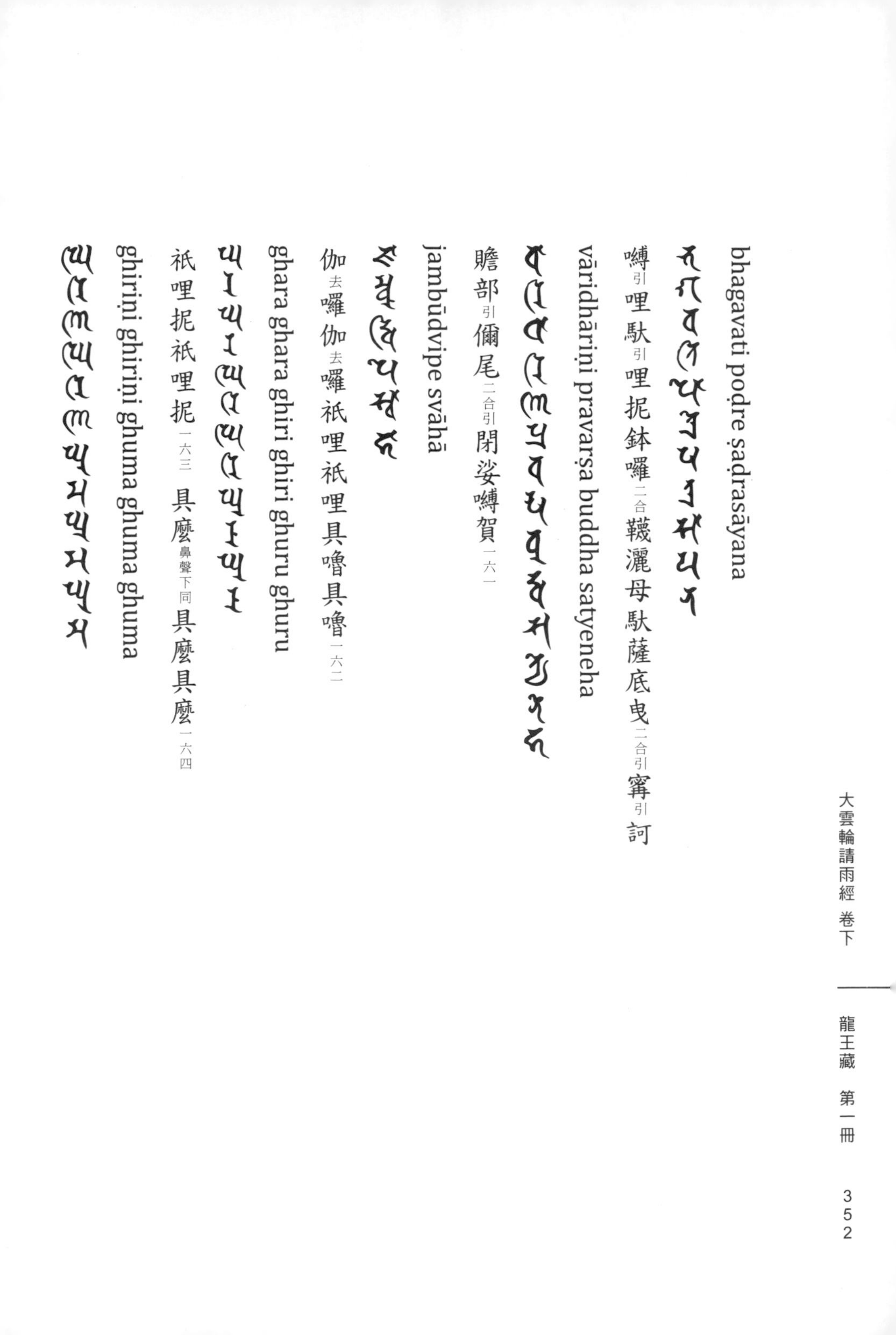

bhagavati poḍre ṣaḍrasāyana

嚩引哩馱引哩抳鉢囉二合韈灑母馱薩底曳二合引寧引訶

vāridhāriṇi pravarṣa buddha satyeneha

瞻部引儞尾二合引閉娑嚩賀一六一

jambūdvipe svāhā

伽去囉伽去囉祇哩祇哩具嚕具嚕一六二

ghara ghara ghiri ghiri ghuru ghuru

祇哩抳祇哩抳一六三　具麼鼻聲下同具麼具麼一六四

ghiriṇi ghiriṇi ghuma ghuma ghuma

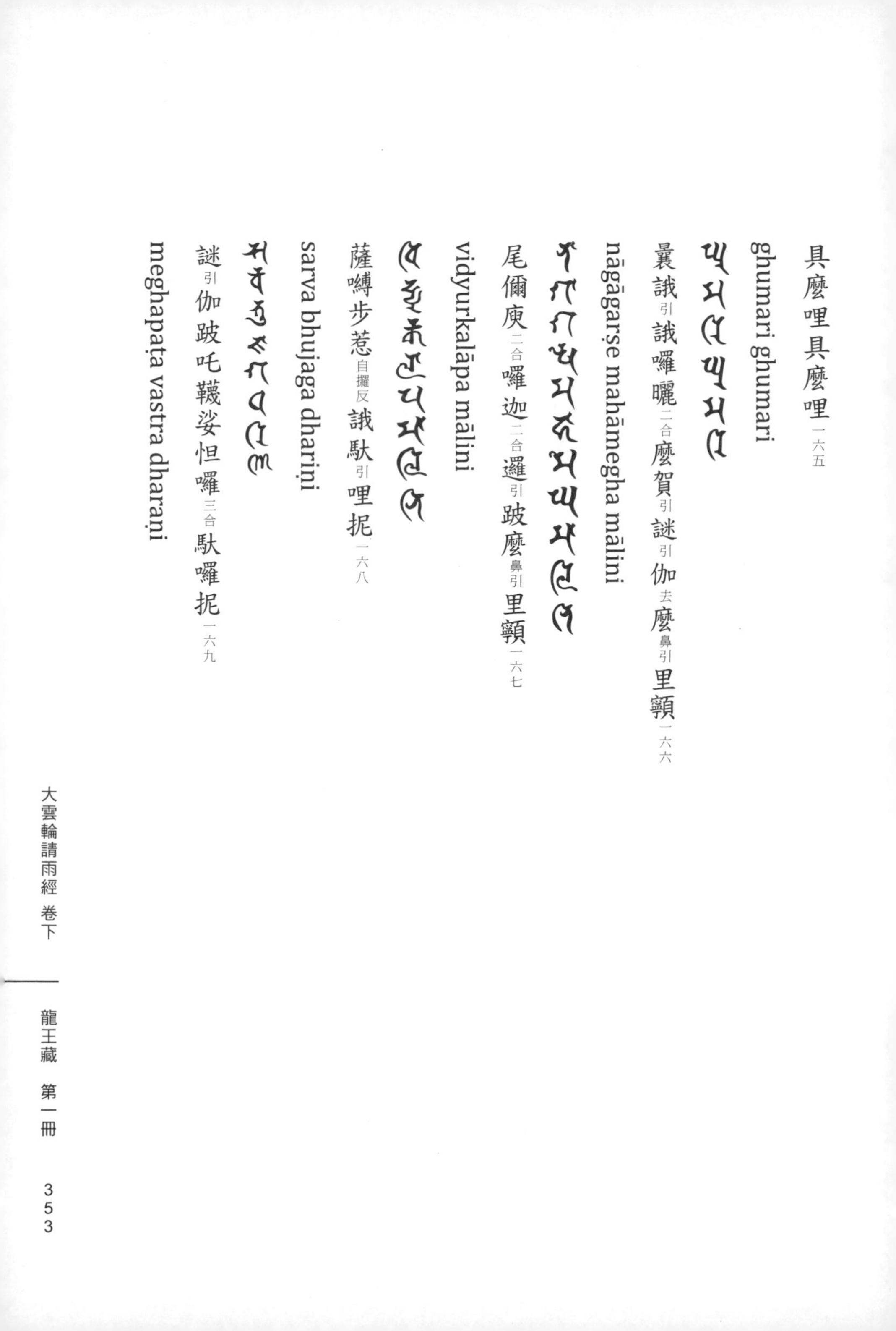

具麼哩具麼哩一六五

ghumari ghumari

曩誐引誐囉曬二合麼賀引謎引伽去麼鼻引里顊一六六

nāgārṣe mahāmegha mālini

尾儞庾二合囉迦二合邏引跛麼鼻引里顊一六七

vidyurkalāpa mālini

薩嚩步惹自攞反誐馱引哩抳一六八

sarva bhujaga dhariṇi

謎引伽跛吒韈娑怛囉三合馱囉抳一六九

meghapaṭa vastra dharaṇi

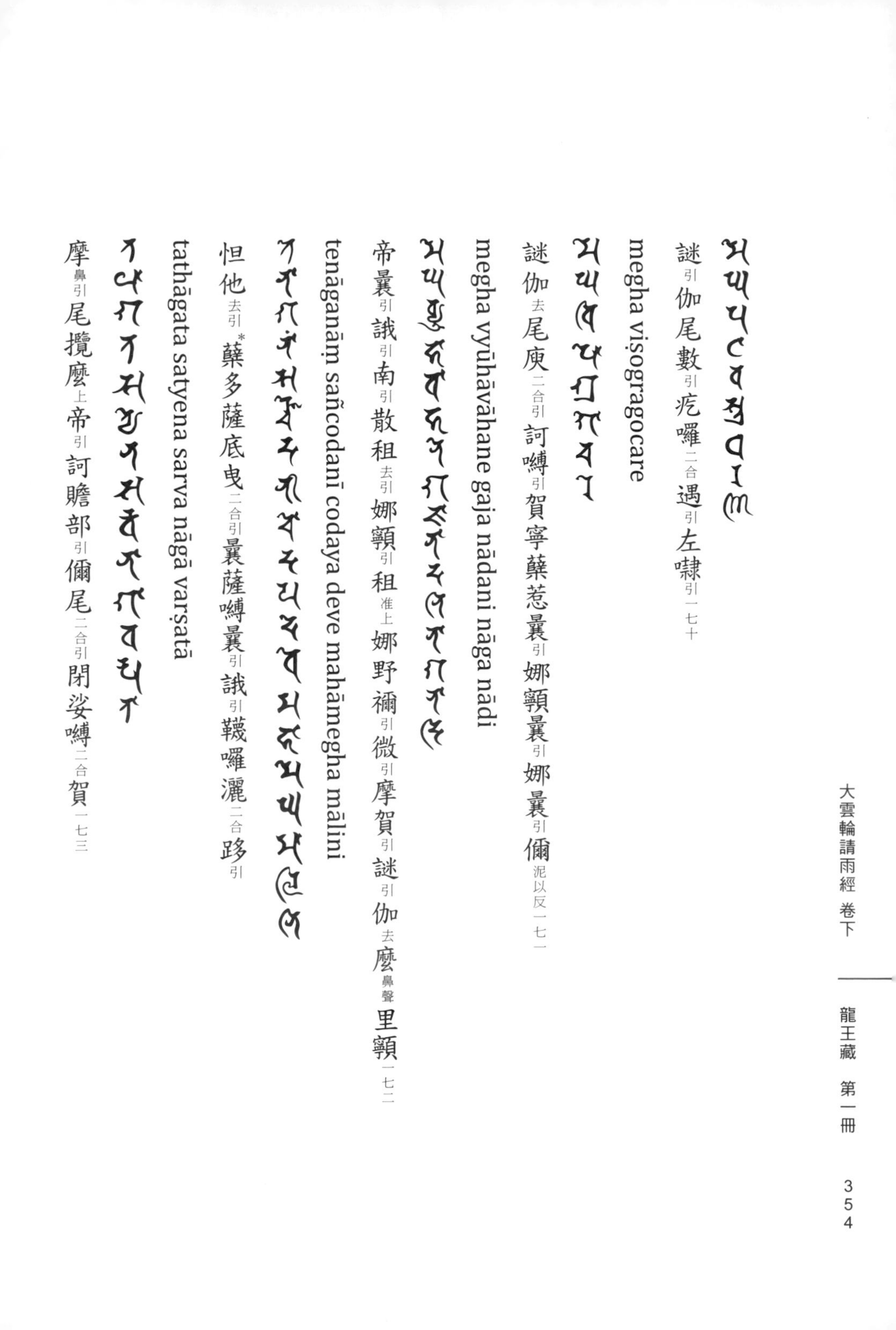

謎引伽尾數引疙囉二合遇引左隸引一七十

megha viṣogragocare

謎伽去尾庾二合引訶嚩引賀寧蘖惹曩引娜顊曩引娜曩引儞泥以反一七一

megha vyūhavāhane gaja nādani nāga nādi

帝曩引誐引南引散祖去引娜顊引祖准上娜野禰引微引摩賀引謎引伽去麼鼻聲里顊一七二

tenāgānāṃ sañcodanī codaya deve mahāmegha mālini

怛他去引*蘖多薩底曳二合引曩薩嚩曩引誐引穰囉灑二合跢引

tathāgata satyena sarva nāgā varṣatā

摩鼻引尾攬麼上帝引訶贍部引儞尾二合引閉娑嚩二合賀一七三

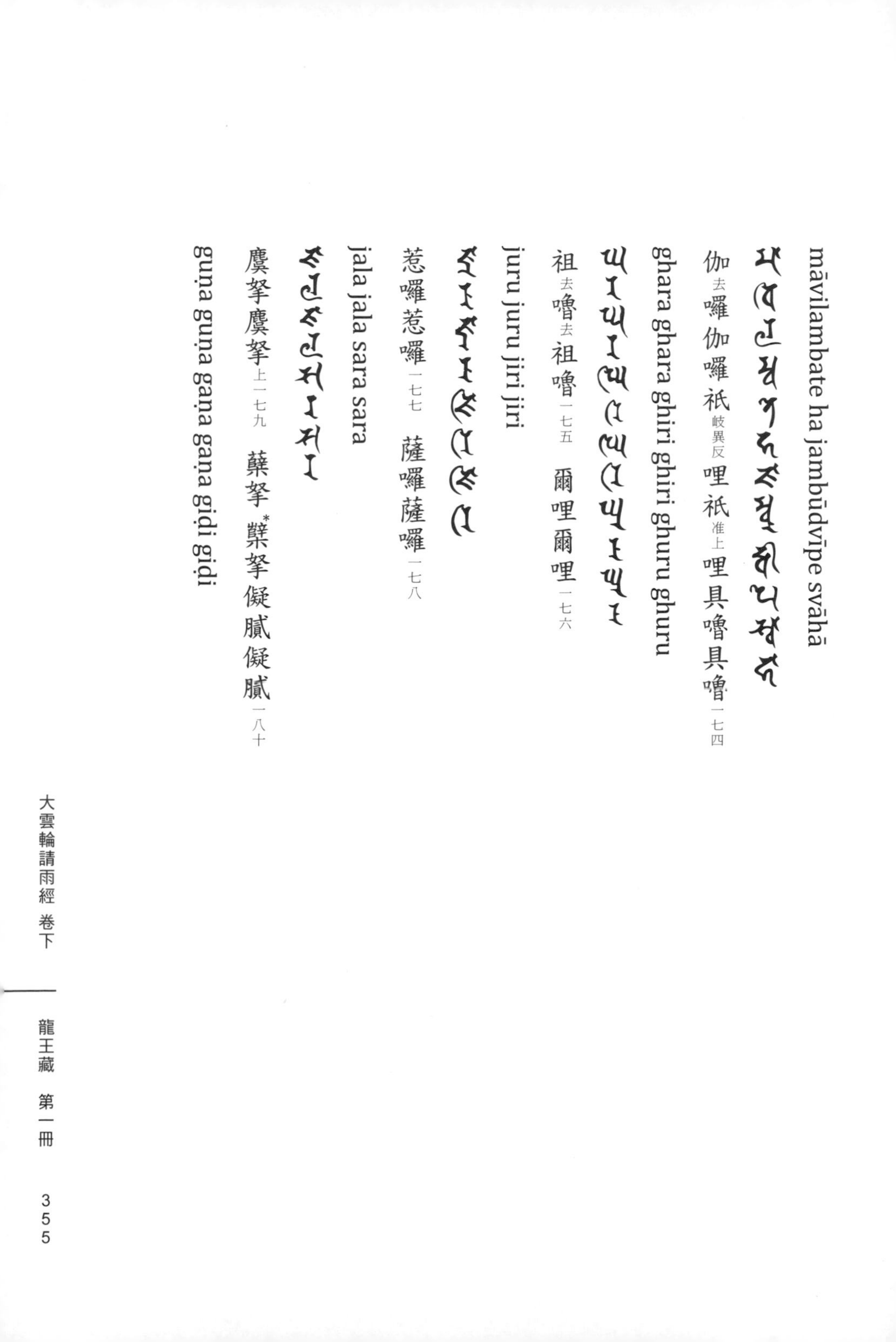

māvilambate ha jambūdvipe svāhā

伽去囉伽囉祇岐異反哩祇准上哩具嚕具嚕一七四

ghara ghara ghiri ghiri ghuru ghuru

祖去嚕去祖嚕一七五　爾哩爾哩一七六

juru juru jiri jiri

惹囉惹囉一七七　薩囉薩囉一七八

jala jala sara sara

麌拏麌拏上一七九　蘖拏*蘖拏儗膩儗膩一八十

guṇa guṇa gaṇa gaṇa giḍi giḍi

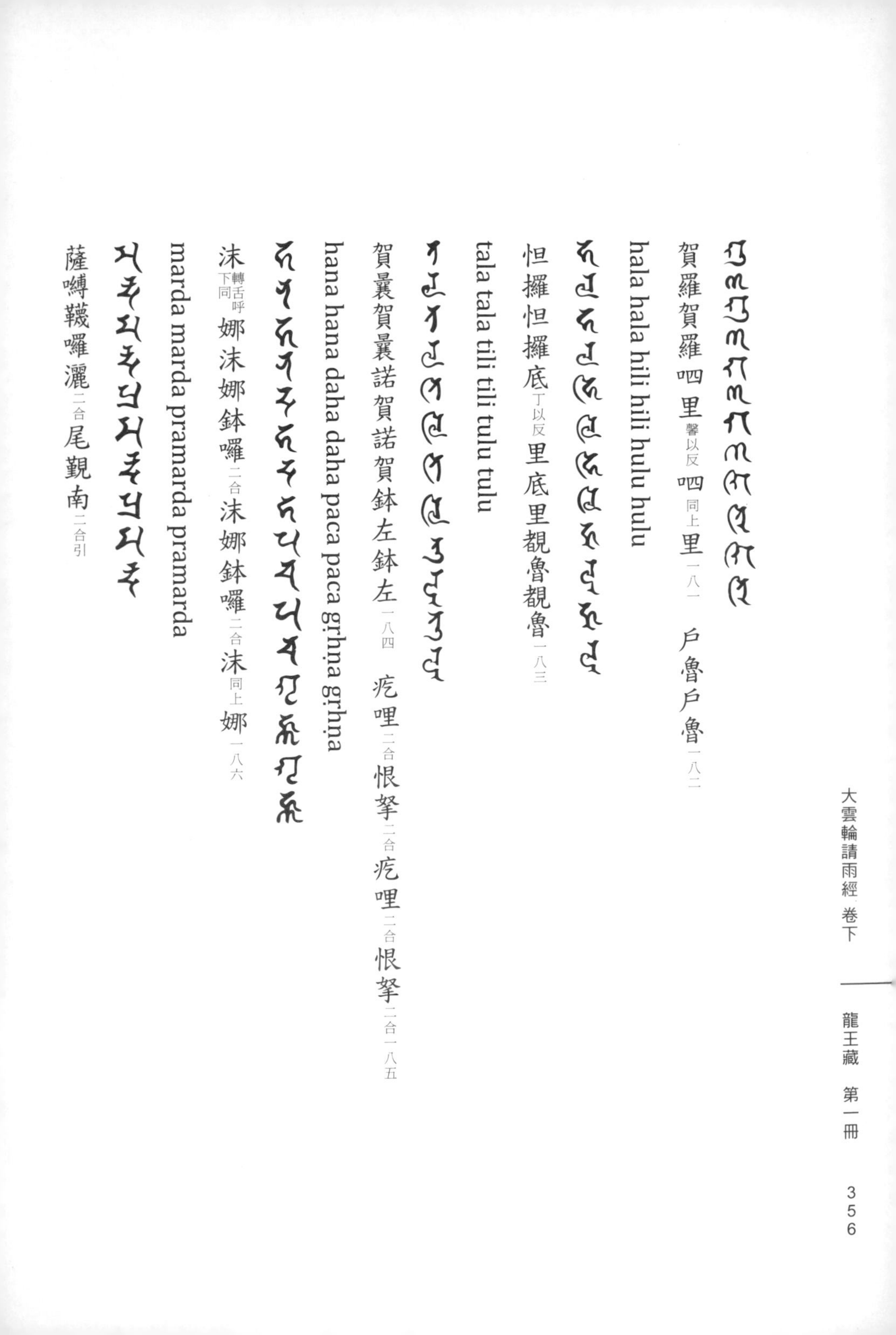

賀羅賀羅呬里(馨以反)呬(同上)里(一八一)　戶魯戶魯(一八二)

hala hala hili hili hulu hulu

怛攞怛攞底(丁以反)里底里覩魯覩魯(一八三)

tala tala tili tili tulu tulu

賀曩賀曩諾賀諾賀鉢左鉢左(一八四)　疙哩(二合)恨拏(二合)疙哩(二合)恨拏(二合一八五)

hana hana daha daha paca paca gṛhṇa gṛhṇa

沫(轉舌呼下同)娜沫娜鉢囉(二合)沫娜鉢囉(二合)沫(同上)娜(一八六)

marda marda pramarda pramarda

薩嚩穢囉灑(二合)尾覲南(二合引)

sarva varṣavighnaṃ

𑖭𑖨𑖿𑖪 𑖪𑖨𑖿𑖬𑖪𑖰𑖑𑖿𑖡𑖽

每引怛𠼪二合引夜引枳孃二合引跛野底丁以反娑嚩二合賀一八七

maitreyājñāpayati svāhā

𑖦𑖹𑖝𑖿𑖨𑖸𑖧𑖯𑖕𑖿𑖗𑖯𑖢𑖧𑖝𑖰 𑖭𑖿𑖪𑖯𑖮𑖯

母弟母弟母沒弟母沒弟一八八

buddhe buddhe mubuddhe mubuddhe

𑖤𑖲𑖟𑖿𑖠𑖸 𑖤𑖲𑖟𑖿𑖠𑖸 𑖦𑖲𑖤𑖲𑖟𑖿𑖠𑖸 𑖦𑖲𑖤𑖲𑖟𑖿𑖠𑖸

賀囉賀囉播引半薩嚩薩怛嚩二合南引阿上地瑟姹二合引野

hara hara pāpaṃ sarva satvānāṃ adhiṣṭhāya

𑖮𑖨 𑖮𑖨 𑖢𑖯𑖢𑖽 𑖭𑖨𑖿𑖪 𑖭𑖝𑖿𑖪𑖯𑖡𑖯𑖽 𑖀𑖠𑖰𑖬𑖿𑖙𑖯𑖧

奔去顐演二合薩嚩母馱引南引馱引囉抳馱𠼪一八九

puṇyaṃ sarva buddhānāṃ dharaṇi dhare

𑖢𑖲𑖜𑖿𑖧𑖽 𑖭𑖨𑖿𑖪 𑖤𑖲𑖟𑖿𑖠𑖯𑖡𑖯𑖽 𑖠𑖨𑖜𑖰 𑖠𑖨𑖸

輸上婆去麼鼻帝引麌抳尼貞反引數鉢囉二合引跛抳同上一九十

śubhamate guṇi ṣuprapaṇi

𑖫𑖲𑖥𑖦𑖝𑖸𑖐𑖲𑖜𑖰𑖬𑖲𑖢𑖿𑖨𑖢𑖜𑖰

摩賀引枳孃二合上引怒引勒計二合輸上婆去達謎引

mahājñānolke śubhadharmme

𑖦𑖮𑖯𑖕𑖿𑖗𑖯𑖡𑖺𑖩𑖿𑖎𑖸𑖫𑖲𑖥𑖠𑖨𑖿𑖦𑖿𑖦𑖸

薩底野二合鉢囉二合底丁以反枳寧二合一九一

satyapratijñi

𑖭𑖝𑖿𑖧𑖢𑖿𑖨𑖝𑖰𑖕𑖿𑖗𑖰

摩賀引夜曩儞庾二合史帝路引迦惹自曳反引瑟蕫二合一九二

mahāyanadhyuṣite lokajyeṣṭhai

𑖦𑖮𑖯𑖧𑖡𑖠𑖿𑖧𑖲𑖬𑖰𑖝𑖸𑖩𑖺𑖎𑖕𑖿𑖧𑖸𑖬𑖿𑖙𑖹

婆去嚩底丁以反母馱每怛𠼝二合引一九三

bhagavati buddha maitre

阿去引布引囉野薩嚩乞灑二合怛囉二合抳

āpūraya sarva kṣetrāṇi

𑖁𑖢𑖳𑖨𑖧𑖭𑖨𑖿𑖪𑖎𑖿𑖬𑖸𑖝𑖿𑖨𑖯𑖜𑖰

束訖禮二合濕吠二合引擔去 *韈嚇引半引拏上囉嚩引枲寧一九四

śukleśvetaṃ vare paṇḍaravāsini

𑖫𑖲𑖎𑖿𑖩𑖸𑖫𑖿𑖪𑖸𑖝𑖽𑖪𑖨𑖸𑖢𑖜𑖿𑖚𑖨𑖪𑖯𑖭𑖰𑖡𑖰

度度嚕度度嚕一九五　捨麼鼻捨麼鼻一九六

dhudhure dhudhure śama śama

𑖠𑖲𑖠𑖲𑖨𑖸𑖠𑖲𑖠𑖲𑖨𑖸𑖫𑖦𑖫𑖦

捨扇引多麼鼻引曩細引薩嚩韈囉灑二合尾覲南二合引

śaśānta mānase sarva varṣavighnāṃ

𑖫𑖫𑖯𑖡𑖿𑖝𑖦𑖯𑖡𑖭𑖸𑖭𑖨𑖿𑖪𑖪𑖨𑖿𑖬𑖪𑖰𑖑𑖿𑖡𑖯𑖽

尾色檢二合婆野娑嚩二合賀一九七

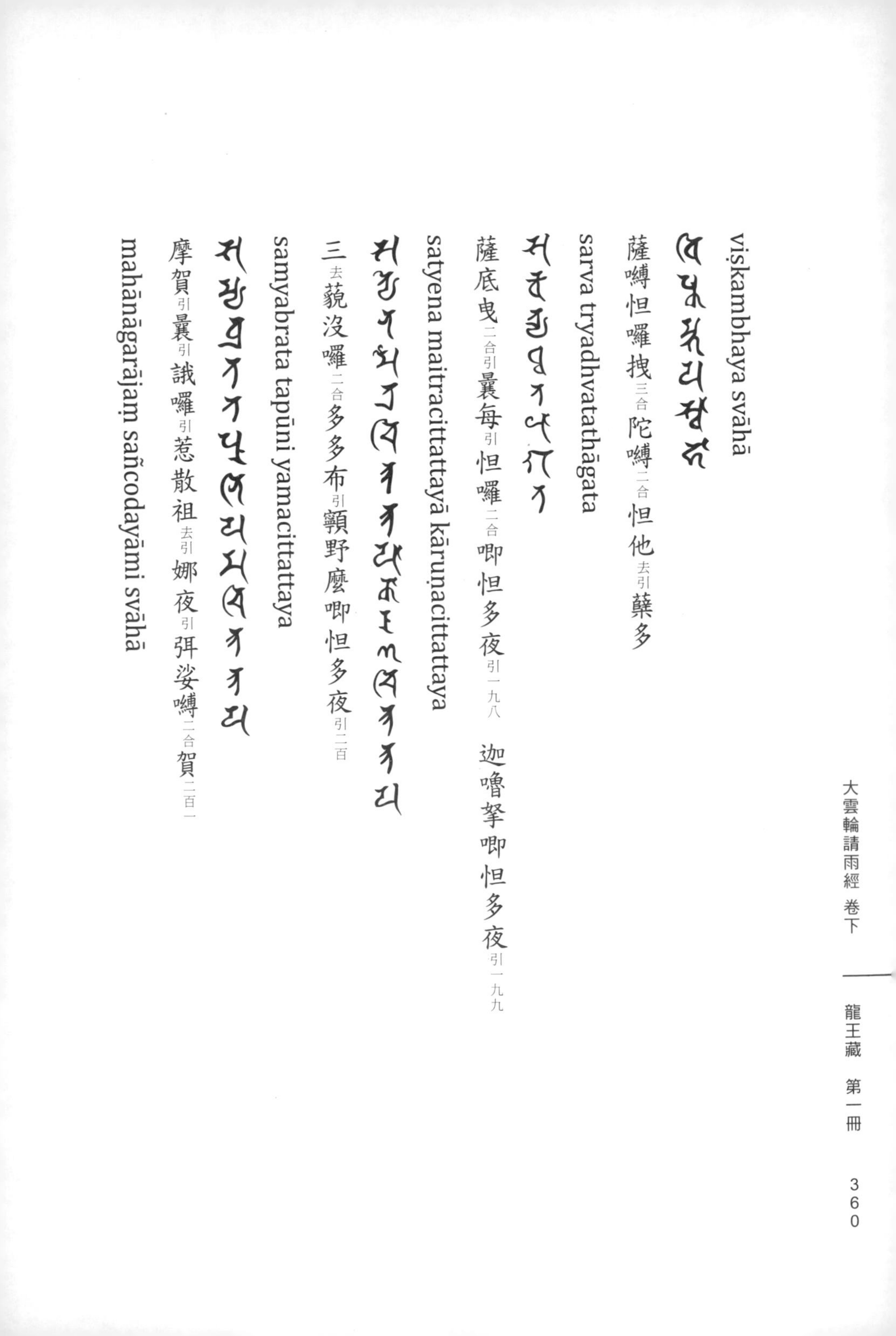

viṣkambhaya svāhā

薩嚩怛囉拽三合陀嚩二合怛他去引蘖多

sarva tryadhvatathāgata

薩底曳二合引曩每引怛囉二合唧怛多夜引一九八 迦嚕拏唧怛多夜引一九九

satyena maitracittatayā kāruṇacittattaya

三去藐沒囉二合多多布引顊野麼唧怛多夜引二百

samyabrata tapūni yamacittattaya

摩賀引曩引誐囉引惹散祖去引娜夜引弭娑嚩二合賀二百一

mahānāgarājaṃ sañcodayāmi svāhā

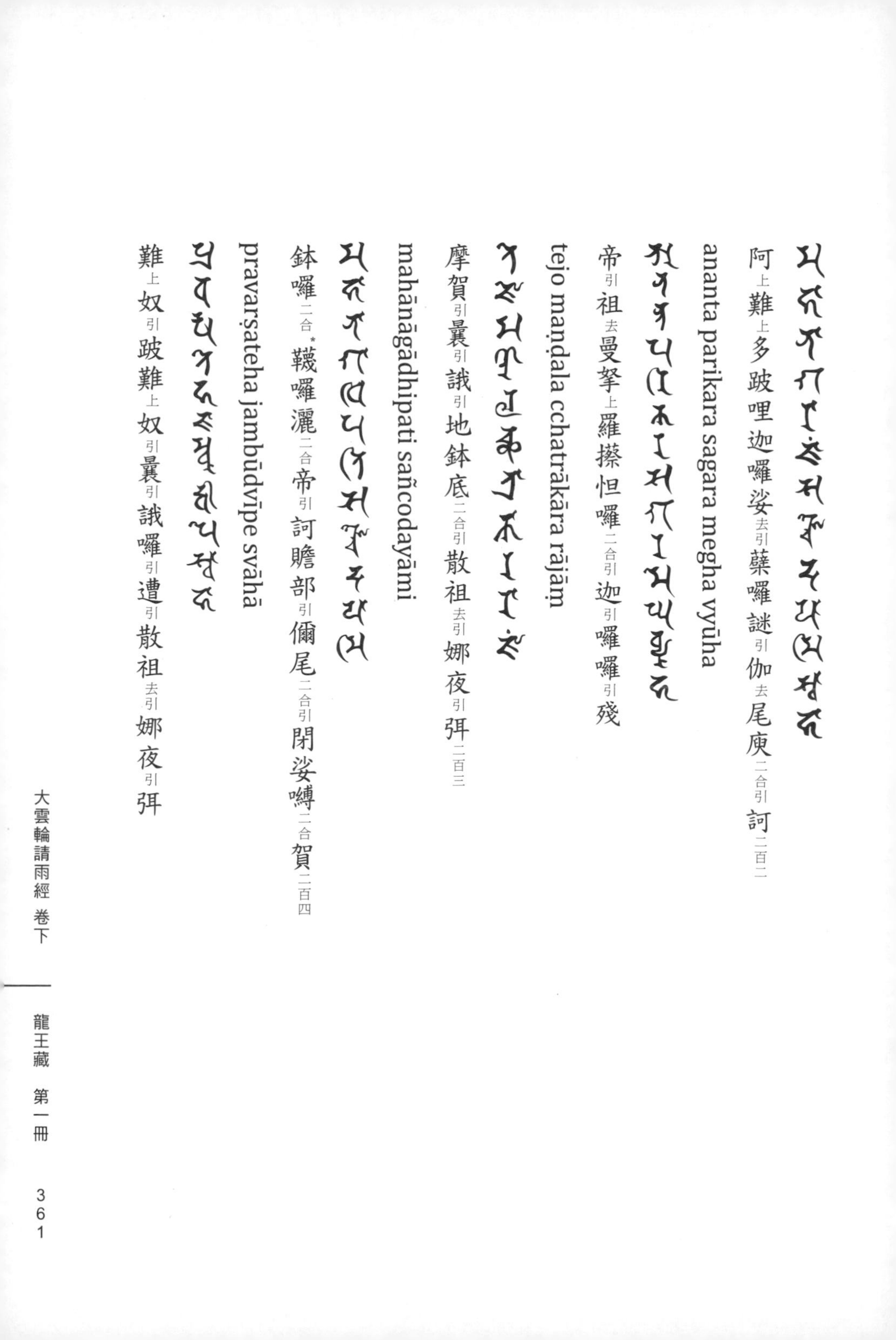

阿(上)難(上)多跛哩迦囉娑(去引)蘗囉謎(引)伽(去)尾庾(二合引)訶(二百二)

ananta parikara sagara megha vyūha

帝(引)祖(去)曼拏(上)羅擦怛囉(二合引)迦(引)囉囉(引)殘

tejo maṇḍala cchatrākāra rājaṃ

摩賀(引)曩(引)誐(引)地鉢底(二合引)散祖(去引)娜夜(引)弭(二百三)

mahānāgādhipati sañcodayāmi

鉢囉(二合)*蘵囉灑(二合)帝(引)訶贍部(引)儞尾(二合引)閉娑嚩(二合)賀(二百四)

pravarṣateha jambūdvīpe svāhā

難(上)奴(引)跛難(上)奴(引)曩(引)誐囉(引)遭(引)散祖(去引)娜夜(引)弭

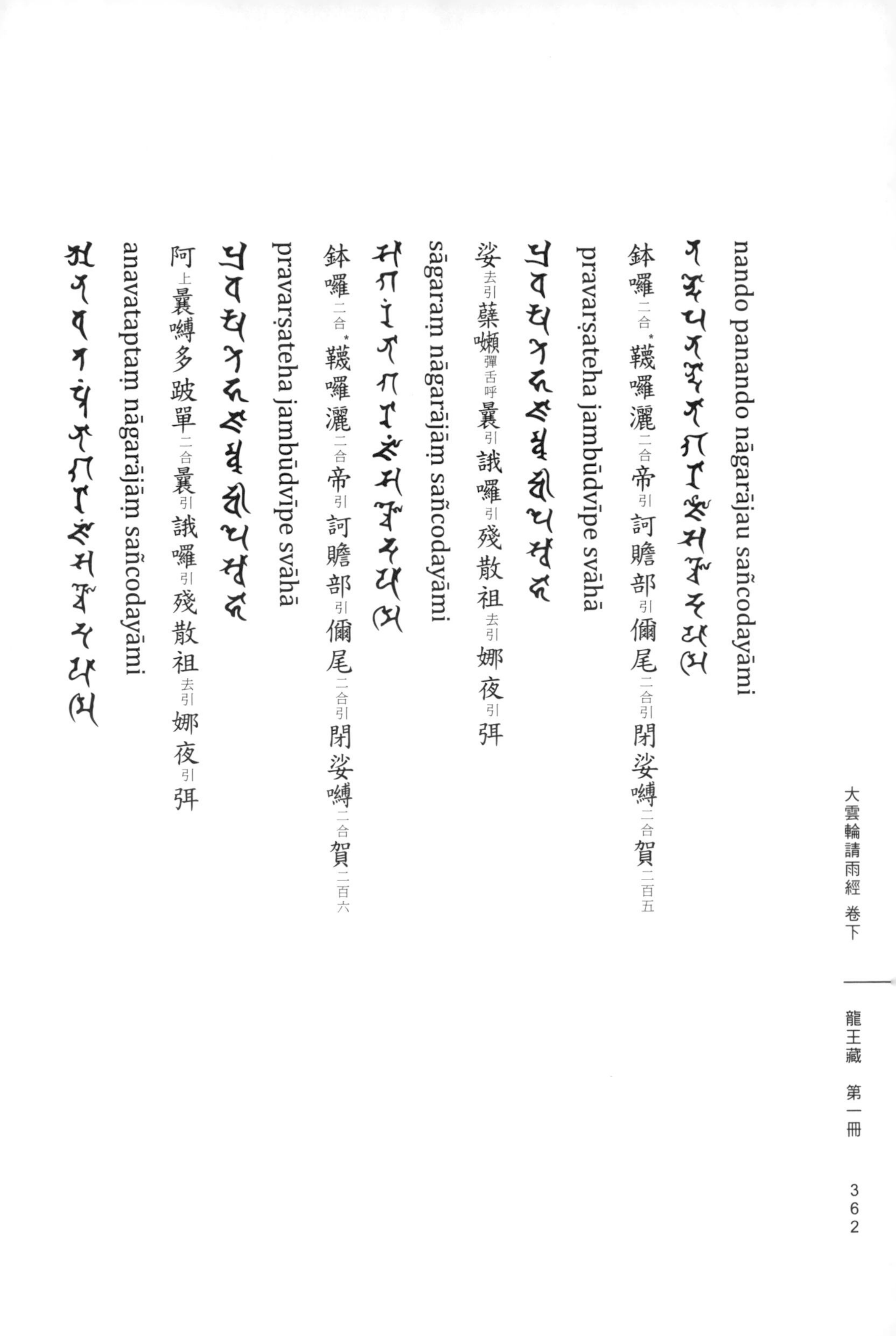

nando panando nāgarājau sañcodayāmi

鉢囉二合*韈囉灑二合帝引訶贍部引儞尾二合引閉娑嚩二合賀二百五

pravarṣateha jambūdvipe svāhā

娑去引蘖嚹彈舌呼曩引誐囉引殘散祖去引娜夜引弭

sāgaraṃ nāgarājāṃ sañcodayāmi

鉢囉二合*韈囉灑二合帝引訶贍部引儞尾二合引閉娑嚩二合賀二百六

pravarṣateha jambūdvipe svāhā

阿上曩嚩多跛單二合曩引誐囉引殘散祖去引娜夜引弭

anavataptaṃ nāgarājāṃ sañcodayāmi

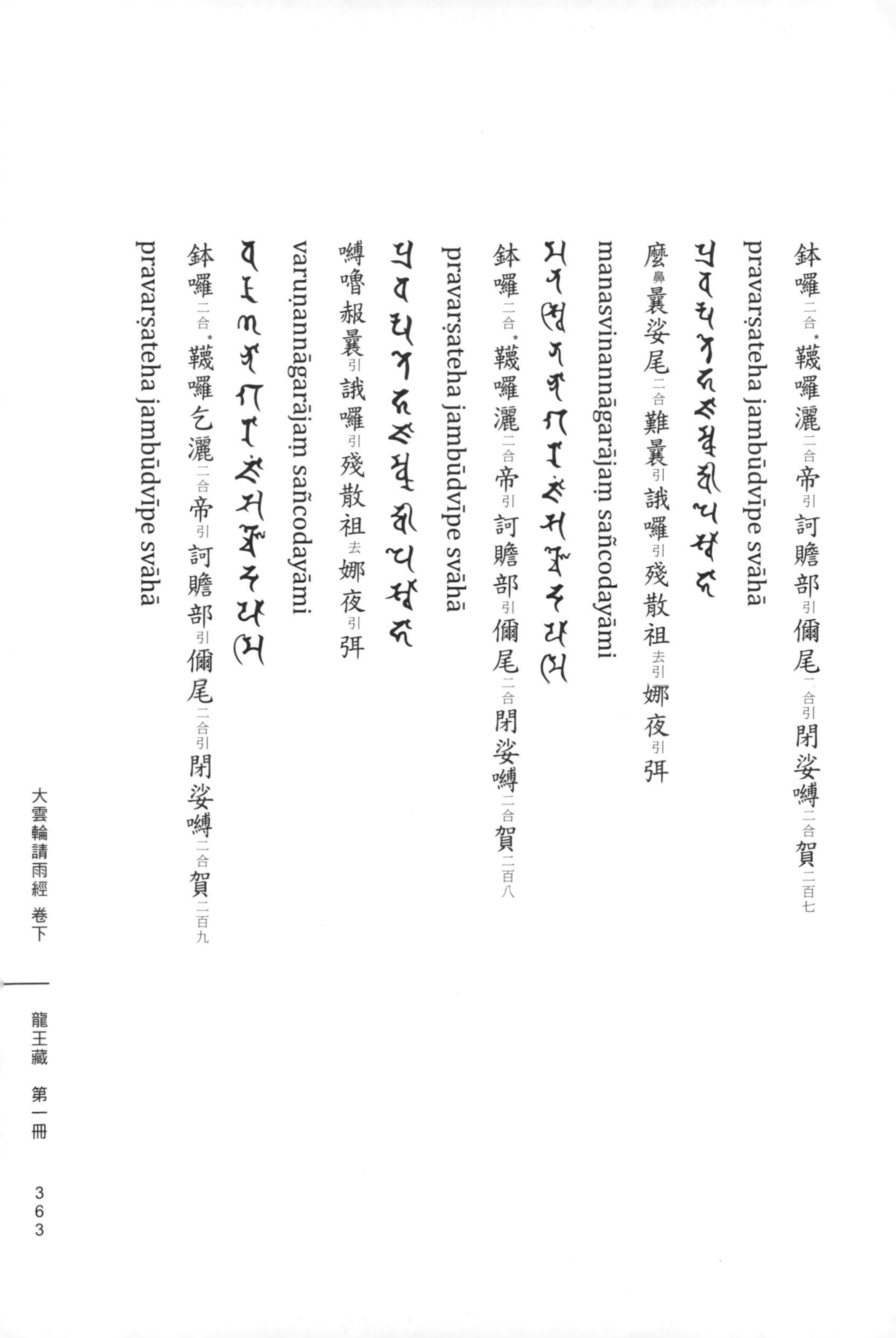

鉢囉二合*藏囉灑二合帝引訶贍部引儞尾二合引閉娑嚩二合賀二百七

pravarṣateha jambūdvīpe svāhā

麼鼻曩娑尾二合難曩引誐囉引殘散祖去引娜夜引弭

manasvinannāgarājaṃ sañcodayāmi

鉢囉二合*藏囉灑二合帝引訶贍部引儞尾二合閉娑嚩二合賀二百八

pravarṣateha jambūdvīpe svāhā

嚩嚕拏曩引誐囉引殘散祖去娜夜引弭

varuṇannāgarājaṃ sañcodayāmi

鉢囉二合*藏囉乞灑二合帝引訶贍部引儞尾二合引閉娑嚩二合賀二百九

pravarṣateha jambūdvīpe svāhā

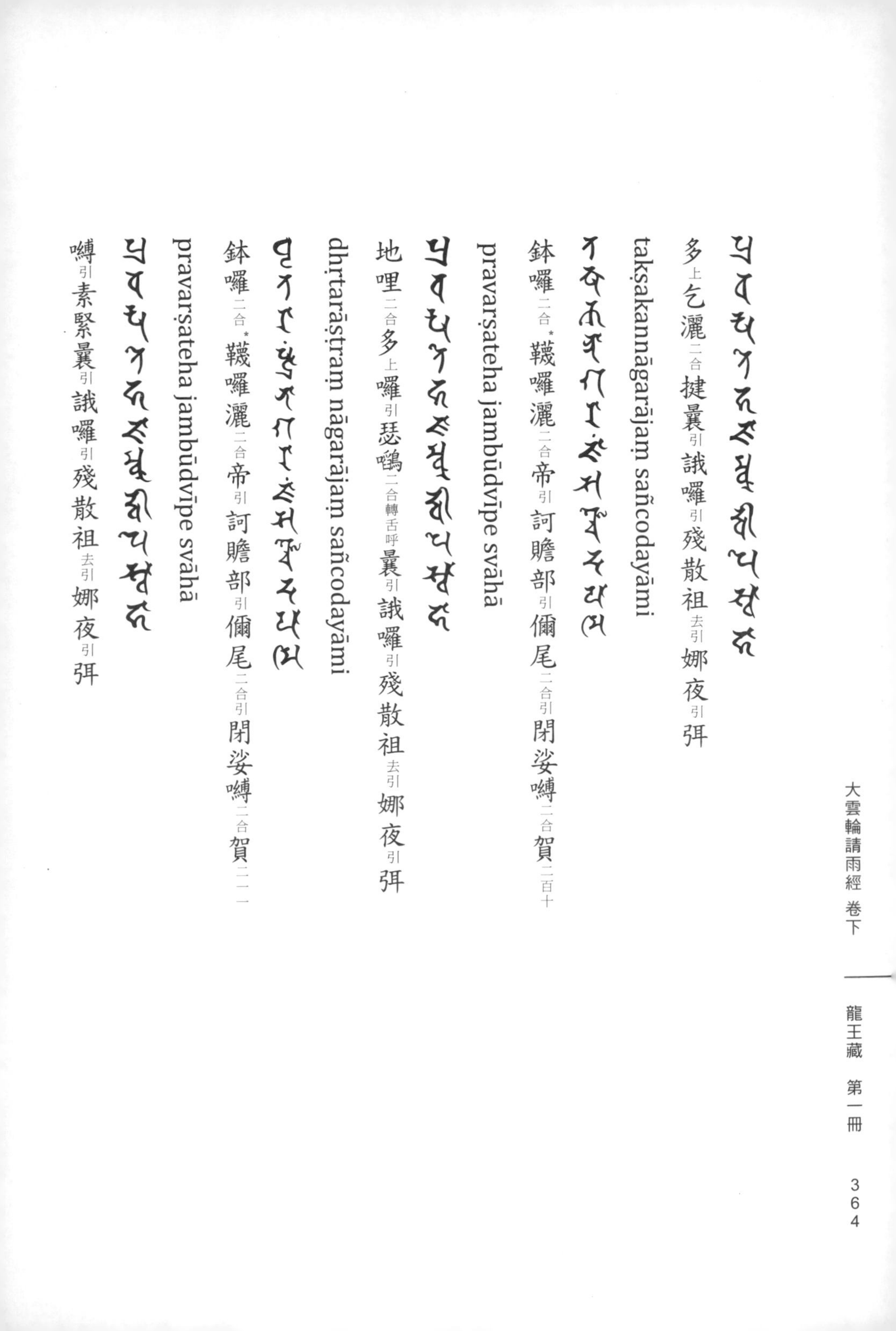

多上乞灑二合揵曩引誐囉引殘散祖去引娜夜引弭

takṣakannāgarājaṃ sañcodayāmi

鉢囉二合*韈囉灑二合帝引訶贍部引儞尾二合引閉娑嚩二合賀二百十

pravarṣateha jambūdvīpe svāhā

地哩二合多上囉引瑟嗚二合轉舌呼曩引誐囉引殘散祖去引娜夜引弭

dhṛtarāṣṭraṃ nāgarājaṃ sañcodayāmi

鉢囉二合*韈囉灑二合帝引訶贍部引儞尾二合引閉娑嚩二合賀二一一

pravarṣateha jambūdvīpe svāhā

嚩引素緊曩引誐囉引殘散祖去引娜夜引弭

vāsukinnāgarājaṃ sañcodayāmi

𑖪𑖯𑖭𑖲𑖎𑖰𑖡𑖿𑖡𑖯𑖐𑖨𑖯𑖕𑖽 𑖭𑖗𑖿𑖓𑖺𑖟𑖧𑖯𑖦𑖰

鉢囉二合*穰囉灑二合帝引訶瞻部引儞尾二合引閉娑嚩二合賀二一二

pravarṣateha jambūdvīpe svāhā

𑖢𑖿𑖨𑖪𑖨𑖿𑖬𑖝𑖸𑖮 𑖕𑖦𑖿𑖤𑖳𑖟𑖿𑖪𑖱𑖢𑖸 𑖭𑖿𑖪𑖯𑖮𑖯

母唧隣上難曩引誐囉引殘散祖去引娜夜引弭

mucilindannāgarājaṃ sañcodayāmi

𑖦𑖲𑖓𑖰𑖩𑖰𑖡𑖿𑖟𑖡𑖿𑖡𑖯𑖐𑖨𑖯𑖕𑖽 𑖭𑖗𑖿𑖓𑖺𑖟𑖧𑖯𑖦𑖰

鉢囉二合*穰囉灑二合引訶瞻部引儞尾二合引閉娑嚩二合賀二一三

pravarṣeha jambūdvīpe svāhā

𑖢𑖿𑖨𑖪𑖨𑖿𑖬𑖸𑖮 𑖕𑖦𑖿𑖤𑖳𑖟𑖿𑖪𑖱𑖢𑖸 𑖭𑖿𑖪𑖯𑖮𑖯

愛囉引嚩喃曩引誐囉引殘散祖去引娜夜引弭

airavaṇaṃnāgarājaṃ sañcodayāmi

𑖋𑖨𑖪𑖜𑖽𑖡𑖯𑖐𑖨𑖯𑖕𑖽 𑖭𑖗𑖿𑖓𑖺𑖟𑖧𑖯𑖦𑖰

鉢囉二合*韈羅灑二合引訶贍部引儞尾二合引閉娑嚩二合賀二一四

pravarṣeha jambūdvīpe svāhā

𑖢𑖿𑖨𑖪𑖨𑖿𑖬𑖸𑖮𑖕𑖽𑖤𑖳𑖟𑖿𑖪𑖱𑖢𑖸𑖭𑖿𑖪𑖯𑖮𑖯

報引拏嗽二合轉舌呼曩引誐羅引殘散祖去引娜夜引弭

poḍraṃ nāgarājaṃ sañcodayāmi

𑖢𑖺𑖚𑖿𑖨𑖽𑖡𑖯𑖐𑖨𑖯𑖕𑖽𑖭𑖗𑖿𑖓𑖺𑖟𑖧𑖯𑖦𑖰

鉢囉*韈囉灑二合引訶贍部引儞尾二合引閉娑嚩二合賀二一五

pravarṣeha jambūdvīpe svāhā

𑖢𑖿𑖨𑖪𑖨𑖿𑖬𑖸𑖮𑖕𑖽𑖤𑖳𑖟𑖿𑖪𑖱𑖢𑖸𑖭𑖿𑖪𑖯𑖮𑖯

室哩二合引帝引惹珊曩引誐囉引殘散祖去引娜夜引弭

śrī tejasaṃ nāga rājaṃ sañcodayāmi

𑖫𑖿𑖨𑖱𑖝𑖸𑖕𑖭𑖽𑖡𑖯𑖐𑖨𑖯𑖕𑖽𑖭𑖗𑖿𑖓𑖺𑖟𑖧𑖯𑖦𑖰

鉢囉二合*韈囉灑二合訶贍部引儞尾二合引閉娑嚩二合賀二一六

pravarṣeha jambūdvīpe svāhā

室哩二合引跋捺囒二合曩誐囉引殘散祖去引娜夜引弭

śrībhadraṃ nāgarājaṃ sañcodayāmi

鉢囉二合韈囉灑二合帝引訶贍部引儞尾二合引閉娑嚩二合賀二一七

pravarṣateha jambūdvīpe svāhā

尾儞庾二合多麼二合引里難曩引誐囉引殘散祖去引娜夜引弭

vidyurmālidannāgarājaṃ sañcodayāmi

鉢囉二合韈囉灑二合引訶贍部引儞尾二合引閉娑嚩賀二一八

pravarṣeha jambūdvīpe svāhā

摩賀引麼鼻抳祖引赧曩引誐囉引殘散赧去引娜夜引弭

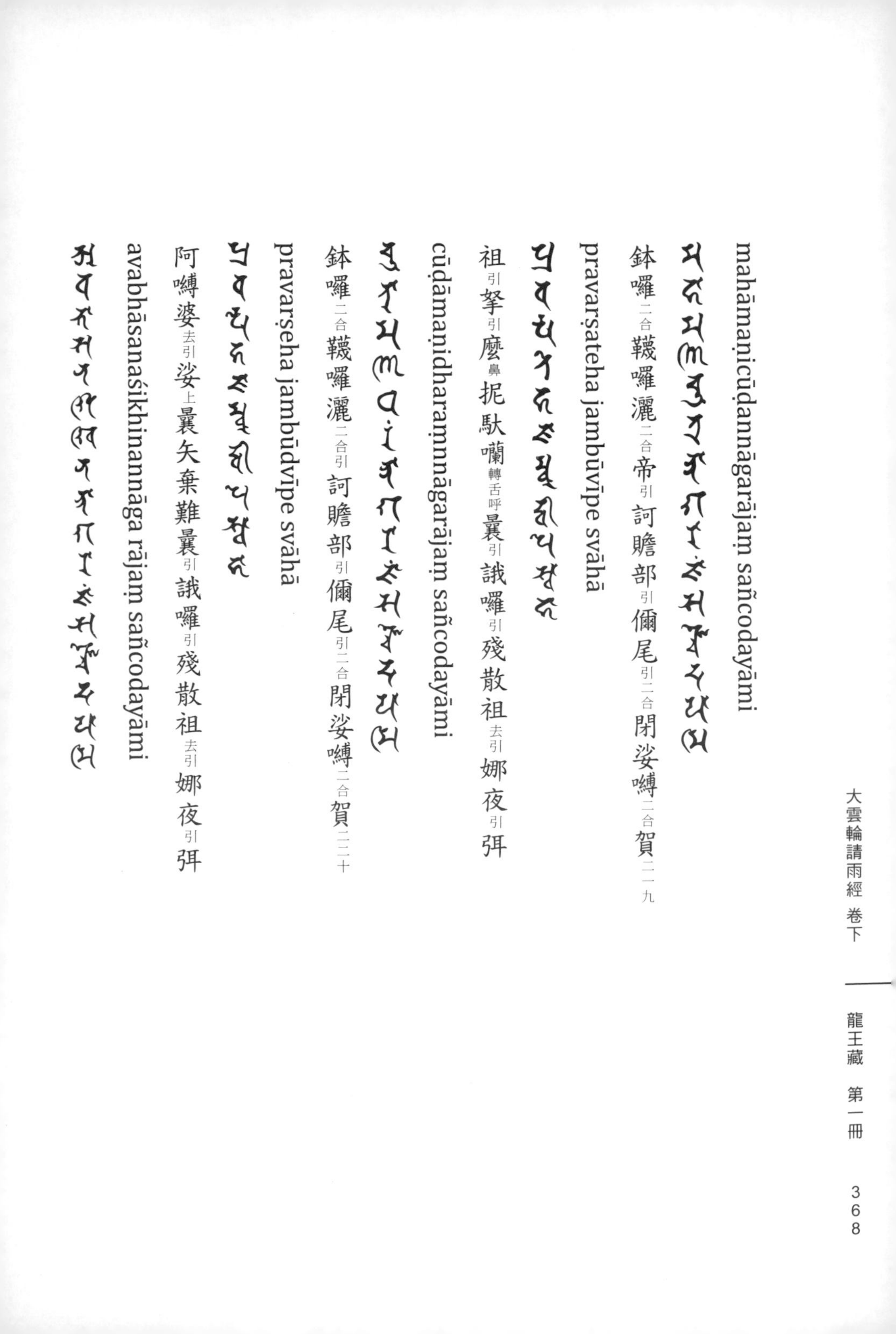

mahāmaṇicūḍannāgarājaṃ sañcodayāmi

鉢囉二合韈囉灑二合帝引訶贍部引儞尾引二合閉娑嚩二合賀二一九

pravarṣateha jambūvīpe svāhā

祖引拏引麼鼻抳馱囒轉舌呼曩引誐囉引殘散祖去引娜夜引弭

cūḍāmaṇidharaṃnnāgarājaṃ sañcodayāmi

鉢囉二合韈囉灑二合引訶贍部引儞尾引二合閉娑嚩二合賀二二十

pravarṣeha jambūdvīpe svāhā

阿嚩婆去引娑上曩矢棄難曩引誐囉引殘散祖去引娜夜引弭

avabhāsanaśikhinannāga rājaṃ sañcodayāmi

鉢囉二合藭囉灑二合引訶贍部引儞尾二合引閉娑嚩二合引賀二二一

pravarṣeha jambūdvīpe svāhā

𑖢𑖿𑖨𑖪𑖨𑖿𑖬𑖸𑖮𑖕𑖦𑖿𑖤𑖳𑖟𑖿𑖪𑖱𑖢𑖸𑖭𑖿𑖪𑖯𑖮𑖯

噎鑁鉢囉二合目佉去引薩嚩曩引誐囉引惹散祖去引娜夜引弭

evaṃ pramukhā sarva nāgarājaṃ sañcodayāmi

𑖊𑖪𑖽𑖢𑖿𑖨𑖦𑖲𑖏𑖯𑖭𑖨𑖿𑖪𑖡𑖯𑖐𑖨𑖯𑖕𑖽𑖭𑖗𑖿𑖓𑖺𑖟𑖧𑖯𑖦𑖰

鉢囉二合藭囉曬二合引訶贍部引儞尾二合引閉娑嚩二合賀二二二

pravarṣeha jambūdvīpe svāhā

𑖢𑖿𑖨𑖪𑖨𑖿𑖬𑖸𑖮𑖕𑖦𑖿𑖤𑖳𑖟𑖿𑖪𑖱𑖢𑖸𑖭𑖿𑖪𑖯𑖮𑖯

曩引霓曩霓摩賀引曩引霓二二三

nāge nāge mahānāge

𑖡𑖯𑖐𑖸𑖡𑖯𑖐𑖸𑖦𑖮𑖯𑖡𑖯𑖐𑖸

具引囉麼鼻曩細曩引誐紇哩二合乃曳平二二四　度引麼鼻引矩黎二二五

ghora manase nāga hṛdaye dhūma kule

塢疙囉(二合)嚧(引)灑(引)鉢囉(二合)贊(上)拏帝(引)惹(自曳反引)尾數疙𡃤(二合引)二二六

ugra rūṣe pracaṇḍa teje viṣugre

阿(去引)試(引)尾灑(引)阿(上)哂具(引)𡃤訖哩(二合)史拏(二合)氷(卑孕反)蘗黎贊左黎

āśīviṣe ahighore kṛṣṇapiṅgale cañcale

路(引)攞爾賀吠(二合引)摩賀(引)頗拏迦𡃤迦(引)羅播(引)勢嘮(引)捺囉(二合)嚩(引)枲額二二七

lola jihve mahāphaṇakare kālapāśe raudra vāsini

跓(吒塢反)跓謎二二八　跛囉跛囉畢哩畢哩補嚕補嚕二二九

tuṭumme para para piri piri puru puru

尾娑普(二合引)爾帝咄嚕咄嚕摩賀暴(引)霓麼抳馱𡃤二三十

visphuḥ jite turu turu mahābhoge maṇidhare

𑖪𑖰𑖭𑖿𑖣𑖲𑖾𑖕𑖰𑖝𑖸𑖝𑖲𑖨𑖲𑖝𑖲𑖨𑖲𑖦𑖮𑖯𑖥𑖺𑖐𑖸𑖦𑖜𑖰𑖠𑖨𑖸

呬哩呬哩戶嚕戶嚕二三一　頗囉頗囉二三二

hiri hiri huru huru phara phara

𑖮𑖰𑖨𑖰𑖮𑖰𑖨𑖰𑖮𑖲𑖨𑖲𑖮𑖲𑖨𑖲𑖣𑖨𑖣𑖨

嚩*无鉢反下同囉灑二合嚩囉灑二合二三三　惹自攞反攬引母馱嚇咎謀咎謀二三四

varṣa varṣa jalambuddhare jaṃmu jaṃmu

𑖪𑖨𑖿𑖬𑖪𑖨𑖿𑖬𑖕𑖩𑖽𑖤𑖲𑖟𑖿𑖠𑖨𑖸𑖕𑖽𑖦𑖲𑖕𑖽𑖦𑖲

嚩邏引賀計二三五　怛吒怛吒二三六

valahake taṭṭa taṭṭa

𑖪𑖩𑖮𑖎𑖸𑖝𑖘𑖿𑖘𑖝𑖘𑖿𑖘

跓吒塢反跓謀跓同上跓謀二三七　度度度度度謎二三八

ṭuṭuṃmu ṭuṭuṃmu dhudhu dhudhu dhume

𑖘𑖲𑖘𑖲𑖽𑖦𑖲𑖘𑖲𑖘𑖲𑖽𑖦𑖲𑖠𑖲𑖠𑖲𑖠𑖲𑖠𑖲𑖠𑖲𑖦𑖸

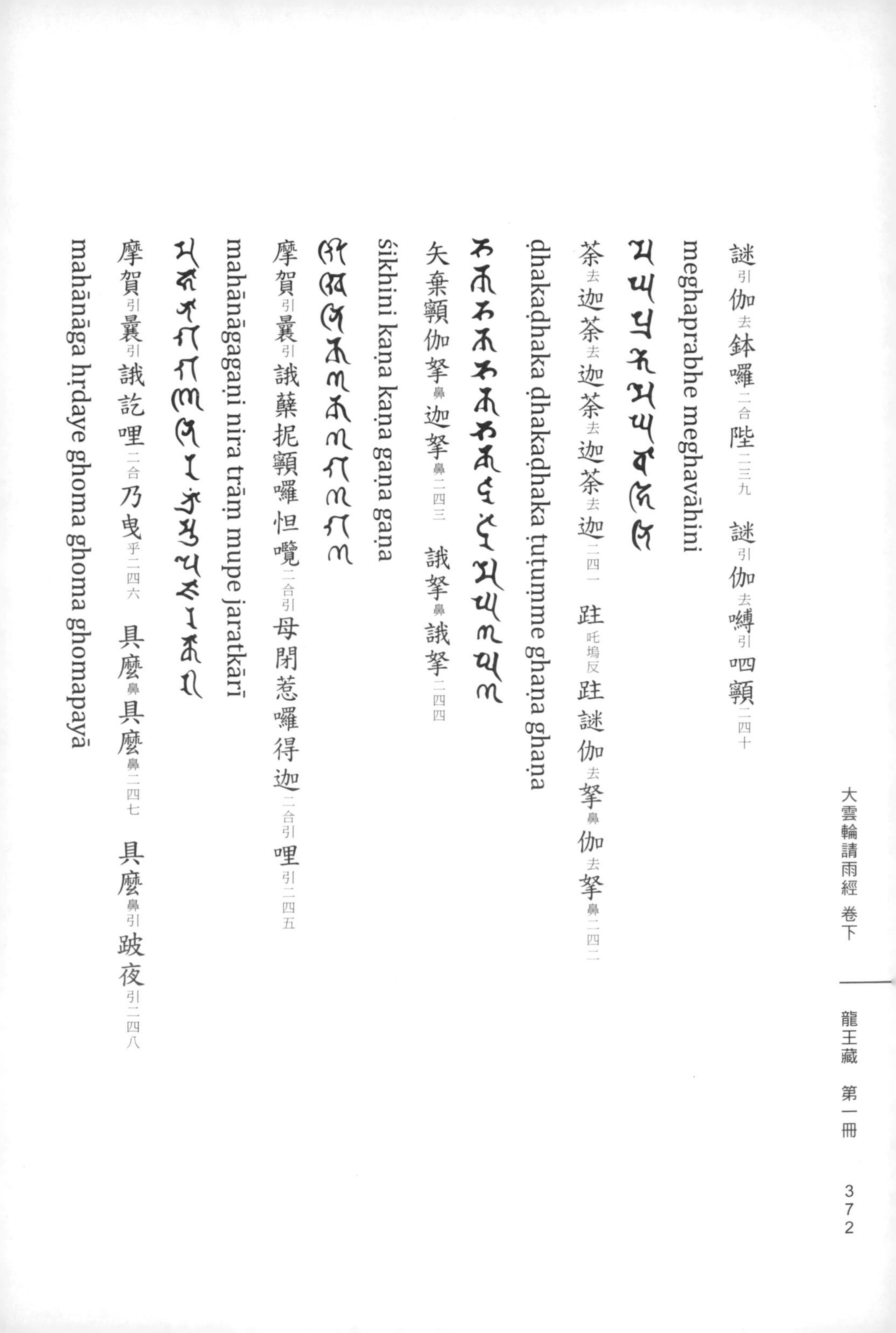

謎引伽去鉢囉二合陛二三九　謎引伽去嚩引呬顊二四十

meghaprabhe meghavāhini

荼去迦荼去迦荼去迦荼去迦二四一　跓吒塢反跓謎伽去拏鼻伽去拏鼻二四二

ḍhakaḍhaka ḍhakaḍhaka ṭuṭumme ghaṇa ghaṇa

矢棄顊伽拏鼻迦拏鼻二四三　誐拏鼻誐拏二四四

śikhini kaṇa kaṇa gaṇa gaṇa

摩賀引曩引誐蘖抳顊囉怛嚂二合引母閉惹囉得迦二合引哩引二四五

mahānāgagaṇi nira trāṃ mupe jaratkārī

摩賀引曩引誐訖哩二合乃曳平二四六　具麼鼻具麼鼻二四七　具麼鼻引跛夜引二四八

mahānāga hṛdaye ghoma ghoma ghomapayā

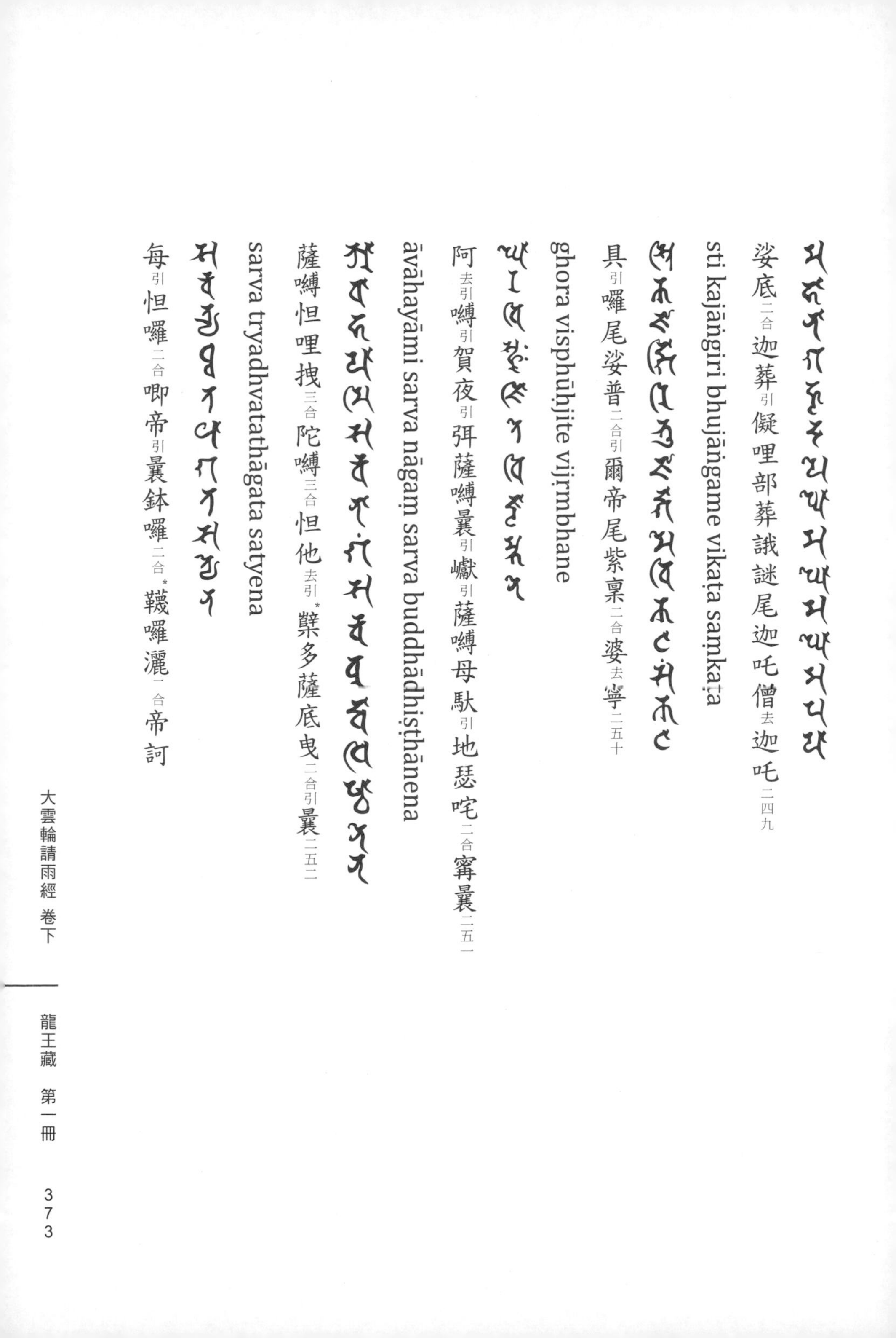

娑底二合迦葬引儗哩部葬誐謎尾迦吒僧去迦吒二四九

sti kajāṅgiri bhujaṅgame vikaṭa saṃkaṭa

具引囉尾娑普二合引爾帝尾紫稟二合婆去寧二五十

ghora visphūrjite vijṛmbhane

阿去引嚩引賀夜引弭薩嚩曩引巘引薩嚩母馱引地瑟咤二合寧曩二五一

āvāhayāmi sarva nāgaṃ sarva buddhādhiṣṭhānena

薩嚩怛哩拽三合陀嚩三合怛他去引*蘖多薩底曳二合引曩二五二

sarva tryadhvatathāgata satyena

每引怛囉二合唧帝引曩鉢囉二合*韈囉灑二合帝訶

maitracittena pravarṣateha

贍部引儞尾二合引閉娑嚩二合賀二五三

jambūdvīpe svāhā

爾時，三千大千世界主無邊莊嚴海雲威德輪蓋大龍王，及諸龍王等并龍眷屬聞佛教勅，皆大歡喜信受奉行。

天阿蘇羅藥叉等，來聽法者應至心，擁護佛法使長存，各各勤行世尊教。諸有聽徒來至此，或在地上或居空，常於人世起慈心，日夜自身依法住。願諸世界常安隱，無邊福智益群生，所有罪業並消除，遠離眾苦歸圓寂。恒用戒香塗瑩體，常持定服以資身，菩提妙花遍莊嚴，隨所住處常安樂。

大雲輪請雨經卷下

大雲經祈雨壇法

若天亢旱時，欲祈請雨者，於露地作壇。除去瓦礫及諸穢物，張設青幕，懸青幡，香泥塗拭，作一方壇。於壇中畫七寶水池，池中畫海龍王宮；於龍宮中，有釋迦牟尼如來經說法相。

佛右畫觀自在菩薩，佛左畫金剛手菩薩等侍衛。於佛前右畫三千大千世界主輪蓋龍王，佛前左畫難陀、跋難陀二龍王。於壇四方，用瞿摩夷汁，各畫一龍王：於東方畫一龍王，一身三頭，量長三肘，并眷屬圍繞；又於南方畫一龍王，一身五頭，量長五肘，并諸眷屬；又於西方畫一龍王，一身七頭，量長七肘，并眷屬圍繞；於北方又畫一龍王，一身九頭，量長九肘，并眷屬圍繞。皆在霎霴青黑雲中，半身已下，如蛇形，尾在池中；半身已上，如菩薩形，皆合掌從池涌出。於壇四角，置四清水瓶，隨其力分。飲食、菓子等皆染作青色，以慇淨心布列供養，燒香散青色華，道場中所用皆作青色。

祈雨之人，若是出家苾芻，應具律儀；若俗士，應受八戒。作法之時，喫三白食，每日香湯沐浴，著新淨青衣。於壇西面，以青物為座，即以香塗手，先應三密加持自身，及護壇場。案上置此大雲經，於一切有情起大慈悲心，至誠請一切佛、菩薩加持，晝夜虔誠，讀此大雲經。或二人、三人、乃至七人更替讀誦，經聲不應間斷。

亢旱之時，如是依法讀此大雲經，或經一日、二日、乃至七日，定降注甘雨。若災重不雨，更作，必降甘雨。假使大海或有過限越潮，依此經作法、轉讀，無不應效。應發願讀經，所生功德迴向諸龍，願皆離諸苦難，發無上菩提心，為一切有情降注甘雨。

大雲經祈雨壇法

大雲輪請雨經 卷上

隋天竺三藏那連提耶舍譯

如是我聞：一時，佛在難陀、優婆難陀龍王宮內，住大威德摩尼之藏大雲輪殿寶樓閣中，與大比丘及諸菩薩摩訶薩眾周匝圍繞。

復有無量諸大龍王，其名曰：難陀龍王、優鉢難陀龍王、娑伽羅龍王、阿那婆達多龍王、摩那斯龍王、婆婁那龍王、德叉迦龍王、提頭賴吒龍王、婆修吉龍王、目真隣陀龍王、伊羅跋那龍王、分陀利龍王、威光龍王、德賢龍王、電冠龍王、大摩尼寶髻龍王、摩尼珠髻龍王、光耀頂龍王、帝釋鋒伏龍王、帝釋幢龍王、帝釋杖龍王、閻浮金幢龍王、善和龍王、大輪龍王、大蟒蛇龍王、火光味龍王、月耀龍王、慧威龍王、善見龍王、大善見龍王、善住龍王、摩尼瓔龍王、興雲龍王、持雨龍王、大忿吒聲龍王、小忿吒聲龍王、奮迅龍王、大頻拏龍王、大項龍王、深聲龍王、大深聲龍王、大雄猛龍王、優鉢羅龍王、大步龍王、螺髮龍王、質多羅斯那龍王。

持大羂索龍王、伊羅樹葉龍王、先慰問龍王、驢耳龍王、海貝龍王、達陀羅龍王、優波達陀羅龍王、安隱龍王、大安隱龍王、毒蛇龍王、大毒蛇龍王、大力龍王、呼婁茶龍王、阿波羅龍王、藍浮龍王、吉利彌賒龍王、黑色龍王、因陀羅軍龍王、那茶龍王、優波那茶龍王、甘浮紇利那龍王、陀毘茶龍王、端正龍王、象耳龍王、猛利龍王、黃目龍王、電光龍王、大電光龍王、天力龍王、金婆羅龍王、妙蓋龍王、甘露龍王、得道泉龍王、琉璃光龍王、金色髮龍王、金光龍王、月光相龍王、日光龍王、始興龍王、牛頭龍王、白相龍王、黑相龍王、耶摩龍王、沙彌龍王、蝦蟇龍王、僧伽茶龍王、尼民陀羅龍王、持地龍王、千頭龍王。

寶頂龍王、滿願龍王、細雨龍王、須彌那龍王、瞿波羅龍王、仁德龍王、善行龍王、宿德龍王、金毘羅龍王、金毘羅頭龍王、持毒龍王、蛇身龍王、蓮華龍王、大尾龍王、騰轉龍王、可畏龍王、善威德龍王、五頭龍王、婆利羅龍王、妙車龍王、優多羅龍王、長尾龍王、大頭龍王、賓畢迦龍王、毘茶龍王、馬形龍王、三頭龍王、龍仙龍王、大威德龍王、火德龍王、恐人龍王、焰光龍王、七頭龍王、現大身龍王、善愛見龍王、大惡龍王、淨威德龍王、妙眼龍王、大毒龍王、焰聚龍王、大害龍王、大瞋忿龍王、寶雲龍王、大雲施水龍王、帝釋光龍王、波陀波龍王、月雲龍王、海雲龍王、大香華龍王、華出龍王、寶眼龍王。

大相幢龍王、大雲藏龍王、降雪龍王、威德藏龍王、雲戟龍王、持夜龍王、降雨龍王、雲雨龍王、大雲雨龍王、火光龍王、大雲主龍王、無瞋恚龍王、鳩鳩婆龍王、那伽首羅龍王、闍隣提龍王、雲蓋龍王、應祁羅目佉龍王、威德龍王、出雲龍王、無盡步龍王、妙相龍王、大身龍王、大腹龍王、安審龍王、丈夫龍王、歌歌那龍王、虧頭羅龍王、猛毒龍王、妙聲龍王、甘露實龍王、大散雨龍王、隱隱聲龍王、雷相擊聲龍王、鼓震聲龍王、注甘露龍王、天帝鼓龍王、霹靂音龍王、首羅仙龍王、那羅延龍王、涸水龍王、毘迦吒龍王，有如是等諸大龍王而為上首；復有八十四億那由他數諸龍王，俱同來彼會。

時，彼一切諸龍王等從坐而起，各整衣服，偏袒右臂，右膝著地，合掌向佛。即以種種無量無邊阿僧祇數微妙香華、塗香、末香、華冠、衣服、寶幢、幡蓋、龍華寶冠、真珠瓔珞、寶華繒綵、真珠羅網、雜珮旒蘇覆如來上，作眾妓樂，擊掌歌讚，起大殷重奇特之心，繞百千匝，却住一面。

爾時，諸龍住一面已，咸發願言：「願以一切諸世界海、微塵身海，一切諸佛、菩薩眾海，遍於一切諸世界海，已過所有一切四大地、水、火、風微塵等海，所有一切諸色光明微塵數海，已過無量無不可思議不可宣說阿僧祇數諸身等海，於一一身化作無量阿僧祇諸手海雲遍滿十方；又於一一微塵分中，化出無量供養海雲遍滿十方，將以供養一切諸佛、菩薩眾海恒不斷絕，如是無量不可思議不可宣說阿僧祇數普賢菩薩行身海雲，遍滿虛空住持不絕。

「如是菩薩諸身海雲，所謂一切輪相海雲、一切寶冠海雲、一切大明寶藏輋海雲、一切末香樹藏海雲、一切香煙現諸色海雲、一切諸樂音聲海雲、一切香樹海雲，諸如是等無量無邊不可思議不可宣說阿僧祇數，如是一切供養海雲，遍滿虛空住持不絕，供養、恭敬、尊重、禮拜一切諸佛、菩薩眾海。

「復出一切莊嚴境界電藏摩尼王海雲、一切普明寶雨莊嚴摩尼王海雲、一切寶光焰順佛音聲摩尼王海雲、一切佛法音聲遍滿摩尼寶王海雲、一切普門寶焰諸佛化光海雲、一切眾光明莊嚴顯現不絕摩尼寶王海雲、一切光焰順佛聖行摩尼寶王海雲、一切顯現如來不可思議佛刹電光明摩尼王海雲、一切諸妙寶色明徹三世佛身摩尼王海雲，諸如是等一切諸寶光色，遍滿虛空住持不絕，供養、恭敬、尊重、禮拜一切諸佛、菩薩眾海。

「復出一切不壞妙寶香華鞾海雲、一切無邊色摩尼寶王莊嚴鞾海雲、一切寶燈香焰光鞾海雲、一切真珠妙色鞾海雲、一切華臺鞾海雲、一切寶冠莊嚴鞾海雲、一切十方光焰遍滿莊嚴不絕寶藏鞾海雲、一切無邊顯現勝寶莊嚴鞾海雲、一切遍滿妙莊嚴鞾海雲、一切門欄華鈴羅網鞾海雲，諸如是等遍滿虛空住持不絕，供養、恭敬、禮拜一切諸佛、菩薩眾海雲。

「復出一切妙金寶瓔珞藏師子座海雲、一切華明妙色藏師子座海雲、一切紺摩尼閻浮檀妙色蓮華藏師子座海雲、一切摩尼燈蓮華藏師子座海雲、一切摩尼寶幢火色妙華藏師子座海雲、一切寶莊嚴妙色蓮華藏師子座海雲、一切樂見因陀羅蓮華光藏師子座海雲、一切樂見無盡焰光蓮華藏師子座海雲、一切寶光普照蓮華藏師子座海雲、一切佛音蓮華光藏師子座海雲，諸如是等遍滿虛空住持不絕，供養、恭敬、禮拜一切諸佛、菩薩眾海。

「復出一切妙音摩尼樹海雲、一切諸葉周匝合掌出香氣樹海雲、一切莊嚴現無邊明色樹海雲、一切華雲出寶樹海雲、一切出於無邊莊嚴藏樹海雲、一切寶輪焰電樹海雲、一切示現菩薩半身出栴檀末樹海雲、一切不思議無邊樹神莊嚴菩薩道場樹海雲、一切寶衣藏日電光明樹海雲、一切遍出真妙音聲喜見樹海雲，諸如是等遍滿虛空住持不絕，供養、恭敬、尊重、禮拜一切諸佛、菩薩眾海。

「復出一切無邊寶色蓮華藏師子座海雲、一切周匝摩尼王電藏師子座海雲、一切瓔珞莊嚴藏師子座海雲、一切諸妙寶冠燈焰藏師子座海雲、一切圓音出寶雨藏師子座海雲、一切華冠香華寶藏師子座海雲、一切佛坐現莊嚴摩尼王藏師子座海雲、一切欄楯垂瓔莊嚴藏師子座海雲、一切摩尼寶樹枝葉末香藏師子座海雲、一切妙香寶鈴羅網普莊嚴日電藏師子座海雲，諸如是等遍滿虛空住持不絕，供養、恭敬、尊重、禮拜一切諸佛、菩薩眾海。

「復出一切如意摩尼寶王帳海雲、一切因陀羅寶華臺諸華莊嚴帳海雲、一切香摩尼帳海雲、一切寶燈焰相帳海雲、一切佛神力出聲摩尼寶王帳海雲、一切顯現摩尼妙衣諸光莊嚴帳海雲、一切華光焰寶帳海雲、一切羅網妙鈴出聲遍滿帳海雲、一切無盡妙色摩尼珠臺蓮花羅網帳海雲、一切金華臺火光寶幢帳海雲、一切不思議莊嚴諸光瓔珞帳海雲，諸如是等遍滿虛空住持不絕，供養、恭敬、尊重、禮拜一切諸佛、菩薩眾海。

「復出一切雜妙摩尼寶蓋海雲、一切無量光明莊嚴華蓋海雲、一切無邊色真珠藏妙蓋海雲、一切諸佛菩薩慈門音摩尼王蓋海雲、一切妙色寶焰華冠妙蓋海雲、一切寶光明莊嚴垂鈴羅網妙蓋海雲、一切摩尼樹枝瓔珞蓋海雲、一切日照明徹焰摩尼王諸香煙蓋海雲、一切栴檀末藏普熏蓋海雲、一切極佛境界電光焰莊嚴普遍蓋海雲，諸如是等遍滿虛空住持不絕，供養、恭敬、尊重、禮拜一切諸佛、菩薩眾海雲。

「復出一切寶明輪海雲、一切寶焰相光輪海雲、一切華雲焰光輪海雲、一切佛花寶光明輪海雲、一切佛剎現入光明輪海雲、一切諸佛境界普門音聲寶枝光輪海雲、一切琉璃寶性摩尼王焰光輪海雲、一切眾生於一念時現於色相光輪海雲、一切音聲悅可諸佛大震光輪海雲、一切所化眾生眾會妙音摩尼王光輪海雲，諸如是等遍滿虛空住持不絕，供養、恭敬、尊重、禮拜一切諸佛、菩薩眾海雲。

「復出一切摩尼藏焰海雲、一切佛色聲香味觸光焰海雲、一切寶焰海雲、一切佛法震聲遍滿焰海雲、一切佛剎莊嚴電光焰海雲、一切華聲光焰海雲、一切寶笛光焰海雲、一切劫數佛出音聲教化眾生光焰海雲、一切無盡寶華鬘示現眾生光焰海雲、一切諸座示現莊嚴光焰海雲，諸如是等遍滿虛空住持不絕，供養、恭敬、尊重、禮拜一切諸佛、菩薩眾海雲。

「復出一切不斷不散無邊色寶光海雲、一切摩尼寶王普光海雲、一切佛剎莊嚴電光海雲、一切香光海雲、一切莊嚴光海雲、一切佛化身光海雲、一切雜寶樹華鬘光海雲、一切衣服光海雲、一切無邊菩薩諸行名稱寶王光海雲、一切真珠燈光海雲，諸如是等遍滿虛空住持不絕，供養、恭敬、尊重、禮拜一切諸佛、菩薩眾海雲。

「復出一切不可思議種種諸雜香華海雲、一切寶焰蓮華羅網海雲、一切無量無邊際色摩尼寶王光輪海雲、一切摩尼真珠色藏篋笥海雲、一切摩尼妙寶栴檀末香海雲、一切摩尼寶蓋海雲、一切清淨諸妙音聲悅可眾心寶王海雲、一切日光寶輪瓔珞旒蘇海雲、一切無邊寶藏海雲、一切普賢色身海雲，諸如是等遍滿虛空住持不絕，供養、恭敬、尊重、禮拜一切諸佛、菩薩眾海雲。」

爾時，此眾八十四億百千那由他諸龍王等作是願已，繞佛三匝，頭面作禮於一面立。是時，佛告諸龍王言：「汝等龍王！各宜復坐。」時，諸龍王聞佛語已，各各還依次第而坐。

爾時，眾中有一龍王，名曰無邊莊嚴海雲威德輪蓋，於此三千大千世界龍王之中，最為勝大得不退轉，本願力故，受此龍身，為欲供養、恭敬、禮拜於如來故，聽受正法來生至此閻浮提內。時，彼龍王從坐而起，整理衣服，偏袒右臂，右膝著地，合掌向佛而作是言：「世尊！我今有疑，欲問如來、至真、等正覺，若佛聽許，我乃敢問。」作是語已，默然而住。

爾時，世尊告無邊莊嚴海雲威德輪蓋龍王作如是言：「汝大龍王！若有疑者，恣聽汝問。吾當為汝分別解說，令汝歡喜。」作是語已，時，無邊莊嚴海雲威德輪蓋龍王，即白佛言：「唯然！世尊！云何能使諸龍王等，滅一切苦，得受安樂？受安樂已，又令於此閻浮提內，時降甘雨，生長一切樹木、叢林、藥草、苗稼皆生滋味，使閻浮提一切人等悉受快樂。」

爾時，世尊聞是語已，即告無邊莊嚴海雲威德輪蓋大龍王言：「善哉！善哉！汝今為彼諸眾生等作利益故，能問如來如是等事。汝大龍王！諦聽！諦聽！善思念之！我當為汝分別解說。輪蓋龍王！我有一法，汝等若能具足行者，令一切龍除滅諸苦，具足安樂。何者一法？謂行大慈。汝大龍王！若有天人行大慈者，火不能燒，水不能溺，毒不能害，刃不能傷，內外怨賊不能侵掠；若睡、若寤皆得安隱。行大慈力，有大威德，諸天世等，不能擾亂；形貌端嚴，眾所愛敬；所行之處，一切無礙，諸苦滅除，心得歡喜，諸樂具足；大慈力故，命終之後，得生梵天。汝大龍王！若有天人，行大慈者，獲如是等無量無邊利益之事，是故，龍王！身、口、意業，常應須行彼大慈行。

「復次，龍王！有陀羅尼名施一切眾生安樂。汝諸龍等，常須讀誦、繫念、受持，能滅一切諸龍苦惱與其安樂。彼諸龍等，既得樂已，於閻浮提，始能依時降注甘雨，使令一切樹木、叢林、藥草、苗稼皆出滋味。」

爾時，龍王復白佛言：「何者名為施一切樂陀羅尼句？」

爾時，世尊即說呪曰：

怛緻哋其呪字口傍作者轉舌讀之注引字者引聲讀之 陀引囉尼陀引囉尼一

tadyathā dhāraṇi dhāraṇi

𑖝𑖟𑖿𑖧𑖞𑖯 𑖠𑖯𑖨𑖜𑖰 𑖠𑖯𑖨𑖜𑖰

優多引囉尼二引 三引波囉帝諸呪帝皆丁利反 師郗擴利反三

uttāraṇi sampratiṣṭhitā

𑖄𑖝𑖿𑖝𑖯𑖨𑖜𑖰 𑖭𑖽𑖢𑖿𑖨𑖝𑖰𑖬𑖿𑖘𑖰𑖝𑖯

毘闍耶跋囒那引薩底夜波羅帝若女賀反四

vijaya varṇa satyapratijñā

𑖪𑖰𑖕𑖧 𑖪𑖨𑖿𑖜 𑖭𑖝𑖿𑖧𑖢𑖿𑖨𑖝𑖰𑖕𑖿𑖗𑖯

波囉呵若那跋帝五 優多波引達尼六

sārha jñānavati utpādani

𑖭𑖯𑖨𑖿𑖮 𑖕𑖿𑖗𑖯𑖡𑖪𑖝𑖰 𑖄𑖝𑖿𑖢𑖯𑖟𑖡𑖰

毘那引喝膩七 阿引毘屣引遮膩八

virohani abhiṣecani

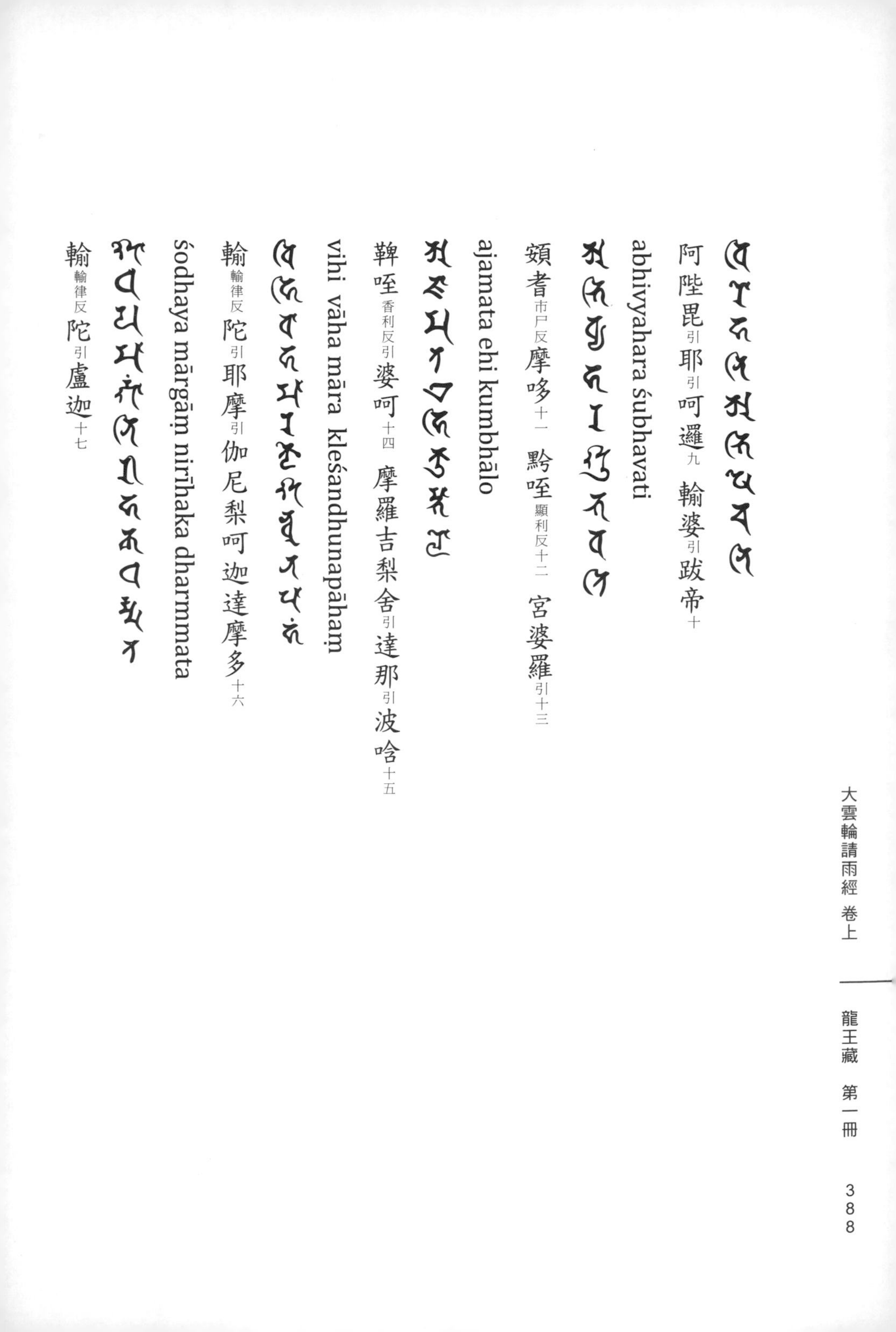

阿陛毘引耶引呵邏九　輸婆引跋帝十

abhiyahara śubhavati

頞者市尸反摩哆十一　黔啞顯利反十二　宮婆羅引十三

ajamata ehi kumbhālo

鞞啞香利反引婆呵十四　摩羅吉梨舍引達那引波唅十五

vihi vāha māra kleśandhunapāhaṃ

輸輸律反陀引耶摩引伽尼梨呵迦達摩多十六

śodhaya mārgāṃ nirihaka dharmmata

輸輸律反陀引盧迦十七

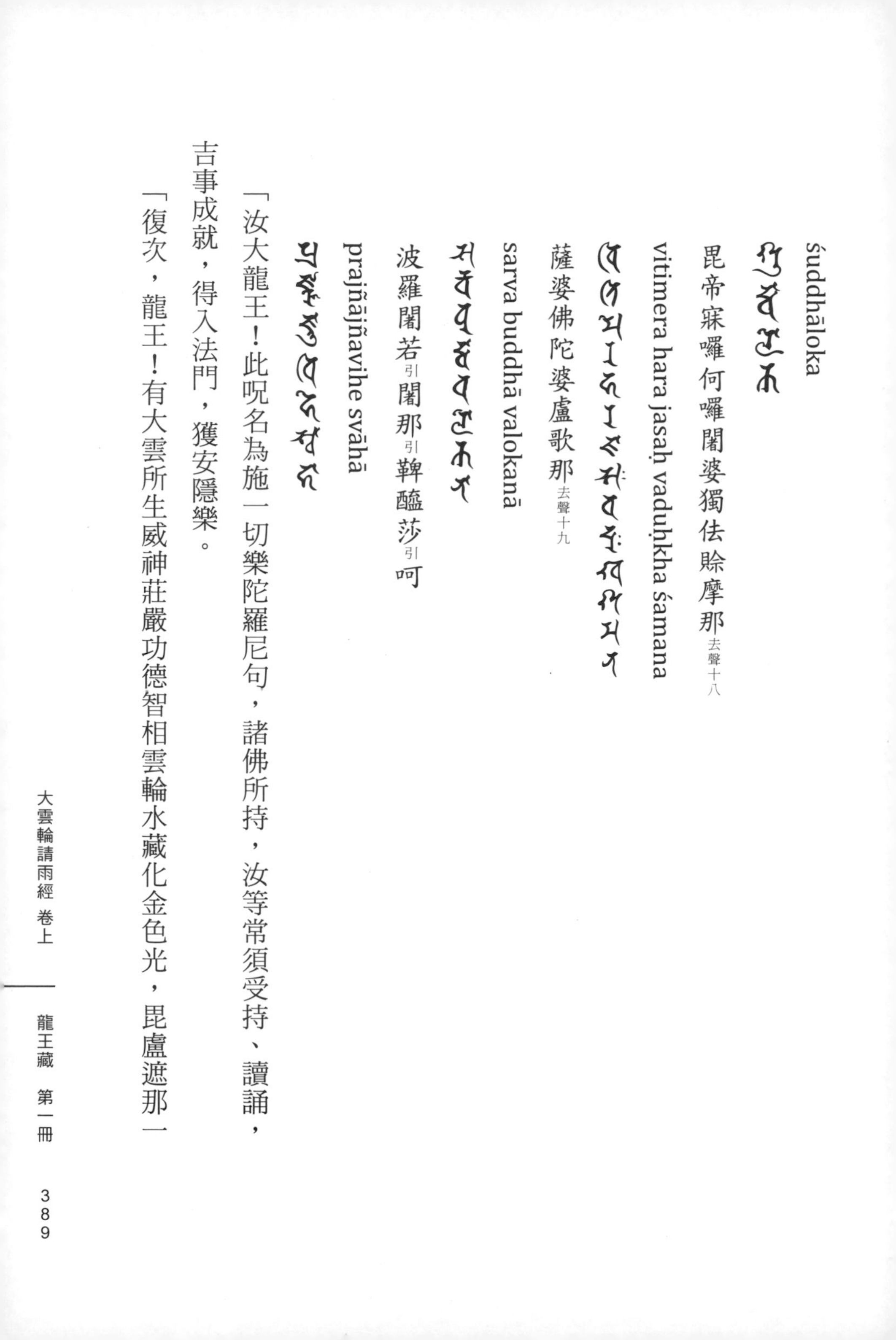

śuddhāloka

毘帝寐囉何囉闍婆獨佉賒摩那去聲十八

vitimera hara jasaḥ vaduḥkha śamana

薩婆佛陀婆盧歌那去聲十九

sarva buddhā valokanā

波羅闍若引闍那引鞞醯莎引呵

prajñājñavihe svāhā

「汝大龍王！此呪名為施一切樂陀羅尼句，諸佛所持，汝等常須受持、讀誦，吉事成就，得入法門，獲安隱樂。

「復次，龍王！有大雲所生威神莊嚴功德智相雲輪水藏化金色光，毘盧遮那一毛孔中出於同姓諸佛名號，汝等亦須憶念、受持。若持彼諸如來名號，能滅一切所有諸龍種姓、一切龍王眷屬徒眾并諸龍女、生龍宮者所有苦惱，與其安樂。是故，龍王！應當稱彼如來名號：

南無婆伽婆帝毘盧遮那藏大雲如來。

南無婆伽婆帝性現出雲如來。

南無婆伽婆帝持雲雨如來。

南無婆伽婆帝威德雲如來。

南無婆伽婆帝大興雲如來。

南無婆伽婆帝大散風雲如來。

南無婆伽婆帝大雲閃電如來。

南無婆伽婆帝大雲勇步如來。

南無婆伽婆帝須彌善雲如來。

南無婆伽婆帝大密雲如來。

南無婆伽婆帝大雲輪如來。

南無婆伽婆帝雲光如來。
南無婆伽婆帝大雲師子座如來。
南無婆伽婆帝大雲蓋如來。
南無婆伽婆帝大善現雲如來。
南無婆伽婆帝雲覆如來。
南無婆伽婆帝光輪普遍照於十方雷鼓震聲起雲如來。
南無婆伽婆帝大雲清涼雷聲深隱奮迅如來。
南無婆伽婆帝布雲如來。
南無婆伽婆帝虛空雨雲如來。
南無婆伽婆帝疾行雲如來。
南無婆伽婆帝雲垂出聲如來。
南無婆伽婆帝雲示現如來。
南無婆伽婆帝廣出雲如來。
南無婆伽婆帝沫雲如來。

南無婆伽婆帝雲雷震如來。
南無婆伽婆帝雲際如來。
南無婆伽婆帝雲如衣如來。
南無婆伽婆帝潤生稼雲如來。
南無婆伽婆帝乘上雲如來。
南無婆伽婆帝飛雲如來。
南無婆伽婆帝低雲如來。
南無婆伽婆帝散雲如來。
南無婆伽婆帝大優鉢羅華雲如來。
南無婆伽婆帝大香體雲如來。
南無婆伽婆帝大涌雲如來。
南無婆伽婆帝大自在雲如來。
南無婆伽婆帝大光明雲如來。
南無婆伽婆帝大威德雲如來。

南無婆伽婆帝得大摩尼寶雲如來。
南無婆伽婆帝降伏雲如來。
南無婆伽婆帝雲根本如來。
南無婆伽婆帝欣喜雲如來。
南無婆伽婆帝散壞非時電雲如來。
南無婆伽婆帝大空高響雲如來。
南無婆伽婆帝大發聲雲如來。
南無婆伽婆帝大降雨雲如來。
南無婆伽婆帝施色力雲如來。
南無婆伽婆帝雨六味雲如來。
南無婆伽婆帝大力雨雲如來。
南無婆伽婆帝滿海雲如來。
南無婆伽婆帝陽炎旱時注雨雲如來。
南無婆伽婆帝無邊色雲如來。

南無婆伽婆帝一切差別大雲示現閻浮飛雲威德月光焰雲如來等、應、正遍知、三藐三佛陀。」

大雲輪請雨經卷上

大雲輪請雨經　卷下

隋天竺三藏那連提耶舍譯

爾時，世尊說是諸佛如來名已，告於無邊莊嚴海雲威德輪蓋龍王，作如是言：「汝，大龍王！此諸佛名，汝等一切諸龍眷屬，若能誦持，稱彼佛名及禮拜者，一切諸龍所有苦厄，皆悉解脫，普獲安樂。得安樂已，即能於此閻浮提中，風雨隨時令諸藥草、樹木、叢林，悉皆生長，五穀成熟。」

爾時，娑婆三千大千世界之主，無邊莊嚴海雲威德輪蓋龍王，復白佛言：「世尊！我今啟請，諸佛所說陀羅尼句，令於未來末世之時，閻浮提內，若有亢旱不降雨處，誦此神呪，即當降雨。飢饉、惡世、多饒疾疫、非法亂行、人民恐怖、妖星變怪、災厲相續，有如是等無量苦惱，以佛力故，悉得滅除。唯願，世尊！大慈悲愍諸眾生故，住持為說所有神呪陀羅尼句，告諸龍知，能使諸天歡喜、踊躍。復能破散一切諸魔，一切眾生身中所有苦難之事，并及惡星、變怪、災障，悉皆除滅。又復，如來曾說五種雨障之災，亦皆消滅。彼障除已，即能使此閻浮提內，雨澤以時，唯願，如來！為我等說。」

爾時，世尊聞此無邊莊嚴海雲威德輪蓋龍王如是語已，即讚歎言：「善哉！善哉！汝大龍王！汝今亦如諸佛饒益一切眾生，憐愍安樂，能請如來說此神呪。汝大龍王！諦聽！諦聽！善思念之！我當為汝說，於往昔，從彼大悲雲生，如來所聞：震吼奮迅勇猛幢陀羅尼。過去諸佛已曾宣說威神加護，我今亦當隨順而說，利益一切諸眾生故，憐愍與樂；於未來世，若炎旱時能令降雨，若汎雨時亦能令止，飢饉、疾疫悉能除滅；普告諸龍，令使知聞。復令諸天歡喜、踊躍，散一切魔，安隱眾生。」即說呪曰：

怛緻他摩訶若那引婆婆引薩尼一

tadyathā mahājñānā vabhasani

尼梨低殊引洛㱿彌去聲二

śrita tejū lakṣme

提利茶引毘迦囉摩跋闍羅引僧伽怛膩三

drḍha vikrama vajra saṅghatane

波羅摩毘囉闍四

parama viraja

涅摩求那鷄經岐反兜引修梨耶引波羅鞞五

nirmala guṇaketu sūryaprabhe

毘摩嵐引伽耶師六　婆囉引婆囉去聲七

vimalāṅga yaṣṭhi bhara bhara

三婆囉引三婆囉去聲八　豆潭徒感反鞞去聲九

saṃbhara saṃbhara dudumvi

𑖭𑖽𑖥𑖨 𑖭𑖽𑖥𑖨 𑖟𑖲𑖟𑖲𑖦𑖿𑖪𑖰

呵那呵那十　摩訶波羅薜蒲詣反十一

hana hana mahāprabhe

𑖮𑖡 𑖮𑖡 𑖦𑖮𑖯𑖢𑖿𑖨𑖥𑖸

毘頭多摸訶陀迦隸十二　波囉若伽囉輸悌十三

vidhūtamohaṃ dhakāre prajña śuddhe

𑖪𑖰𑖠𑖳𑖝𑖦𑖺𑖮𑖽 𑖠𑖎𑖯𑖨𑖸 𑖢𑖿𑖨𑖕𑖿𑖗 𑖫𑖲𑖟𑖿𑖠𑖸

波梨富婁那引迷帝隸迷怛利引帝囉引摩那娑揵提去聲十四

paripūraṇi maitre maitrī vīramana skṛte

𑖢𑖨𑖰𑖢𑖳𑖨𑖜𑖰 𑖦𑖹𑖝𑖿𑖨𑖸 𑖦𑖹𑖝𑖿𑖨𑖱 𑖪𑖱𑖨𑖦𑖡 𑖭𑖿𑖎𑖴𑖝𑖸

彌多羅浮馱利十五　社羅社羅十六

maitraṃ buddhare jala jala

𑖦𑖹𑖝𑖿𑖨𑖽 𑖥𑖲𑖟𑖿𑖠𑖨𑖸 𑖕𑖩 𑖕𑖩

社羅社羅十七　社羅浮駄利十八

jala jala jalāṃ buddhare

𑖕𑖩 𑖕𑖩 𑖕𑖩𑖽 𑖤𑖲𑖟𑖿𑖠𑖨𑖸

蒲登伽俱蘇迷去聲十九　達捨婆利二十

bodhiṅga kusume daśabale

𑖤𑖺𑖠𑖰𑖒𑖿𑖐 𑖎𑖲𑖭𑖲𑖦𑖸 𑖟𑖫𑖤𑖩𑖸

遮闘蔓賒引阿囉提二一

caturvaiśāradye

𑖓𑖝𑖲𑖨𑖿𑖪𑖹𑖫𑖯𑖨𑖟𑖿𑖧𑖸

頞瑟吒達舍毘尼迦佛陀引達迷去聲二二

aṣṭādaśāveṇika buddha dharmme

𑖀𑖬𑖿𑖘𑖯𑖟𑖫𑖯𑖪𑖸𑖜𑖰𑖎 𑖤𑖲𑖟𑖿𑖠 𑖠𑖨𑖿𑖦𑖿𑖦𑖸

輸頗摩帝二三　分若羅翅二四

śubhamati puṇyarāśi

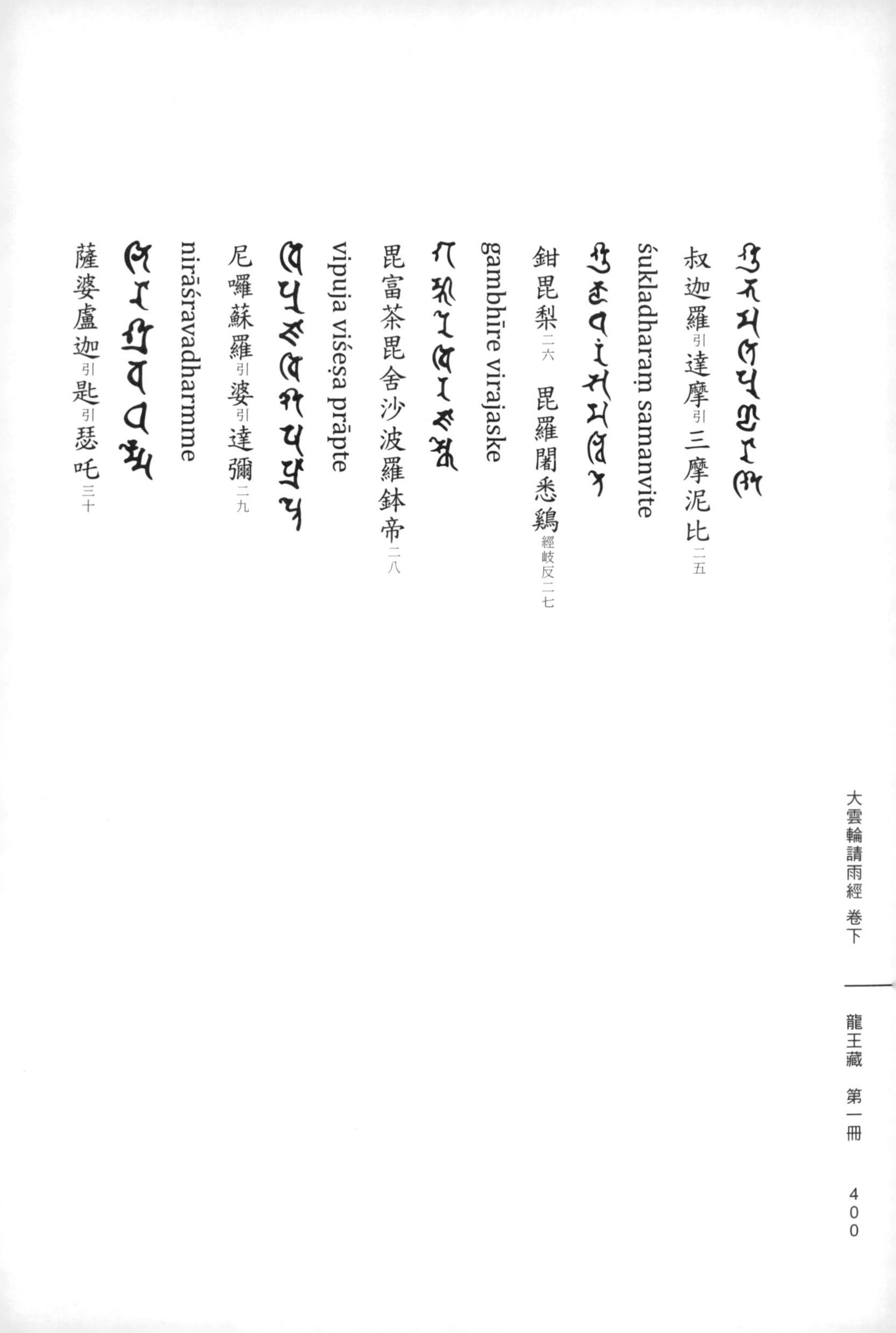

叔迦羅引達摩引三摩泥比二五

śukladharaṃ samanvite

鉗毘梨二六　毘羅闍悉鷄經岐反二七

gambhīre virajaske

毘富茶毘舍沙波羅鉢帝二八

vipuja viśeṣa prāpte

尼囉蘇羅引婆引達彌二九

nirāśravadharmme

薩婆盧迦引匙引瑟吒三十

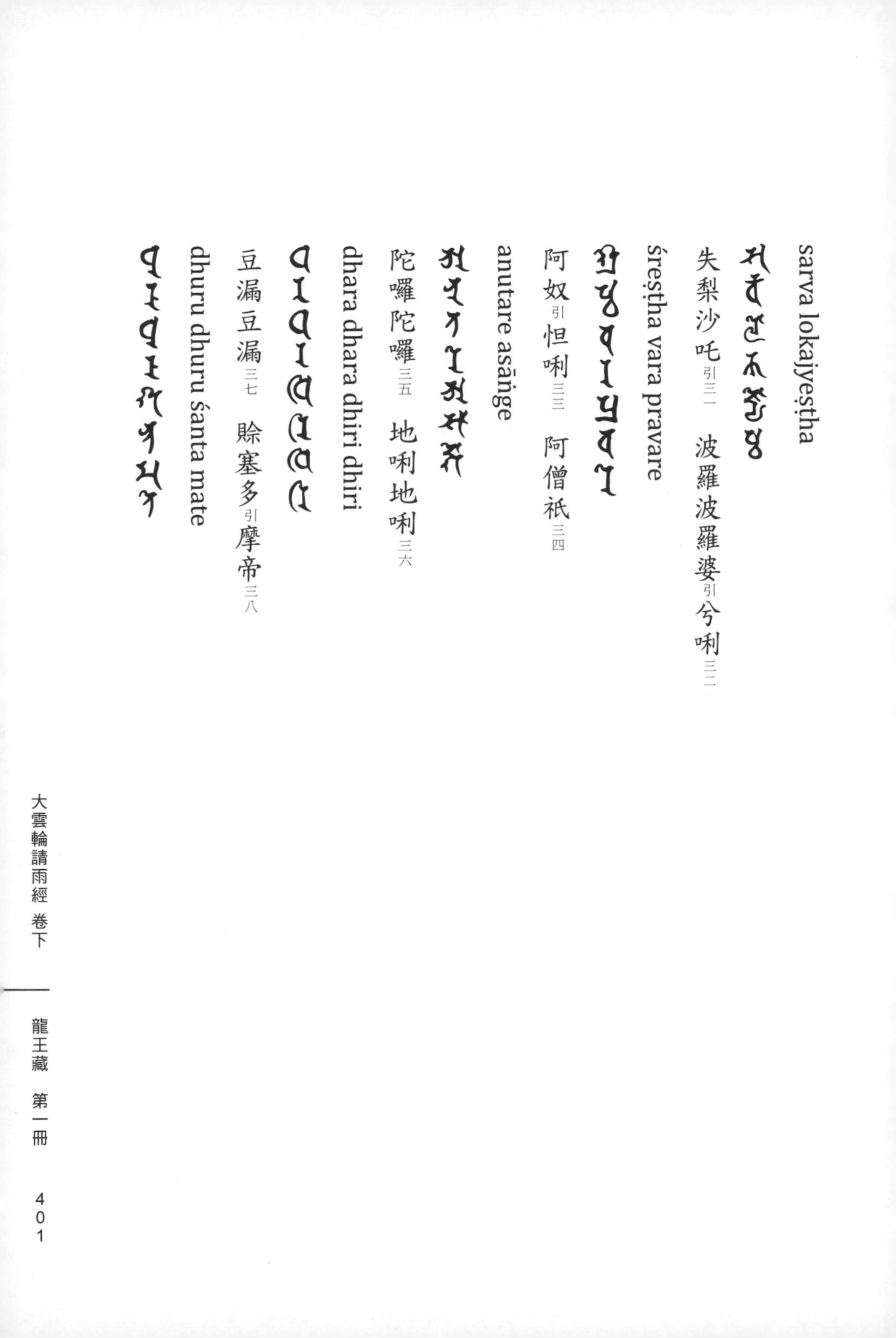

sarva lokajyeṣṭha

失梨沙吒引三一　波羅波羅婆引兮唎三二

śreṣṭha vara pravare

阿奴引怛唎三三　阿僧祇三四

anutare asāṅge

陀囉陀囉三五　地唎地唎三六

dhara dhara dhiri dhiri

豆漏豆漏三七　賒塞多引摩帝三八

dhuru dhuru śanta mate

賒塞多引波蔽三九　遮羅遮羅四十

𑖫𑖯𑖡𑖿𑖝 𑖢𑖯𑖢𑖸 𑖓𑖨 𑖓𑖨

śānta pāpe cara cara

旨唎旨唎四一　呪漏呪漏四二

𑖓𑖰𑖨𑖰 𑖓𑖰𑖨𑖰 𑖓𑖲𑖨𑖲 𑖓𑖲𑖨𑖲

ciri ciri curu curu

波羅遮引佛陀喃引南去聲摩帝四三

𑖢𑖨𑖓 𑖤𑖲𑖟𑖿𑖠𑖯𑖡𑖲𑖦𑖝𑖸

paraca buddhānumate

摩訶般利若引波引羅引蜜帝莎引呵四四

𑖦𑖮𑖯 𑖢𑖿𑖨𑖕𑖿𑖗𑖯 𑖢𑖯𑖨𑖦𑖰𑖝𑖸 𑖭𑖿𑖪𑖯𑖮𑖯

mahā prajñā pāramite svāhā

南無智海毘盧遮那藏如來。

南無一切諸菩提薩埵。

爾時，一切諸龍王等，為降雨故，受持此呪。若後末世惡災行時，能令不起。

又復一切諸佛、菩薩真實力故，遂復勅諸一切龍等，於閻浮提所祈請處，降澍大雨，除滅五種雨之障礙，而說呪曰：

多緻他一　娑邏娑邏二

tadyathā sara sara

𑖝𑖟𑖿𑖧𑖞𑖯 𑖭𑖨 𑖭𑖨

四唎四唎三　素漏素漏四

siri siri suru suru

𑖭𑖰𑖨𑖰 𑖭𑖰𑖨𑖰 𑖭𑖲𑖨𑖲 𑖭𑖲𑖨𑖲

那引伽喃去聲五　闍婆闍婆一句並去聲六

nāgānāṃ java java

𑖡𑖯𑖐𑖯𑖡𑖯𑖽 𑖕𑖪 𑖕𑖪

侍毘侍毘並去聲七　樹附樹附八

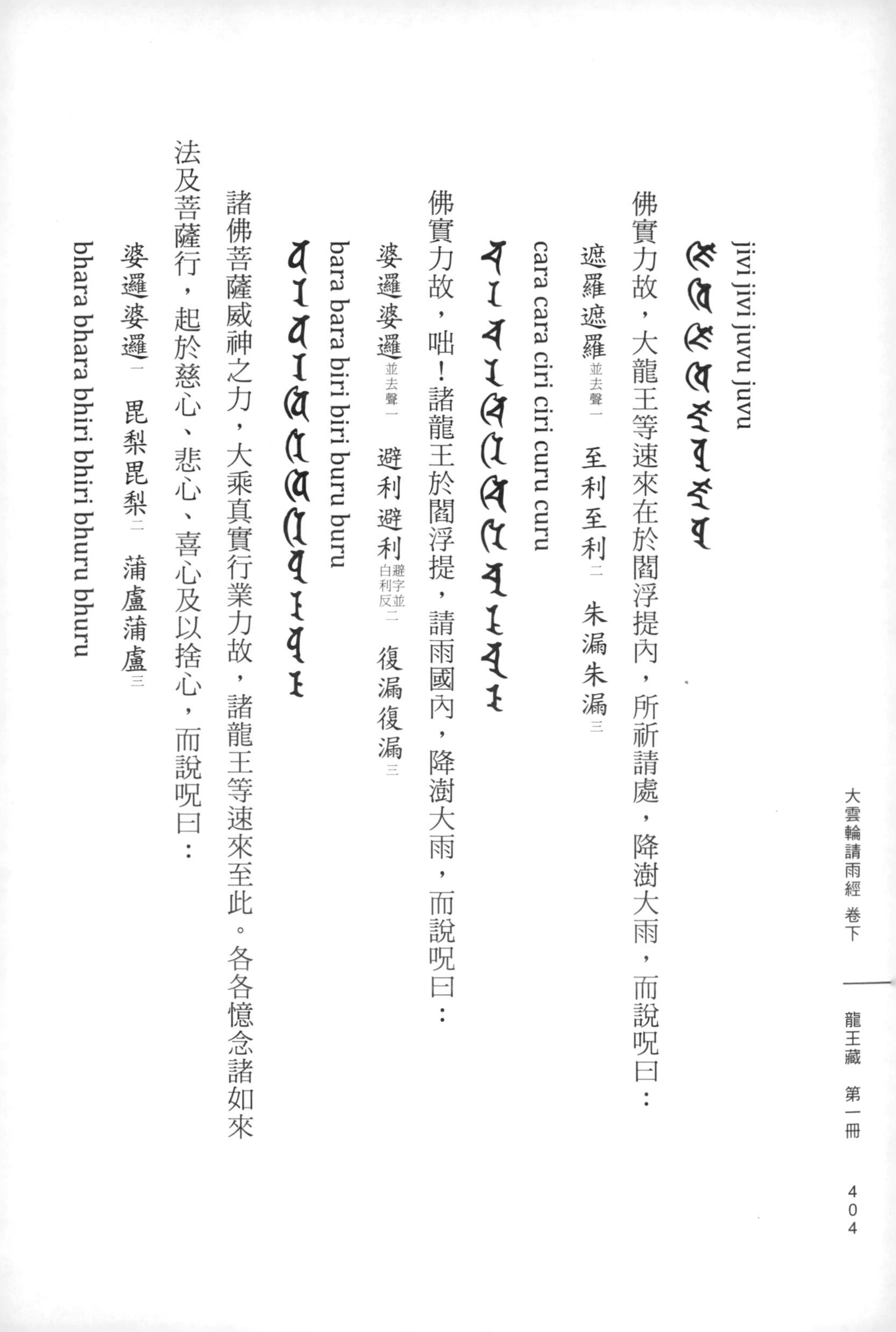

jivi jivi juvu juvu

佛實力故，大龍王等速來在於閻浮提內，所祈請處，降澍大雨，而說呪曰：

遮羅遮羅(並去聲)一　至利至利二　朱漏朱漏三

cara cara ciri ciri curu curu

佛實力故，咄！諸龍王於閻浮提，請雨國內，降澍大雨，而說呪曰：

婆邏婆邏(並去聲)一　避利避利(避字並白利反)二　復漏復漏三

bara bara biri biri buru buru

諸佛菩薩威神之力，大乘真實行業力故，諸龍王等速來至此。各各憶念諸如來法及菩薩行，起於慈心、悲心、喜心及以捨心，而說呪曰：

婆邏婆邏一　毘梨毘梨二　蒲盧蒲盧三

bhara bhara bhiri bhiri bhuru bhuru

𑖏𑖘 𑖏𑖘 𑖏𑖰𑖘𑖰 𑖏𑖰𑖘𑖰 𑖏𑖲𑖘𑖲 𑖏𑖲𑖘𑖲

大意氣龍王慈心正念，妙密佛法，持大雲雨，速來至此，而說呪曰：

伽茶伽茶一　祁墀祁墀二　瞿厨瞿厨三

ghaṭa ghaṭa ghiṭi ghiṭi ghuṭu ghuṭu

𑖑𑖘 𑖑𑖘 𑖑𑖰𑖘𑖰 𑖑𑖰𑖘𑖰 𑖑𑖲𑖘𑖲 𑖑𑖲𑖘𑖲

一切諸佛真實力故，大健瞋者、大疾行者、睒電舌者，治諸惡毒，來起慈心，於閻浮提，請雨國內，降澍大雨，莎引呵。又說呪曰：

怛吒怛吒吒並去聲一　底致底致二　鬪晝鬪晝三

taṭṭa taṭṭa tiṭṭi tiṭṭi tuṭṭu tuṭṭu

𑖝𑖘𑖿𑖘 𑖝𑖘𑖿𑖘 𑖝𑖰𑖘𑖿𑖘𑖰 𑖝𑖰𑖘𑖿𑖘𑖰 𑖝𑖲𑖘𑖿𑖘𑖲 𑖝𑖲𑖘𑖿𑖘𑖲

金剛密迹真實力故，頭上戴大摩尼天冠蛇身相者，念三寶力，於閻浮提此，請雨國內，降澍大雨，莎引呵。又說呪曰：

迦羅迦羅一　繼利繼利二　句漏句漏三

kala kala kili kili kulu kulu

佛實力故，金剛密跡勅彼一切澍大水者、乘大雲者，起慈悲心，悉來於此閻浮提中，請雨國內，降澍大雨，又說呪曰：

何邏邏何邏羅一　兮利履兮利履二

harala harala hirili hirili

候漏摟婁苟反候漏摟三

hurulu hurulu

三世諸佛真實力故，能令一切諸龍眷屬捨於睡眠，又說呪曰：

伽磨伽磨一　姞寐姞寐二　求牟求牟三　莎呵

ghama ghama ghimi ghimi ghumu ghumu svāhā

我勅一切諸龍王等，起大慈心，為菩提本，而說呪曰：

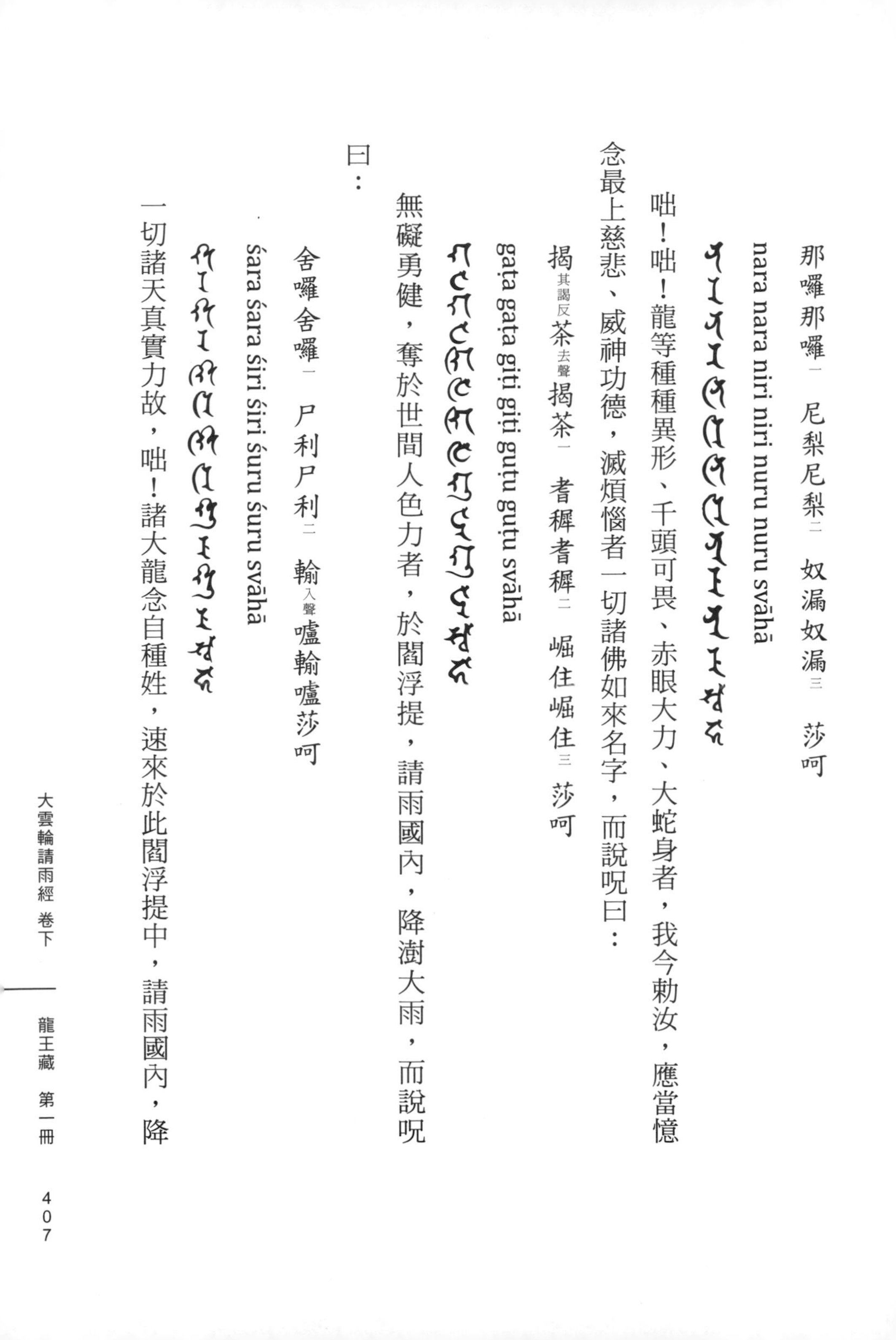

那囉那囉一　尼梨尼梨二　奴漏奴漏三　莎呵

nara nara niri niri nuru nuru svāhā

咄！咄！龍等種種異形、千頭可畏、赤眼大力、大蛇身者，我今勅汝，應當憶念最上慈悲、威神功德，滅煩惱者一切諸佛如來名字，而說呪曰：

揭其謁反荼去聲揭荼一　者穪者穪二　崛住崛住三　莎呵

gata gata giti giti gutu gutu svāhā

無礙勇健，奪於世間人色力者，於閻浮提，請雨國內，降澍大雨，而說呪曰：

舍囉舍囉一　尸利尸利二　輸入聲嚧輸嚧莎呵

śara śara śiri śiri śuru śuru svāhā

一切諸天真實力故，咄！諸大龍念自種姓，速來於此閻浮提中，請雨國內，降澍大雨，莎呵。

大梵天王實行力故，令諸龍王於閻浮提，請雨國內，降澍大雨，莎呵。
天主帝釋實行力故，令諸龍王於閻浮提，請雨國內，降澍大雨，莎呵。
四大天王實行力故，令諸龍王於閻浮提，請雨國內，降澍大雨，莎呵。
八人實行力故，令諸龍王於閻浮提，請雨國內，降澍大雨，莎呵。
須陀洹實行力故，令諸龍王於閻浮提，請雨國內，降澍大雨，莎呵。
斯陀含實行力故，令諸龍王於閻浮提，請雨國內，降澍大雨，莎呵。
阿那含實行力故，令諸龍王於閻浮提，請雨國內，降澍大雨，莎呵。
阿羅漢實行力故，令諸龍王於閻浮提，請雨國內，降澍大雨，莎呵。
辟支佛實行力故，令諸龍王於閻浮提，請雨國內，降澍大雨，莎呵。
菩薩實行力故，令諸龍王於閻浮提，請雨國內，降澍大雨，莎呵。
諸佛實行力故，令諸龍王於閻浮提，請雨國內，降澍大雨，莎呵。
一切諸天實行力故，令速除滅災障、苦惱，莎呵。
一切諸龍實行力故，能速降雨，潤此大地，莎呵。

一切夜叉實行力故，能速覆護一切眾生，莎呵。

一切揵闥婆實行力故，能速除滅一切眾生所有憂惱，莎呵。

一切阿修羅實行力故，能速迴轉惡星變怪，莎呵。

一切迦樓羅實行力故，於諸龍邊起大慈悲，降澍大雨，莎呵。

一切緊那羅實行力故，速能滅除一切眾生諸重罪業，令起踊躍，莎呵。

一切摩睺羅伽實行力故，能降大雨，普使充足，滅除五種雨之障礙，莎呵。

一切善男子善女人實行力故，善能覆護一切眾生，莎呵。

又說呪曰：

迦邏迦邏一　抧利抧利二　句嚧句嚧去聲三

kara kara kiri kiri kuru kuru

陀囉陀囉一　地利地利二　豆漏豆嚧三

dara dara diri diri duru duru

那吒那吒一　膩年一反[口致]膩[口致]膩二　奴晝奴晝三

naṭa naṭa niṭi niṭi niṭini nuṭu nuṭu

持大雲雨，疾行之者，如雲者，著雲衣者，生雲中者，能作雲者，雲雷響者，住雲中者，雲天冠者，雲莊嚴者，乘大雲者，雲中隱者，雲中藏者，被雲髮者，耀雲光者，雲圍遶者，處大雲者，雲瓔珞者，能奪五穀精氣之者，住在深山叢林中者，尊者龍母名分陀羅大雲威德喜樂尊大龍王，身體清涼，持大風輪，諸佛實行力故，放六味雨，而說呪曰：

伽邏伽邏一　岐利岐利二　求漏求漏三

ghara ghara ghiri ghiri ghuru ghuru

其利尼其利尼四

ghiriṇi ghiriṇi

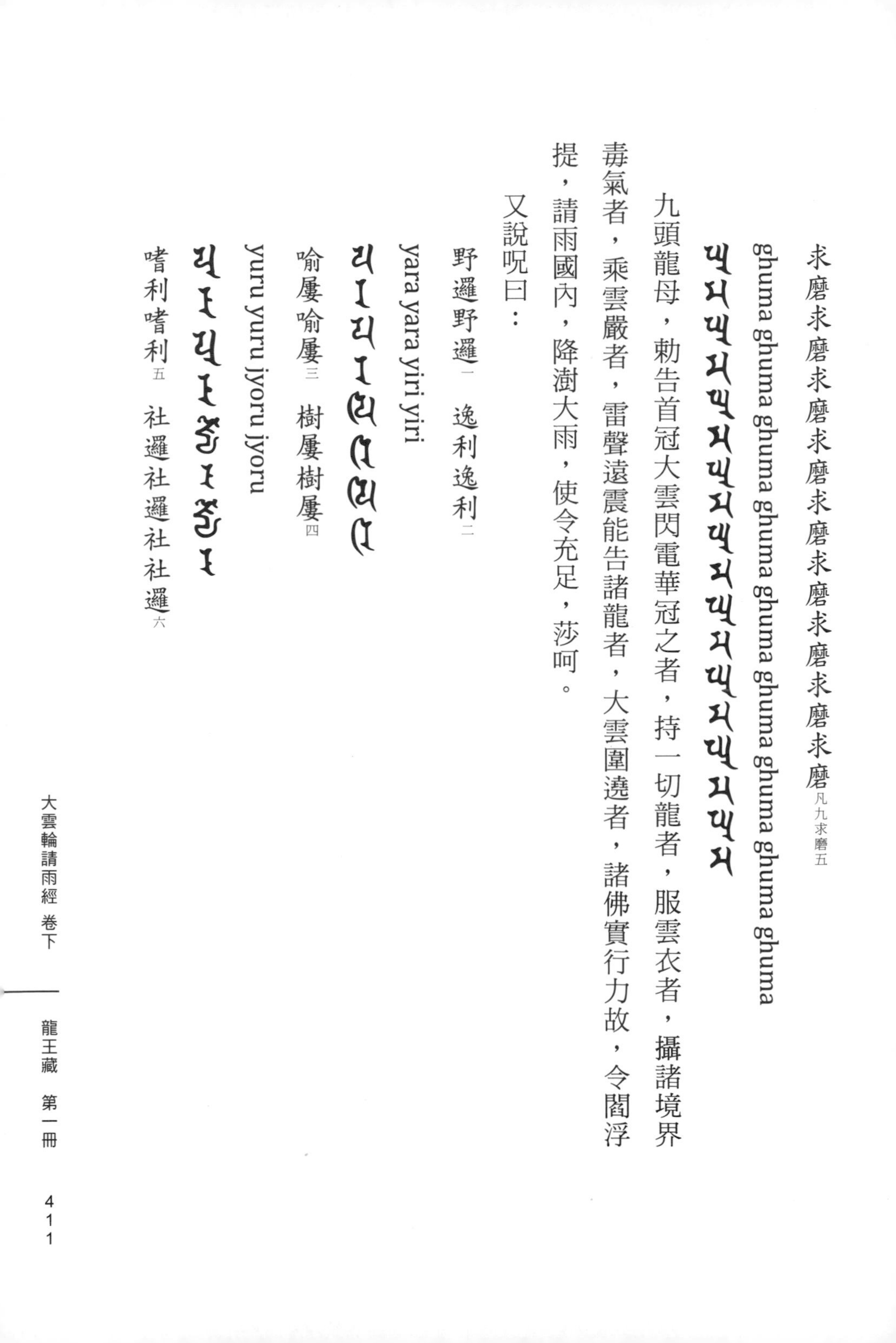

求磨求磨求磨求磨求磨求磨求磨求磨求磨凡九求磨五

ghuma ghuma ghuma ghuma ghuma ghuma ghuma ghuma ghuma

九頭龍母，勅告首冠大雲閃電華冠之者，持一切龍者，服雲衣者，攝諸境界毒氣者，乘雲嚴者，雷聲遠震能告諸龍者，大雲圍遶者，諸佛實行力故，令閻浮提，請雨國內，降澍大雨，使令充足，莎呵。

又說呪曰：

野邏野邏一　逸利逸利二

yara yara yiri yiri

喻屢喻屢三　樹屢樹屢四

yuru yuru jyoru jyoru

嗜利嗜利五　社邏社邏社社邏六

jiri jiri jara jara jajara

求茶求茶求求茶七　伽茶伽茶八

gutu gutu gugutu gaṭa gaṭa

者遲者遲九　呵邏呵邏十　醯利醯利十一　牟漏牟漏十二

giṭi giṭi hara hara hili hili mulu mulu

多邏多邏十三　帝利帝利十四　兜漏兜漏十五　阿那阿那十六

tala tala tili tili tulu tulu hana hana

陀呵陀呵十七　鉢遮鉢遮十八　祁利祁利十九　醯那醯那二十

daha daha paca paca gṛgṛ hṇahṇa

求利陀二一　末利陀二二　鉢囉末利二三

彌勒菩薩告勅，令除一切雨障，莎呵。又說呪曰：

marida marida pramari

佛提佛提一　浮佛提浮佛提二

buddhe buddhe bubuddhe bubuddhe

今諸眾生持佛功德，除滅一切障業、重罪，而說呪曰：

陀羅尼一　馱離二　輸婆摩帝三　求那伽囉鉢囉鉢泥四

dharaṇi dhare śubhamate guṇāgra prābane

摩呵若奴盧枳去聲五　輸說羅引達彌六　薩底夜波羅引底若七

mahājñānoloke śukladharme satya pratiñca

摩訶耶那殊引瑟致八　阿殊引瑟致九

mahāyanadhyuṣite adhyuṣite

𑖦𑖮𑖯𑖧𑖡𑖠𑖿𑖧𑖲𑖬𑖰𑖝𑖸𑖀𑖠𑖿𑖧𑖲𑖬𑖰𑖝𑖸

盧歌吔引瑟致十

lokajyeṣite

𑖩𑖺𑖎𑖕𑖿𑖧𑖸𑖬𑖰𑖝𑖸

婆伽婆帝佛陀彌帝隸十一

bhagavati buddha maitre

𑖥𑖐𑖪𑖝𑖰𑖤𑖲𑖟𑖿𑖠𑖦𑖹𑖝𑖿𑖨𑖸

阿鉢羅夜薩婆差多羅尼十二

āpūraya sarva kṣetrāṇi

𑖁𑖢𑖳𑖨𑖧𑖭𑖨𑖿𑖪𑖎𑖿𑖬𑖸𑖝𑖿𑖨𑖯𑖜𑖰

叔訖離施十三　卑當婆離十四

śukle śvetaṃ vare

[illegible]

那荼羅引婆引私膩十五　頭頭隸頭頭漏十六

naṇḍaravāsini dhudhure dhudhuru

𑖡𑖜𑖿𑖚𑖨𑖪𑖯𑖭𑖰𑖡𑖰𑖠𑖲𑖠𑖲𑖨𑖸𑖠𑖲𑖠𑖲𑖨𑖲

賖摩賖摩十七　羶多引摩那賜十八

śama śama śānta mānase

𑖫𑖦𑖫𑖦𑖫𑖯𑖡𑖿𑖝𑖦𑖯𑖡𑖭𑖸

除一切雨障，莎呵。

三世諸佛真實力故，大慈心故，正行精進心故，勅召一切諸大龍王，莎呵。

我勅無邊海莊嚴威德輪蓋龍王，於閻浮提，請雨國內，降澍大雨，莎呵。

我勅難陀優波難陀龍王，於閻浮提，請雨國內，降澍大雨，莎呵。

我勅娑伽龍王，於閻浮提，請雨國內，降澍大雨，莎呵。

我勅阿耨達多龍王，於閻浮提，請雨國內，降澍大雨，莎呵。

我勅摩那斯龍王，於閻浮提，請雨國內，降澍大雨，莎呵。

我勅婆婁那龍王，於閻浮提，請雨國內，降澍大雨，莎呵。
我勅德叉迦龍王，於閻浮提，請雨國內，降澍大雨，莎呵。
我勅提頭賴吒龍王，於閻浮提，請雨國內，降澍大雨，莎呵。
我勅婆修吉龍王，於閻浮提，請雨國內，降澍大雨，莎呵。
我勅目真隣陀龍王，於閻浮提，請雨國內，降澍大雨，莎呵。
我勅伊羅跋那龍王，於閻浮提，請雨國內，降澍大雨，莎呵。
我勅分荼羅龍王，於閻浮提，請雨國內，降澍大雨，莎呵。
我勅大威光龍王，於閻浮提，請雨國內，降澍大雨，莎呵。
我勅威賢龍王，於閻浮提，請雨國內，降澍大雨，莎呵。
我勅電冠龍王，於閻浮提，請雨國內，降澍大雨，莎呵。
我勅大摩尼髻龍王，於閻浮提，請雨國內，降澍大雨，莎呵。
我勅戴摩尼髻龍王，於閻浮提，請雨國內，降澍大雨，莎呵。
我勅光髻龍王，於閻浮提，請雨國內，降澍大雨，莎呵。
我勅是等一切龍王，於閻浮提，請雨國內，降澍大雨訖。

又說呪曰：

那祇那祇瞿羅引摩引柰賜三

nāge nāge ghora manase

𑖡𑖯𑖐𑖸𑖡𑖯𑖐𑖸𑖑𑖺𑖨𑖦𑖡𑖭𑖸

那伽咥喜梨反四　梨陀易頭摩鳩隷五

nāga hṛdaye dhūma kule

𑖡𑖯𑖐𑖮𑖴𑖟𑖧𑖸𑖠𑖳𑖦𑖎𑖲𑖩𑖸

郁伽羅盂路曬六　波羅旃陀低跂七　毘龣姞利八

ugra rūṣe pracaṇḍa teje viṣugre

𑖄𑖐𑖿𑖨𑖨𑖳𑖬𑖸𑖢𑖿𑖨𑖓𑖜𑖿𑖚𑖝𑖸𑖕𑖸𑖪𑖰𑖬𑖲𑖐𑖿𑖨𑖸

阿尸引毘師九　阿咥引瞿十　訖栗瑟那去崩引伽隷十一　旃引遮隷十二

āśīviṣe ahighore kṛṣṇapiṅgale cañcale

𑖁𑖫𑖱𑖪𑖰𑖬𑖸𑖀𑖮𑖰𑖑𑖺𑖨𑖸𑖎𑖴𑖬𑖿𑖜𑖢𑖰𑖽𑖐𑖩𑖸𑖓𑖗𑖿𑖓𑖩𑖸

盧羅引嗜薜十三　摩訶頗那引呿隷呿羅引波施十四　勞陀羅引波引尸膩十五

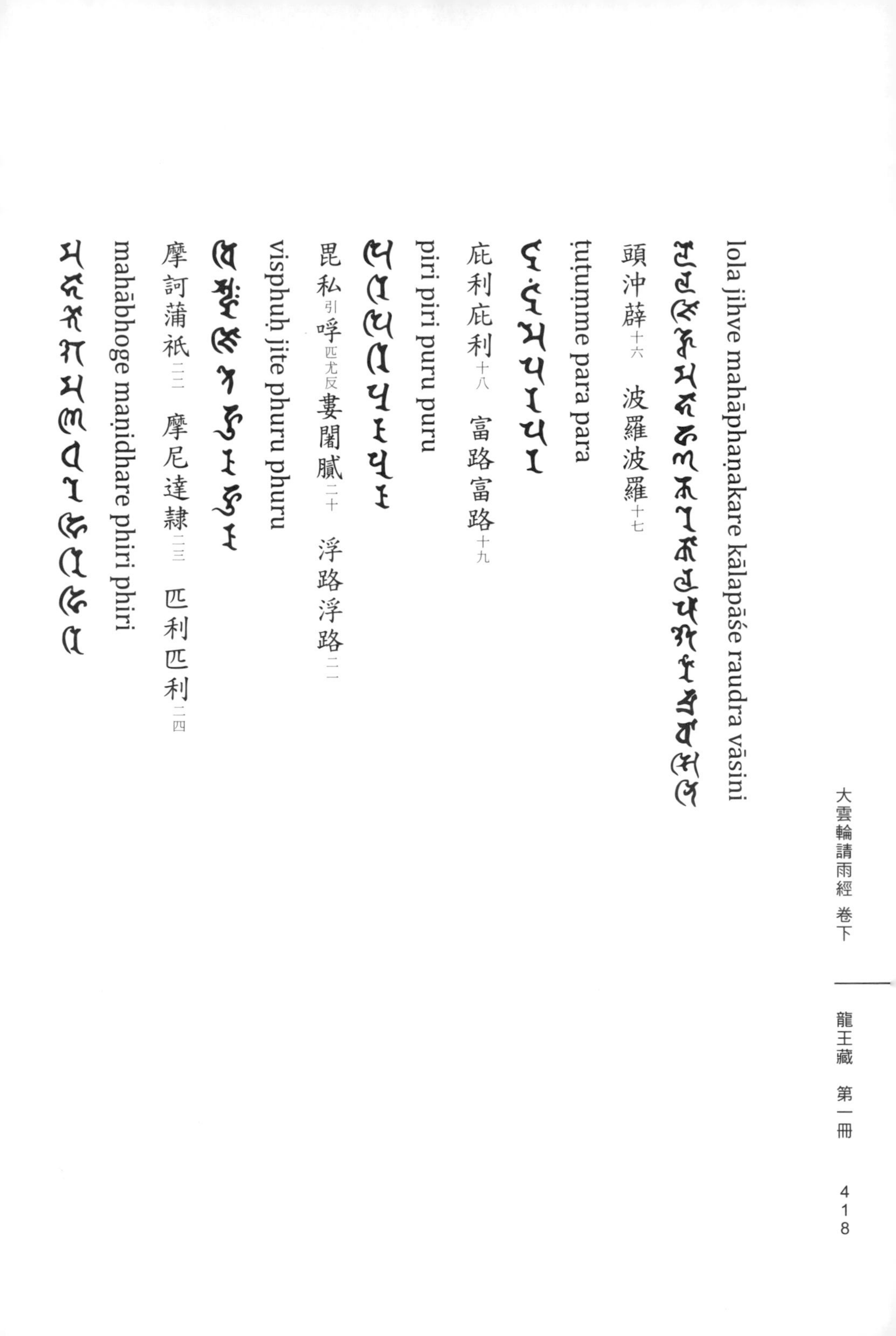

lola jihve mahāphaṇakare kālapāśe raudra vāsini

頭沖薜十六　波羅波羅十七

ṭuṭumme para para

庇利庇利十八　富路富路十九

piri piri puru puru

毘私引呼四尤反婁闍膩二十　浮路浮路二一

visphuḥ jite phuru phuru

摩訶蒲祇二二　摩尼達隸二三　匹利匹利二四

mahābhoge maṇidhare phiri phiri

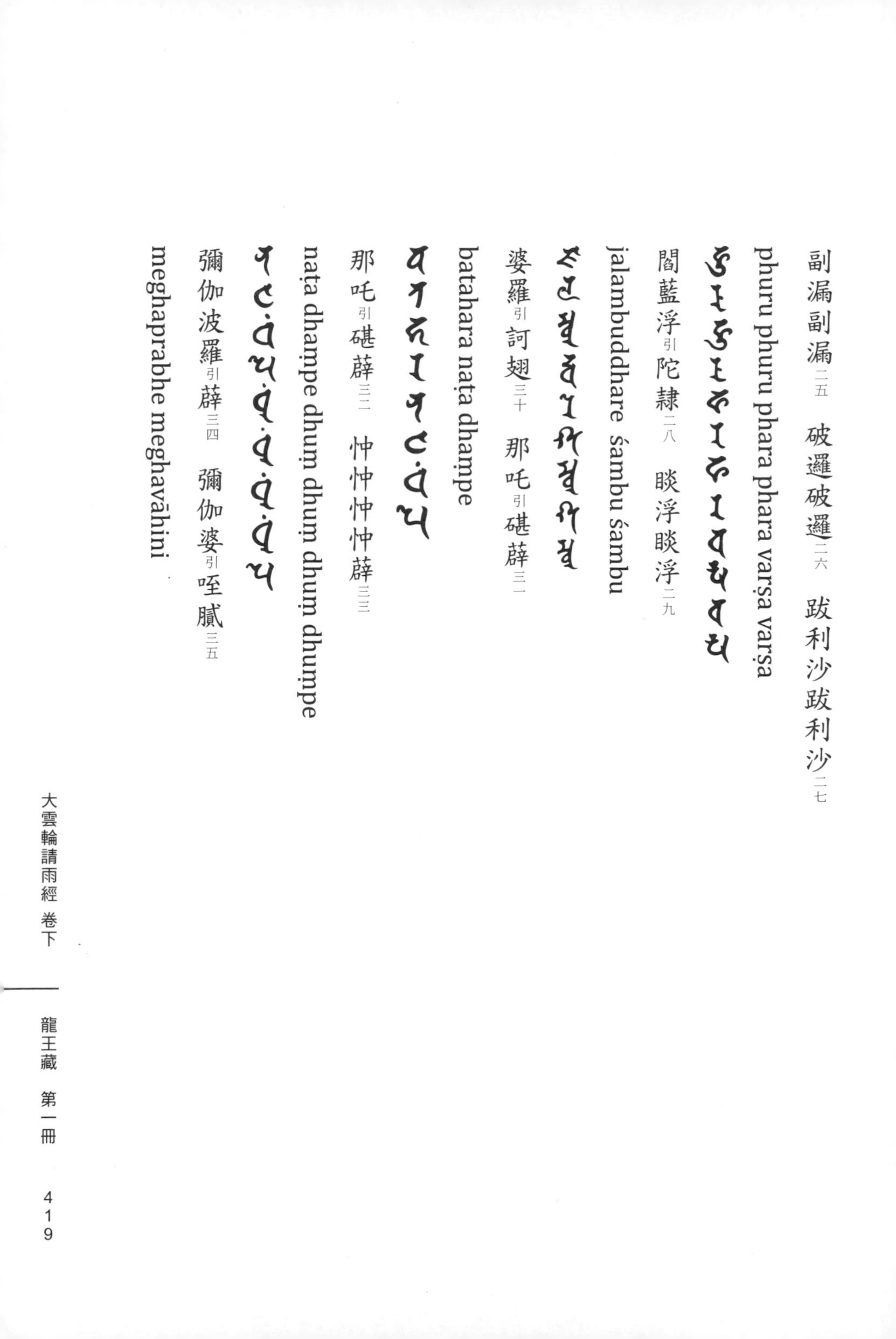

副漏副漏二五　破邏破邏二六　跋利沙跋利沙二七

phuru phuru phara phara varṣa varṣa

闍藍浮引陀隸二八　睒浮睒浮二九

jalambuddhare śambu śambu

婆羅引訶翅三十　那吒引碪薛三一

batahara naṭa dhampe

那吒引碪薛三二　忡忡忡忡薛三三

naṭa dhampe dhuṃ dhuṃ dhuṃ dhumpe

彌伽波羅引薛三四　彌伽婆引咥膩三五

meghaprabhe meghavāhini

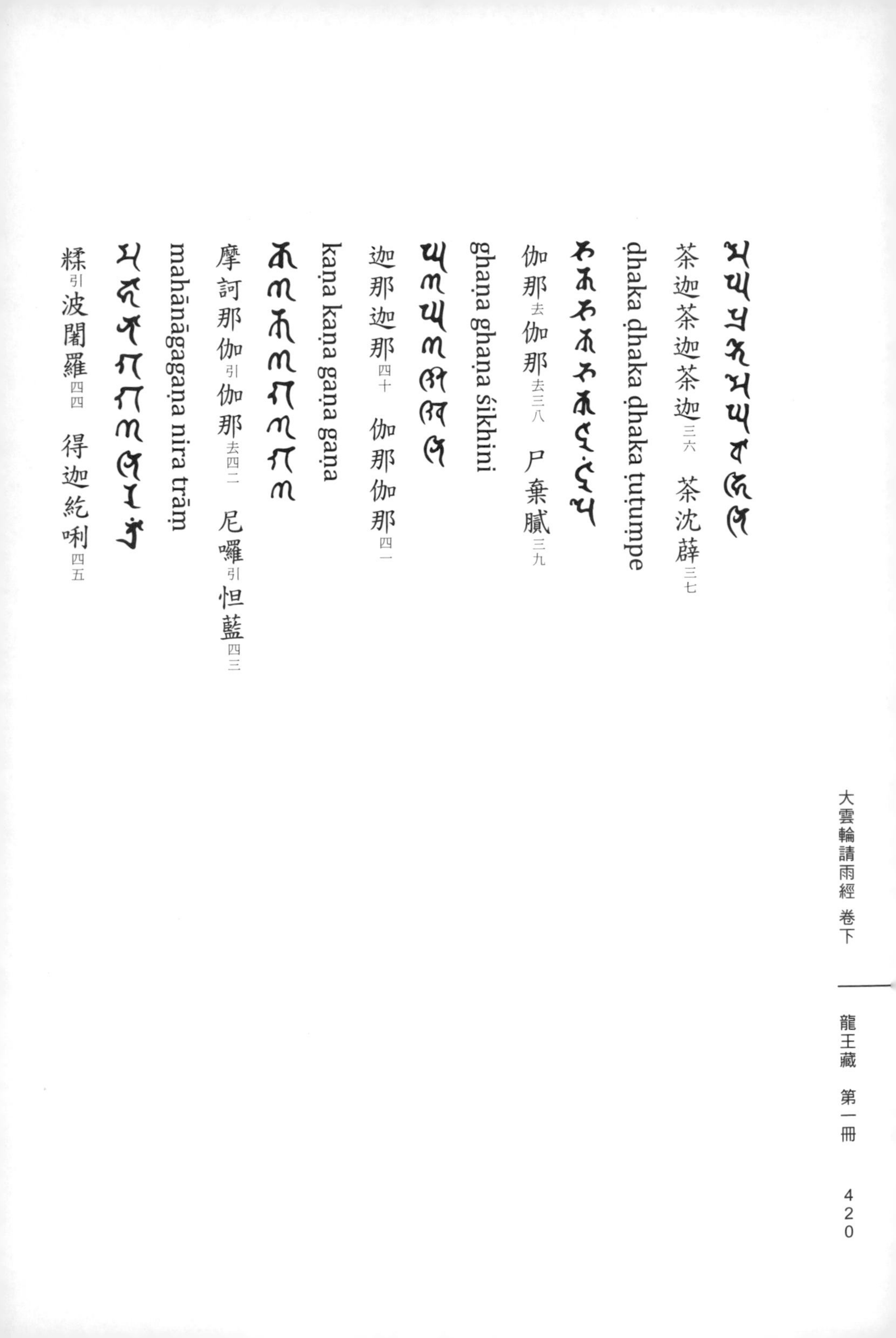

荼迦荼迦荼迦三六　荼沈薜三七

ḍhaka ḍhaka ḍhaka ṭuṭumpe

伽那去伽那去三八　尸棄膩三九

ghaṇa ghaṇa śikhini

迦那迦那四十　伽那伽那四一

kaṇa kaṇa gaṇa gaṇa

摩訶那伽引伽那去四二　尼囉引怛藍四三

mahānāgagaṇa nira trāṃ

糅引波闍羅四四　得迦紇唎四五

mupe jara tkārī

𑖦𑖲𑖢𑖸 𑖕𑖨 𑖝𑖿𑖎𑖯𑖨𑖱

摩訶那伽引紇利陀引曳四六　瞿摩瞿摩瞿摩波引耶四七

mahānāga hṛdaye ghoma ghoma ghomapayā

𑖦𑖮𑖯𑖡𑖯𑖐 𑖮𑖴𑖟𑖧𑖸 𑖑𑖺𑖦 𑖑𑖺𑖦 𑖑𑖺𑖦𑖢𑖧𑖯

頞悉低迦引承伽唎四八　浮承引伽彌四九

āsti kajāṅgiri bhujāṅgame

𑖁𑖭𑖿𑖝𑖰 𑖎𑖕𑖯𑖒𑖿𑖐𑖰𑖨𑖰 𑖥𑖲𑖕𑖯𑖒𑖿𑖐𑖦𑖸

毘迦吒僧迦吒瞿隸五十

vikaṭa saṃkaṭa ghore

𑖪𑖰𑖎𑖘 𑖭𑖽𑖎𑖘 𑖑𑖺𑖨𑖸

毘私孚盧闍泥五一　毘折時列反林引婆泥五二

visphūḥ jani vijṛmbhane

𑖪𑖰𑖭𑖿𑖣𑖳𑖾 𑖕𑖡𑖰 𑖪𑖰𑖕𑖴𑖦𑖿𑖥𑖡𑖸

我今召集此會一切諸龍王等，於閻浮提，請雨國內，降澍大雨。一切諸佛如來力故，三世諸佛真實力故，慈悲心故，莎呵。

爾時，世尊說此呪已，告龍王言：「若天旱時，欲請雨者，其請雨主必於一切諸眾生等，起慈悲心。若有比丘及比丘尼，必須戒行本來清淨；若曾違犯尼薩耆罪，乃至眾學，皆須已前七日、七夜殷重懺悔。若在俗人，亦須於前七日、七夜，日別須受八關齋戒，乃至請雨行道之日，悉須清淨無得懈慢。當於空地，實淨土上，除去沙礫，無諸棘草，方十二步以為道場，場中起壇，方十步，壇高一尺，用犛牛糞，取新淨者，周匝泥壇。於壇中央，施一高座，座上敷設新青淨褥，張新青帳，從高座東量三肘外，用牛糞汁畫作龍王，一身三頭，亦畫彼龍，左右眷屬圍遶。

「龍王從高座南量五肘外，畫作龍王，一身五頭，亦畫諸龍，左右圍遶。從高座西量七肘外，畫作龍王，一身七頭，亦畫諸龍，左右圍遶。從高座北量九肘外，畫作龍王，一身九頭，亦畫諸龍，左右圍遶。其壇四角，安四華瓶，各容三升，又以金精或復石黛，和水令清，悉使瓶滿，種種華木，諸雜華蘂插著瓶內。

「道場四門，各各置一大妙香爐，燒種種香，熏陸、沈水、蘇合、栴檀及安息等；四角各懸青幡七枚，合二十八幡，各長一丈，然蘇油燈，亦隨幡數，設諸雜果、蘇酪、乳糜安置四面。諸龍王前，散華、燒香，勿令斷絕，其果、飲食及以瓶水，日別使新，不得隔宿。恒以晨朝、日初出時，施設供具。

「讀經之者，一日三時，香湯澡浴，著新青衣，持齋靜思，惟食蘇酪及乳糜等、粳米、果菜；若大、小便又須澡浴。

「昇高座時，先禮十方，一切諸佛，燒香、散花，奉請十方一切諸佛、諸大菩薩，及以一切諸天、龍王；其誦呪人，為護身故，或呪淨水、或呪白灰，自心繫念，以結場界，或於一步、乃至多步，若水、若灰，用為界畔；又呪縷綖為結，繫頂及以手足。當呪水時散灑項上及灑額上，應作是念：『有惡心者，不得入此壇場界內。』其誦呪者，於諸眾生，恒起慈心，勿生惡念；又願以此禮佛、念誦及諸功德，迴施一切諸天龍王，并及含識、有形之類。

「昇法座時，高聲讀誦此經及呪，晝夜不絕，若一七日、若二七日，遠至三七日，必降甘雨，除不專念，無慈心人及穢濁者。」

佛告龍王：「海水潮來，尚可盈縮。此言真實，決定不虛！」時，諸龍王蒙佛教已，歡喜踊躍、頂禮奉行。

大雲輪請雨經卷下

大方等大雲經請雨品第六十四

周宇文氏天竺三藏闍那耶舍譯

如是我聞：一時，佛在難陀優波難陀龍王宮中大威德摩尼寶藏雲輪輦上，與大比丘及諸菩薩摩訶薩眾，復有大龍王等，其名曰難陀龍王、優波難陀龍王、娑伽羅龍王、阿耨達多龍王、摩那斯龍王、婆樓那龍王、德叉迦龍王、提頭賴吒龍王、婆修羈龍王、目真隣陀龍王、伊羅跋那龍王、分陀羅龍王、威光龍王、善威龍王、電冠龍王、大摩尼寶髻龍王、摩尼珠髻龍王、光頂龍王、帝釋峯仗龍王、帝釋幢龍王、帝釋仗龍王、閻浮幢龍王、善和龍王、大輪龍王、大蛇龍王、火光味龍王、月曜龍王、慧威龍王、善現龍王、善見龍王、善住龍王、摩尼瓔龍王、興雲龍王、持雨龍王。

大忿吒聲龍王、小忿吒聲龍王、奮迅龍王、大頂龍王、深聲龍王、大聲龍王、大雄猛龍王、優波羅龍王、大步龍王、螺髮龍王、質多羅仙龍王、持大索龍王、伊羅樹葉龍王、先發言龍王、驢耳龍王、商佉龍王、達陀羅龍王、優婆達陀羅龍王、和靜龍王、安靜龍王、毒蛇龍王、大毒蛇龍王、大力龍王、呼律龍王、阿波羅羅龍王、灩佛龍王、金彌賒龍王、烏色龍王、因陀羅仙龍王、那茶龍王、優波那茶龍王、金復羅龍王、陀毘茶龍王、端正龍王、象耳龍王、猛利龍王。

黃目龍王、電光龍王、大電光龍王、天力龍王、金婆羅龍王、妙蓋龍王、甘露龍王、得道泉龍王、琉璃光龍王、金髮龍王、金光龍王、月光相龍王、日光龍王、始興龍王、牛頭龍王、白相龍王、黑相龍王、耶摩龍王、沙彌龍王、門籌迦龍王、僧伽茶龍王、尼民陀羅龍王、持地龍王、千頭龍王、摩尼頂龍王、滿願龍王、細雨龍王、須彌那龍王、瞿波羅龍王、仁德龍王、善行龍王、宿德龍王、蛟龍王、蛟頭龍王、持毒龍王、蛇身龍王、蓮華龍王、大尾龍王。

騰轉龍王、可畏龍王、善光龍王、五頭龍王、婆利羅龍王、妙車龍王、優多羅龍王、長尾龍王、大頭龍王、賓比迦龍王、醜相龍王、馬形龍王、三頭龍王、龍仙龍王。大威龍王、火德龍王、恐人龍王、炎光龍王、七頭龍王、現大身龍王、愛現龍王、大惡龍王、淨威龍王、妙眼龍王、大毒龍王、炎肩龍王、火害龍王、急德龍王、寶雲龍王、大雲龍王、帝釋光龍王、波陀波龍王、月雲龍王、海雲龍王、大香華龍王、華出龍王、赤目龍王、大相幢龍王。

大雲藏龍王、降雪龍王、威德藏龍王、雲戟龍王、持夜龍王、降雨龍王、雲雨龍王、大雨龍王、火光龍王、雲王龍王、無瞋龍王、鳩鳩婆龍王、那伽首羅龍王、闍隣提龍王、雲蓋龍王、應祁羅目佉龍王、威德龍王、雲生龍王、無盡步龍王、妙相龍王、大身龍王、大腹龍王、安審龍王、丈夫龍王、歌歌那龍王、欝頭羅龍王、猛毒龍王、妙聲龍王、甘露堅龍王、大散雨龍王、礫聲龍王、雷相擊聲龍王，鼓震聲龍王、注甘露龍王、天帝鼓龍王、霹靂音龍王、首羅仙龍王、那羅延龍王、涸水龍王、毘迦吒龍王，如是等一切大龍王眾而為上首；復有八萬四千百千億那由他諸龍皆來會坐。

時，彼一切諸龍王等從座而起，各整衣服右膝著地，向佛合掌，以無量無邊阿僧祇種種微妙華香、塗香、末香、華冠、衣服、寶幢、幡蓋、龍華寶貫、真珠瓔珞、寶華繒綵，真珠羅網覆如來上；作眾妓樂，擊掌歌讚，起大殷重，奇特之心，遶百千匝却住一面。

住一面已咸發願言：「願一切世界海、微塵等身海、一切諸佛、菩薩眾海、過一切世界海、已過所有一切地、水、火、風微塵等所有一切色明微塵數海、已過無量不思議無等不可說阿僧祇數諸身海，一一身中，化作無量阿僧祇諸手海雲，遍滿十方一一微塵分中一切供養海雲，遍滿十方供養一切諸佛、菩薩眾海，恒不斷絕，如是無量不可思議無等不可說阿僧祇普賢行身海雲，遍滿虛空住持不絕。

「如菩薩身海雲、一切輪相海雲、一切寶冠海雲、一切大明寶藏輦海雲、一切末香樹藏海雲、一切香煙現諸色海雲、一切音樂聲海雲、一切香樹海雲，如是無量不可思議無等無數不可說阿僧祇一切供養海雲，遍滿虛空住持不絕，供養、恭敬、尊重承事一切諸佛菩薩眾海；一切莊嚴境界電光藏摩尼王海雲，遍滿虛空住持不絕，供養、恭敬、尊重承事一切諸佛、菩薩眾海。

「一切普明寶雨莊嚴摩尼王海雲、一切寶光炎順佛音聲摩尼王海雲、一切佛法音聲遍滿摩尼寶王海雲、一切普門光明寶化佛海雲、一切眾光明莊嚴顯現不絕摩尼寶王海雲、一切光炎順佛聖行摩尼寶王海雲、一切顯現如來不可思議佛剎殿光明摩尼王海雲、一切妙寶色明徹三世佛身摩尼王海雲，如是一切諸寶光色遍滿虛空住持不絕，供養、恭敬、尊重承事一切諸佛、菩薩眾海。

「一切不壞妙寶香華輦海雲、一切無邊色摩尼寶王莊嚴輦海雲、一切寶燈香炎輦海雲、一切真珠妙色輦海雲、一切華臺輦海雲、一切寶冠莊嚴輦海雲、一切十方光炎遍滿莊嚴不絕寶藏輦海雲、一切無邊顯現勝寶莊嚴輦海雲、一切遍滿妙莊嚴輦海雲、一切門欄華鈴羅網輦海雲，如是等遍滿虛空住持不絕，供養、恭敬、尊重承事一切諸佛、菩薩眾海。

「一切妙金寶瓔珞藏師子座海雲、一切華明妙色藏師子座海雲、一切紺摩尼閻浮檀妙色蓮華藏師子座海雲、一切摩尼燈蓮華藏師子座海雲、一切摩尼寶幢火色妙花藏師子座海雲、一切寶莊嚴妙色蓮華藏師子座海雲、一切樂見因陀羅蓮華光藏師子座海雲、一切樂見無盡炎光蓮華藏師子座海雲、一切寶光普照蓮華藏師子座海雲、一切佛音聲蓮華光藏師子座海雲，如是等遍滿虛空住持不絕，供養、恭敬、尊重承事一切諸佛、菩薩眾海。

「復出一切妙香摩尼樹海雲、一切葉周匝合掌出香氣樹海雲、一切莊嚴現無邊明色樹海雲、一切華雲出寶樹海雲、一切出無邊莊嚴藏樹海雲、一切寶輪炎電樹海雲、一切示現菩薩半身出栴檀末樹海雲、一切不可思識無邊樹神莊嚴菩薩道場樹海雲、一切寶衣藏日電光明樹海雲、一切遍出真妙音聲喜見樹海雲，有如是等遍滿虛空住持不絕，供養、恭敬、尊重承事一切諸佛、菩薩眾海。

「復出一切無邊寶色蓮華藏師子座海雲、一切周匝摩尼王電藏師子座海雲、一切瓔珞莊嚴藏師子座海雲、一切妙寶冠燈炎藏師子座海雲、一切圓音出寶雨藏師子座海雲、一切華冠香華寶藏師子座海雲、一切佛座現莊嚴摩尼王藏師子座海雲、一切欄楯垂瓔珞莊嚴藏師子座海雲、一切摩尼寶樹枝葉末香藏師子座海雲、一切妙香寶鈴羅網普莊嚴日電藏師子座海雲，有如是等遍滿虛空住持不絕，供養、恭敬、尊重承事一切諸佛、菩薩眾海。

「復出一切如意摩尼寶王帳海雲、一切因陀羅寶華臺諸華莊嚴帳海雲、一切香摩尼帳海雲、一切寶燈炎相帳海雲、一切佛神力出聲摩尼寶王帳海雲、一切顯現摩尼妙衣諸光莊嚴帳海雲、一切華光炎寶帳海雲、一切羅網妙鈴出聲遍滿帳海雲、一切無盡妙色摩尼珠臺蓮華羅網帳海雲、一切金花臺火光寶幢帳海雲、一切不可思議莊嚴諸光瓔珞帳海雲，如是等遍滿虛空住持不絕，供養、恭敬、尊重承事一切諸佛、菩薩眾海。

「復出一切雜妙摩尼寶蓋海雲、一切無量光明莊嚴華蓋海雲、一切無邊色真珠藏蓋海雲、一切佛菩薩慈門音摩尼王蓋海雲、一切妙色寶炎華冠蓋海雲、一切寶光明莊嚴垂鈴羅網蓋海雲、一切摩尼樹枝瓔珞蓋海雲、一切日照明徹炎摩尼王諸香煙蓋海雲、一切栴檀末藏普熏蓋海雲、一切極佛境界電光、炎莊嚴普遍蓋海雲，如是等遍滿虛空住持不絕，供養、恭敬、尊重承事一切諸佛、菩薩眾海。

「復出一切寶明輪海雲、一切寶炎相光輪海雲、一切華雲炎光輪海雲、一切佛化寶光明輪海雲、一切佛剎現入光輪海雲、一切佛境界普門音寶枝光輪海雲、一切琉璃寶性摩尼王炎光輪海雲、一切眾生念時現色相光輪海雲、一切佛妙願生大震聲光輪海雲、一切化眾生眾會音摩尼王光輪海雲，如是等遍滿虛空住持不絕，供養、恭敬、尊重承事一切諸佛、菩薩眾海。

「復出一切摩尼藏炎海雲、一切佛色聲香味觸炎海雲、一切寶炎海雲、一切佛法振聲遍滿炎海雲、一切佛剎莊嚴電炎海雲、一切華鞾炎海雲、一切寶光炎海雲、一切劫數佛出音聲化眾生炎海雲、一切無盡寶華鬘現諸眾生炎海雲、一切座現莊嚴炎海雲，如是等遍滿虛空住持不絕，供養、恭敬、尊重承事一切諸佛、菩薩眾海。

「復出一切無邊色寶光海雲、一切摩尼寶王普光海雲、一切極佛剎土莊嚴電光海雲、一切香光海雲、一切莊嚴光海雲、一切佛化光海雲、一切雜寶樹華光海雲、一切衣光海雲、一切無邊菩薩行音摩尼王光海雲、一切真珠燈光海雲，如是等遍滿虛空住持不絕，供養、恭敬、尊重承事一切諸佛、菩薩眾海。

「復出一切不思議雜香華海雲、一切寶炎蓮華羅網海雲、一切無量色摩尼寶光輪海雲、一切真珠寶色藏海雲、一切寶栴檀末香海雲、一切寶蓋海雲、一切淨妙音聲摩尼王海雲、一切日照摩尼貫輪海雲、一切無邊寶藏海雲，如是等一切普賢身海雲遍滿虛空住持不絕，供養、恭敬、尊重承事一切諸佛、菩薩眾海。」

時，彼一切龍王作如是等迴向事已，遶佛三匝接足頂禮，承佛威神各復本座。

爾時，眾中有一龍王名無邊莊嚴海雲威德輪蓋，於三千大千世界龍王之中，最為勝大，得不退轉，本願力故，受此龍身，為欲供養、恭敬、禮拜如來聽受正法故，來至此閻浮提內。

時，彼龍王從座而起，整理衣服偏袒右肩、右膝著地合掌向佛，而作是言：「世尊！我今有疑，欲問如來、至真、等正覺，若佛聽許我乃敢問。」

作是語已，爾時，世尊告無邊莊嚴海雲威德輪蓋龍王言：「龍王！若有疑者恣聽汝問，吾當為汝分別解說，令汝歡喜。」

作是語已，時，無邊莊嚴海雲威德輪蓋龍王即白佛言：「世尊！云何使諸龍王滅一切苦，得受安樂？受安樂已，於此閻浮提內時降甘雨，生長一切樹木、叢林、藥草、苗稼皆出滋味，使閻浮提中一切人等悉受快樂。」

作是語已，爾時，世尊告無邊莊嚴海雲威德輪蓋龍王言：「善哉！善哉！汝今為彼諸眾生等作利益故，能問如來如是等事。龍王！汝於今者，諦聽！諦聽！善思念之！吾當為汝分別解說。

「龍王！有一法，汝等若能具足行者，令一切龍除滅諸苦，具足安樂。何者一法？謂行大慈。龍王！若有天人行大慈者，火不能燒，水不能溺，毒不能害，刃不能傷，他方怨賊不能侵掠；若睡、若悟皆得安隱。行大慈力，有大威德，諸天世等不能擾惱；形貌端嚴，眾所愛敬；所行之處一切無礙，諸苦滅除，心得歡喜，諸樂具足；大慈力故，命終之後得生梵天。

「龍王！若有天人行大慈者，獲如是等無量利益，是故，龍王！身、口、意業常應須行彼大慈行。

「復次，龍王！有陀羅尼，名與一切安樂，汝等常須讀誦受持，能滅一切諸龍苦惱與其安樂，於閻浮提中雨澤以時，能令一切樹木叢林，藥草苗稼皆出滋味。

「龍王！何者是與一切安樂陀羅尼？今為汝說：

多(上)經(地也)他　陀羅尼　陀羅尼

tadyathā dhāraṇi dhāraṇi

優多羅尼　三波羅胝師郗(擄履反)

uttāraṇi sampratiṣṭhitā

毘闍耶　跋蘭那羅底耶(余架反)波羅胝若

vijaya varṇa satyaprati jñā

娑羅呵　若那跋底

sārha jñānavati

優多波陀尼　毘那呵尼

utpādani virohani

阿毘蓰移遮尼　阿毘毘耶呵邏

abhiṣecani abhiyahara

輸婆跋鞮　阿時摩多

śubhavati ajamata

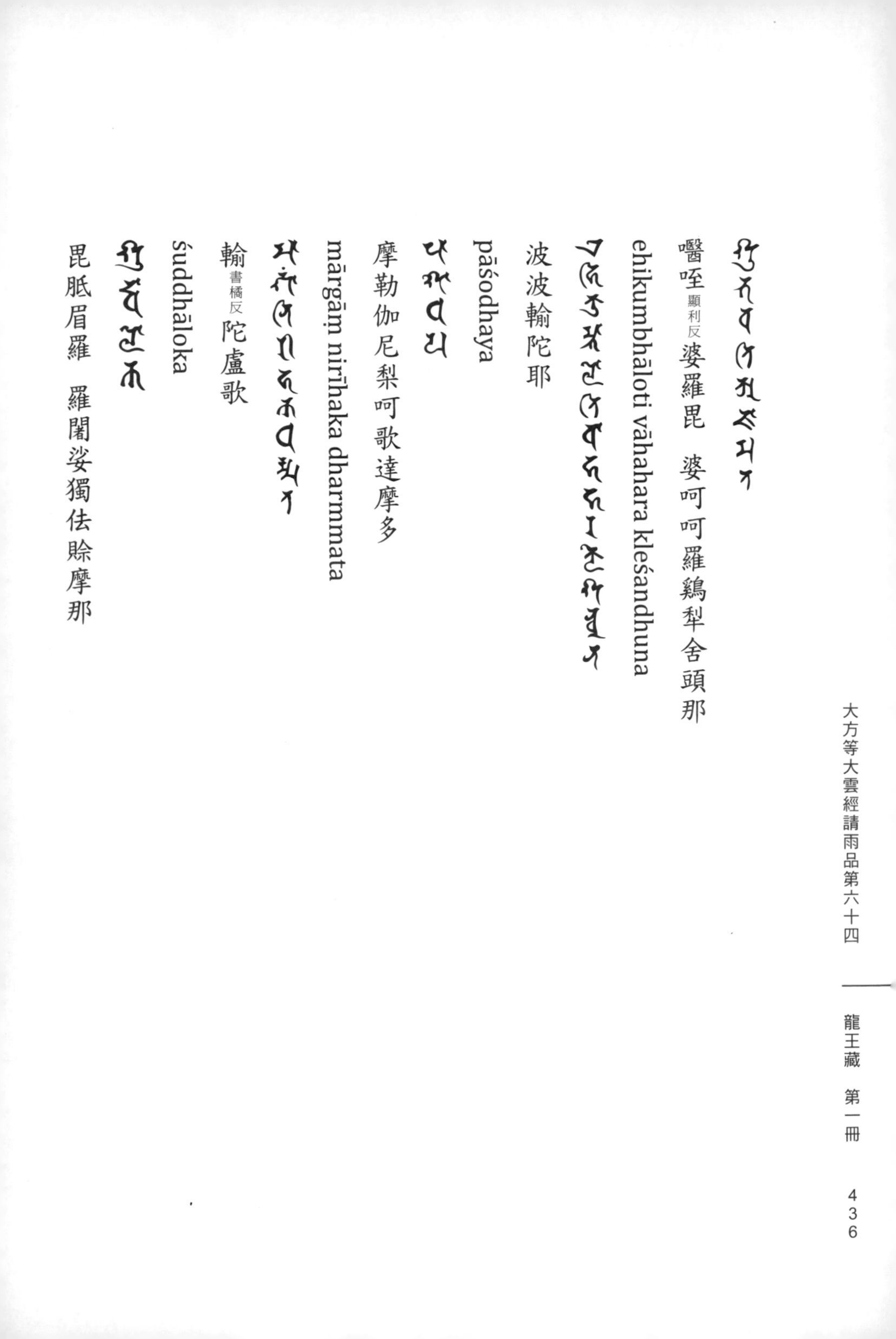

醫咥（顯利反）婆羅毘　婆呵呵羅鷄犁舍頭那

ehikumbhāloti vāhahara kleśandhuna

波波輸陀耶

pāśodhaya

摩勒伽尼梨呵歌達摩多

mārgāṃ nirīhaka dharmmata

輸（書橘反）陀盧歌

śuddhāloka

毘胝眉羅　羅闍娑獨佉賖摩那

vitimera rajasa duḥkha śamana

薩婆佛陀婆盧歌那阿地師(瑟)恥底(㕧)

sarva buddhā valokanādhiṣṭhite

波羅若那鞞莎婆呵

prajñājñadaṅge svāhā

「龍王！此是與一切安樂陀羅尼，諸佛所持，汝等當須受持讀誦，吉事成就，得入法門獲安隱樂。

「復次，龍王！有大雲所生威神莊嚴功德智相雲輪水藏化金色光，毘盧遮那一毛孔中，出於同性諸如來名號，汝等亦須憶念受持彼諸如來名號，能滅一切所有諸龍種性，一切龍王眷屬徒眾，并諸龍女生龍宮者所有苦惱，與其安樂。

「是故，龍王！應當稱彼一切如來名號：

南無毘盧遮那藏大雲如來。
南無性現出雲如來。
南無持雨雲如來。
南無威德雲如來。
南無大興雲如來。
南無大散風雲如來。
南無大睒電雲如來。
南無大勇步雲如來。
南無善雲如來。
南無大密雲如來。
南無大雲輪如來。
南無光雲如來。
南無大師子座雲如來。
南無大蓋雲如來。

南無大善現雲如來。
南無覆雲如來。
南無光輪普遍十方雷鼓震聲起雲如來。
南無大寒結戰噤雷深聲雲如來。
南無布雲如來。
南無虛空雨雲如來。
南無疾行雲如來。
南無乘雲如來。
南無現雲如來。
南無廣雲如來。
南無沫雲如來。
南無雷雲如來。
南無際雲如來。
南無等衣雲如來。

南無潤生稼雲如來。
南無乘上雲如來。
南無飛雲如來。
南無低雲如來。
南無散雲如來。
南無大優波羅雲如來。
南無大香體雲如來。
南無大踊雲如來。
南無大自在雲如來。
南無大光明雲如來。
南無大威德雲如來。
南無得大摩尼寶雲如來。
南無降伏雲如來。
南無根本雲如來。

南無忻喜雲如來。
南無散非時雹雲如來。
南無大空高響雲如來。
南無大發聲雲如來。
南無大降雨雲如來。
南無施色力雲如來。
南無大雨六味雲如來。
南無大力雨雲如來。
南無能滿海雲如來。
南無旱時注雨雲如來。
南無無邊色雲如來。
南無一切大雲示現閻浮飛雲威德明雲光一切諸如來、至真、等正覺。
「龍王！汝等若能稱彼佛名，一切諸龍所有苦厄，皆悉解脫普獲安樂。得安樂已，於此閻浮提內風雨隨時，令諸藥草、樹木、叢林悉皆生長。」

爾時，無邊莊嚴海雲威德輪蓋龍王復白佛言：「世尊！惟願如來為我說此陀羅尼章句，使閻浮提末世之中旱時降雨、飢饉惡世、多饒病死、非法亂行人民恐怖、妖星變怪災厲相續，有如是等無量苦惱，以佛力故悉得滅除。世尊大慈愍諸眾生，住持說此所有陀羅尼章句，告諸龍知，能使諸天歡喜踊躍，能破散一切諸魔、一切眾生身中所有苦難，并及惡星變怪災障除滅。又復如來曾說五種雨障亦皆消滅，彼障除已，使此閻浮提內雨澤以時。惟願如來為我等說。」

作是語已，佛讚無邊莊嚴海雲威德輪蓋龍王言：「善哉！善哉！龍王！汝今為諸眾生利益安樂，能請如來說此神呪。龍王！諦聽！諦受！善思念之！我為汝說。

「有陀羅尼名大慈所生雲聲震吼奮迅健相，一切諸佛已曾宣說，住持、隨喜為諸眾生利益安樂，旱時降雨，雨時能止，飢饉、疾疫悉能滅除；普告諸龍令使得知，復令諸天歡喜踊躍，散一切魔安隱眾生。

多(上)他摩訶若那婆婆　娑膩

tadyathā mahājñānā vabhasani

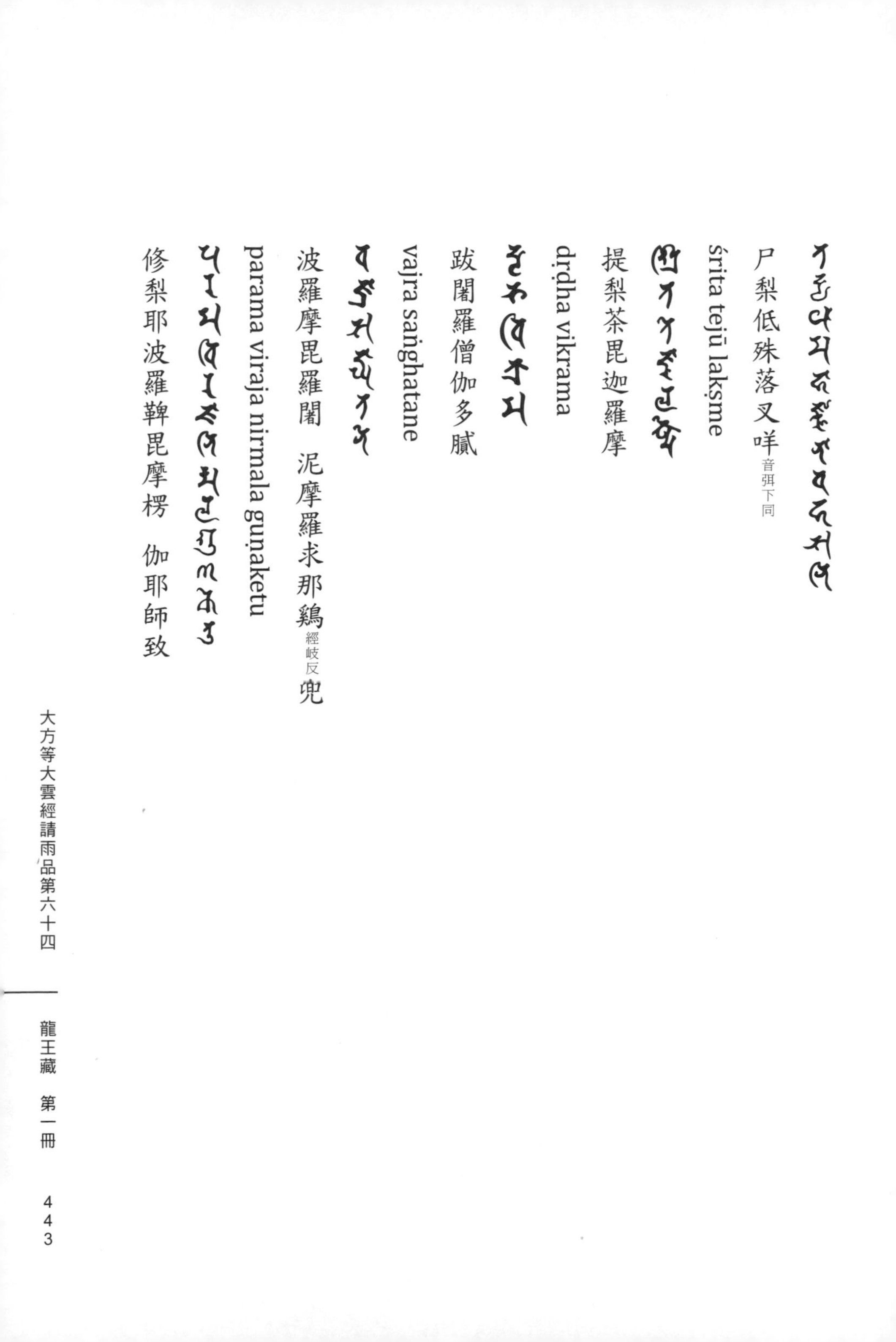

尸梨低殊落叉咩（音弭下同）

śrita tejū lakṣme

𑖫𑖿𑖨𑖰𑖝 𑖝𑖸𑖕𑖳 𑖩𑖎𑖿𑖬𑖿𑖦𑖸

提梨茶毘迦羅摩

dṛḍha vikrama

𑖟𑖴𑖚 𑖪𑖰𑖎𑖿𑖨𑖦

跋闍羅僧伽多膩

vajra saṅghatane

𑖪𑖕𑖿𑖨 𑖭𑖒𑖿𑖑𑖝𑖡𑖸

波羅摩毘羅闍　泥摩羅求那鷄（經岐反）兜

parama viraja nirmala guṇaketu

𑖢𑖨𑖦 𑖪𑖰𑖨𑖕 𑖡𑖰𑖨𑖿𑖦𑖩 𑖐𑖲𑖜𑖎𑖸𑖝𑖲

修梨耶波羅鞞毘摩楞　伽耶師致

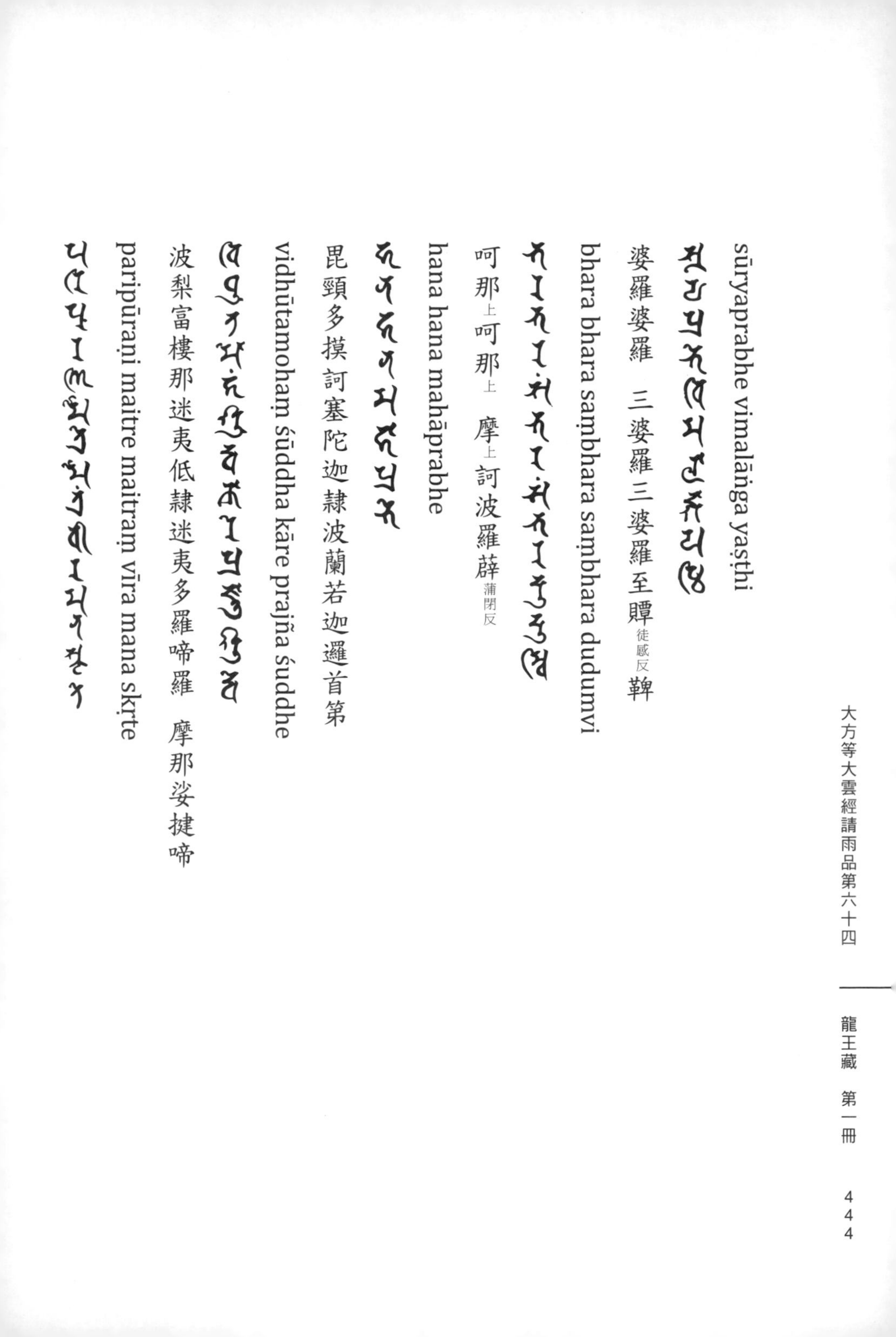

sūryaprabhe vimalāṅga yaṣṭhi

婆羅婆羅　三婆羅三婆羅至贉(徒感反)鞞

bhara bhara saṃbhara saṃbhara dudumvi

呵那(上)呵那(上)　摩(上)訶波羅薜(蒲閉反)

hana hana mahāprabhe

毘頸多摸訶塞陀迦隸波蘭若迦邏首第

vidhūtamohaṃ śūddha kāre prajña śuddhe

波梨富樓那迷夷低隸迷夷多羅啼羅　摩那娑揵啼

paripūraṇi maitre maitraṃ vīra mana skṛte

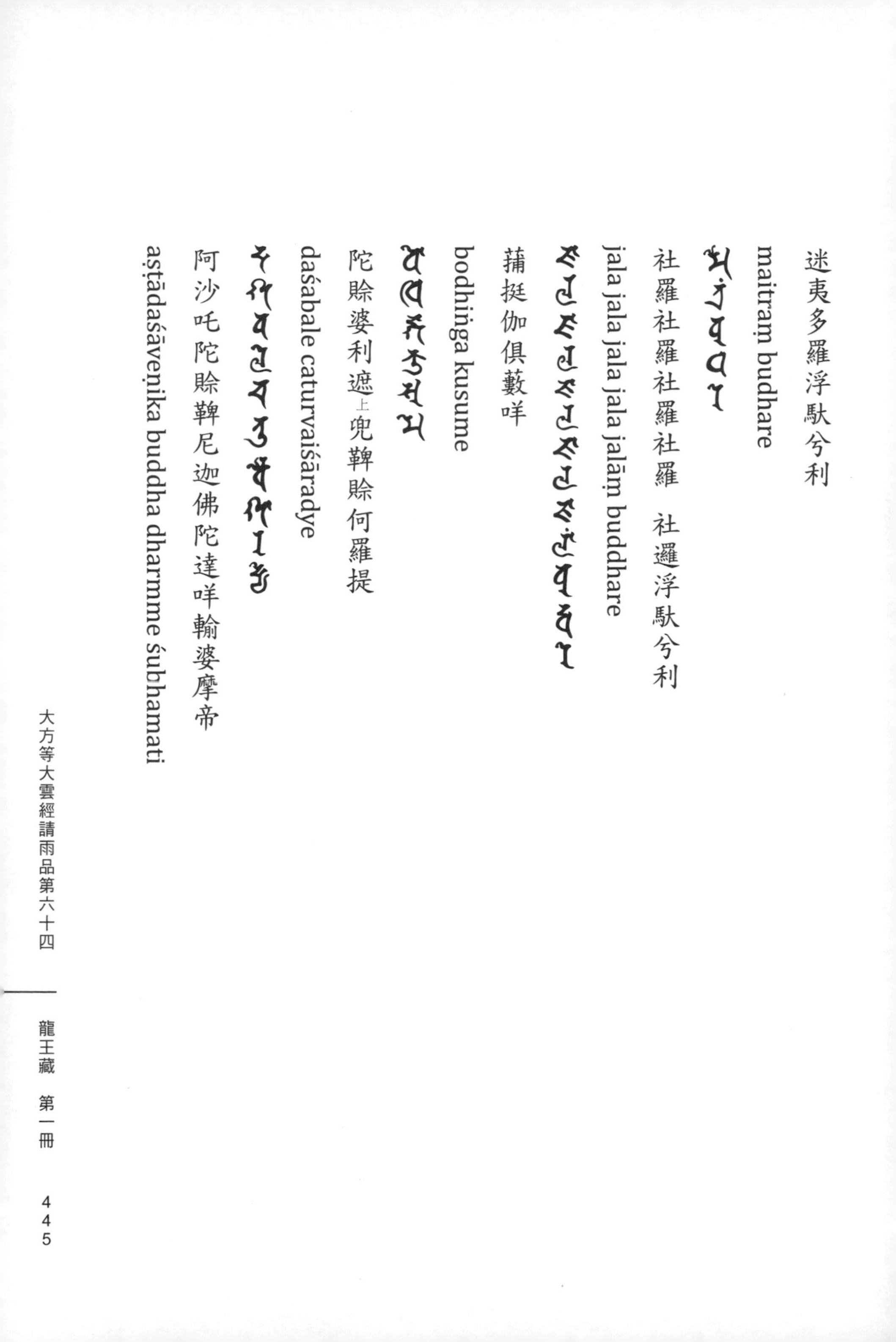

迷夷多羅浮馱兮利

maitraṃ budhare

社羅社羅社羅社羅　社邏浮馱兮利

jala jala jala jala jalāṃ buddhare

蒱挺伽俱藪咩

bodhiṅga kusume

陀賒婆利遮上兜鞞賒何羅提

daśabale caturvaiśāradye

阿沙吒陀賒鞞尼迦佛陀達咩輸婆摩帝

aṣṭādaśāveṇika buddha dharmme śubhamati

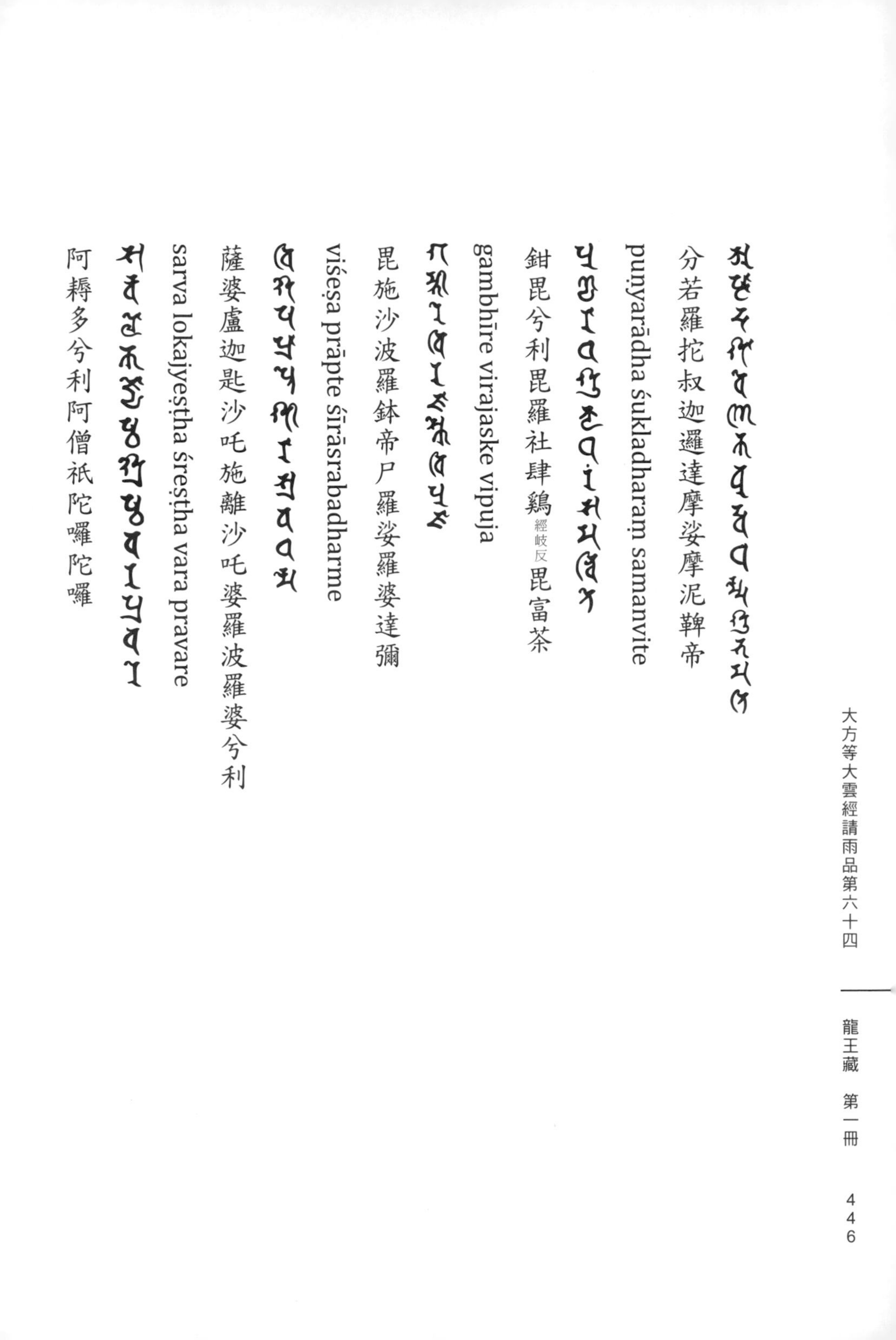

分若羅拕叔迦邏達摩娑摩泥鞞帝

puṇyarādha śukladharaṃ samanvite

鉗毘兮利毘羅社肆鷄(經岐反)毘富荼

gambhīre virajaske vipuja

毘施沙波羅鉢帝尸羅娑羅婆達彌

viśeṣa prāpte śīrāsrabadharme

薩婆盧迦毘沙吒施離沙吒婆羅波羅婆兮利

sarva lokajyeṣṭha śreṣṭha vara pravare

阿耨多兮利阿僧祇陀囉陀囉

anutare asaṅge dhara dhara

𑖀𑖡𑖲𑖝𑖨𑖸 𑖀𑖭𑖽𑖐𑖸 𑖠𑖨 𑖠𑖨

提唎提唎杜嚕杜嚕　賒塞多摩帝

dhiri dhiri dhuru dhuru śāntamate

𑖠𑖰𑖨𑖰 𑖠𑖰𑖨𑖰 𑖠𑖲𑖨𑖲 𑖠𑖲𑖨𑖲 𑖫𑖯𑖡𑖿𑖝𑖦𑖝𑖸

賒塞多波闍遮上遮上邏上遮邏上遮上邏上旨利旨利

śānta pājaca cara cara cara ciri ciri

𑖫𑖯𑖡𑖿𑖝 𑖢𑖯𑖕𑖓 𑖓𑖨 𑖓𑖨 𑖓𑖨 𑖓𑖰𑖨𑖰 𑖓𑖰𑖨𑖰

主魯主魯波邏遮佛陀奴摩帝

curu curu paraca buddhānumate

𑖓𑖲𑖨𑖲 𑖓𑖲𑖨𑖲 𑖢𑖨𑖓 𑖤𑖲𑖟𑖿𑖠𑖯𑖡𑖲𑖦𑖝𑖸

摩訶般利若波羅蜜帝　莎婆呵

mahāprajñā pāramite svāhā

𑖦𑖮𑖯𑖢𑖿𑖨𑖕𑖿𑖗𑖯 𑖢𑖯𑖨𑖦𑖰𑖝𑖸 𑖭𑖿𑖪𑖯𑖮𑖯

南無智海毘盧遮那藏如來。

南無一切諸佛菩薩。

一切諸佛菩薩實力故，勅一切諸龍，於此閻浮提內降注大雨，除滅五種雨之障礙。

多姪他娑上囉上娑上囉上徙唎徙唎素上嚕素上嚕

tadyathā sara sara siri siri suru suru

那伽南去闍婆上闍婆上時毘時毘　樹附樹附

nāgānāṃ jaba jaba jibi jibi jubu jubu

佛實力故，大龍王等速來於此閻浮提中，降注大雨。

遮上羅上遮上羅上只利只利朱上路上朱上路

cara cara ciri ciri curu curu

諸佛如來實力故，咄！諸龍王於此閻浮提中，降注大雨。

婆上羅上婆上羅上毘菩弭反利毘利浮漏浮漏

bara bara biri biri buru buru

一切諸佛、菩薩威神之力，大乘真實行力故，諸龍王等速來至此，各各憶念諸佛、佛法及菩薩行，起於慈心、悲心、喜心及以捨心。

嘍囉嘍蒲賀反囉轉舌言之餘同毘上嚟上毘上梨上菩嚕菩上嚕

bhara bhara bhiri bhiri bhuru bhuru

大音丹本意氣龍王，慈心正念妙密佛法，持大雲雨，速來至此。

伽上茶上伽上茶上祁上墀上祁上墀上瞿厨瞿上厨上

ghaṭa ghaṭa ghiṭi ghiṭi ghuṭu ghuṭu

一切諸佛實力故，大健瞋者、大疾行者、睒電舌者，治諸惡毒，來起慈心，於

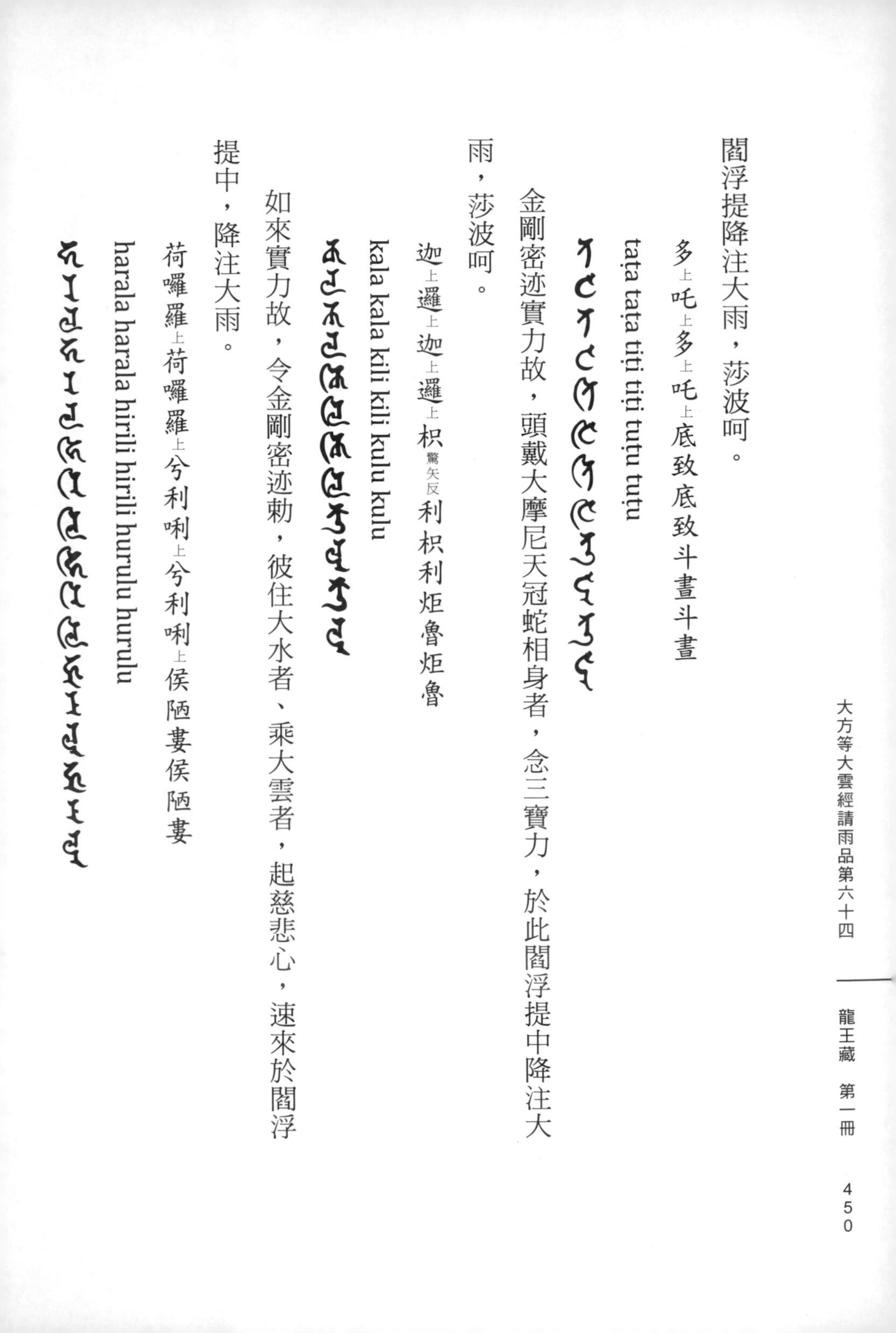

閻浮提降注大雨，莎波呵。

多上吒上多上吒上底致底致斗晝斗晝

taṭa taṭa tiṭi tiṭi tuṭu tuṭu

金剛密迹實力故，頭戴大摩尼天冠蛇相身者，念三寶力，於此閻浮提中降注大雨，莎波呵。

迦上邏上迦上邏上枳驚矢反利枳利炬魯炬魯

kala kala kili kili kulu kulu

如來實力故，令金剛密迹勅，彼住大水者、乘大雲者，起慈悲心，速來於閻浮提中，降注大雨。

荷囉羅上荷囉羅上兮利唎上兮利唎上侯陋婁侯陋婁

harala harala hirili hirili hurulu hurulu

三世諸佛實力故，令一切諸龍捨於睡眠。

伽（上）摩（上）伽（上）摩（上）者（上）弭者弭求謀求謀沙婆呵

𑖑𑖦 𑖑𑖦 𑖑𑖰𑖦𑖰 𑖑𑖰𑖦𑖰 𑖑𑖲𑖦𑖲 𑖑𑖲𑖦𑖲 𑖭𑖿𑖪𑖯𑖮𑖯

ghama ghama ghimi ghimi ghumu ghumu svāhā

我勅一切諸龍王等，起大慈心，為菩提本。

那羅那羅　尼梨尼梨　呶婁呶婁　莎波呵

nara nara niri niri nuru nuru svāhā

𑖡𑖨 𑖡𑖨 𑖡𑖰𑖨𑖰 𑖡𑖰𑖨𑖰 𑖡𑖲𑖨𑖲 𑖡𑖲𑖨𑖲 𑖭𑖿𑖪𑖯𑖮𑖯

咄！咄！龍等種種異形、千頭可畏、赤眼大力、大蛇身者，我今勅汝，憶念最上慈悲、威神功德，滅煩惱者一切如來名字。

伽（上）茶（上）伽（上）茶（上）者（上）遲（上）者（上）遲（上）瞿（上）厨（上）瞿（上）厨（上）莎波呵

gaṭa gaṭa giṭi giṭi guṭu guṭu svāhā

𑖐𑖘 𑖐𑖘 𑖐𑖰𑖘𑖰 𑖐𑖰𑖘𑖰 𑖐𑖲𑖘𑖲 𑖐𑖲𑖘𑖲 𑖭𑖿𑖪𑖯𑖮𑖯

無礙大力，奪人色力者，於此閻浮提中，降注大雨。

舍囉舍囉(上)尸梨尸利輸(上)嚧(上)輸(上)嚧(上)莎波呵

śara śara śiri śiri śuru śuru svāhā

一切諸天實力故，咄！咄！諸大龍念自種性，速來於此閻浮提中，降注大雨，莎波呵。

大梵天王實行力故，令諸龍王於閻浮提降注大雨，莎波呵。

天主帝釋實行力故，令諸龍王於閻浮提降注大雨，莎波呵。

四大天王實行力故，令諸龍王於閻浮提降注大雨，莎波呵。

八人實行力故，令諸龍王於閻浮提降注大雨，莎波呵。

須陀洹實行力故，令諸龍王於閻浮提降注大雨，莎波呵。

斯陀含實行力故，令諸龍王於閻浮提降注大雨，莎波呵。

阿那含實行力故，令諸龍王於閻浮提降注大雨，莎波呵。

阿羅漢實行力故，令諸龍王於閻浮提降注大雨，莎波呵。

辟支佛實行力故，令諸龍王於閻浮提降注大雨，莎波呵。

菩薩實行力故，令諸龍王於閻浮提降注大雨，莎波呵。

諸佛實行力故，令諸龍王於閻浮提降注大雨，莎波呵。

一切諸天實行力故，能速滅除一切災障苦惱，莎波呵。

一切諸龍實行力故，能速降雨潤此大地，莎波呵。

一切夜叉實行力故，能速覆護一切眾生，莎波呵。

一切揵闥婆實行力故，能速滅除一切眾生所有憂惱，莎波呵。

一切阿修羅實行力故，能速迴轉惡星變怪，莎波呵。

一切迦樓羅實行力故，於諸龍邊起大慈悲，令使於閻浮提內降注大雨，莎波呵。

一切緊那羅實行力故，速能滅除一切眾生諸重罪業，令起踊躍，莎波呵。

一切摩睺羅伽實行力故，能降大雨普使充足，滅除五種雨之障礙，莎波呵。

一切善男子善女人實行力故，能覆護一切眾生，莎波呵。

歌何囉歌何囉　枳利枳利　句陋句陋

kara kara kiri kiri kuru kuru

陀上囉上陀上囉上地上唎地唎

dara dara diri diri

杜嚕杜嚕那上吒上那吒

duru duru naṭa naṭa

膩致膩致　怒晝怒晝

niṭi niṭi nuṭu nuṭu

持大雲雨，疾行之者、乘雲行者、著雲衣者、生雲中者、能作雲者、雲雷響者、住雲中者、雲天冠者、雲華冠者、雲莊嚴者、乘大雲者、雲中隱者、雲中藏者、被雲髮者、耀雲光者、雲圍遶者、處大雲者、雲瓔珞者、能奪五穀精氣之者、住在深山叢林中者，尊者龍母名分陀羅大雲威德喜樂尊大龍王，身體清涼，

持大風輪，諸佛實力故，放六味雨，莎波呵。

伽上邏上伽邏歧上利上歧利具上魯具魯其利尼其利尼

ghara ghara ghiri ghiri ghuru ghuru ghirini ghirini

𑖑𑖨 𑖑𑖨 𑖑𑖰𑖨𑖰 𑖑𑖰𑖨𑖰 𑖑𑖲𑖨𑖲 𑖑𑖲𑖨𑖲 𑖑𑖰𑖨𑖰𑖡𑖰 𑖑𑖰𑖨𑖰𑖡𑖰

求魔求魔求魔求魔求魔求魔求魔求魔

ghuma ghuma ghuma ghuma ghuma ghuma ghuma ghuma

𑖑𑖲𑖦 𑖑𑖲𑖦 𑖑𑖲𑖦 𑖑𑖲𑖦 𑖑𑖲𑖦 𑖑𑖲𑖦 𑖑𑖲𑖦 𑖑𑖲𑖦

九頭龍母勅告，首冠大雲睒電華冠者、持一切龍者、著雲衣服者、攝諸境界有毒氣者、乘雲莊嚴者、雷聲遠震能告龍眾者、大雲圍遶者，諸佛實力故，令閻浮提降雨勿停，莎波呵。

野邏野邏　逸利逸利

yara yara yiri yiri

𑖧𑖨 𑖧𑖨 𑖧𑖰𑖨𑖰 𑖧𑖰𑖨𑖰

喻屢喻屢　樹屢樹屢

yuru yuru jyoru jyoru

市利市利　社邏社邏

jiri jiri jara jara

社羅社邏　求荼求荼　求求荼　伽荼伽荼

jara jara gutu gutu guguṭu gaṭa gaṭa

者遲者遲呵邏呵邏　醯利醯利　牟樓牟樓

giti giti hara hara　hili hili mulu mulu

多羅多羅　低利低利

tala tala tili tili

兜陋兜陋　呵那呵那

tulu tulu hana hana

陀呵陀呵　波遮波遮

daha daha baca baca

奇利醯那　奇利醯那　末利陀　末利陀　鉢羅末利陀

grihna grihna marda marda pramarda

彌勒菩薩告勅，除一切雨障，莎波呵。

佛提佛提　浮佛提　浮佛提

buddhe bubuddhe bubuddhe

令諸眾生持佛功德，除一切障業重罪陀羅尼：

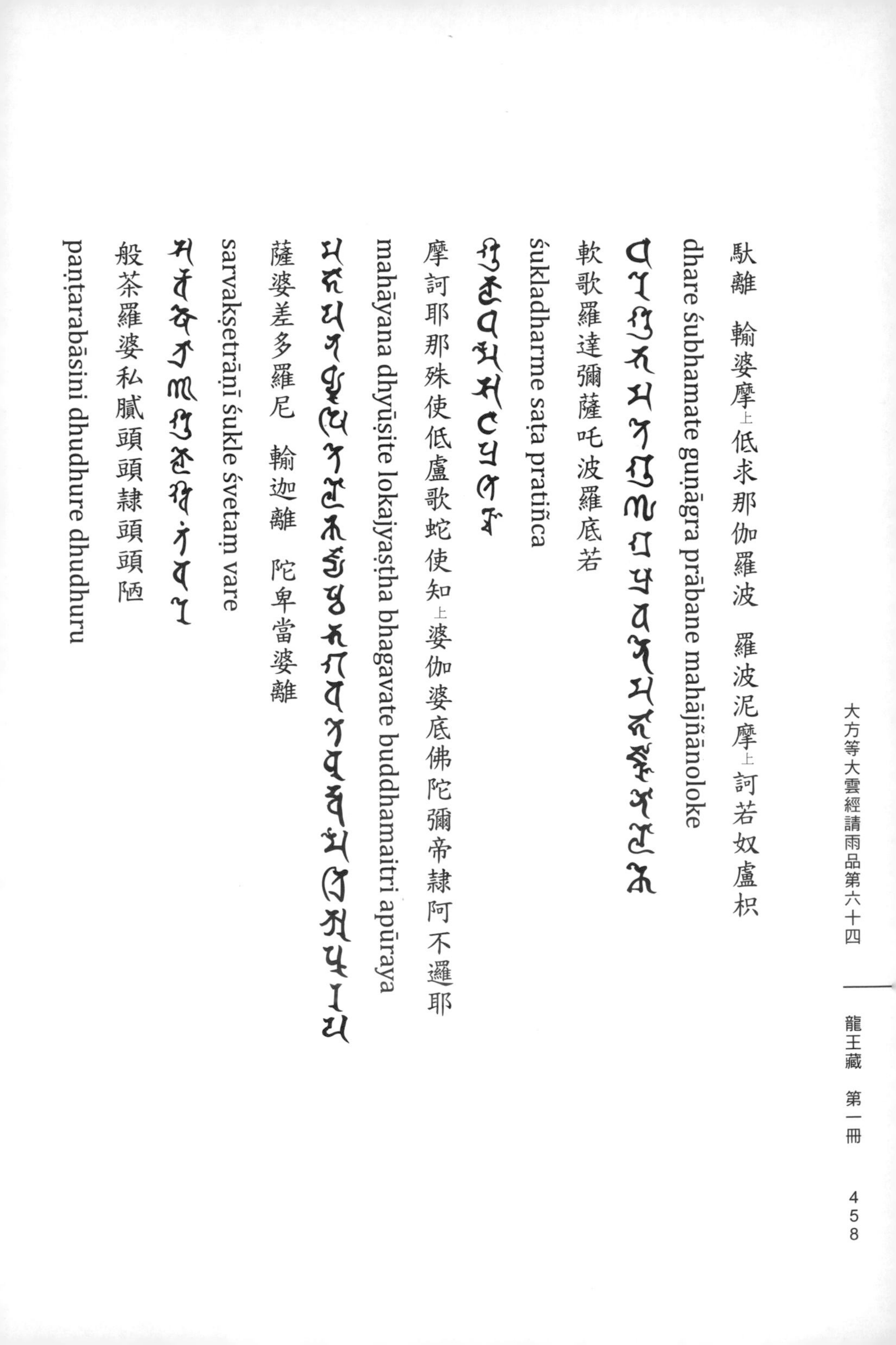

馱離　輸婆摩上低求那伽羅波　羅波泥摩上訶若奴盧枳

dhare śubhamate guṇāgra prābane mahājñānoloke

軟歌羅達彌薩吒波羅底若

śukladharme saṭa pratiñca

摩訶耶那殊使低盧歌蛇使知上婆伽婆底佛陀彌帝隸阿不邏耶

mahāyana dhyūṣite lokajyaṣṭha bhagavate buddhamaitri apūraya

薩婆差多羅尼　輸迦離　陀卑當婆離

sarvakṣetrāṇī śukle śvetaṃ vare

般茶羅婆私膩頭頭隸頭頭陋

paṇṭarabāsini dhudhure dhudhuru

睒摩　睒摩　羶多摩那睗

śama śama śantimānase

除一切雨障，莎波呵。

三世諸佛實力故、慈心故、正行精進心故，勅召一切諸大龍王：

我勅持無邊海莊嚴威德輪蓋大龍王，於閻浮提降澍大雨，莎波呵。

我勅難陀優波難陀龍王，於閻浮提降澍大雨，莎波呵。

我勅娑伽龍王於閻浮提降澍大雨，莎波呵。

我勅阿耨達多龍王於閻浮提降注大雨，莎波呵。

我勅摩那斯龍王於閻浮提降注大雨，莎波呵。

我勅婆婁那龍王於閻浮提降注大雨，莎呵。

我勅德叉迦龍王於閻浮提降注大雨，莎呵。

我勅提頭賴吒龍王於閻浮提降注大雨，莎呵。

我勅婆修羈龍王於閻浮提降注大雨，莎呵。

我勅目真隣陀龍王於閻浮提降注大雨，莎呵。

我勅伊羅跋那龍王於閻浮提降注大雨，莎呵。

我勅分荼羅龍王於閻浮提降注大雨，莎呵。

我勅大威光龍王於閻浮提降注大雨，莎呵。

我勅威賢龍王於閻浮提降注大雨，莎呵。

我勅電冠龍王於閻浮提降注大雨，莎呵。

我勅大摩尼髻龍王於閻浮提降注大雨，莎呵。

我勅戴摩尼髻龍王於閻浮提降注大雨，莎呵。

我勅光髻龍王於閻浮提降注大雨，莎呵。

我勅如是等一切龍王於閻浮提降注大雨，莎呵。

那祇那祇　摩訶那祇

nāge nāge mahānāge

𑖡𑖯𑖐𑖸𑖡𑖯𑖐𑖸𑖦𑖮𑖯𑖡𑖯𑖐𑖸

瞿羅摩那賜那伽⿺走喜(喜梨反)梨陀移

ghoramānase nāgahridaya

頭摩鳩隸　優伽羅路蓰

dhumākule ugraroṣe

波羅旃陀低致　毘數祇隸　阿尸毘蓰

pracaṇṭatejo biṣogre aśībiśí

阿⿺走喜瞿隸　頡梨師那氷伽(上)隸旃遮隸

ahighore kṛṣṇabingale caṇṭale

盧羅嗜⿺走喜避　摩訶頗那佉⿺走喜呿羅波施

lolajihve mahāphanakare kālapāśe

[illegible]

嘮陀羅波尸尼　頭冲避　婆羅婆羅

raudrabasini tuṭumpe bara bara

𑖨𑖻𑖟𑖿𑖨𑖤𑖭𑖰𑖡𑖰𑖝𑖲𑖘𑖲𑖦𑖿𑖢𑖸𑖤𑖨𑖤𑖨

庇利庇利　富魯富魯　毘私呼方不反婁闍尼

biri biri buru buru bispūrjana

𑖤𑖰𑖨𑖰𑖤𑖰𑖨𑖰𑖤𑖲𑖨𑖲𑖤𑖲𑖨𑖲𑖤𑖰𑖭𑖿𑖢𑖳𑖨𑖿𑖕𑖡

浮魯浮魯　摩訶蒲祇　摩尼陀隸

phuru phuru mahāghoge manidhare

𑖣𑖲𑖨𑖲𑖣𑖲𑖨𑖲𑖦𑖮𑖯𑖑𑖺𑖐𑖸𑖦𑖡𑖰𑖠𑖨𑖸

匹利匹利　副陋副陋　破羅破羅

phiri phiri phuru phuru phara phara

𑖣𑖰𑖨𑖰𑖣𑖰𑖨𑖰𑖣𑖲𑖨𑖲𑖣𑖲𑖨𑖲𑖣𑖨𑖣𑖨

婆利沙婆利沙　闍藍浮陀隸

barṣa barṣa jalambudhare

睒浮睒浮　婆羅訶翅

śambu śambu batahara

那上吒上那吒株中脾忡忡忡忡脾

naṭa naṭa ṭutusabe dhuṃ dhuṃ dhuṃ dhumpe

彌伽波羅脾　彌伽婆[illegible]尼

meghaprabhe meghe bhahini

茶呿茶呿茶呿　茶沈脾伽上那伽那

ḍhaka ḍhaka ḍhaka ḍhuḍhume ghaṇā ghaṇā

棄尸棄尸歌那歌那伽(上)那(上)伽那
śiṣani śiṣani kaṇa kaṇa gaṇa gaṇa
𑖫𑖰𑖬𑖡𑖰𑖫𑖰𑖬𑖡𑖰𑖎𑖜𑖎𑖜𑖐𑖜𑖐𑖜
摩(上)訶那　伽(上)伽(上)那尼羅多羅糅波闍羅得歌利
mahānāgagane nirātrāṇyapajara dakṣari
𑖦𑖮𑖯𑖡𑖯𑖐𑖐𑖡𑖸𑖡𑖰𑖨𑖯𑖝𑖿𑖨𑖯𑖜𑖿𑖧𑖢𑖕𑖨𑖟𑖎𑖿𑖬𑖨𑖰
摩訶那伽䠀　梨陀耶
mahānāga hridaye
𑖦𑖮𑖯𑖡𑖯𑖐𑖮𑖿𑖨𑖰𑖟𑖧𑖸
瞿摩瞿摩瞿摩波耶　阿私鞮歌承伽利
ghuma ghuma ghuma bayāstika jhaṅkāri
𑖑𑖲𑖦𑖑𑖲𑖦𑖑𑖲𑖦𑖤𑖧𑖯𑖭𑖿𑖝𑖰𑖎𑖖𑖒𑖿𑖎𑖯𑖨𑖰
浮承伽彌　毘歌吒　僧歌吒瞿隸
bhujaṅgame bikata saṅgeti ghori

𑖪𑖰𑖭𑖿𑖣𑖲𑖨𑖿𑖕𑖡𑖪𑖰𑖕𑖦𑖥𑖡𑖸

毘私孚盧闍泥　毘嚩婆訶泥

bisphurjana bijamabhane

[illegible]

我召集一切諸龍等，於閻浮提降注大雨，一切諸佛力故，三世諸佛實力故、慈心故，莎呵。」

爾時，世尊說此呪已，告龍王言：「若天旱時，欲請雨者，須於露地實淨土上，除去沙礫，無諸棘草，方十二步以為道場。場中起壇，辟方十步，壇高一尺，用榛牛糞取新淨者，周匝泥之；於壇中央施一高座，座上敷新青蓐，張新青帳；從高座東量三肘外，用牛糞汁畫作龍王一身三頭，龍王左右畫作種種諸龍圍遶；高座南方去五肘外，畫作龍王一身五頭，亦畫諸龍左右圍遶；高座西方去七肘外，畫作龍王一身七頭，亦畫諸龍左右圍遶；高座北方去九肘外，畫作龍王一身九頭，亦畫諸龍左右圍遶。

「其壇四角安四華瓶，各容三升，以金精若青黛等，和水令清，悉使滿瓶，種種草木、華蘂插置瓶內。道場四門各施一大香爐，燒種種香熏陸、沈水、蘇合、栴檀及安息等。四面各懸青幡七枚，合二十八幡，幡長一丈；然蘇油燈，亦隨幡數。諸雜果、蘇酪、乳糜，安置四面。諸龍王前散華燒香不令斷絕，其果飲食及瓶水，日日須新，不得用古，恒以陵晨日初出時，施設供具。

「讀經之人，若比丘、比丘尼必須戒行清淨；若在俗人，日日受持八禁齋戒，一日三時香湯澡浴，著新青衣持齋靜思，比丘亦爾。唯得食蘇酪、乳糜、粳米、果菜；大、小便竟，必須澡浴。昇高座時，先禮十方一切諸佛，燒香散華請十方一切諸佛、諸大菩薩，及以一切諸天、龍王。為眾生故，恒起慈心，不生惡念，以此禮佛及諸功德，迴施一切諸天、龍王，并及含識有形之類。昇法座時，高聲讀經，晝夜不絕，若一七日、若二七日，乃至三七日中，必降甘雨。」

佛告龍王：「海水潮來尚有盈縮，此言真實決定不虛。」

時，諸龍王蒙佛教已，歡喜踊躍頂禮奉行。

大方等大雲經請雨品第六十四

大雲經請雨品第六十四

周宇文氏天竺三藏闍那耶舍譯

如是我聞：一時，佛住難陀跋難陀龍王宮，於摩尼德大雲輪藏寶樓閣中，與大比丘及大菩薩，并諸大龍一切眾等，其名曰難陀龍王、優鉢難陀龍王、娑伽羅龍王、阿那婆達多龍王，摩那斯龍王、婆留拏龍王、德叉迦龍王、提頭賴吒龍王、婆蘇吉龍王、目真隣陀龍王、伊羅跋槃拏龍王、褒荼龍王、德威龍王、德賢龍王、電鬘龍王、大髻龍王、珠髻龍王、光曜尸棄龍王、因陀羅劍戟鋒刃龍王、因陀羅幢龍王、因陀羅杖龍王、閻浮金幢龍王、安隱龍王、大輪龍王、大蟒龍王、火味龍王、月威龍王、尸利摩多闍龍王、易見龍王、大易見龍王。

善住龍王、寶頸龍王、雲中生龍王、持雨龍王、奮迅龍王、左右奮迅龍王、奮迅壞上龍王、摩訶頻拏龍王、大項龍王、深聲龍王、大聲龍王、毘那利地帝龍王、優鉢羅龍王、大行龍王、大雨龍王、質多囉斯那龍王、大羂索龍王、伊羅鉢多羅龍王、先慰問訊龍王、驢耳龍王、海貝龍王、達馱囉龍王、優波達馱囉龍王、大安隱龍王、匍匐龍王、大匍匐龍王、大力龍王、休樓茶龍王、阿波羅邏龍王、藍浮犁龍王、吉利寐世龍王、黑色龍王、因陀羅軍龍王、那茶龍王、優波那茶龍王、甘浮紇利那龍王。

跋陀羅毘利那遮龍王、最端正龍王、象掖龍王、利劍龍王、黃色龍王、電耀龍王、大電光龍王、天力龍王、甘婆羅龍王、婆羅掣龍王、甘露龍王、低利他翅那龍王、毘琉璃光龍王、金色髮龍王、金光龍王、月幢光龍王、日光龍王、優陀延那龍王、牛頭龍王、白色龍王、黑色龍王、閻摩龍王、沙蔓彌龍王、蝦蟇龍王、僧呵茶龍王、尼民陀羅龍王、持地龍王、千頭龍王、寶髻龍王、不空見龍王、雲龍王、蘇屣那龍王、多牛龍王、人德龍王、毘尼多龍王、閻羅耶龍王、金毘羅龍王、金毘羅口龍王、毘那陀羅龍王。

阿尸毘師那龍王、蓮華龍王、長尾龍王、鉢羅藍毘那龍王、怖畏龍王、善威德龍王、五頭龍王、婆梨龍王、闍羅陀那龍王、上尾龍王、大頭龍王、賓畢鷄龍王、毘茶龍王、馬龍王、三頭龍王、龍軍龍王、大威德龍王、那羅達低龍王、毘摩鷄龍王、照曜光龍王、七頭龍王、大樹龍王、善愛見龍王、大惡龍王、離垢威德龍王、善見龍王、摩訶瞿利那龍王、焰聚龍王、大旃陀龍王、大瞋忿龍王、寶雲龍王、大雲施水龍王、因陀羅光龍王、樹龍王、雲月龍王、海雲龍王、大香鳩牟陀龍王、鳩牟陀獷龍王、寶眼龍王。

大鷄鬪幢龍王、大雲藏龍王、雪山龍王、德藏龍王、雲槊龍王、何囉闍鎮達犁龍王、雲龍王、大雲出水龍王、大雲大出水龍王、大火威德龍王、大雲富龍王、離瞋怒龍王、鳩鳩婆龍王、勇壯龍王、水池龍王、雲蓋龍王、因祇囉口龍王、威德龍王、出雲龍王、無量行龍王、蘇出那龍王、大身龍王、大腹龍王、吉龍王、壯龍王、烏眼龍王、優突羅龍王、毘踈其梨那龍王、妙聲龍王、甘露牢固注大雨龍王、毘求休尼低龍王、相擊出聲龍王、妙鼓聲龍王、甘露連注龍王、歡喜龍王、震雷音龍王、勇健將龍王、那羅延龍王、婆荼婆目佉龍王、毘迦吒龍王，如是等一切大龍王而為上首，與八十四億百千那由他龍王俱在會坐。

爾時，彼諸龍王并其眷屬從坐而起，偏袒右肩，右膝著地，合掌向佛，以無量阿僧祇種種殊勝上妙香華、塗香、末香、燒香，及諸華鬘、種種衣服、幢幡、繒綵、音樂、歌詠、寶花、寶帳，雜珮旒蘇垂諸瓔珞，龍華珠網廣設供具，以大堅固尊重恭敬，不可思議上勝清淨，淳厚信心供養如來；作是供養，右遶佛已，於一面住。

同時舉聲發大誓願：

「願以一切世界微塵一一微塵廣大如海、我等身海、諸佛菩薩道場眾海、一切世界不可數海、一切四大地、水、火、風微塵等海、一切色光如微塵等一一塵中過算數海、無量阿僧祇不可數不可思量不可稱說過說身海，一一身中以無量手，其不可數猶如海雲，化出種種諸供養具，普十方面一一微塵不斷不散亦如海雲。

「又願一切諸佛及菩薩海，我等常當在在處處作諸供養，所有無量阿僧祇不可思量不可稱說不斷不散，一切十方皆如普賢菩薩行身海雲，十方虛空悉皆普覆心願力故，成就菩薩之身亦如海雲。爾時，一切寶色光焰不斷不散一切日月身輪海雲、一切寶帳旒蘇眾花海雲、一切寶帳大光明藏樓閣海雲、一切樹枝篋藏海雲、一切香色示現海雲、一切言語妙聲種種音樂海雲、一切香樹海雲，充滿虛空威神建立，如是等無量阿僧祇不可思量不可稱說不散不斷海雲，供養一切諸佛及菩薩海，盡未來際恭敬、尊重、禮拜、供給；如是供養，一切大莊嚴境界摩尼王藏，猶如電光海雲，充滿虛空威神建立。

「又願一切諸佛及菩薩海，盡未來際，恭敬、尊重、禮拜、供給如是供養，一切普照寶雨莊嚴摩尼王海雲、一切寶焰照明佛化音響常不休息摩尼王海雲、普樂一切佛法音響摩尼王海雲、普十方面示現寶焰諸佛化光海雲、一切莊嚴不壞不散皆悉影現摩尼王焰燈海雲、一切諸佛境界隨順摩尼王海雲、不可思議諸佛剎土諸如來處皆悉影現摩尼王海雲，如是等我皆供養。一切種種寶塵三世佛身及影毘盧遮那摩尼王海雲，充滿虛空威神建立；示現訖已，於一切佛、菩薩海雲猶如大海，盡未來際我恭敬、尊重、禮拜、供給，如是供養不散不斷。

「又願一切寶香眾花樓閣海雲、無量色寶一切摩尼王莊嚴樓閣海雲、寶燈香焰樓閣海雲、一切真珠種種樓閣海雲、一切華鬘海雲、無量眾寶莊嚴瓔珮旒蘇樓閣海雲，充滿虛空如是建立已。十方無量普焰火藏一切莊嚴和合化成樓閣海雲、一切寶笛寶輪示現無量莊嚴十方樓閣海雲、一切莊嚴彫飾普遍樓閣海雲、普十方門飛樓欄楯鈴網帳帷海雲，充滿虛空威神，建立皆悉示現，於一切佛及菩薩海，盡未來際恭敬、尊重、禮拜、供給，如是供養。

「又願以吐金寶雜縷瓔珞寶歡喜藏師子座海雲、花光雜藏師子座海雲、因陀尼羅閻浮那池蓮華雜藏師子座海雲、摩尼燈蓮華藏師子座海雲、焰幢摩尼蓮華雜藏師子座海雲、寶飾蓮華雜藏師子座海雲、因陀羅青色妙麗光焰蓮華藏師子座海雲、無盡光焰照耀威勢蓮華藏師子座海雲、一切蓮華藏出諸寶焰師子座海雲、佛蓮華藏生諸妙聲寶焰師子座海雲，不斷不散充滿虛空威神建立已，盡未來際恭敬、尊重、禮拜、供給，如是供養。

「又願以一切寶香雜樹海雲、普十方門所有樹葉皆如合掌其雲芬馥海雲、一切樹色無有邊際莊嚴示現海雲、一切樹間花雲垂布海雲、諸樹莊嚴出無邊篋海雲、一切寶樹焰鬘照耀海雲、所有一切旃檀樹枝皆悉示現半身菩薩海雲、一切菩薩勝輪光樹不可思議莊嚴放光一切無邊寶衣篋笥日電照耀海雲、一切諸樹普出妙響聞者愛樂海雲、無邊色寶妙蓮華藏師子座海雲、普十方面摩尼寶王電光曜藏師子座海雲、諸瓔珞藏莊嚴雕刻師子座海雲、種種寶焰燈鬘之藏師子座海雲、普聲音藏能出寶雨師子座海雲、一切香華瓔珞寶藏師子座海雲、一切佛座莊嚴示現摩尼王藏師子座海雲、一切莊嚴旒蘇帷帳欄楯妙藏師子座海雲、一切諸樹摩尼枝條寶篋笥藏師子座海雲、雜香鈴網垂帷周布日電曜藏師子座海雲，不斷不散充滿虛空。作是事已，於一切佛及菩薩海恭敬、尊重、禮拜、供給，如是供養。

「又願以諸如意王摩尼寶帳海雲、因陀羅青莊嚴校飾寶花鬘帳海雲、一切眾香摩尼寶帳海雲、寶焰色身燈光明帳海雲、諸佛神通放光出響摩尼王帳海雲、雜種摩尼諸寶衣服一切莊嚴現放光帳海雲、一切眾花放光寶帳海雲、種種鈴聲普震網帳海雲、無邊際色蓮華羅網雜摩尼臺蓮華網帳海雲、金色鬘焰火幢帳海雲、不可思議莊嚴光影諸瓔珞帳海雲，充滿虛空不斷不散。如是建立已，於一切佛及菩薩婆伽羅海雲恭敬、尊重、禮拜、供給，如是供養。

「又願以一切摩尼寶蓋海雲如是建立等充滿虛空、十方焰火莊嚴華蓋海雲、無邊際色真珠篋蓋海雲、一切諸佛菩薩大悲門響摩尼王蓋海雲、種種雜寶光焰鬘蓋海雲、普寶麗香莊嚴鈴網垂帶帳蓋海雲、一切摩尼寶樹垂條帳蓋海雲、日焰照曜摩尼王寶燒香散香、一切香蓋海雲、栴檀末香猶如篋藏普震遍蓋海雲、諸佛境界普廣莊嚴照耀震蓋海雲，不斷不散於一切佛、諸菩薩海恭敬、尊重、禮拜、供給，如是供養。

「又願以一切眾寶光輪海雲、眾寶焰身照曜不絕光輪海雲、華雲照曜光輪海雲、一切寶焰佛化光輪海雲、一切佛剎影現光輪海雲、普佛境界能出雷音寶枝光輪海雲、一切毘琉璃寶性摩尼王焰光輪海雲、無邊眾生色心剎那示現光輪海雲、音聲悅可諸佛光輪海雲、一切眾會道場音聲教化眾生摩尼寶王光輪海雲，於一切佛諸、菩薩海恭敬、尊重、禮拜、供給，如是供養。

「又願以一切摩尼篋焰海雲、一切諸佛色聲香味觸光焰海雲、一切寶焰海雲、一切佛法出聲震焰海雲、一切佛剎莊嚴照耀光焰海雲、一切樓閣華焰海雲、一切寶笛光焰海雲、一切諸劫劫劫展轉諸佛出世教化眾生法音震焰海雲、無盡眾生妙寶示現一切華鬘光焰海雲、一切諸座莊嚴示現光焰海雲，不斷不散於一切佛、諸菩薩海恭敬、尊重、禮拜、供給，如是供養。

「又願以不斷不散無邊色寶光焰海雲、普光摩尼王海雲、一切佛剎普廣莊嚴照耀光焰海雲、一切香焰海雲、一切莊嚴光焰海雲、一切化佛身焰海雲、諸雜寶樹花鬘光焰海雲、一切衣服光焰海雲、菩薩無邊諸行名稱摩尼王焰海雲、一切真珠燈焰海雲，不斷不散於一切佛、菩薩海雲猶如大海恭敬、尊重、禮拜、供給，如是供養。

「又願以不可思議一切香華種種海雲、一切寶焰蓮華羅網海雲、無邊際色摩尼王寶光輪海雲、一切寶色真珠篋笥海雲、一切寶香栴檀末香海雲、一切寶蓋海雲、悅可眾意清淨妙音摩尼寶王海雲、日焰摩尼光輪瓔珞旒蘇海雲、無邊寶篋海雲、一切普賢色身海雲，不斷不散於一切佛、菩薩海雲猶如大海恭敬、尊重、禮拜、供給，如是供養。」

是時，八十四億那由他百千諸龍作是願已，遶佛三匝頭面作禮於一面立。

佛言：「汝坐！」

爾時，諸龍各各坐已；是大眾中，有大龍王名阿難多波利迦羅娑伽羅迷伽訶毘踰呵低樹曼荼羅叱多囉伽邏王，於三千大千世界諸龍中主，住不退地，以大願力到閻浮提，為欲供養如來世尊，至心禮拜聽正法故。

爾時，阿難多波利迦娑伽羅龍王從座而起、偏袒右肩、右膝著地，合掌向佛一心而禮。白佛言：「世尊！我今欲問如來、世尊、應、正遍知一微小事，若見聽許乃敢發問。」

爾時，世尊聞此語已，告阿難多波利迦娑伽羅龍王言：「大王！恣汝所問！若有欲問，今正是時，我當為汝分別解說，滿汝所願。」

爾時，龍王即白佛言：「世尊！云何能令一切諸龍離於苦惱，得一切樂？適我願已，此閻浮提以時降雨，百穀、果藥、卉木、叢林，地土所生增長其味，味增長故，閻浮提人得受安樂。」

作是問已，佛告娑伽羅大龍王言：「善哉！善哉！龍王！汝今憐愍一切眾生問如是事，諦聽！諦聽！善思念之！我今當說。

「善男子！我有一法，若一切龍能受持者，即盡諸苦，身心安樂。何者一法？所謂慈心。若天、若人能習行者，火不能燒，刀不能傷，水不能漂，毒藥不害，內外諸賊所不能侵，睡覺安隱能自謹慎，以護其身大福威德；生生世世受身端正，見者愛樂所往無礙，一切天人不能惱亂，離諸苦惱心常歡喜，受諸快樂得上人法；設命終時，生於梵世，大龍王！如是慈心利益天人，身、口、意慈常應修習。

「復次，大龍王！有陀羅尼句名施安樂，是諸龍等應常誦持，能除一切諸龍苦惱，能令一切安隱快樂；既得樂已，彼諸龍等於閻浮提依時降雨，百穀、果藥、卉木、叢林皆得生長。」

龍王白佛：「何者名為施一切樂陀羅尼句？」

爾時，世尊即說呪曰：

怛地也他（其呪文中字口傍作者皆轉舌讀之注引字者皆須引聲讀之）陀呵（引）囉尼陀呵（引）囉尼（一）

tadyathā dhāraṇi dhāraṇi

𑖝𑖟𑖿𑖧𑖞𑖯 𑖠𑖯𑖨𑖜𑖰 𑖠𑖯𑖨𑖜𑖰

欝多（引）囉尼（二） 三波囉帝（丁利反）師尿（褚利反三）

uttāraṇi sampratiṣṭhitā

𑖄𑖝𑖿𑖝𑖯𑖨𑖜𑖰 𑖭𑖽𑖢𑖿𑖨𑖝𑖰𑖬𑖿𑖙𑖰𑖝𑖯

毘闍耶跋喇拏薩帝夜波羅帝闍若長那跋柢（四）

vijaya varṇa satyaprati jñāsārha jñānavati

𑖪𑖰𑖕𑖧 𑖪𑖨𑖿𑖜 𑖭𑖝𑖿𑖧𑖢𑖿𑖨𑖝𑖰 𑖕𑖿𑖗𑖯𑖭𑖯𑖨𑖿𑖮 𑖕𑖿𑖗𑖯𑖡𑖪𑖝𑖰

欝多波引達儞五　比那引漢儞六

utpādani virohani

𑖄𑖝𑖿𑖢𑖯𑖟𑖡𑖰 𑖪𑖰𑖨𑖺𑖮𑖡𑖰

阿比屣引遮儞七　阿陛毘耶引呵引羅八

abhiṣecani abhiyahara

𑖀𑖥𑖰𑖬𑖸𑖓𑖡𑖰 𑖀𑖥𑖰𑖧𑖮𑖨

首婆呵引跋帝九　阿祁引末多十　野咥香利反十一

śubhavati ajamata ehi

𑖫𑖲𑖥𑖪𑖝𑖰 𑖀𑖕𑖦𑖝 𑖊𑖮𑖰

宮婆引羅引十二　擗咥香利反婆引呵引十三

kumbhālo vihi vāha

𑖎𑖲𑖽𑖥𑖯𑖩𑖺 𑖪𑖰𑖮𑖰 𑖪𑖯𑖮

摩引囉吉梨引舍引達那波脯藍反十四

māra kleśandhunapā

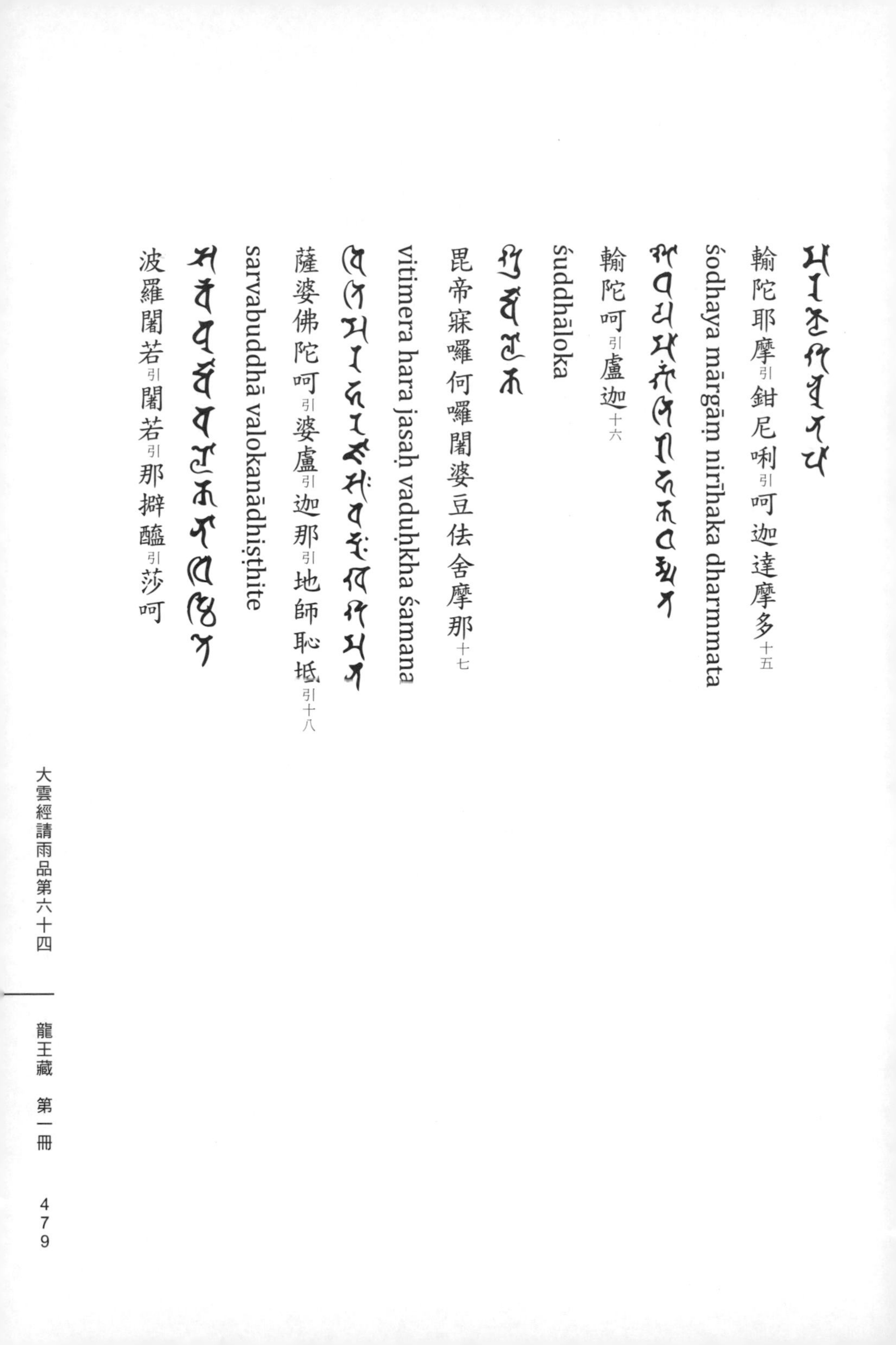

輸陀耶摩引鉗尼唎引呵迦達摩多十五

śodhaya mārgāṃ nirīhaka dharmmata

輸陀呵引盧迦十六

śuddhāloka

毘帝寐囉何囉闍婆豆佉舍摩那十七

vitimera hara jasaḥ vaduḥkha śamana

薩婆佛陀呵引婆盧引迦那引地師恥坻引十八

sarvabuddhā valokanādhiṣṭhite

波羅闍若引闍若引那擗醯引莎呵

prajñajñavihe svāhā

佛言：「大龍王！此陀羅尼名施一切諸龍安樂，是諸龍等應常誦持，一切資生恒得自在，入自在門，為諸如來威神所護，與一切龍身心安樂。

「復次，大龍王！有佛世尊，號曰雲生建大莊嚴威勢之藏華光智幢持水鋒輪金德淨光毘盧遮那髮際生性如來、應供、正遍知。大龍王！應當受持讀誦、憶念、稱名禮拜，聞是佛名能除龍種，一切龍宮、一切龍姓，一切和合，一切龍踊尼南、一切龍王、一切龍女、一切龍眷屬，諸有苦惱能與安樂。

「復有無量諸佛名號。其名曰：

南無婆伽婆帝毘盧遮那藏大雲如來。

南無婆伽婆帝雲生雲照曜如來。

南無婆伽婆帝雲持水如來。

南無婆伽婆帝雲威德如來。

南無婆伽婆帝生大雲如來。

南無婆伽婆帝奮迅輪能壞雲如來。
南無婆伽婆帝電焰聚如來。
南無婆伽婆帝大雲羯摩勇健如來。
南無婆伽婆帝須彌善雲如來。
南無婆伽婆帝摩訶伽那雲如來。
南無婆伽婆帝大雲輪如來。
南無婆伽婆帝雲光如來。
南無婆伽婆帝大雲師子座如來。
南無婆伽婆帝大雲蓋如來。
南無婆伽婆帝善示現大雲如來。
南無婆伽婆帝雲覆如來。
南無婆伽婆帝雲生光輪覆十方頻申雷震大妙鼓音如來。
南無婆伽婆帝大雲清涼歡喜奮迅雷如來。
南無婆伽婆帝廣雲如來。

南無婆伽婆帝虛空雲如來。
南無婆伽婆帝毘羯磨勇雲如來。
南無婆伽婆帝雲出妙聲如來。
南無婆伽婆帝雲示現如來。
南無婆伽婆帝廣出雲如來。
南無婆伽婆帝雲羅羅如來。
南無婆伽婆帝雲奮震如來。
南無婆伽婆帝雲央伽那如來。
南無婆伽婆帝雲如衣覆如來。
南無婆伽婆帝雲婆盧訶迦夜如來。
南無婆伽婆帝雲衣如來。
南無婆伽婆帝彌伽婆羅呵迦耶如來。
南無婆伽婆帝出雲如來。
南無婆伽婆帝散雲如來。

南無婆伽婆帝雲欝鉢羅花如來。
南無婆伽婆帝火雲香如來。
南無婆伽婆帝大上雲如來。
南無婆伽婆帝大雲自在如來。
南無婆伽婆帝大雲作光如來。
南無婆伽婆帝大雲德如來。
南無婆伽婆帝大雲作摩尼寶雲如來。
南無婆伽婆帝雲碎壞如來。
南無婆伽婆帝雲莖幹如來。
南無婆伽婆帝灌水雲葉如來。
南無婆伽婆帝壞虛空雹如來。
南無婆伽婆帝大雲勝聲如來。
南無婆伽婆帝大雲出聲如來。
南無婆伽婆帝大雲出雨如來。

南無婆伽婆帝欝妻俱殊婆三訶羅拏雲如來。
南無婆伽婆帝大六字水雲如來。
南無婆伽婆帝大雲饒水如來。
南無婆伽婆帝海滿雲如來。
南無婆伽婆帝潤澤遍身雲如來。
南無婆伽婆帝無邊雲色如來。
南無婆伽婆帝毘耶一切差別大雲閻浮德威月光焰雲如來、等、應、正遍知、三藐三佛陀。

「大龍王！此諸佛名，一切龍等若能誦持稱名禮拜，除一切苦得歡喜樂，於閻浮提隨時降雨，百穀、果藥、卉木、叢林皆得生長。」

爾時，三千大千世界主大龍王白佛言：「我今當請諸佛所說陀羅尼章句，於未來世末世閻浮提中不降雨處，若誦此呪即降甘雨。若惡時世兇險、鄭難、非法起時、疫病流行、星宿失度，若欲滅上諸惡事者，以佛力故大悲心故，憐愍一切諸眾生故，受持如是陀羅尼句，說是呪時一切諸龍皆生歡喜，一切諸天皆悉踊躍壞魔境界，一切眾生四百四病皆令不起，諸入安隱，一切惡事皆得除滅。」

爾時，世尊聞此三千大千世界龍王如是言已，讚言：「善哉！善哉！大龍王！汝亦如諸佛饒益眾生，憐愍與樂，快請是事。

「諦聽！諦聽！善思念之！大龍王！我今當說，昔從大悲雲生如來所，聞頻申勇猛幢陀羅尼，過去諸佛已說威神加護，我今亦當隨順而說；利益一切諸眾生故憐愍與樂，於未來世若亢旱時能令降雨，若水潦時亦令止息，疫死險難皆得滅除；能集諸龍，能令龍天歡喜踊躍，能壞一切諸魔境界，能令眾生具足安樂。」

而說呪曰：

怛姪他摩訶若引那引婆婆呵引薩尼一

tadyathā mahājñānā vabhasani

失梨帝殊羅欹彌二

śrita tejū lakṣme

地履荼毘伽囉尛鉢耶囉僧呵怛禰三

dṛḍha vikrama vajra saṅghatane

𑖟𑖴𑖛𑖪𑖰𑖎𑖿𑖨𑖦𑖪𑖕𑖿𑖨𑖭𑖽𑖑𑖝𑖡𑖸

波羅摩避囉闍四

parama viraja

𑖢𑖨𑖦𑖪𑖰𑖨𑖕

尼摩羅求那鷄鬪蘇栗耶波羅毘五

nirmala guṇaketu sūryaprabhe

𑖡𑖰𑖨𑖿𑖦𑖩𑖐𑖲𑖜𑖎𑖸𑖝𑖲𑖭𑖳𑖨𑖿𑖧𑖢𑖿𑖨𑖥𑖸

毘摩嵐伽耶師嗭六

vimalāṅga yaṣṭhi

𑖪𑖰𑖦𑖩𑖯𑖽𑖐𑖧𑖬𑖿𑖙𑖰

婆呵囉婆呵囉七　三婆呵囉三婆呵囉八

bhara bhara saṃbhara saṃbhara

𑖐𑖨𑖐𑖨𑖐𑖰𑖐𑖨𑖐𑖰𑖐𑖨

豆豆毘九　呵那呵那十

dudumvi hana hana

𑖟𑖲𑖟𑖲𑖦𑖿𑖤𑖰𑖮𑖡𑖮𑖡

摩呵鉢利鞞十一　比豆那摸呵陀迦嵐十二

mahāprabhe vidhūtamohaṃ dhakāre

𑖦𑖮𑖯𑖢𑖿𑖨𑖥𑖸𑖪𑖰𑖠𑖳𑖝𑖦𑖺𑖮𑖽𑖠𑖎𑖯𑖨𑖸

鉢囉若伽囉輸提十三

prajña śuddhe

𑖢𑖿𑖨𑖕𑖿𑖗𑖫𑖲𑖟𑖿𑖠𑖸

鉢利富利那彌帝利彌帝利地囉摩那娑斤提十四

paripūraṇi maitrī maitrī vīra mana skṛte

𑖢𑖨𑖰𑖢𑖳𑖨𑖜𑖰𑖦𑖹𑖝𑖿𑖨𑖱𑖦𑖹𑖝𑖿𑖨𑖱𑖪𑖱𑖨𑖦𑖡𑖭𑖿𑖎𑖴𑖝𑖸

彌多嵐步陀利十五　闍羅闍羅十六

maitraṃ buddhare jala jala

闍羅闍羅十七　闍嵐步大離十八

jala jala jalāṃ buddhare

菩澄伽俱蘇彌十九　達舍跋隸二十

bodhiṅga kusume daśabale

遮姤裴舍阿囉提二一　阿吒達舍毘尼吒佛陀達彌二二

caturvaiśāradye aṣṭādaśāveṇika buddha dharmme

輸頻魔帝分若曷囉翅二三

śubhamati puṇyarāśi

叔迦羅達摩三摩禰坻二四　鉗毘囉毘囉闍息雞二五

śukladharaṃ samanvite gambhīra virajaske

毘富隷毘舍師沙波羅鉢帝二六

vipule viśeṣa prāpte

禰囉蘇羅波達彌二七

nirāśravadharmme

薩婆盧迦誓薩吒二八　失離薩吒波羅二九

sarva lokajyeṣṭha śreṣṭha vara

鉢羅婆梨三十　阿奴怛利三一

pravare anutare

𑖀𑖭𑖯𑖒𑖸𑖠𑖨𑖠𑖨

阿僧祇三二　陀羅陀羅三三

asāṅge dhara dhara

𑖠𑖰𑖨𑖰𑖠𑖰𑖨𑖰𑖠𑖲𑖨𑖲𑖠𑖲𑖨𑖲

地利地利三四　豆留豆留三五

dhiri dhiri dhuru dhuru

𑖫𑖡𑖿𑖝𑖦𑖝𑖸𑖫𑖯𑖡𑖿𑖝𑖢𑖯𑖢𑖸

羶哆末坻三六　羶哆波卑三七

śanta mate śānta pāpe

𑖓𑖨𑖓𑖨𑖓𑖰𑖨𑖰𑖓𑖰𑖨𑖰𑖓𑖲𑖨𑖲𑖓𑖲𑖨𑖲

遮羅遮羅旨利旨利三八　朱留朱留三九

cara cara ciri ciri curu curu

波羅摩佛陀㲉末坻四十

parama buddhānumate

摩呵鉢羅若波羅蜜坻四一　莎呵

mahā prajñā pāramite svāhā

南無若那一　婆伽羅毘盧遮那耶二　多他竭多耶三

namaḥ prajñā sāgara vairocanaya tathāgatāya

南無薩婆佛陀四　菩提薩坻毘呵五

namaḥ sarvabuddha bodhisattvaviha

爾時，一切諸龍為閻浮提降甘雨故，受持此呪，若後末世惡災行時能令不起。

諸佛菩薩發真實語重說呪曰：

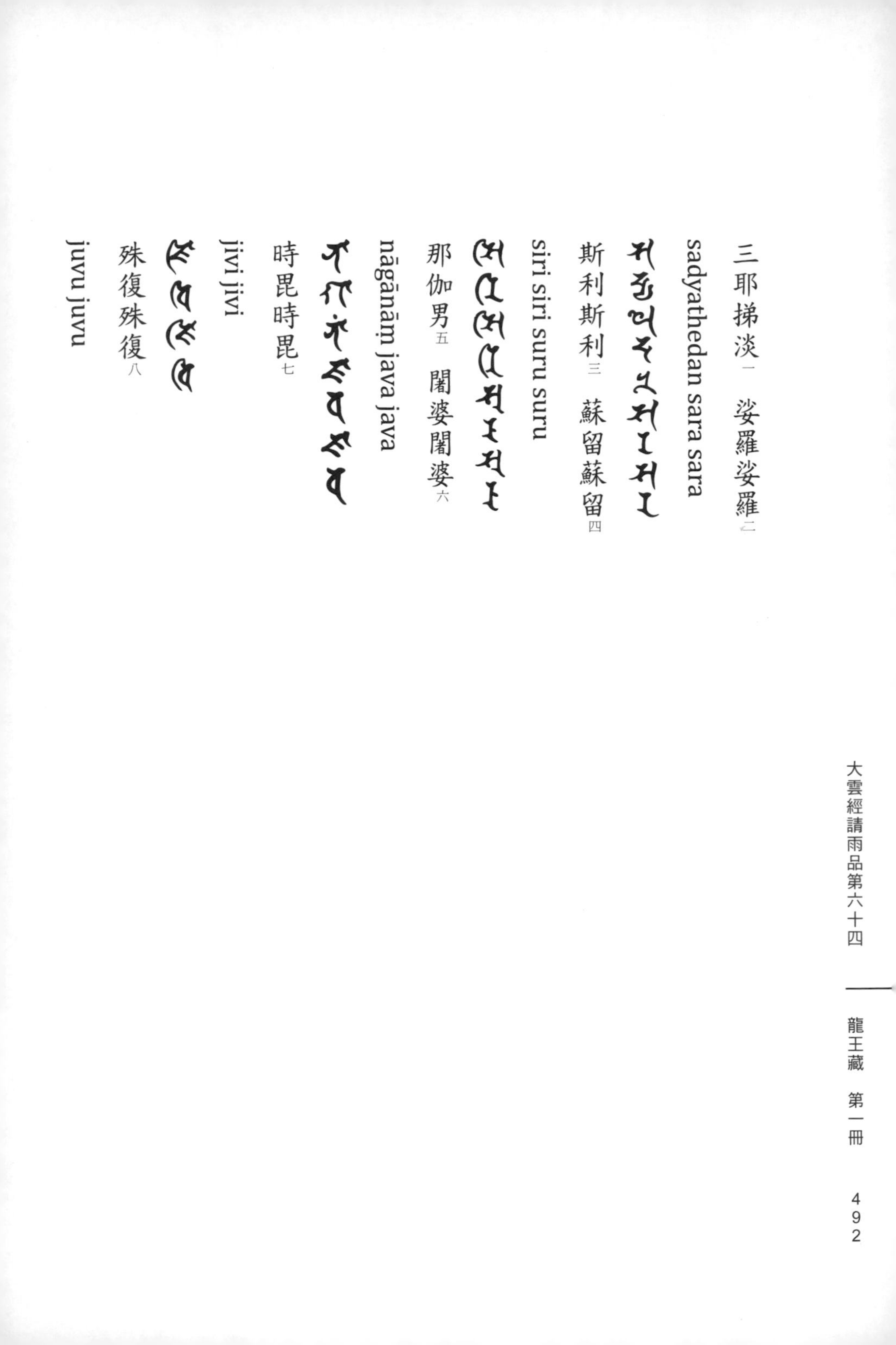

三耶挮淡一　娑羅娑羅二

sadyathedan sara sara

斯利斯利三　蘇留蘇留四

siri siri suru suru

那伽男五　闍婆闍婆六

nāgānāṃ java java

時毘時毘七

jivi jivi

殊復殊復八

juvu juvu

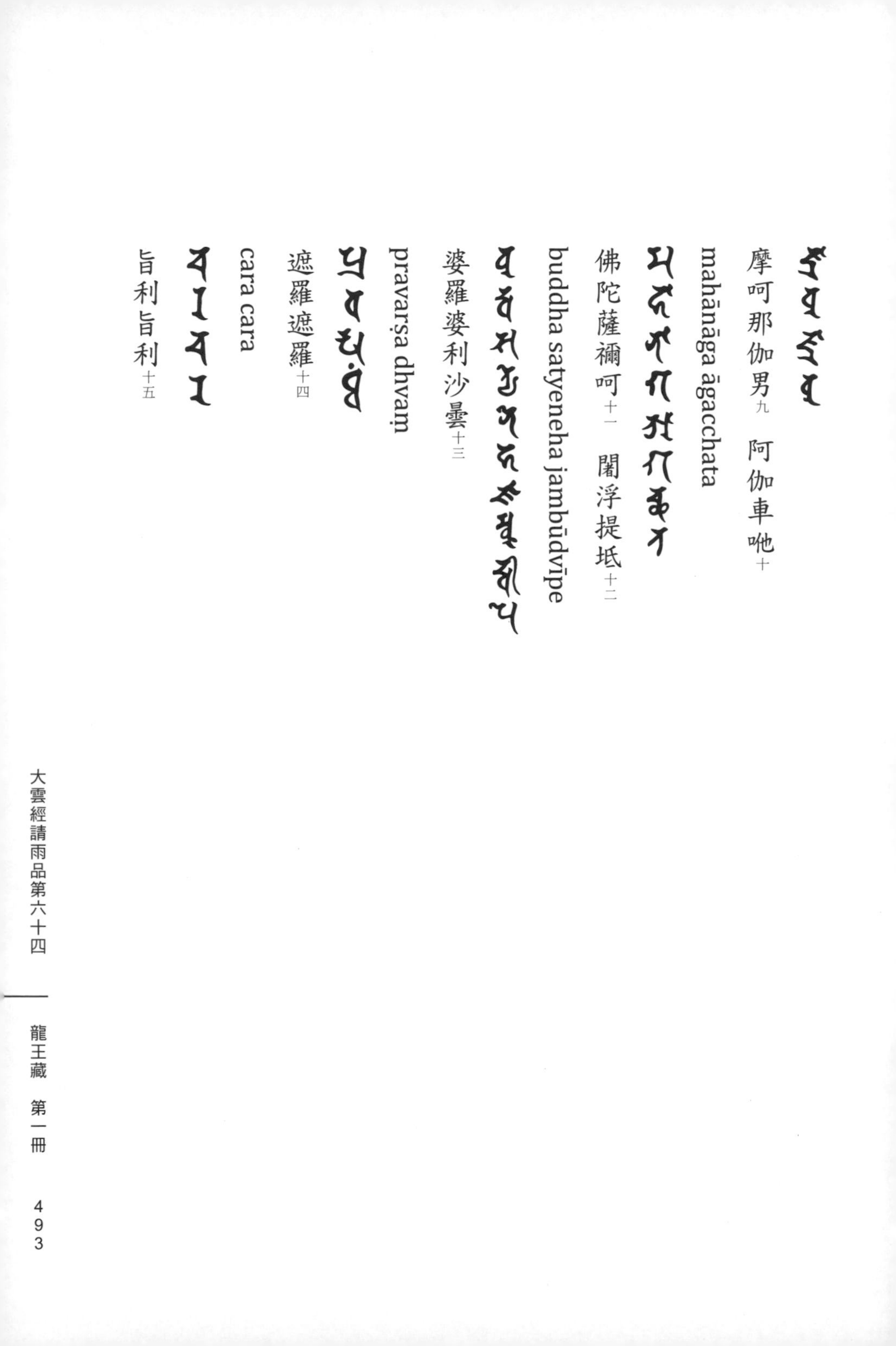

摩呵那伽男九　阿伽車呞十

mahānāga āgacchata

佛陀薩禰呵十一　閻浮提坻十二

buddha satyeneha jambūdvīpe

婆羅婆利沙曇十三

pravarṣa dhvaṃ

遮羅遮羅十四

cara cara

旨利旨利十五

ciri ciri

𑖓𑖰𑖨𑖰 𑖓𑖰𑖨𑖰

周留周留十六

curu curu

𑖓𑖲𑖨𑖲 𑖓𑖲𑖨𑖲

摩呵那伽地般帝男十七　阿伽車多蒲盧十八

mahānagādhipatīnāṃ āgacchatha bho

𑖦𑖮𑖯𑖡𑖯𑖐𑖯𑖠𑖰𑖢𑖝𑖱𑖡𑖯𑖽 𑖁𑖐𑖓𑖿𑖔𑖞 𑖥𑖺

摩呵那伽佛陀薩坻禰呵十九　閻浮提卑二十

mahānāga buddha satyeneha jambūdvīpe

𑖦𑖮𑖯𑖡𑖯𑖐 𑖤𑖲𑖟𑖿𑖠 𑖭𑖝𑖿𑖧𑖸𑖡𑖸𑖮 𑖕𑖦𑖿𑖤𑖳𑖟𑖿𑖪𑖱𑖢𑖸

波羅婆沙曇二一

pravarṣa dhvaṃ

𑖢𑖿𑖨𑖪𑖨𑖿𑖬 𑖠𑖿𑖪𑖽

波羅波羅 二二
bara bara

毘利毘利 二三
biri biri

浮留浮留 二四
buru buru

佛陀薩坻那 二五
buddha satyena

薩婆那伽那婆呵耶沙禰 二六
sarva nāgā navāha iṣyāme

迷帝囉質秪那二七

maitracittena

迦樓那質秪那二八

kāruṇācittena

迦樓那質秪那二九

kāruṇācittena

牟地多質秪那三十

muditācittena

憂卑叉質秪那三一

upekṣācittena

薩婆佛陀三二　菩提薩埵地師吔禰那薩坻那三三

sarva buddha bodhisattvādhiṣṭhānena

摩呵耶那舍移那三四　阿伽車他三五

mahāyānāśayena āgacchatha

摩呵那伽提波怛耶三六

mahānāgādhipataya

蘇摩羅他佛陀那三七

smarata buddhānāṃ

佛陀達摩那三八

buddha dharmmāṇāṃ

菩提薩埵求那男三九

bodhisattva guṇānaṃ

波羅波羅四十

bhara bhara

毘利毘利四一

bhiri bhiri

浮休留浮休留四二

bhuru bhuru

摩呵折嵐浮四三　彌伽婆利陀利那四四

mahājalāṃbu meghavāri dhāriṇi

摩呵浮闍迦波利迦羅四五　彌帝利質帝那四六

mahābhujagā parikarāḥ maitra cittenā

阿伽車他四七　三摩羅多婆羅舍三男舍薩姤四八

āgacchatha smara tavara śāsanaṃ śāstuḥ

伽荼伽荼四九

ghaṭa ghaṭa

祇治祇治五十

ghiṭi ghiṭi

渠籌渠籌五一

ghuṭu ghuṭu

憂伽囉俱嚧陀五二

ugrakrodhā

摩呵毘伽嚧囉嗜呵婆五三

mahāvegā lola jihva

摩呵毘沙五四　阿伽吒他迷帝羅質多五五

mahāviṣāḥ āgacchata maitracittaḥ

婆利沙馱籏伊呵閻浮提卑五六　薩婆多他竭多薩坻那五七　蘇和呵

varṣa dhvaṃ iha jambūdvipe sarva tathāgata satyena svāhā

「若誦此呪，閻浮提內一切諸龍，皆來集聚悲、喜、捨心，又以慈心降注甘雨，諸佛如來威神所加真實不虛。

怛吒怛吒一　帝致帝致二　鬪晝鬪晝二

taṭṭa taṭṭa tiṭṭi tiṭṭi tuṭṭu tuṭṭu

摩呵摩尼四　摩俱吒五

mahā maṇi makuṭa

毛林達羅尼比沙六　于留必那七

boridharāśī viṣaropiṇaḥ

三摩羅他帝利八　曷囉怛那地師吒南九

smarata triratnādhiṣṭhānaṃ

跋折囉陀羅薩抵那十　跋利沙他伊呵閻浮地卑莎呵十一

vajradhara satyena varṣata iha jambūdvipe svāhā

「迦羅迦羅一　翅利翅利二

kala kala kili kili

俱盧俱盧三　摩于陀迦婆斯那四

kulu kulu mahodaka vāsinaḥ

摩訶跋囉俱吒耶那毘耶以那五

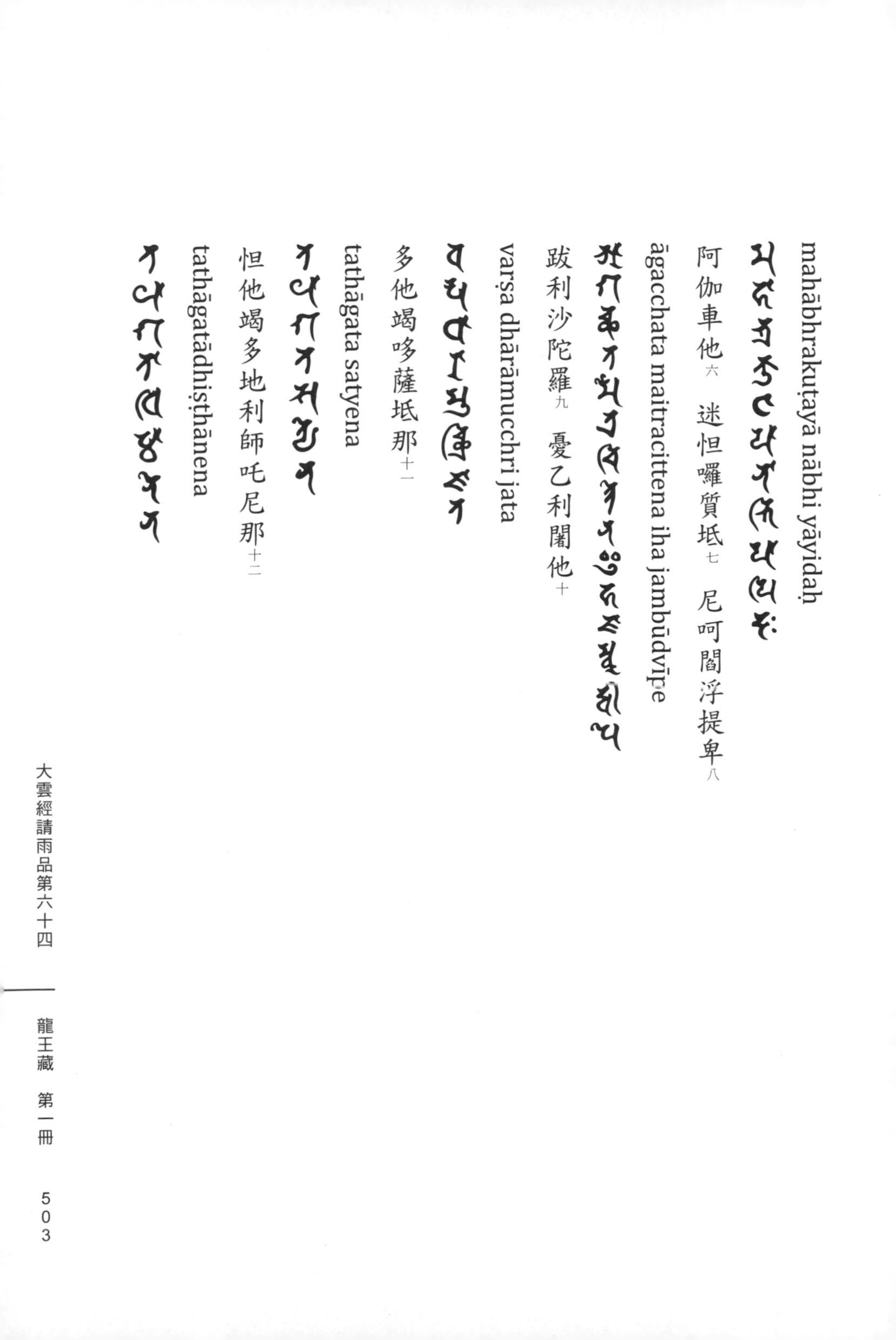

mahābhrakuṭayā nābhi yāyidaḥ

阿伽車他六　迷怛囉質坻七　尼呵閻浮提卑八

āgacchata maitracittena iha jambūdvīpe

跋利沙陀羅九　憂乙利闍他十

varṣa dhārāmucchri jata

多他竭哆薩坻那十一

tathāgata satyena

怛他竭多地利師吒尼那十二

tathāgatādhiṣṭhānena

跋折囉波尼阿囉闍若波夜坻十三

vajrapāṇi rājñāpayati

何囉邏何囉邏十四　傒利履傒利履十五

harala harala hirili hirili

乎抑嚧乎抑嚧十六　毘伽多蜜陀婆跋他十七

hurulu hurulu vigata midvā bhavata

薩婆佛闍迦十八

sarva bhujagāḥ

帝利也途呵婆十九　怛他竭多薩坻那二十

tryadhva tathāgata satyena

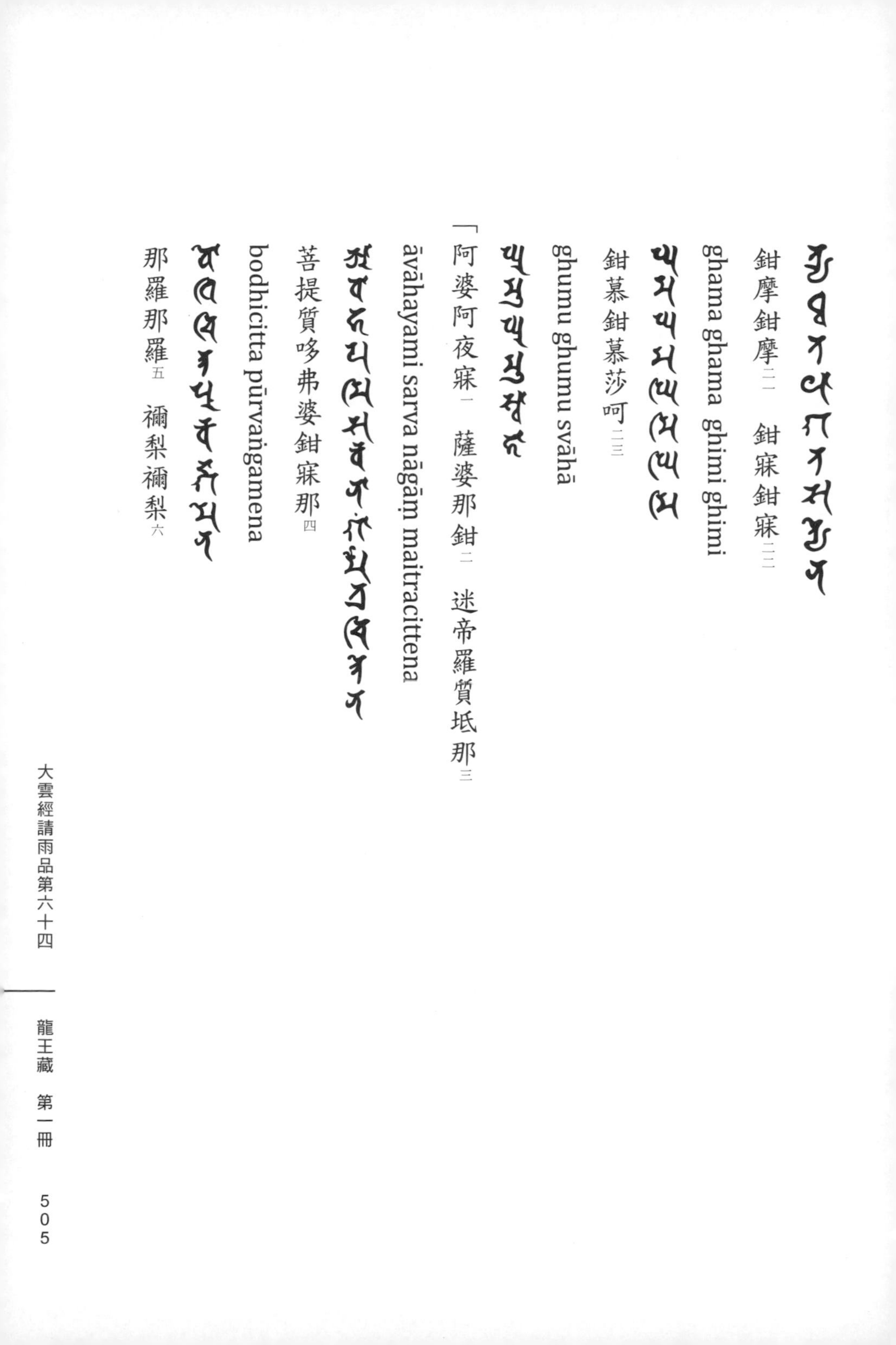

鉗摩鉗摩二一　鉗寐鉗寐二二

ghama ghama ghimi ghimi

鉗慕鉗慕莎呵二三

ghumu ghumu svāhā

「阿婆阿夜寐一　薩婆那鉗二　迷帝羅質坻那三

āvāhayami sarva nāgāṃ maitracittena

菩提質哆弗婆鉗寐那四

bodhicitta pūrvaṅgamena

那羅那羅五　禰梨禰梨六

nara nara niri niri

𑖡𑖨𑖡𑖨𑖡𑖰𑖨𑖰𑖡𑖰𑖨𑖰

奴盧奴盧七　莎呵

nuru nuru svāhā

𑖡𑖲𑖨𑖲𑖡𑖲𑖨𑖲𑖭𑖿𑖪𑖯𑖮𑖯

「毘迦吒一　那那毘訖利哆尸利沙二　婆呵娑羅尸利沙三　曷囉哆叉四

vikuṭṭi nānā vikṛta śīrṣa sahasra śīrṣa raktākṣa

𑖪𑖰𑖎𑖲𑖘𑖿𑖘𑖰𑖡𑖯𑖡𑖯𑖪𑖰𑖎𑖴𑖝𑖫𑖱𑖨𑖿𑖬𑖭𑖮𑖭𑖿𑖨𑖫𑖱𑖨𑖿𑖬𑖨𑖎𑖿𑖝𑖯𑖎𑖿𑖬

摩呵婆羅五

mahāvara

𑖦𑖮𑖯𑖪𑖨

摩呵摩睺何羅伽六　那婆呵耶寐七　步呼步呼八

mahāmahoragā nāvahayāmi bho bho

𑖦𑖮𑖯𑖦𑖮𑖺𑖨𑖐𑖯𑖡𑖯𑖪𑖮𑖧𑖯𑖦𑖰𑖥𑖺𑖥𑖺

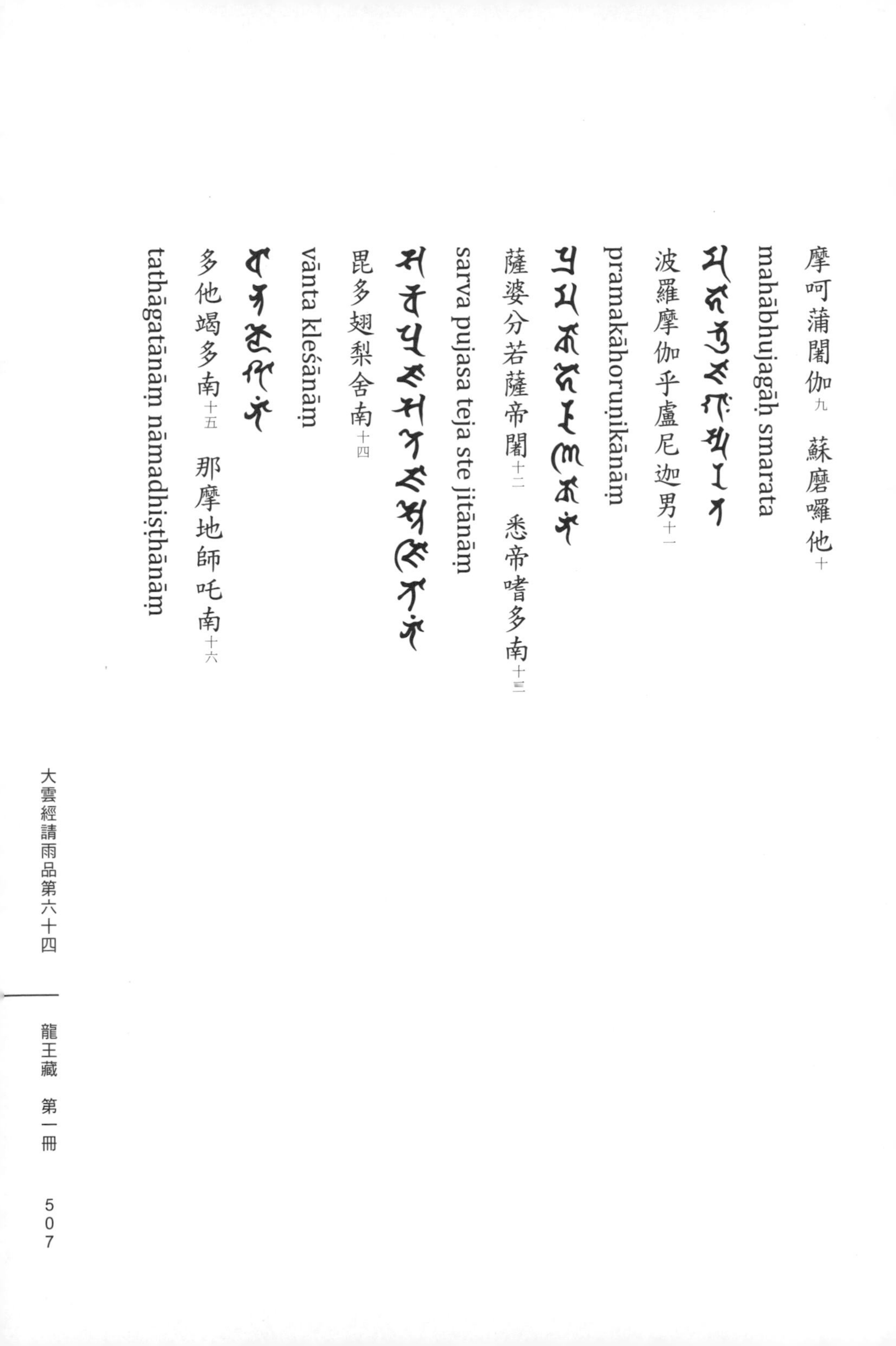

摩呵蒲闍伽九　蘇磨囉他十

mahābhujagāḥ smarata

波羅摩伽乎盧尼迦男十一

pramakāhoruṇikānāṃ

薩婆分若薩帝闍十二　悉帝嗜多南十三

sarva pujasa teja ste jitānāṃ

毘多翅梨舍南十四

vānta kleśānāṃ

多他竭多南十五　那摩地師吒南十六

tathāgatānāṃ nāmadhiṣṭhānāṃ

伽茶伽茶十七　者稚者稚十八

gaṭa gaṭa giṭi giṭi

求冑求冑莎呵十九

guṭu guṭu svāhā

「唵波羅坻呵多一　婆羅波羅加邏毛殊陀羅二

oṃ pratihata bala parākramo jodhārā

跋利沙陀羅三

varṣadharaḥ

波羅跋利沙陀四　帝呵閻浮提卑五

pravarṣadha teha jambūdvipe

舍羅舍羅六

śara śara

室利室利七　舒留舒留莎呵八

śiri śiri śuru śuru svāhā

「蒲呼蒲呼一　摩呵那伽二　娑俱羅瞿多羅三　摩奴蘇摩羅他四

bho bho mahānāgaḥ svakulagotra manosmarata

跋利師陀羅五　欝此利闍坻呵閻浮提卑六

varṣadhārā ucchri jateha jambūdvīpe

薩婆提婆七　薩底耶地沙吔泥娜八　摩毘嵐末他莎訶九

sarva deva satyādhiṣṭhānena māvilambata svāhā

𑖭𑖨𑖿𑖪𑖟𑖸𑖪𑖭𑖝𑖿𑖧𑖯𑖠𑖰𑖬𑖿𑖙𑖯𑖡𑖸𑖡𑖦𑖯𑖪𑖰𑖩𑖦𑖿𑖤𑖝𑖭𑖿𑖪𑖯𑖮𑖯

「波囉呵⿰小小一　薩坻耶地師吔泥哪二　般囉婆利沙三　帝呵閻浮地卑蘇呵

brahma satyādhiṣṭhānena pravarṣa teha jambūdvīpe svāhā

𑖤𑖿𑖨𑖮𑖿𑖦𑖭𑖝𑖿𑖧𑖯𑖠𑖰𑖬𑖿𑖙𑖯𑖡𑖸𑖡𑖢𑖿𑖨𑖪𑖨𑖿𑖬𑖝𑖸𑖮𑖕𑖽𑖤𑖳𑖟𑖿𑖪𑖱𑖢𑖸𑖭𑖿𑖪𑖯𑖮𑖯

「釋迦羅薩坻那一　鉢羅婆摩沙他二　摩呵那伽三　伊呵閻浮提卑莎呵四

śakra satyena pravarṣata mahānāgāḥ iha jambūdvīpe svāhā

𑖫𑖎𑖿𑖨𑖭𑖝𑖿𑖧𑖸𑖡𑖢𑖿𑖨𑖪𑖨𑖿𑖬𑖝𑖦𑖮𑖯𑖡𑖯𑖐𑖯𑖾𑖂𑖮𑖕𑖽𑖤𑖳𑖟𑖿𑖪𑖱𑖢𑖸𑖭𑖿𑖪𑖯𑖮𑖯

「遮姤摩呵何羅闍薩坻那一　鉢囉跛利沙二　伊呵閻浮提卑莎呵三

caturmahārāja satyena pravarṣa iha jambūdvīpe svāhā

𑖓𑖝𑖲𑖨𑖿𑖦𑖮𑖯𑖨𑖯𑖕𑖭𑖝𑖿𑖧𑖸𑖡𑖢𑖿𑖨𑖪𑖨𑖿𑖬𑖂𑖮𑖕𑖽𑖤𑖳𑖟𑖿𑖪𑖱𑖢𑖸𑖭𑖿𑖪𑖯𑖮𑖯

「阿師吒摩迦一　薩坻那二　鉢囉婆利沙他三　摩呵那伽四

aṣṭamaka satyena pravarṣa mahānāgāḥ

𑖫𑖽𑖏𑖢𑖩𑖭𑖝𑖿𑖧𑖸𑖡 𑖢𑖿𑖨𑖪𑖨𑖿𑖬𑖝 𑖦𑖮𑖯𑖡𑖯𑖐𑖯𑖾

伊呵閻浮提卑莎呵五

iha jambūdvipe svāhā

𑖂𑖮 𑖕𑖦𑖿𑖤𑖳𑖟𑖿𑖪𑖱𑖢𑖸 𑖭𑖿𑖪𑖯𑖮𑖯

「跋利沙他一　摩呵那伽二

pravarṣata mahānāgāḥ

𑖢𑖿𑖨𑖪𑖨𑖿𑖬𑖝 𑖦𑖮𑖯𑖡𑖯𑖐𑖯𑖾

蘇盧多般男薩坻那三　伊呵閻浮提卑莎呵四

srūta āpannasatyena iha jambūdvīpe svāhā

𑖭𑖿𑖨𑖳𑖝 𑖀𑖢𑖡𑖿𑖡𑖭𑖝𑖿𑖧𑖸𑖡 𑖂𑖮 𑖕𑖦𑖿𑖤𑖳𑖟𑖿𑖪𑖲𑖢𑖸 𑖭𑖿𑖪𑖯𑖮𑖯

「跋利沙他一　摩呵那伽二

pravarṣata mahānāgāḥ

𑖢𑖿𑖨𑖪𑖨𑖿𑖬𑖝 𑖦𑖮𑖯𑖡𑖯𑖐𑖯𑖾

薩吉多那伽彌那三　薩坻那伊呵閻浮提卑莎呵四

sakṛdāgāmināṃ satyena iha jambūdvīpe svāhā

「跋利沙他摩呵那伽一

pravarṣata mahānāgāḥ

那伽彌薩坻那二　伊呵閻浮提卑莎呵三

anāgāmisatyena iha jambūdvīpe svāhā

「跋利沙他摩呵那伽一

pravarṣata mahānāgāḥ

阿羅漢薩坻那二　伊呵閻浮提卑莎呵三

arhan satyena iha jambūdvīpe svāhā

[illegible]𑖭𑖝𑖿𑖧𑖸𑖡 𑖂𑖮 𑖕𑖦𑖿𑖤𑖳𑖟𑖿𑖪𑖱𑖢𑖸 𑖭𑖿𑖪𑖯𑖮𑖯

「跋利沙他一　摩呵那伽二

pravarṣata mahānāgāḥ

𑖢𑖿𑖨𑖪𑖨𑖿𑖬𑖝 𑖦𑖮𑖯𑖡𑖯𑖐𑖯𑖾

鉢囉坻迦三　佛陀薩坻那四　伊呵閻浮地卑五　蘇和呵六

pratyeka buddha satyena iha jambūdvīpe svāhā

𑖢𑖿𑖨𑖝𑖿𑖧𑖸𑖎 𑖤𑖲𑖟𑖿𑖠 𑖭𑖝𑖿𑖧𑖸𑖡 𑖂𑖮 𑖕𑖦𑖿𑖤𑖳𑖟𑖿𑖪𑖱𑖢𑖸 𑖭𑖿𑖪𑖯𑖮𑖯

「跋利沙他摩呵那伽一

pravarṣata mahānāgāḥ

𑖢𑖿𑖨𑖪𑖨𑖿𑖬𑖝 𑖦𑖮𑖯𑖡𑖯𑖐𑖯𑖾

薩婆佛陀菩提薩埵薩坻那二　伊呵閻浮提卑莎呵三

sarva buddha bodhisattva satyena iha jambūdvīpe svāhā

𑖭𑖨𑖿𑖪 𑖤𑖲𑖟𑖿𑖠 𑖤𑖺𑖠𑖰𑖭𑖝𑖿𑖝𑖿𑖪 𑖭𑖝𑖿𑖧𑖸𑖡 𑖂𑖮 𑖕𑖦𑖿𑖤𑖳𑖟𑖿𑖪𑖱𑖢𑖸 𑖭𑖿𑖪𑖯𑖮𑖯

「鉢利跋利沙他摩呵那伽一

pravarṣata mahānāgāḥ

𑖢𑖿𑖨𑖪𑖨𑖿𑖬𑖝 𑖦𑖮𑖯𑖡𑖯𑖐𑖯𑖾

薩婆多他竭多薩坻地師吒尼那二　伊呵閻浮提卑莎呵三

sarva tathāgatānāṃ satyādhiṣṭhānena iha jambūdvīpe svāhā

𑖭𑖨𑖿𑖪 𑖝𑖞𑖯𑖐𑖝𑖯𑖡𑖯𑖽 𑖭𑖝𑖿𑖧𑖯𑖠𑖰𑖬𑖿𑖙𑖯𑖡𑖸𑖡 𑖂𑖮 𑖕𑖽𑖤𑖳𑖟𑖿𑖪𑖱𑖢𑖸 𑖭𑖿𑖪𑖯𑖮𑖯

「薩婆提婆男一　薩坻男二　舍摩耶他三　薩蒲波達羅婆尼莎呵四

sarva devānāṃ satyena śamayata sarvopadravāṇi svāhā

𑖭𑖨𑖿𑖪 𑖟𑖸𑖪𑖯𑖡𑖯𑖽 𑖭𑖝𑖿𑖧𑖸𑖡 𑖫𑖦𑖧𑖝 𑖭𑖨𑖿𑖪𑖺𑖢𑖟𑖿𑖨𑖪𑖯𑖜𑖰 𑖭𑖿𑖪𑖯𑖮𑖯

「薩婆那伽男一　薩坻男二　跋波利沙帝呵三　摩呵利剃毘閻莎呵四

sarva nāgānāṃ satyena pravarṣateha mahāpṛthivyāṃ svāhā

𑖭𑖨𑖿𑖪 𑖡𑖯𑖐𑖯𑖡𑖯𑖽 𑖭𑖝𑖿𑖧𑖸𑖡 𑖢𑖿𑖨𑖪𑖨𑖿𑖬𑖝𑖸𑖮 𑖦𑖮𑖯𑖢𑖴𑖞𑖰𑖪𑖿𑖧𑖯𑖽 𑖭𑖿𑖪𑖯𑖮𑖯

「薩婆夜叉南一　薩帝男夜叉他二　薩婆薩埵莎呵三

sarva yakṣāṇāṃ satyena rakṣata sarva sattva svāhā

𑖭𑖨𑖿𑖪 𑖧𑖎𑖿𑖬𑖯𑖜𑖯𑖽 𑖭𑖝𑖿𑖧𑖸𑖡 𑖨𑖎𑖿𑖬𑖝 𑖭𑖨𑖿𑖪 𑖭𑖝𑖿𑖝𑖿𑖪 𑖭𑖿𑖪𑖯𑖮𑖯

「薩婆乾闥婆男一　薩帝那波呵羅多二

sarva gandharvāṇāṃ satyenā paharata

𑖭𑖨𑖿𑖪𑖐𑖡𑖿𑖠𑖨𑖿𑖪𑖯𑖜𑖯𑖽𑖭𑖝𑖿𑖧𑖸𑖡𑖢𑖮𑖨𑖝

薩婆耶蘇波陀羅婆尼三　薩婆摩奴沙男莎呵四

sarvopāyāsupadravāṇi manuṣāṇāṃ svāhā

𑖭𑖨𑖿𑖪𑖺𑖢𑖯𑖧𑖯𑖭𑖲𑖢𑖟𑖿𑖨𑖪𑖯𑖜𑖰𑖦𑖡𑖲𑖬𑖯𑖜𑖯𑖽𑖭𑖿𑖪𑖯𑖮𑖯

「薩婆阿脩羅男一　薩坻那二　毘尼跋多夜多三

sarva asurāṇāṃ satyena vinivartayatāḥ

𑖭𑖨𑖿𑖪𑖀𑖭𑖲𑖨𑖯𑖜𑖯𑖽𑖭𑖝𑖿𑖧𑖸𑖡𑖪𑖰𑖡𑖰𑖪𑖨𑖿𑖝𑖧𑖝𑖯𑖾

薩婆毘沙摩那叉多羅尼莎呵四

sarva viṣama nakṣatrāṇi svāhā

𑖭𑖨𑖿𑖪𑖪𑖰𑖬𑖦𑖡𑖎𑖿𑖬𑖝𑖿𑖨𑖯𑖜𑖰𑖭𑖿𑖪𑖯𑖮𑖯

「薩婆迦樓羅男一　薩帝那二　迷帝林鳩盧多三

sarva garuḍāṇāṃ satyena maitriṃ kurutaḥ

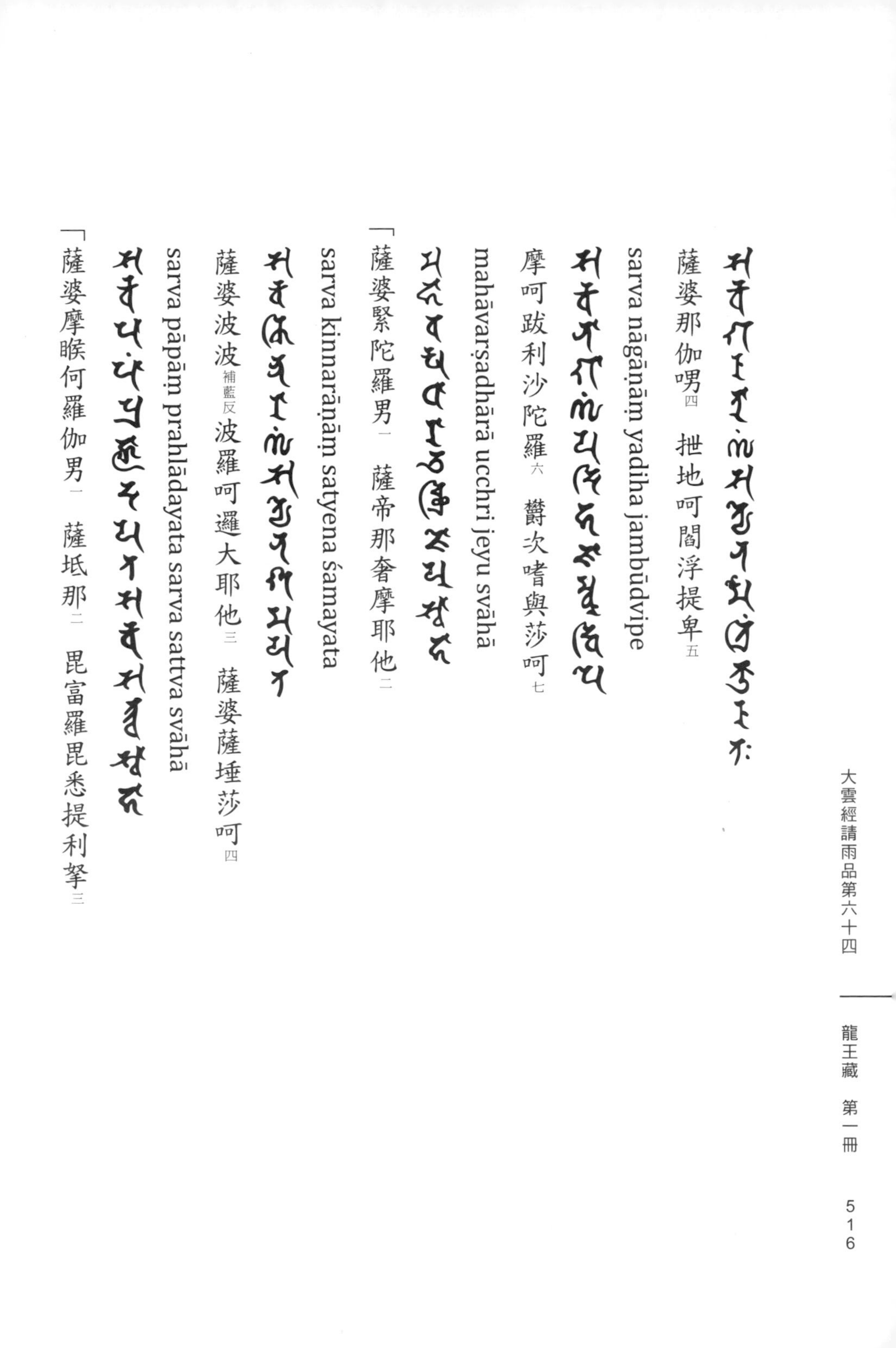

薩婆那伽喃四　抴地呵閻浮提卑五

sarva nāgāṇāṃ yadiha jambūdvipe

摩呵跋利沙陀羅六　欝次嗜與莎呵七

mahāvarṣadhārā ucchri jeyu svāhā

「薩婆緊陀羅男一　薩帝那奢摩耶他二

sarva kinnarāṇāṃ satyena śamayata

薩婆波波補藍反波羅呵邏大耶他三　薩婆薩埵莎呵四

sarva pāpāṃ prahlādayata sarva sattva svāhā

「薩婆摩睺何羅伽男一　薩坻那二　毘富羅毘悉提利拏三

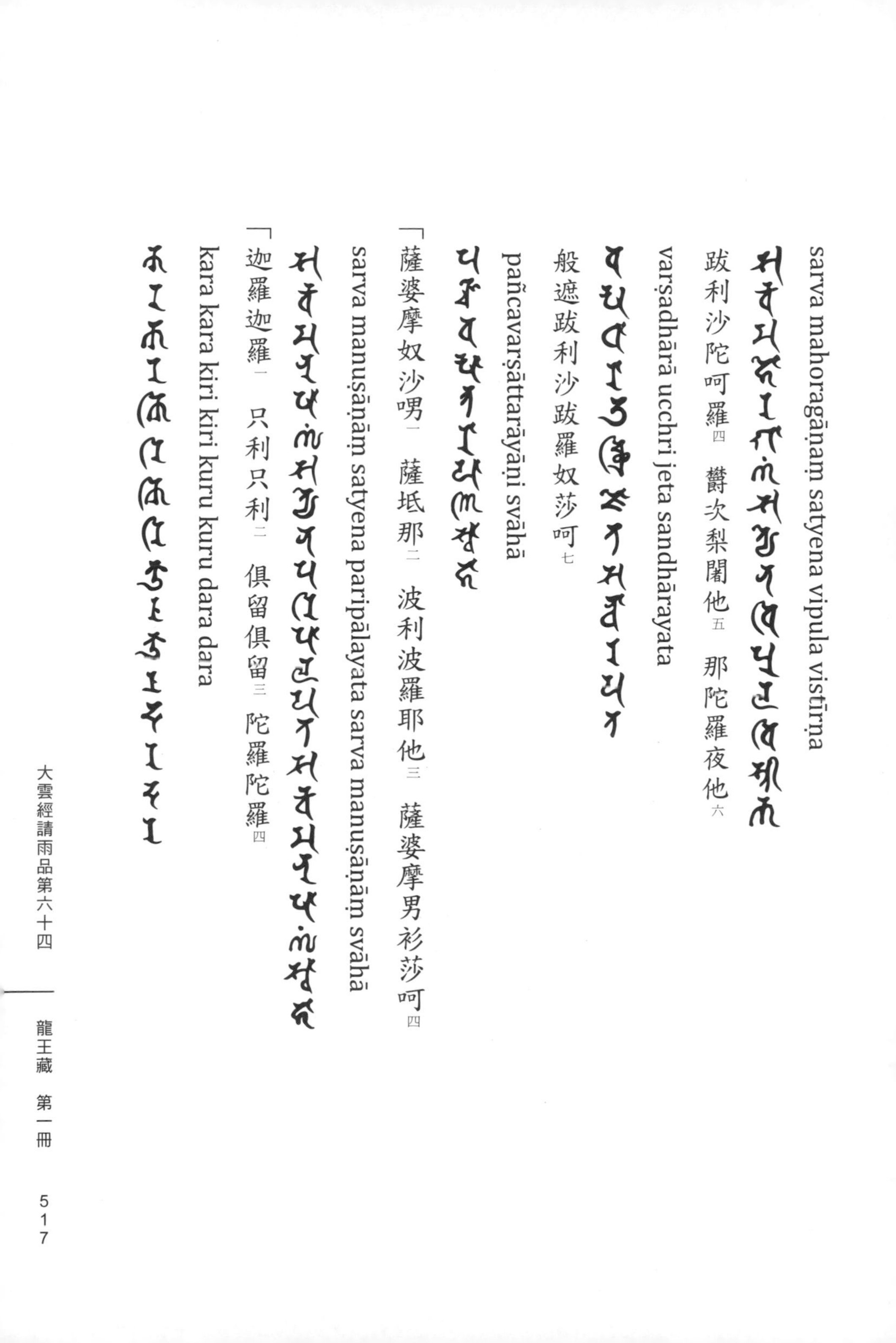

sarva mahoragāṇaṃ satyena vipula vistīrṇa

跋利沙陀呵羅四　鬱次梨闍他五　那陀羅夜他六

varṣadhārā ucchri jeta sandhārayata

般遮跋利沙跋羅奴莎呵七

pañcavarṣāttarāyāṇi svāhā

「薩婆摩奴沙嘐一　薩坻那二　波利波羅耶他三　薩婆摩男衫莎呵四

sarva manuṣāṇāṃ satyena paripālayata sarva manuṣāṇāṃ svāhā

「迦羅迦羅一　只利只利二　俱留俱留三　陀羅陀羅四

kara kara kiri kiri kuru kuru dara dara

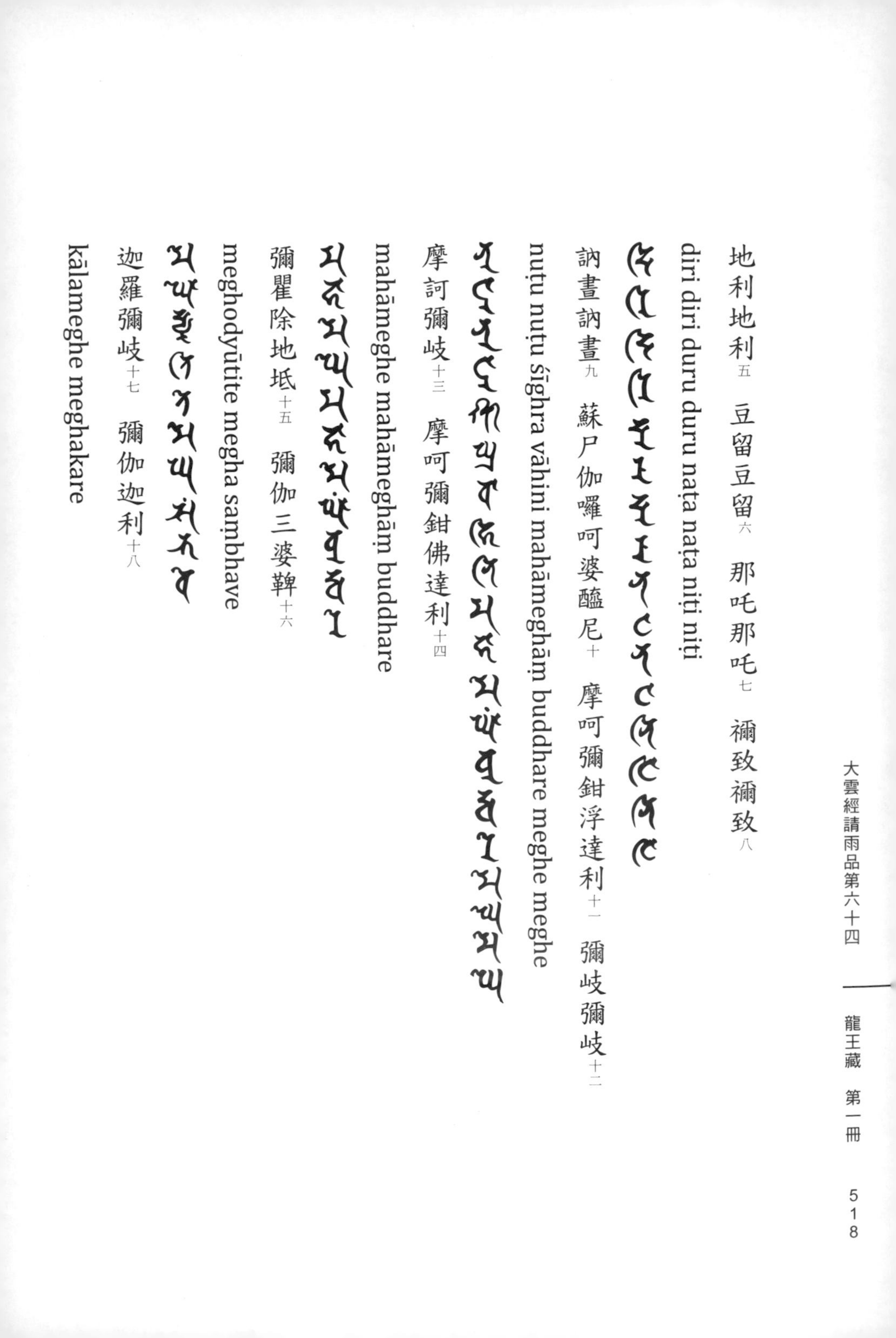

地利地利五　豆留豆留六　那吒那吒七　禰致禰致八

diri diri duru duru naṭa naṭa niṭi niṭi

訥晝訥晝九　蘇尸伽囉呵婆醯尼十　摩呵彌鉗浮達利十一　彌岐彌岐十二

nuṭu nuṭu śīghra vāhini mahāmeghāṃ buddhare meghe meghe

摩訶彌岐十三　摩呵彌鉗佛達利十四

mahāmeghe mahāmeghāṃ buddhare

彌瞿除地柢十五　彌伽三婆鞞十六

meghodyūtite megha saṃbhave

迦羅彌岐十七　彌伽迦利十八

kālameghe meghakare

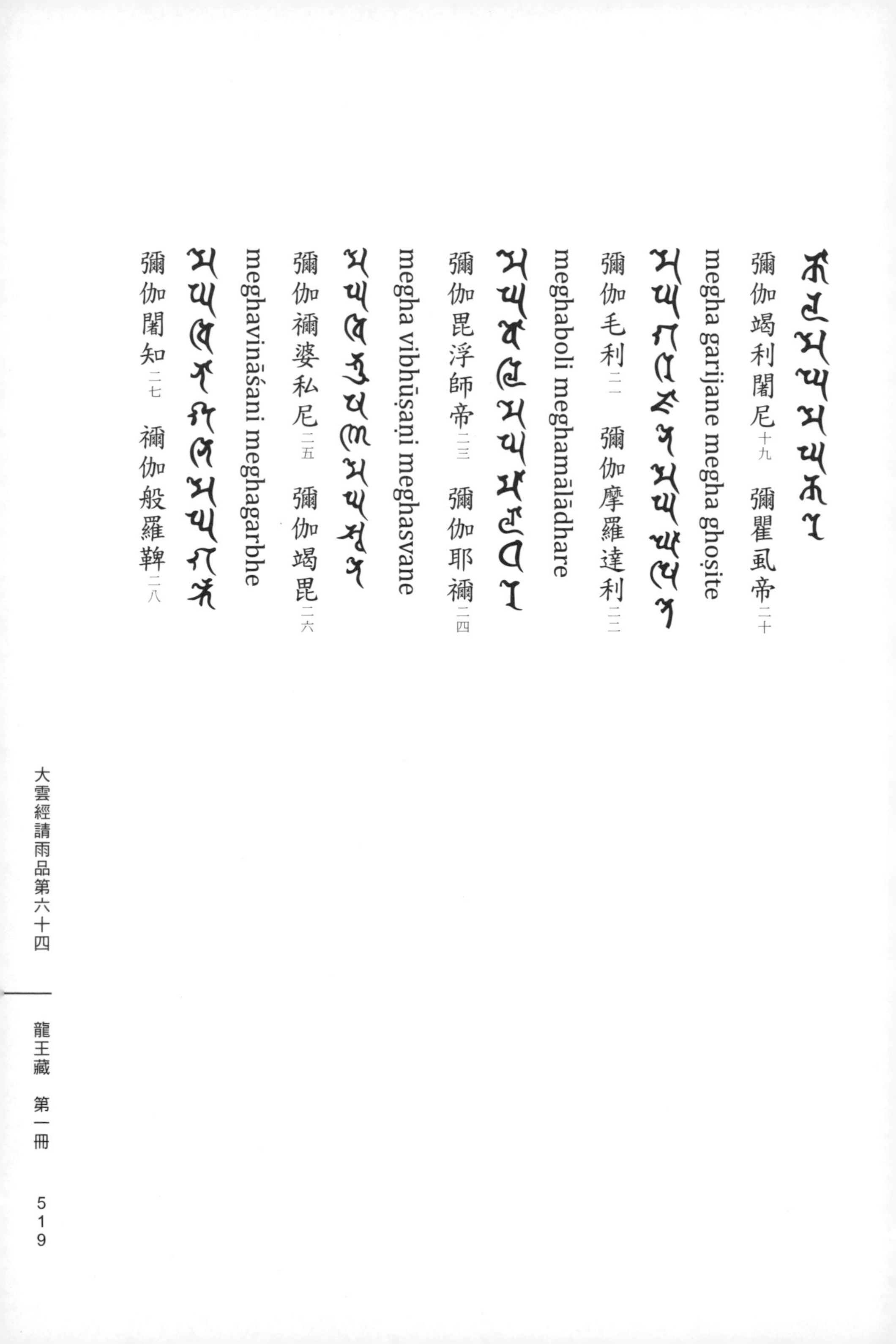

彌伽竭利闍尼十九　彌瞿虱帝二十

megha garijane megha ghoṣite

彌伽毛利二一　彌伽摩羅達利二二

meghaboli meghamāladhare

彌伽毘浮師帝二三　彌伽耶禰二四

megha vibhūṣaṇi meghasvane

彌伽禰婆私尼二五　彌伽竭毘二六

meghavināśani meghagarbhe

彌伽闍知二七　禰伽般羅鞞二八

meghajaṭe meghaprabhe

彌伽般利婆利二九 毘富羅彌伽除師帝三十

meghavāribari vipula meghādhyuṣite

彌伽抴孺波毘帝三一

megha yajinopavīte

薩鬘樹呵梨三二 祇利于陀羅禰婆斯尼三三

sasyopahare girikandara vāsini

那伽摩坻三四 婆伽婆帝三五

nāgamāte bhagavati

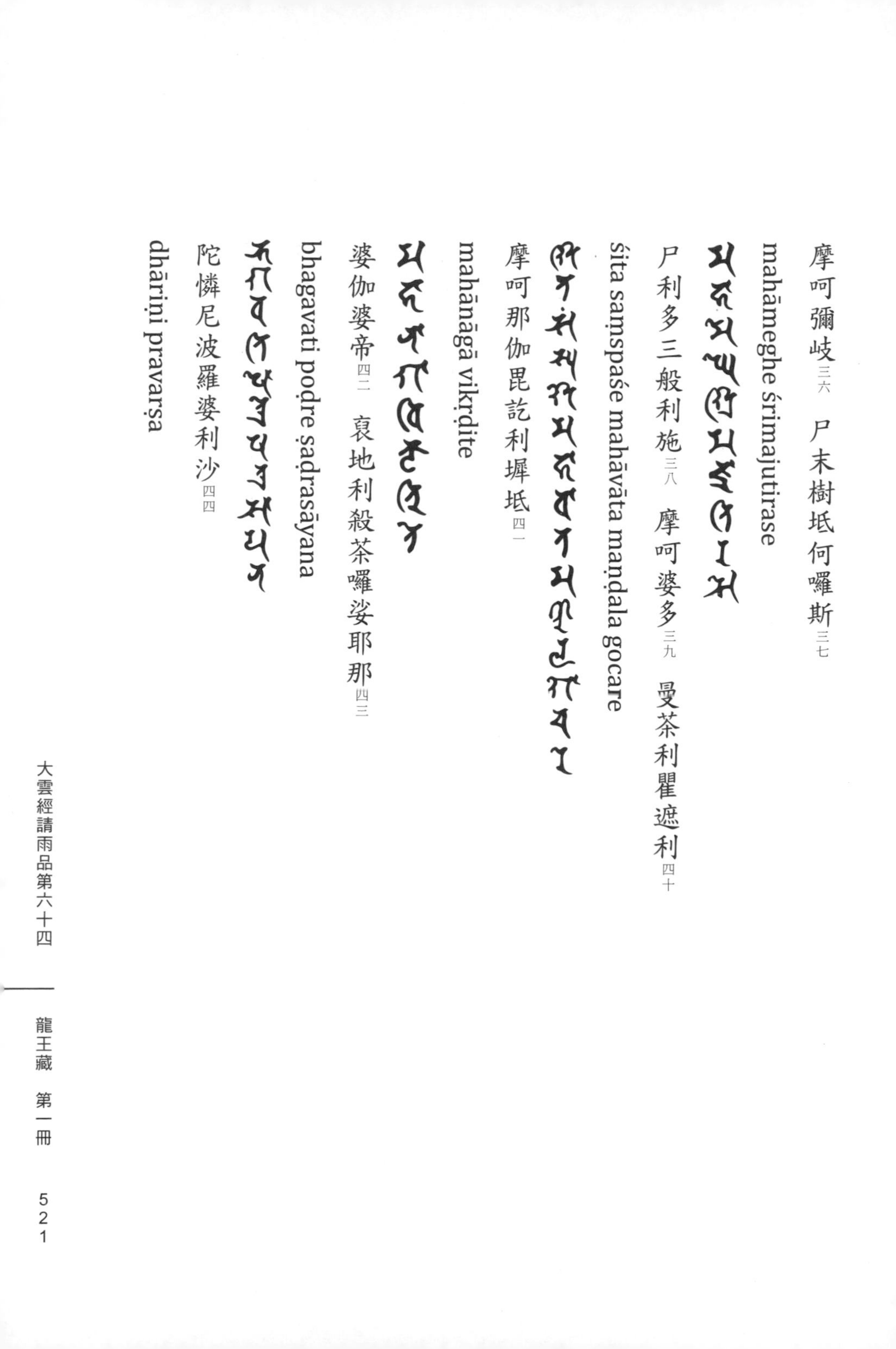

摩呵彌岐三六　尸末樹坻何囉斯三七

mahāmeghe śrimajutirase

尸利多三般利施三八　摩呵婆多三九　曼荼利瞿遮利四十

śita saṃspaśe mahāvāta maṇḍala gocare

摩呵那伽毘訖利墀坻四一

mahānāgā vikṛḍite

婆伽婆帝四二　裒地利殺荼囉娑耶那四三

bhagavati poḍre ṣaḍrasāyana

陀憐尼波羅婆利沙四四

dhāriṇi pravarṣa

𑖕𑖦𑖿𑖤𑖳𑖟𑖿𑖪𑖰𑖢𑖸𑖭𑖿𑖪𑖯𑖮𑖯

佛陀薩羝那四五　伊呵閻浮提卑莎呵四六

𑖤𑖲𑖟𑖿𑖠𑖭𑖝𑖿𑖧𑖸𑖡𑖂𑖮𑖕𑖦𑖿𑖤𑖳𑖟𑖿𑖪𑖰𑖢𑖸𑖭𑖿𑖪𑖯𑖮𑖯

buddha satyena iha jambūdvipe svāhā

「伽羅伽羅一　岐利岐利二　瞿留瞿留三

ghara ghara ghiri ghiri ghuru ghuru

𑖑𑖨𑖑𑖨𑖑𑖰𑖨𑖰𑖑𑖰𑖨𑖰𑖑𑖲𑖨𑖲𑖑𑖲𑖨𑖲

岐利尼岐利尼岐利尼四

𑖑𑖰𑖨𑖰𑖜𑖰𑖑𑖰𑖨𑖰𑖜𑖰𑖑𑖰𑖨𑖰𑖜𑖰

ghiriṇi ghiriṇi ghiriṇi

瞿摩瞿摩瞿摩瞿摩　瞿摩瞿摩　瞿摩瞿摩瞿摩瞿摩末利五

ghuma ghuma ghuma ghuma ghuma ghuma ghuma ghumari

𑖑𑖲𑖦𑖑𑖲𑖦𑖑𑖲𑖦𑖑𑖲𑖦𑖑𑖲𑖦𑖑𑖲𑖦𑖑𑖲𑖦𑖑𑖲𑖦𑖨𑖰

那婆尸利師六　摩呵彌伽摩利尼七

nāgaśirṣe mahāmegha mālini

𑖡𑖯𑖐𑖫𑖰𑖨𑖿𑖬𑖸𑖦𑖮𑖯𑖦𑖸𑖑𑖦𑖯𑖩𑖰𑖡𑖰

比住迦羅波摩利尼八　薩婆浮虛闍伽陀呵憐尼九

vidyurkalāpa mālini sarva bhujaga dhariṇi

𑖪𑖰𑖟𑖿𑖧𑖲𑖨𑖿𑖎𑖩𑖯𑖢𑖦𑖯𑖩𑖰𑖡𑖰𑖭𑖨𑖿𑖪𑖥𑖲𑖕𑖐𑖠𑖨𑖰𑖜𑖰

彌伽鉢吒跋薩怛囉十　陀憐尼十一

meghapaṭa vastra dharaṇi

𑖦𑖸𑖑𑖢𑖘𑖪𑖭𑖿𑖝𑖿𑖨𑖠𑖨𑖜𑖰

薩婆比沙伽囉瞿遮利十二

sarva viṣogragocare

𑖭𑖨𑖿𑖪𑖪𑖰𑖬𑖺𑖐𑖿𑖨𑖐𑖺𑖓𑖨𑖸

彌伽比呵婆呵禰十三

megha vyūhāvāhane

𑖦𑖸𑖑𑖪𑖿𑖧𑖳𑖮𑖯𑖪𑖯𑖮𑖡𑖸

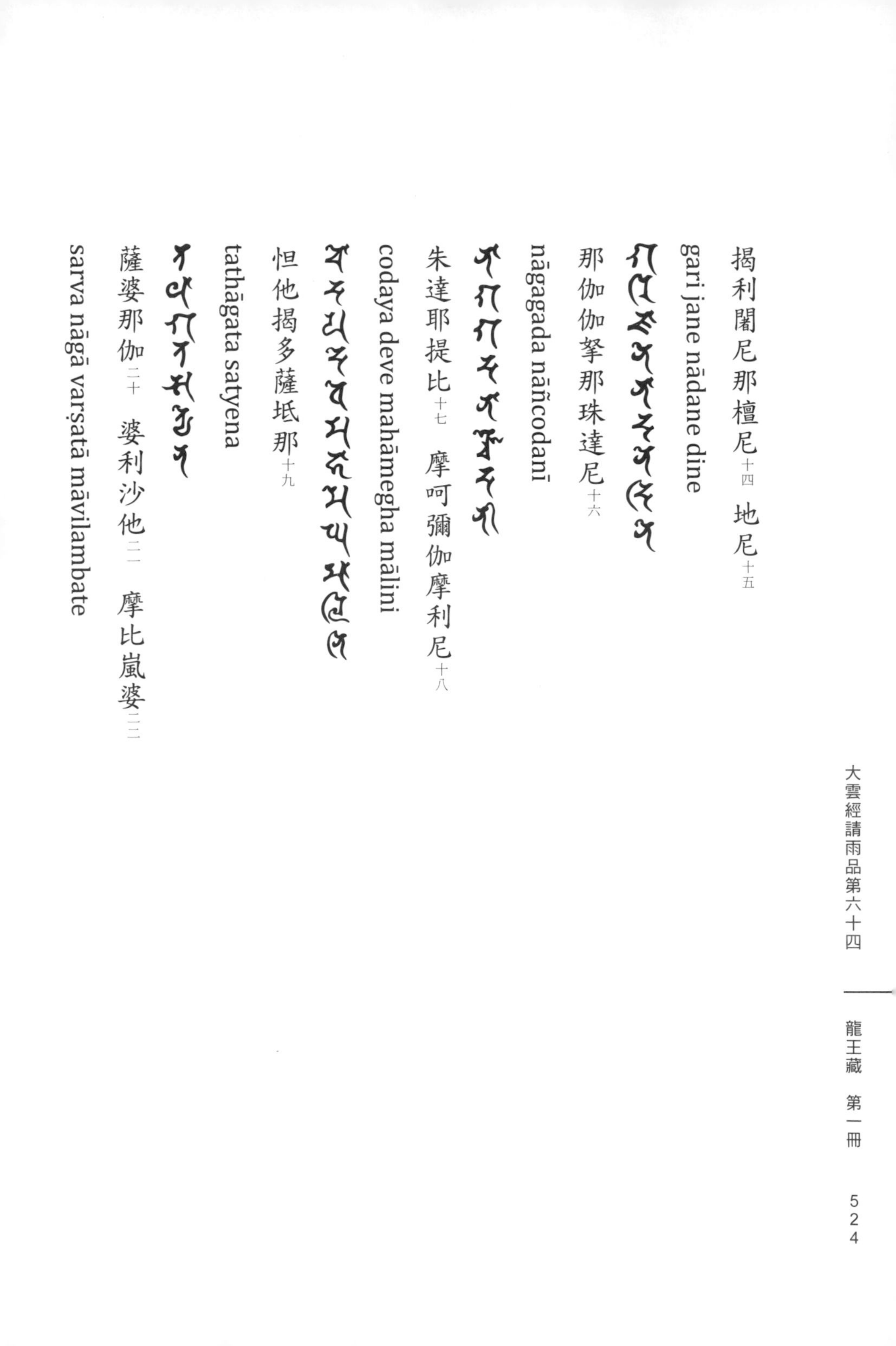

揭利闍尼那檀尼十四　地尼十五

gari jane nādane dine

那伽伽拏那珠達尼十六

nāgagada nāñcodanī

朱達耶提比十七　摩呵彌伽摩利尼十八

codaya deve mahāmegha mālini

怛他揭多薩坻那十九

tathāgata satyena

薩婆那伽二十　婆利沙他二一　摩比嵐婆二二

sarva nāgā varṣatā māvilambate

[illegible]

伊呵閻浮提卑莎呵二三

iha jambūdvipe svāhā

𑖂𑖮 𑖕𑖽𑖤𑖳𑖟𑖿𑖪𑖰𑖢𑖸 𑖭𑖿𑖪𑖯𑖮𑖯

「夜羅夜羅一　溢利溢利二　與慮與慮三　樹慮樹慮四

yara yara yiri yiri yuru yuru jyoru jyoru

𑖧𑖨 𑖧𑖨 𑖧𑖰𑖨𑖰 𑖧𑖰𑖨𑖰 𑖧𑖲𑖨𑖲 𑖧𑖲𑖨𑖲 𑖕𑖿𑖧𑖺𑖨𑖲 𑖕𑖿𑖧𑖺𑖨𑖲

視利視利五　闍羅闍羅六

jiri jiri jara jara

𑖕𑖰𑖨𑖰 𑖕𑖰𑖨𑖰 𑖕𑖨 𑖕𑖨

舊茶舊茶舊舊茶七　伽茶伽茶八

gutu gutu gugutu gaṭa gaṭa

𑖐𑖲𑖝𑖲 𑖐𑖲𑖝𑖲 𑖐𑖲𑖐𑖲𑖝𑖲 𑖐𑖘 𑖐𑖘

岐治岐治九　呵羅呵羅十

giṭi giṭi hara hara

𑖐𑖰𑖘𑖰 𑖐𑖰𑖘𑖰 𑖮𑖨 𑖮𑖨

泥利泥利十一　牟漏牟漏十二

hili hili mulu mulu

𑖮𑖰𑖩𑖰 𑖮𑖰𑖩𑖰 𑖦𑖲𑖩𑖲 𑖦𑖲𑖩𑖲

多羅多羅十三　帝利帝利十四

tala tala tili tili

𑖝𑖩 𑖝𑖩 𑖝𑖰𑖩𑖰 𑖝𑖰𑖩𑖰

鬪漏鬪漏十五　呵那呵那十六

tulu tulu hana hana

𑖝𑖲𑖩𑖲 𑖝𑖲𑖩𑖲 𑖮𑖡 𑖮𑖡

陀呵陀呵十七　鉢遮鉢遮十八

daha daha paca paca

𑖟𑖮 𑖟𑖮 𑖢𑖓 𑖢𑖓

姞利呵拏姞利呵拏十九　末利馱末利馱二十

gṛhṇa gṛhṇa marida marida

鉢囉末馱鉢囉末馱二一

pramarda pramarda

薩婆跋利沙比揭那呵二二　迷帝利余折壞簸曳帝莎呵二三

sarva varṣavighnaṃ maitreyājñāpayati svāhā

「佛提醯佛提醯佛提醯一　佛佛提醯二

buddhe buddhe bubuddhe

佛提呵囉波波補藍反三　薩婆薩埵男四　阿地殺吒耶奔喁五

buddhe hara pāpaṃ sarva satvānāṃ adhiṣṭhāya puṇyaṃ

薩婆佛陀喁六　陀憐尼達利七

sarva buddhānāṃ dharaṇi dhare

叔波末帝八　瞿那揭囉鉢囉鉢尼九

śubhamate guṇāgra prābane

摩呵闍若奴力翅十　叔訖囉達迷十一　薩帝也鉢帝時尼十二

mahājñānolke śukladharme satyatijñi

摩呵耶那豆師帝十三　盧迦祇師十四

mahāyanadhyuṣite lokajyeṣṭhai

婆伽婆帝十五　佛陀迷帝利十六

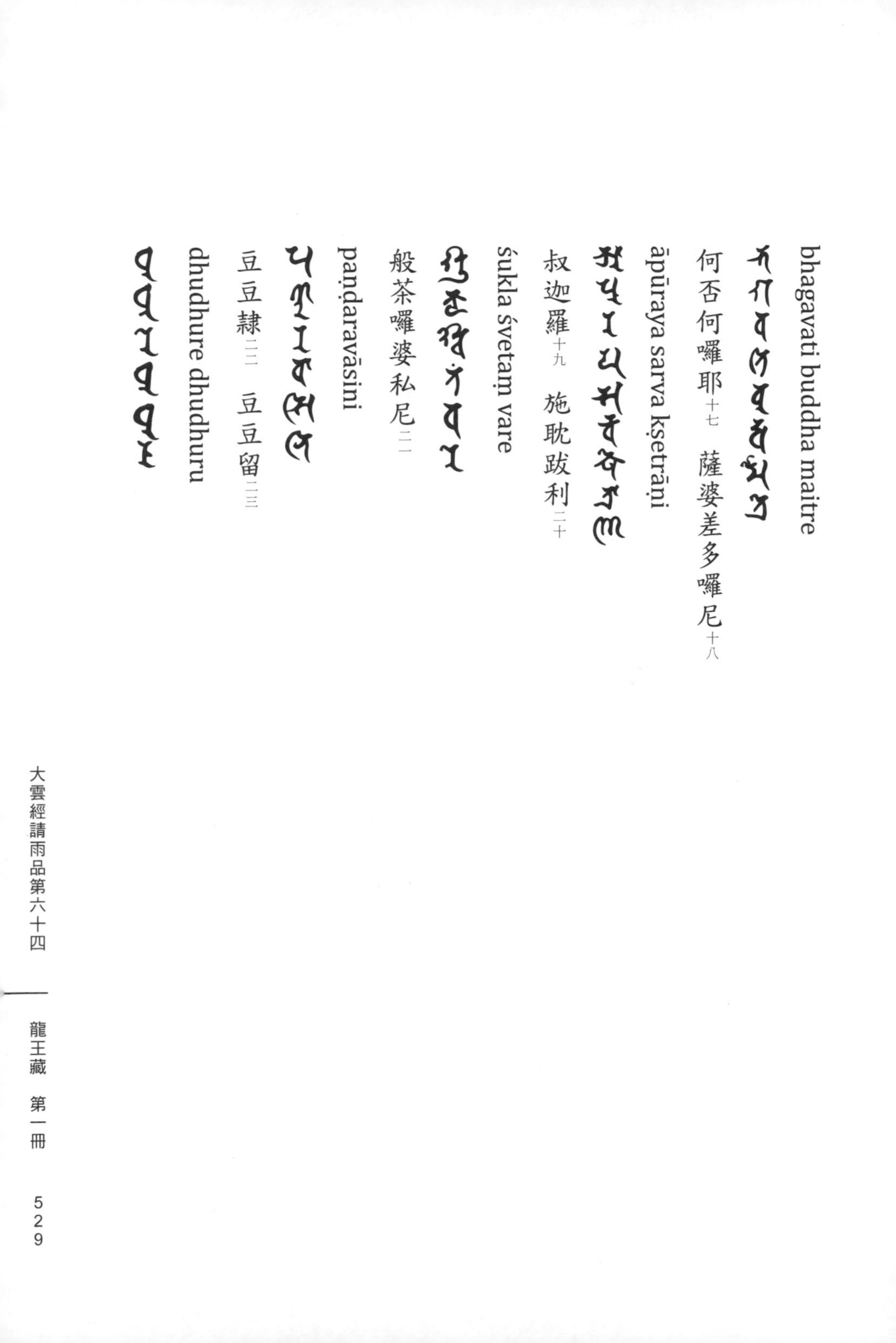

bhagavati buddha maitre

何否何囉耶十七　薩婆差多囉尼十八

āpūraya sarva kṣetrāṇi

叔迦羅十九　施耽跋利二十

śukla śvetaṃ vare

般茶囉婆私尼二一

paṇḍaravāsini

豆豆隸二二　豆豆留二三

dhudhure dhudhuru

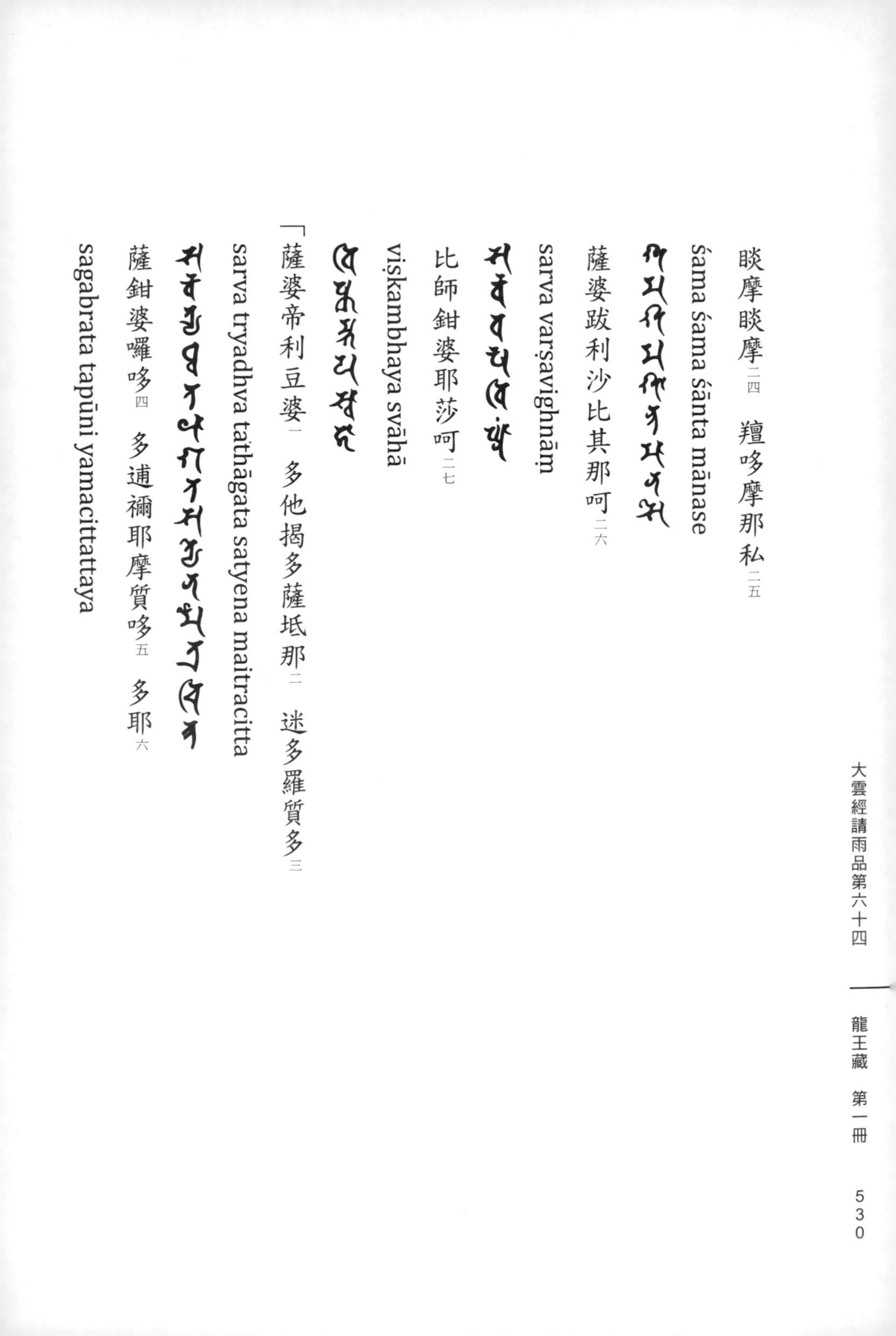

睒摩睒摩二四　羶哆摩那私二五

śama śama śānta mānase

薩婆跋利沙比其那呵二六

sarva varṣavighnāṃ

比師鉗婆耶莎呵二七

viṣkambhaya svāhā

「薩婆帝利豆婆一　多他揭多薩坻那二　迷多羅質多三

sarva tryadhva tathāgata satyena maitracitta

薩鉗婆囉哆四　多逋禰耶摩質哆五　多耶六

sagabrata tapūni yamacittattaya

摩呵那伽曷囉闍七　薩珠陀耶寐莎呵八

mahānāgarājaṃ sañcodayāmi svāhā

「阿難哆一　波利迦羅二　娑伽羅三　彌伽比余呵四

ananta parikara sagara megha vyūha

坻殊曼多羅車多羅五　迦囉何羅闍六

tejomaṇḍala cchatrākāra rājāṃ

那伽地鉢帝七　刪珠達耶寐八

nāgādhipati sañcodayāmi

鉢羅跋利師呵閻浮提卑莎呵九

pravarṣateha jambūdvīpe svāhā

「難途般難導那伽羅韶一　薩珠達也彌二　鉢跋利沙他呵閻浮提卑莎呵三

nando panando nāgarājau sañcodayāmi pravarṣateha jambūdvīpe svāhā

「娑伽羅濫那伽曷羅闍一　那珠馱耶寐二　鉢跋利沙呵閻浮提卑莎呵三

sāgaraṃ nāgarājaṃ sañcodayāmi pravarṣateha jambūdvīpe svāhā

「阿難跋沓耽一　那伽羅闍二　薩珠馱耶寐三　跋利沙呵閻浮提卑莎呵四

anavataptaṃ nāgarājaṃ sañcodayāmi pravarṣateha jambūdvīpe svāhā

「摩那斯毘那伽羅闍一　薩珠馱耶寐二　鉢跋利沙呵閻浮提卑莎呵三

manasvinannāgarājaṃ sañcodayāmi pravarṣateha jambūdvīpe svāhā

「跋留喟那伽羅闍一　薩珠馱耶寐二　鉢跋利沙呵閻浮提卑莎呵三

varuṇannāgarājaṃ sañcodayāmi pravarṣateha jambūdvīpe svāhā

𑖪𑖨𑖲𑖜𑖡𑖯𑖐𑖨𑖯𑖕𑖽𑖭𑖗𑖿𑖓𑖺𑖟𑖧𑖯𑖦𑖰𑖢𑖿𑖨𑖪𑖨𑖿𑖬𑖝𑖸𑖮𑖕𑖦𑖿𑖤𑖳𑖟𑖿𑖪𑖱𑖢𑖸𑖭𑖿𑖪𑖯𑖮𑖯

「多叉鉗那伽羅闍一　薩珠馱耶寐二　鉢跋利沙呵閻浮提卑莎呵三

takṣakannāgarājaṃ sañcodayāmi pravarṣateha jambūdvīpe svāhā

𑖝𑖎𑖿𑖬𑖎𑖡𑖯𑖐𑖨𑖯𑖕𑖽𑖭𑖗𑖿𑖓𑖺𑖟𑖧𑖯𑖦𑖰𑖢𑖿𑖨𑖪𑖨𑖿𑖬𑖝𑖸𑖮𑖕𑖦𑖿𑖤𑖳𑖟𑖿𑖪𑖱𑖢𑖸𑖭𑖿𑖪𑖯𑖮𑖯

「提頭賴多何羅殺欽一　那伽羅闍二

dhṛtarāṣṭraṃ nāgarājaṃ

𑖠𑖴𑖝𑖨𑖯𑖬𑖿𑖘𑖿𑖨𑖽𑖡𑖯𑖐𑖨𑖯𑖕𑖽

那珠馱耶寐鉢跋利沙呵閻浮提卑莎呵三

sañcodayāmi pravarṣateha jambūdvīpe svāhā

𑖭𑖗𑖿𑖓𑖺𑖟𑖧𑖯𑖦𑖰𑖢𑖿𑖨𑖪𑖨𑖿𑖬𑖝𑖸𑖮𑖕𑖦𑖿𑖤𑖳𑖟𑖿𑖪𑖱𑖢𑖸𑖭𑖿𑖪𑖯𑖮𑖯

「婆須吉那伽羅闍一　薩珠馱耶寐二　鉢跋利沙呵閻浮提卑莎呵三

vāsukinnāgarājaṃ sañcodayāmi pravarṣateha jambūdvīpe svāhā

「目真陀那伽羅闍一　薩珠馱耶寐二　鉢跛利沙呵閻浮提卑莎呵三

mucilindannāgarājaṃ sañcodayāmi pravarṣeha jambūdvīpe svāhā

「伊蘭跋男那伽羅闍一　薩珠馱耶寐二　鉢跛利呵閻浮提卑莎呵三

airavaṇaṃnnāgarājaṃ sañcodayāmi pravarṣeha jambūdvīpe svāhā

「裒雲達濫那伽羅闍一　薩珠馱耶寐二　鉢跛利呵閻浮提卑莎呵三

poḍraṃ nāgarājaṃ sañcodayāmi pravarṣeha jambūdvīpe svāhā

「尸利帝闍那伽羅闍一　薩珠馱耶寐二　鉢跛利沙呵閻浮提卑莎呵三

śrī tejasaṃ nāga rājaṃ sañcodayāmi pravarṣeha jambūdvīpe svāhā

「尸利婆呵曇般伽羅闍一　薩珠馱耶寐二　鉢跛利沙呵閻浮提卑莎呵三

śrībhadraṃ nāgarājaṃ sañcodayāmi pravarṣateha jambūdvīpe svāhā

「比住與摩利甥那伽羅闍一　刪珠馱耶寐二　鉢跛利沙呵閻浮提卑莎呵三

vidyurmālidannāgarājaṃ sañcodayāmi pravarṣeha jambūdvīpe svāhā

「摩呵摩尼珠曇那伽羅闍一　刪珠馱耶寐二　鉢跛利沙呵閻浮提卑莎呵三

mahāmaṇicūḍannāgarājaṃ sañcodayāmi pravarṣateha jambūvīpe svāhā

「周荼末尼馱藍那伽羅闍一　刪珠馱耶寐二　鉢跛利沙呵閻浮提卑莎呵三

cūḍāmaṇidharaṃnnāgarājaṃ sañcodayāmi pravarṣeha jambūdvīpe svāhā

「阿婆婆娑那式欠那伽羅闍一　刪珠馱耶寐二

avabhāsanaśikhinannāga rājaṃ sañcodayāmi

鉢跋利沙呵閻浮提卑莎呵三
pravarṣeha jambūdvīpe svāhā
𑖢𑖿𑖨𑖪𑖨𑖿𑖬𑖸𑖮 𑖕𑖽𑖤𑖳𑖟𑖿𑖪𑖱𑖢𑖸 𑖭𑖿𑖪𑖯𑖮𑖯

「伊梵一　鉢利目冗二　薩婆那伽羅闍三　刪珠地耶彌四
evaṃ pramukhā sarva nāgarājaṃ sañcodayāmi
𑖊𑖪𑖽 𑖢𑖿𑖨𑖦𑖲𑖏𑖯 𑖭𑖨𑖿𑖪 𑖡𑖯𑖐𑖨𑖯𑖕𑖽 𑖭𑖗𑖿𑖓𑖺𑖟𑖧𑖯𑖦𑖰

鉢利婆師伊呵閻浮提卑沙呵五
pravarṣeha jambūdvīpe svāhā
𑖢𑖿𑖨𑖪𑖨𑖿𑖬𑖸𑖮 𑖕𑖽𑖤𑖳𑖟𑖿𑖪𑖱𑖢𑖸 𑖭𑖿𑖪𑖯𑖮𑖯

「那岐那岐一　摩呵那岐二
nāge nāge mahānāge
𑖡𑖯𑖐𑖸 𑖡𑖯𑖐𑖸 𑖦𑖮𑖯𑖡𑖯𑖐𑖸

瞿羅摩那斯三　那伽吚利陀耶四　頭摩鳩隸五
ghora manase nāga hṛdaye dhūma kule

隨其囉于嚧師六　波羅旃荼柢祇七　比踈姞梨八

ugra rūṣe pracaṇda teje viṣugre

阿尸比師九　阿叩瞿梨十　訖師拏賓伽隸十一　贍遮隸十二

āśīviṣe ahighore kṛṣṇapiṅgale cañcale

嚧羅時鞞十三　摩呵破那迦梨十四　迦囉波施十五　何嚧陀羅婆斯尼十六

lola jihve mahāphaṇakare kālapāśe raudra vāsini

頭沈比十七　波羅波羅十八　必利必利十九　富樓富樓二十

tutumme para para piri piri puru puru

比悉剖利闍泥二一　浮留浮留二二

vispuḥ jite phuru phuru

摩呵浮盧祇二三　摩尼達利二四　遲利遲利二五

mahābhoge maṇidhare hiri hiri

籌留籌留二六　荼囉荼囉二七

huru huru phara phara

跋利沙跋利沙二八　折濫浮達利二九　苫浮苫浮三十

varṣa varṣa jalambuddhare jaṃmu jaṃmu

跋羅呵雞三一　那吒那吒三二

valahake naṭa naṭa

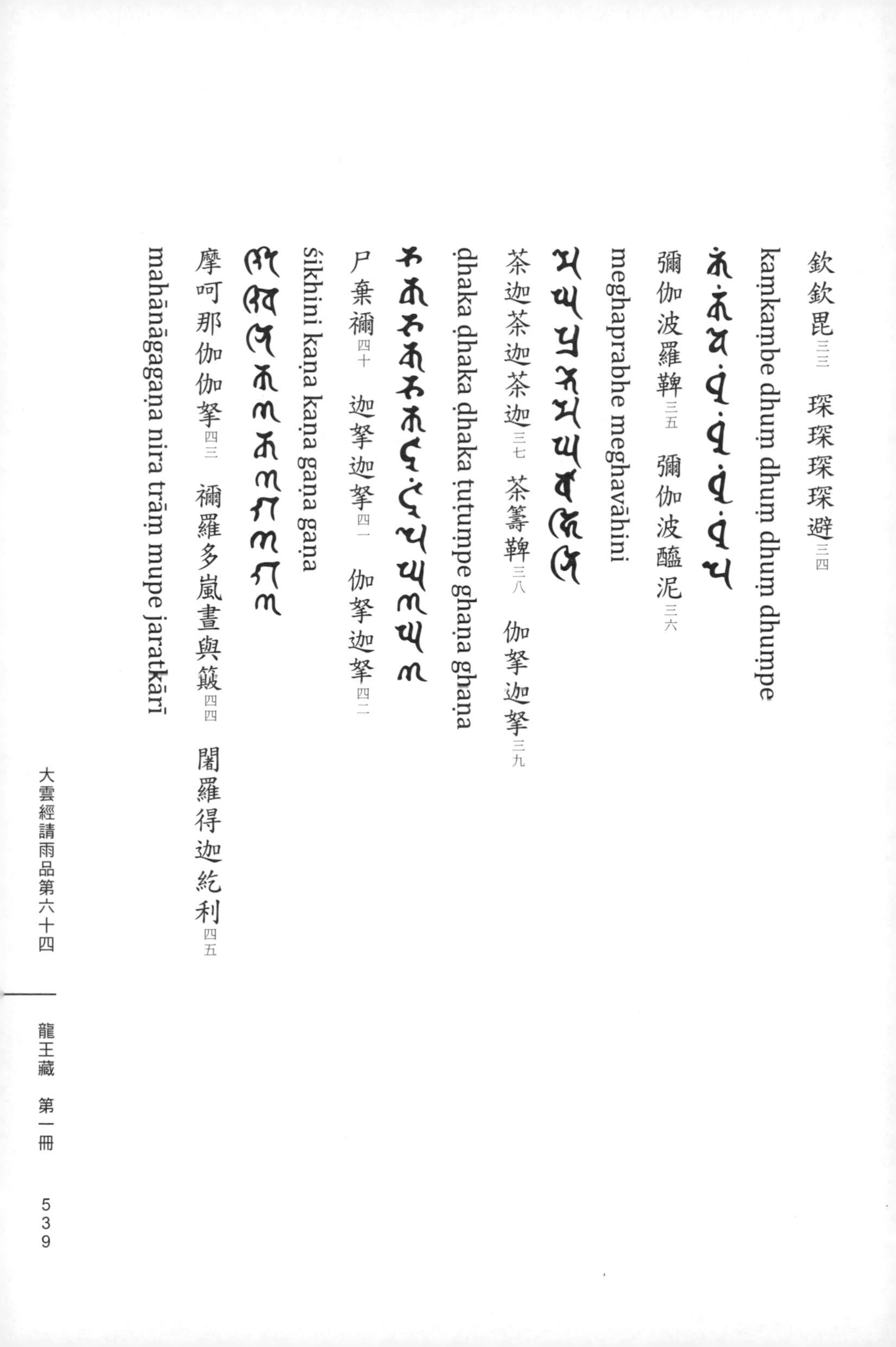

欽欽毘三三　琛琛琛琛避三四

kaṃkaṃbe dhuṃ dhuṃ dhuṃ dhuṃpe

彌伽波羅鞞三五　彌伽波醯泥三六

meghaprabhe meghavāhini

荼迦荼迦荼迦三七　荼籌鞞三八　伽拏迦拏三九

ḍhaka ḍhaka ḍhaka tutumpe ghaṇa ghaṇa

尸棄禰四十　迦拏迦拏四一　伽拏迦拏四二

śikhini kaṇa kaṇa gaṇa gaṇa

摩呵那伽伽拏四三　禰羅多嵐晝與籔四四　闍羅得迦紇利四五

mahānāgagaṇa nira trāṃ mupe jaratkārī

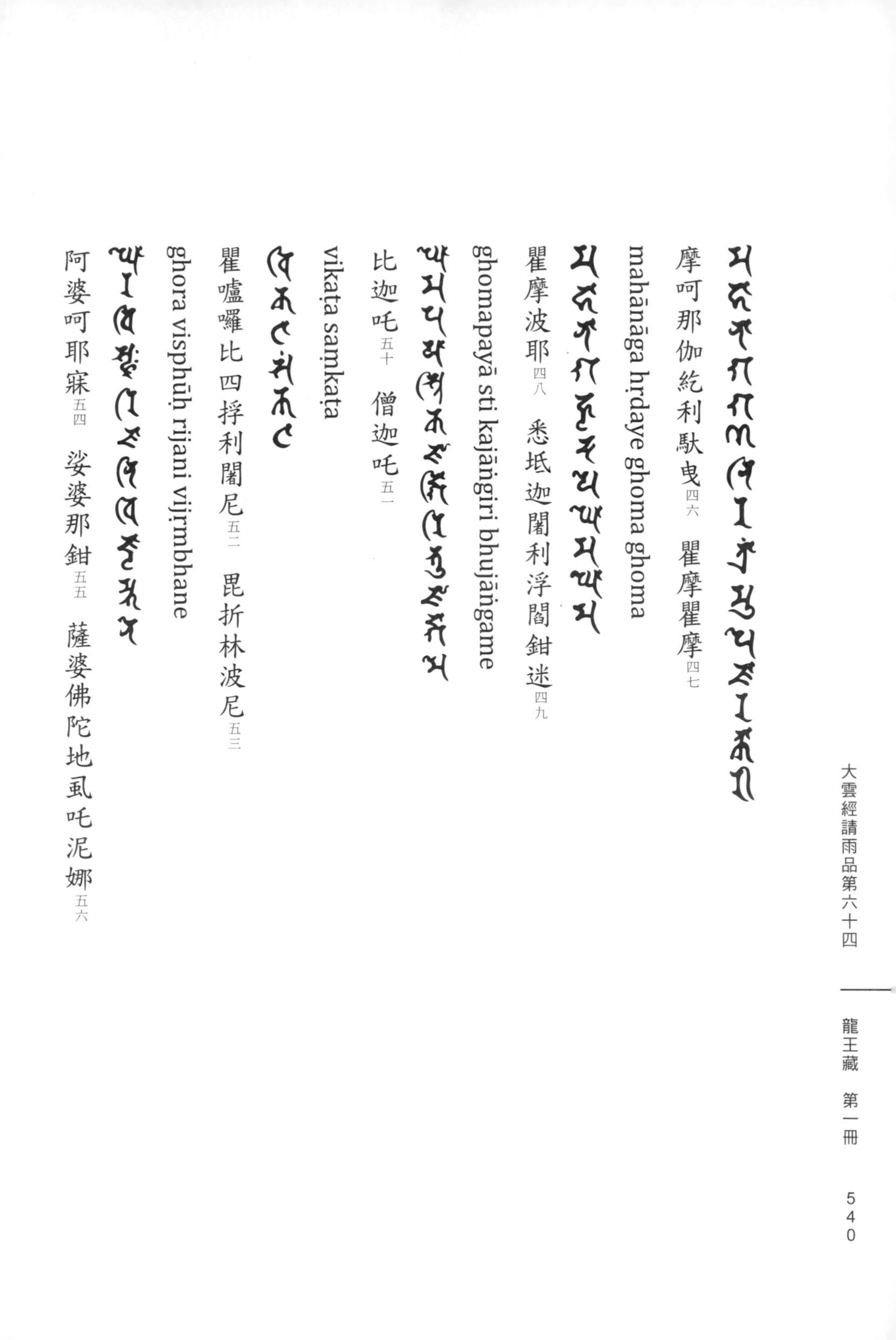

摩呵那伽紇利駄曳四六　瞿摩瞿摩四七

mahānāga hṛdaye ghoma ghoma

瞿摩波耶四八　悉坻迦闍利浮闍鉗迷四九

ghomapayā sti kajāṅgiri bhujāṅgame

比迦吒五十　僧迦吒五一

vikaṭa saṃkaṭa

瞿嚧囉比四抒利闍尼五二　毘折林波尼五三

ghora visphūḥ rijani vijṛmbhane

阿婆呵耶寐五四　娑婆那鉗五五　薩婆佛陀地虱吒泥娜五六

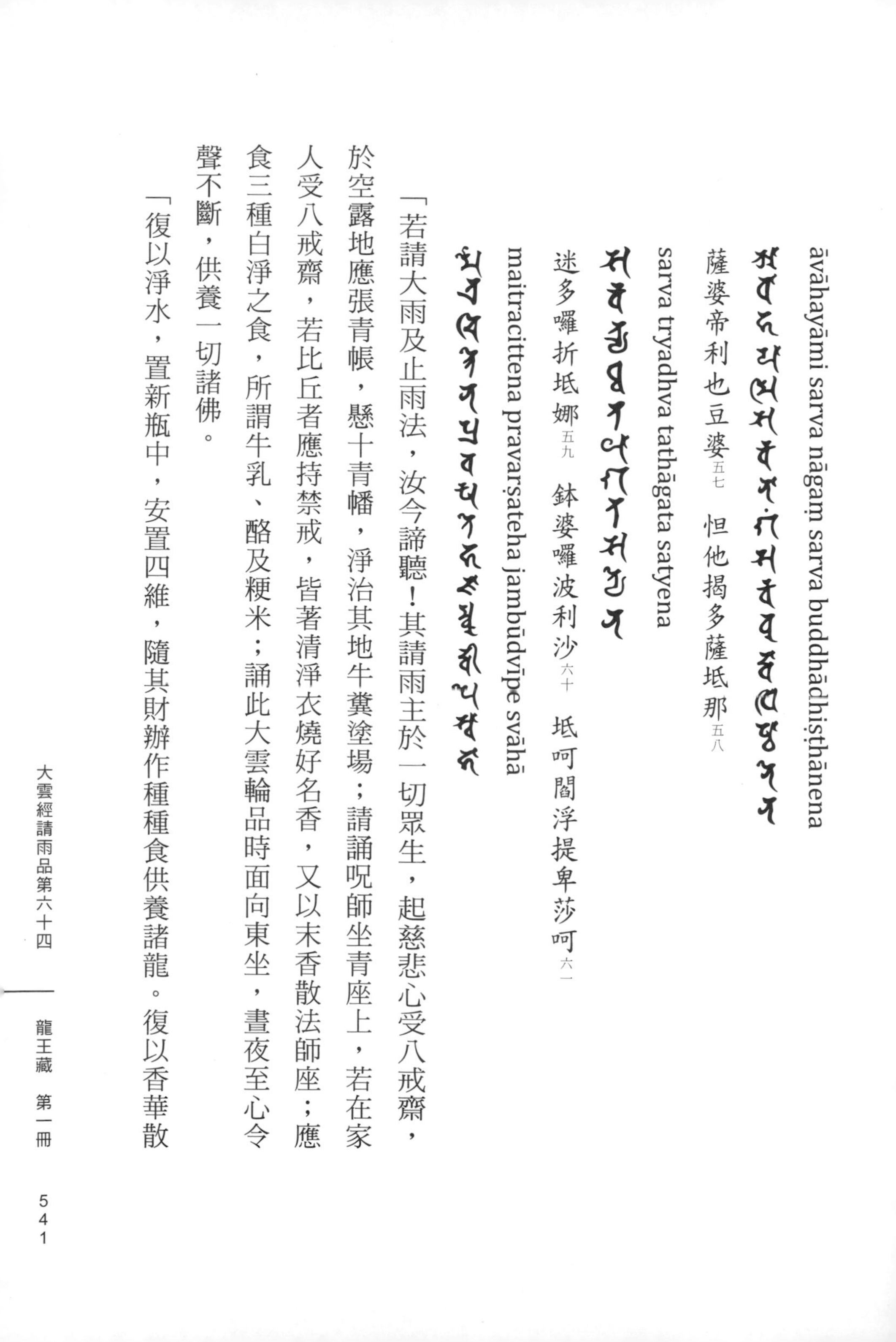

āvāhayāmi sarva nāgaṃ sarva buddhādhiṣṭhānena

薩婆帝利也豆婆五七　怛他揭多薩坻那五八

sarva tryadhva tathāgata satyena

迷多囉折坻娜五九　鉢婆囉波利沙六十　坻呵閻浮提卑莎呵六一

maitracittena pravarṣateha jambūdvīpe svāhā

「若請大雨及止雨法，汝今諦聽！其請雨主於一切眾生，起慈悲心受八戒齋，於空露地應張青帳，懸十青幡，淨治其地牛糞塗塲；請誦呪師坐青座上，若在家人受八戒齋，若比丘者應持禁戒，皆著清淨衣燒好名香，又以末香散法師座；應食三種白淨之食，所謂牛乳、酪及粳米；誦此大雲輪品時面向東坐，晝夜至心令聲不斷，供養一切諸佛。

「復以淨水，置新瓶中，安置四維，隨其財辦作種種食供養諸龍。復以香華散道場中及與四面法座，四面各用純新淨牛糞汁畫作龍形；東面去座三肘已外，畫作龍形一身三頭并龍眷屬；南面去座五肘已外，畫作龍形一身五頭并龍眷屬；西面去座七肘已外，畫作龍形一身七頭并龍眷屬；北面去座九肘已外，畫作龍形一身九頭并龍眷屬。

「其誦呪師應自護身，或呪淨水，或呪白灰，自心憶念以結場界；或畫一步乃至多步，若水、若灰用為界畔；或呪縷繫頸，若手、若足，呪水、灰時散灑頂上；若於額上應作是念：『有惡心者不得入此界場。』其誦呪者於一切眾生起慈悲心，勸請一切諸佛、菩薩憐愍加護，迴此功德分施諸龍。若時無雨，讀誦此經一日、二日、乃至七日音聲不斷，亦如上法必定降雨，大海水潮可留過限；若能具足依此修行，不降雨者無有是處，唯除不信、不至心者。」

大雲經請雨品第六十四

編著、導讀者簡介

洪啟嵩，為國際知名禪學大師。年幼深感生死無常，十歲起參學各派禪法，尋求生命昇華超越之道。二十歲開始教授禪定，海內外從學者無數。

其一生修持、講學、著述不輟，足跡遍佈全球。除應邀於台灣政府機關及大學、企業講學，並應邀至美國哈佛大學、麻省理工學院、俄亥俄大學，中國北京、人民、清華大學，上海師範大學、復旦大學等世界知名學府演講。並於印度菩提伽耶、美國佛教會、麻州佛教會、大同雲岡石窟、廣東南華寺、嵩山少林寺等地，講學及主持禪七。創辦南玥覺性藝術文化基金會、印度菩提伽耶全佛公益信託，現任中國佛教會學術委員會主任委員、中華大學講座教授、台灣不丹文化經濟協會榮譽會長。

畢生致力以禪推展人類普遍之覺性運動，開啟覺性地球，二〇〇九與二〇一〇年分別獲舊金山市政府、不丹王國頒發榮譽狀，二〇一八年完成「世紀大佛」巨畫，獲金氏世界記錄認證「世界最大畫作」(168.76公尺X71.62公尺)，二〇二〇年獲諾貝爾和平獎提名。

歷年來在大小乘禪法、顯密教禪法、南傳北傳禪法、教下與宗門禪法、漢藏佛學禪法等均有深入與系統講授。著有《白話華嚴經》等〈白話佛經系列〉；《禪觀秘要》《通明禪禪觀》等〈禪觀寶海系列〉；《密法總持》《現觀中脈實相成就》等〈密乘寶海系列〉；《楊枝淨水》等〈觀音傳十萬史詩系列〉等書籍，著述主編書籍逾三百部。

大藏系列壹 01

龍王藏／第一冊／

編　　著　洪啟嵩
發 行 人　龔玲慧
藝術總監　王桂沰
標點校對　許文筆、謝岳佐、許諺賓、黃成業、黃心慈、臧舒嫺
梵字校正　劉詠沛、吳霈媜、詹育涵、鄭燕玉、柯牧基、楊明儀
執行編輯　彭婉甄、莊慕嫺
美術編輯　張育甄
封面設計　王桂沰
梵字墨寶　洪啟嵩
佛像畫作　洪啟嵩
出　　版　全佛文化事業有限公司　http://www.buddhall.com
訂購專線：(02)2913-2199　傳真專線：(02)2913-3693
匯款帳號：3199717004240 合作金庫銀行大坪林分行
戶名／全佛文化事業有限公司
全佛門市：覺性會館・心茶堂／新北市新店區民權路 88-3 號 8 樓
門市專線：(02)2219-8189
行銷代理　紅螞蟻圖書有限公司
台北市內湖區舊宗路二段 121 巷 19 號（紅螞蟻資訊大樓）
電話：(02)2795-3656　傳真：(02)2795-4100

初　　版　二〇二三年三月
定　　價　新台幣八八〇元
ISBN 978-626-95127-5-1（第一冊：精裝）

國家圖書館出版品預行編目（CIP）資料

龍王藏 / 洪啟嵩編著 . -- 初版 . --
［新北市］: 全佛文化事業有限公司 , 2023.03-
冊；　公分 . --（大藏系列壹；1-）
ISBN 978-626-95127-5-1（第 1 冊：精裝）

1.CST: 大藏經
221.08　　　112002596

Published by BuddhAll Cultural Enterprise Co.,Ltd.